工业和信息化部"十四五"规划教材

舰船过程控制系统

彭秀艳　韩云涛　赵世泉　梁　洪　吴振龙　编著

科学出版社

北　京

内 容 简 介

本书系统、全面地介绍了舰船过程控制系统的组成、原理及分析设计方法，包括舰船过程控制系统发展和智能建模方法，舰船过程参数检测仪表、执行器、控制仪表、舰船单回路控制系统设计、高级过程控制系统设计等。结合哈尔滨工程大学"三海一核"的特色，讲解了船舶机舱过程控制系统、船舶核动力装置过程控制系统和船舶常规动力过程控制系统的分析和设计方法，便于学生掌握实际先进过程控制系统设计和实现方法。

本书每章附有思考题与习题，对实际应用中的常见问题进行重点说明和论述，实用性强。

本书可作为工科院校自动化、测控技术与仪器等相关专业本科生和研究生的教材，也可供石化、电力、轻工等行业从事过程控制工作的人员参考。

图书在版编目(CIP)数据

舰船过程控制系统 / 彭秀艳等编著. -- 北京 : 科学出版社，2024. 6.
(工业和信息化部"十四五"规划教材). -- ISBN 978-7-03-078922-8

Ⅰ. U664.1

中国国家版本馆 CIP 数据核字第 2024YC7812 号

责任编辑：余 江 张丽花 / 责任校对：王 瑞
责任印制：师艳茹 / 封面设计：马晓敏

科 学 出 版 社 出版

北京东黄城根北街 16 号
邮政编码：100717
http://www.sciencep.com

三河市骏杰印刷有限公司印刷
科学出版社发行 各地新华书店经销
*

2024 年 6 月第 一 版 开本：787×1092 1/16
2024 年 6 月第一次印刷 印张：22
字数：546 000

定价：98.00 元
（如有印装质量问题，我社负责调换）

前　　言

　　舰船过程控制系统涉及生产工艺、测控技术、自动控制理论、智能控制和计算机技术等领域的知识，综合性及交叉性较强，是一门有一定难度和特色的课程。结合哈尔滨工程大学"三海一核"特色应用背景，作者根据多年的教学和科研实践经验，对讲授内容进行不断修改和完善，总结确定了本书的内容。

　　党的二十大报告指出："教育、科技、人才是全面建设社会主义现代化国家的基础性、战略性支撑。必须坚持科技是第一生产力、人才是第一资源、创新是第一动力，深入实施科教兴国战略、人才强国战略、创新驱动发展战略，开辟发展新领域新赛道，不断塑造发展新动能新优势。"本书立足于船舶工业，面向国家海洋重大需求，作为培养船舶工业人才的教材，本书在强化船舶工业过程控制基础知识的同时，融入过程控制学科技术发展的新知识，为造就拔尖创新人才，加强自主创新，突破关键技术贡献有限力量。

　　本书从舰船过程控制系统组成及原理出发，加强理论梳理，形成舰船过程控制系统分析、设计、实现知识体系；将传统过程控制理论、方法、技术以及新一代先进过程控制技术和方法相结合，通过大型船舶中过程控制系统应用，让读者掌握现代舰船过程控制系统分析、设计、实现方法；进一步加强工程应用问题解决方法的讲解和介绍；结合哈尔滨工程大学"三海一核"的特色，介绍舰船机舱过程控制系统、舰船核动力过程控制系统和舰船常规动力过程控制系统的分析、设计和实现方法，便于学生掌握实际先进过程控制系统设计、实现和调试方法，了解过程控制在"三海一核"学科中的应用，激发学生学习、解决工程问题的兴趣。

　　全书共10章，包括：第1章绪论，第2章舰船被控过程的智能建模方法，第3章舰船智能过程参数检测仪表，第4章智能执行器，第5章智能控制仪表，第6章舰船单回路控制系统设计，第7章高级过程控制系统设计，第8章船舶机舱过程控制系统，第9章船舶核动力装置过程控制系统，第10章大型船舶蒸汽动力装置汽/水回路智能控制技术。内容全面涵盖了舰船过程控制的基本原理知识，又突出了工程应用设计的目标。书中同时配备思考题和习题、工程应用实例，对实际应用中的常见问题进行重点说明和论述。本书强调理论、分析设计方法、工程应用三者之间的协调发展。

　　由于作者水平有限，书中可能存在疏漏之处，恳请广大读者批评指正。

作　者

2023年10月

目　　录

第1章 绪 论

1.1 船舶过程控制系统的组成及特点

近年来，随着智能控制方法和技术的发展，智能控制迅速走向各种专业领域，应用于各类复杂被控对象的控制问题，如过程控制系统、机器人系统、现代生产制造系统、交通控制系统等。2015 年，中国船级社(China Classification Society，CCS)发布了全球首部智能船舶规范，该规范构建了"一个平台+N 个智能应用"的智能船舶技术架构，包含智能航行、智能船体、智能机舱、智能能效管理、智能货物管理和智能集成平台六大功能。在智能机舱中，智能过程控制系统是重要的组成部分，船舶自动化涉及的范围极广，一般包括：①主机及辅机集中监控装置和遥控装置；②船舶机舱设备中燃油、滑油、冷却系统等的过程控制；③船舶电站自动控制系统；④自动记录设备运转参数的各种装置。

过程控制是生产过程自动化的简称，它泛指石油、船舶、化工、电力、核能等工业生产中连续的或按一定周期程序进行的生产过程自动控制，包括生产过程的开停车、生产过程的操作、生产过程操作条件的改变等，是自动化技术的重要组成部分。船舶过程控制在实现船舶各种最优经济指标、提高经济效益和社会效益、节约能源、改善劳动条件、保护生态环境等方面起着越来越大的作用。

从控制的角度，通常将生产过程分为三类，即连续型、离散型和混合型。过程控制主要是针对连续型生产过程采用的一种控制方法。连续型生产过程的主要特征通常表现为：在生产过程中，呈流动状态的各种原材料经过传热、传质或物理、化学等变化，大多会发生相变或分子结构的变化，从而产生新的产品。在这个变化过程中，有关工艺参数是决定产品产量和质量的关键因素，它们不仅受生产过程内部条件的影响，也受外界条件的影响，这就增加了对过程工艺参数进行控制的复杂性和特殊性，从而也决定了过程控制的特点、任务及要求与一般自动控制有所不同。因此，过程控制通常是对生产过程中的温度、压力、流量、液位、成分和物性等连续生产过程工艺参数进行控制，使其保持为定值或按一定规律变化，以确保产品质量和生产安全，并使生产过程按最优化目标自动进行。

船舶智能过程控制主要包括局部智能控制和全局智能控制。局部智能控制是指将智能引入工艺过程中的某一单元进行控制器设计。研究热点是专家控制、模糊控制、学习控制、神经网络控制、预测控制等控制方法。其中应用广泛的智能比例积分微分(Proportion Integration Differentiation，PID)控制器，因其在参数的整定和在线自适应调整方面具有明显的优势，且可用于控制一些非线性的复杂对象，也一直是研究热点。全局智能控制主要针对整个生产过程的自动化，包括整个操作工艺的控制、过程的故障诊断、规划过程操作处理异常等。

1. 船舶过程控制系统的组成

船舶过程控制系统一般指船舶机舱自动控制系统的被控变量是温度、压力、流量、液位、成分等这样一些连续变量的系统。

在船舶机舱设备中,锅炉是一种不可缺少的动力设备。下面以船舶蒸汽动力装置增压锅炉过热蒸汽温度控制为例,介绍过程控制系统的组成。

如图 1-1-1 所示,船舶蒸汽动力装置增压锅炉通过炉膛内燃料油燃烧产生热量,加热增压锅炉的给水产生蒸汽,锅炉锅筒出来的饱和蒸汽经过过热器继续加热成为过热蒸汽。通常过热蒸汽温度达到 460℃ 左右时再推动汽轮机工作。每种锅炉与汽轮机组都有一个规定的运行温度,在这个温度下,运行机组的效率最高。如果过热蒸汽温度过高,会使汽轮机的寿命大大缩短;如果过热蒸汽温度过低,当蒸汽带动汽轮机做功时,会使部分蒸汽变成小水滴,冲击汽轮机叶片,易造成生产事故。因此过热蒸汽温度是其生产过程中的一个重要的工艺参数,是保证汽轮机组正常运行的一个重要条件,必须对其进行控制。通常是在过热器之前或中间部分串接一个减温器,通过控制减温水流量来改变过热蒸汽的温度,故设计了图 1-1-1 所示的温度控制系统。本系统采用 DDZ-Ⅲ型电动单元组合仪表,即用热电阻温度变送器 1 将测量信号送至调节器 2 的输入端,并与代表过热蒸汽温度的给定值进行比较得到偏差,调节器按此偏差以某种控制规律进行运算后输出控制信号来控制调节阀 3 的开度,从而改变降温水的流量,以达到控制过热蒸汽温度的目的。

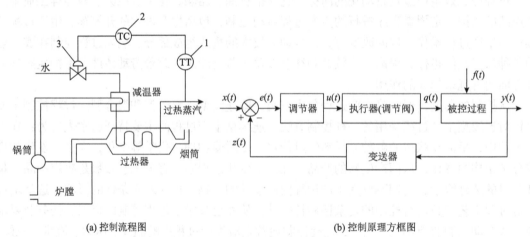

(a) 控制流程图　　　　　　　　　　　　　　　　(b) 控制原理方框图

图 1-1-1　过热蒸汽温度控制系统

1-热电阻温度变送器;2-调节器;3-调节阀

将图 1-1-1(a)所示的控制流程图画成框图 1-1-1(b)。图 1-1-1(b)中的"过程"方框表示检测温度的热电阻到执行器(调节阀)的管道设备。$y(t)$ 表示过热蒸汽的温度,是本过程控制系统中的被控参数(被控量),即"过程"的输出信号。在本例中进入过热器的烟道气温以及环境变化(如刮风、降温)情况都是引起被控参数波动的外来因素,在过程控制中称为扰动作用,用 $f(t)$ 来表示,它也是"过程"的输入变量。减温水流量的改变是由调节阀动作所致,它也是影响过热蒸汽温度变化的因素。执行器(调节阀)的输出信号用 $q(t)$ 表示,可称其为操作变量(也称控制参数),它体现终端控制作用。调节器的输出 $u(t)$ 称为控制作用,它也是执行器(调节阀)的输入信号。测量变送环节的作用是把被控参数 $y(t)$ 转换为测量值 $z(t)$。

由图 1-1-1(b)所示的系统框图可知，过热蒸汽温度控制系统是由测量元件、变送器、调节器、执行器(调节阀)、被控过程等环节组成的。如果把测量元件、变送器、调节器和执行器(调节阀)统称为过程检测控制仪表，则一个简单的过程控制系统是由被控过程和过程检测控制仪表两部分组成的。

在生产过程中，由于扰动是不断发生的，控制作用也在不断地进行。例如，因某种扰动使过热蒸汽温度下降时，测量元件(热电阻)和变送器将温度测量出来，送至调节器的输入端，并与给定值进行比较得到偏差，调节器按此偏差并以某种控制规律发出相应的控制信号去关小调节阀的开度，使减温水流量减小，从而使过热蒸汽温度逐渐上升，并趋向给定值。

2. 船舶过程控制的特点

与其他自动控制系统相比较，船舶过程控制具有下列特点。

(1) 过程控制是通过各种类型的仪表完成对过程变量的检测、变送和控制，并经执行装置作用于生产过程。这些仪表可以是气动仪表、电动仪表，还可以是模拟仪表、计算机装置或者智能仪表，也可以是现场总线仪器或无线仪表。不管采用什么仪器或计算机装置，从过程控制的基本组成来看，过程控制系统总是包括对过程变量的检测变送、对信号的控制运算和输出到执行装置，完成所需操纵变量的改变，从而完成所需控制目标。

(2) 船舶过程控制的被控过程具有非线性、时变、时滞及不确定性等特点。由于过程控制的被控过程具有非线性、时变、时滞及不确定性等特点，难以获得其精确的过程数学模型，因此，给控制带来了困难。

(3) 船舶过程控制的被控过程多属于慢过程。与船舶运动控制不同，船舶过程控制所研究的被控过程通常具有一定的时间常数和时滞，过程的控制并不需要在极短时间内完成。

(4) 过程控制方案的多样性。由于生产过程的多样性，为适应被控过程的特点，控制方案也具有多样性。表现为：同一被控过程，因受到的扰动不同，需采用不同的控制方案，常用的控制方案有简单的控制系统、串级控制系统、比值控制系统、均匀控制系统、前馈控制系统、分程控制系统、选择性控制系统、双重控制系统等；控制方案适应性强，同一控制方案可适用于不同的生产过程控制。随着过程控制研究的深入，大量先进控制系统和智能控制方案得到开发和应用，如预测控制、解耦控制、时滞补偿控制、专家系统和模糊控制等智能控制。

(5) 过程控制系统分为随动控制和定值控制。常用的控制系统是定值控制系统。它们都采用一些过程变量(如温度、压力、流量、物位和成分等)作为被控变量，过程控制的目的是保持这些过程变量能够稳定在所需的设定值，能够克服扰动和负荷变化对被控变量造成的影响。

(6) 过程控制实施手段的多样性。除了过程控制方案的多样性外，实施过程控制的手段也具有多样性，尤其在开放系统互操作性和互联性等问题得到解决后，实现过程控制目标的手段更丰富。

1.2 船舶过程控制的发展概况和趋势

自 20 世纪 40 年代以来，自动化技术获得了惊人的成就，已在工业生产和科学发展中起着关键的作用。当前，自动化装置已成为大型设备不可分割的重要组成部分。实际上，生产过程自动化的程度已成为衡量工业企业现代化水平的一个重要标志。回顾自动化技术发展的历史，可以看到它与生产过程本身的发展有着密切的联系，是一个从简单形式到复杂形式，从局部自动化到全局自动化，从低级智能到高级智能的发展过程。过程控制大致经历了五个发展阶段。

(1) 20 世纪 50 年代以前可以归结为过程控制发展的第一阶段。在这一时期中，理论基础是经典控制理论，主要是微分方程、解析方法。只是简单的单输入单输出(Single Input Single Output，SISO)系统，其控制目标也就只能满足于保持生产的平稳和安全，属于局部自动化的范畴。主要采用基地式大型仪表、部分气动单元组合仪表。

(2) 20 世纪 50 年代为过程控制发展的第二阶段，理论基础是经典控制理论，用传递函数进行数学描述，以根轨迹法和频域法作为分析与综合系统基本方法，在设计过程中，一般是将复杂的生产过程人为地分解为若干个简单过程，最终实现如图 1-1-1 所示的单输入单输出的控制系统。当时，也出现了一些如串级、前馈补偿等十分有效的复杂系统，相应的控制仪表也从基地式发展到单元组合式，但总体来说，自动化水平还处于低级阶段。

(3) 20 世纪 60 年代可以认为是工业自动化(过程控制)发展的第三阶段。50 年代末，由于生产过程迅速向着大型化、连续化的方向发展，生产过程的非线性、耦合性和时变性等特点十分突出，原有的简单控制系统已经不能满足要求，自动控制面临着工业生产的严重挑战。幸运的是，为适应空间探索的需要而发展起来的现代控制理论已经产生并在某些尖端技术领域取得惊人的成就。它以状态空间分析方法为基础，内容包括以最小二乘法为基础的系统辨识、以极小值原理和动态规划为主要方法的最优控制和以卡尔曼滤波理论为核心的最优估计三部分。值得注意的是，现代控制理论在综合和分析系统时，已经从外部现象深入到揭示系统内在的规律性，从局部控制进入到在一定意义下的全局最优，而且在结构上已从单环扩展到适应环、学习环等。可以说，现代控制理论是人们对控制技术在认识上的一次质的飞跃，为实现高水平的自动化奠定了理论基础。与此同时，电子数字计算机的发展与普及为现代控制理论的应用开辟了道路，为实现工业自动化提供了十分重要的技术手段。在 60 年代中期，已出现了如图 1-2-1 所示的用计算机代替模拟调节器的直接数字控制(Direct Digital Control，DDC)和由计算机确定模拟调节器或 DDC 回路最优设定值的计算机监督控制(Supervisory

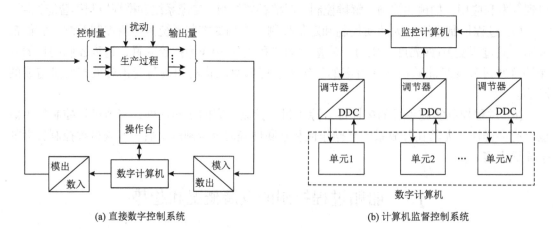

图 1-2-1　电子计算机控制系统

Computer Control，SCC)系统。60 年代，国外曾试图用一台计算机代替全部模拟仪表，实现"全盘计算机控制"，由于当时电子计算机体积大、价格昂贵，而且在可靠性和功能方面还存在不少问题，计算机集中控制仅停留在试验阶段。

(4) 20 世纪 70 年代工业自动化进入第四阶段。随着大规模集成电路及微处理器的问世，计算机的性价比和可靠性大为提高，采用冗余技术和自诊断措施的工业计算机完全满足工业控制对可靠性的要求。到 70 年代中期，针对工业生产规模大、过程参数和控制回路多的特点，为了满足工业生产的可靠性、安全性、可操作性以及经济效益等方面的要求，提出了"集中管理，分散控制"理念，出现了一种分布式控制系统(Distributed Control System，DCS)，又称集散系统，如图 1-2-2 所示。它是集计算机技术、通信技术和控制技术等于一体的计算机系统，一经问世，就受到工业界的青睐。目前，世界上已有 60 多家公司先后推出各自开发的系统。这种系统在结构上是分散的，即将计算机分布到车间或装置一级，不仅使系统危险分散，消除了全局性的故障节点，增加了系统的可靠性，而且可以灵活方便地实现各种新型控制规律和算法，便于系统的分批调试和投运。显然，这种分布式系统的出现，为实现高水平的自动化提供了强有力的技术工具，给生产过程自动化的发展带来深远的影响。可以说，从 70 年代开始，工业生产自动化已进入计算机时代。

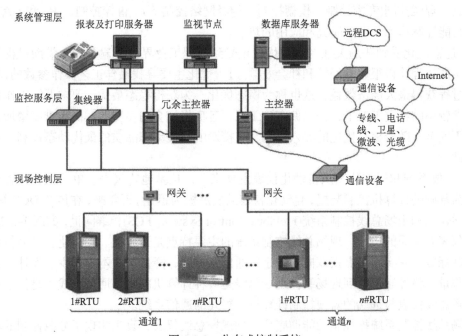

图 1-2-2　分布式控制系统

这个阶段的控制理论与其他学科相互交叉、互相渗透，向着纵深方向发展，从而开始形成第三代控制理论，即大系统理论和智能控制理论。众所周知，一类复杂的过程，如反应过程、冶炼过程、船舶核能及核能应用生产过程等，其本身机理十分复杂，还没有被人们充分认识，而且这类过程往往受到众多随机因素的干扰和影响，因而难以建立精确的数学模型，以满足闭环最优控制的要求。同时，这类过程的控制策略也有待进一步研究。目前已有的策略或是过于复杂，难以实现在线控制，或是过于粗糙，不能满足高水平的控制要求。解决这类问题的重要途径之一就是将人工智能、控制理论和运筹学三者相结合的智能控制。这一方面已受到国内外控制界的极大重视。在我国，已出现了利用知识和推理的实时专家系统进行诊断、预报和控制的实例。设备的更新换代，较大地提高了生产率，但要进一步提高产量、降低成本、节约原材料和减少能源消耗并非易事，必须在分散控制的基础上，从全局最优的观点出发对整个大系统进行综合协调。国内外已在造纸、冶金和石化系统中开展了这些方面的科研工作。可以说，工业生产实际中提出的以优质、高产、低消耗为目标的控制要求，从客观上促进了第三代控制理论的形成和发展。尽管到目前为止，它还处在发展和完善过程中，但已受到极大的重视和关注，取得了很大的进展。与此同时，在现代控制理论中，如非线性系统、分布参数系统、随机控制以及容错控制等也在理论上和实践中得到了发展。总之，在这个阶段中，工业自动化正在发生着巨大的变革，它已突破了局部控制的模式，进入全局控制，既包含了若干子系统的闭环控制，又有大系统协调控制、最优控制以及决策管理，即称为控制管理一体化的新模式。

(5) 20 世纪 80 年代之后进入第五阶段。发展至今，先进过程控制(Advanced Process Control，APC)成为主流。该阶段过程控制发展的主要特点如下。

① 先进过程控制成为发展主流。先进过程控制的控制策略包括模型预测控制、时滞补偿控制、多变量预测控制、解耦控制、统计质量控制、自适应控制、推断控制及软测量技术、优化控制、智能控制(专家控制、模糊控制、神经网络控制等)、鲁棒控制、H_∞ 和 μ 综合等，尤其以智能控制作为开发、研究和应用的热点。

② 过程优化受到普遍关注。过程优化正受到过程工业界的普遍关注。借助过程优化可使整个生产过程获得很大的经济和社会效益。过程优化主要寻找最佳工艺操作参数的设定值，使生产过程获得最大经济效益，这也称为稳态优化。为获得稳态最优，要求系统工作在一种保守程度较小的特定工况下，一旦偏离该工况，各项指标会明显变差，操作难度增加，并导致生产不安全。随着稳态优化的深入研究，直接影响过程动态品质的最优动态控制也显示出其重要性。

③ 开放系统和标准化。从自动化仪表发展来看，从基地式仪表、单元组合仪表到以微处理器为基础的计算机控制装置，自动化仪表的发展极为迅速。近年来，在传统 DCS 基础上，现场总线仪表和现场总线控制系统(Fieldbus Control System，FCS)相继问世，如图 1-2-3 所示，自动化仪表有了质的飞跃。现场总线控制系统的主要特点是开放性、智能化，产品符合开放系统互联标准，它实现了真正双向的数字式通信和控制，降低了成本，减少了设计、安装和维护工作量，将控制下放到现场级。现场总线是一种计算机的网络通信总线，是位于现场的多个现场总线仪表与远端的监视控制计算机装置间的通信系统。

现场总线控制系统把控制功能彻底分散到现场总线仪表，真正实现了分散控制的功能。随着计算机技术、网络技术、通信技术、控制技术及其他高新科学技术的发展，过程控制仪表和系统都将出现新的发展，系统的开放和标准化最终使用户获益。

④ 综合自动化。综合自动化是在计算机通信网络和分布式数据库的支持下，实现信息和功能的集成，把控制、优化、调度、管理、经营、决策等集成在一起，最终形成一个能适应生产环境的不确定性，市场需求的多变性，全局优化的高质量、高效益、高柔性的智能生产系统。

综合自动化通常由过程控制系统(Process Control System，PCS)、制造执行系统(Manufacturing Execution System，MES)和企业资源计划(Enterprise Resource Planning，ERP)等组成。综合自

动化是在实现网络集成的基础上，通过数据集成，最终达到应用集成。其共同的是五个强调：强调企业信息和控制系统的集成，即过程控制系统(PCS)、制造(或生产)执行系统和业务管理系统(企业资源计划)的集成；强调为工程设计和组态(工艺设计、设备设计、自动化设计和编程等)、调试投运、运行操作、资产管理和优化、维护等各环节提供统一平台；强调在控制层用统一平台解决电气控制、仪表控制、运动控制等多专业的功能性要求；强调控制层、执行层和管理层不同网络的无缝连接及提供信息数据的高效交换；强调与第三方系统和软件的协同与连接。

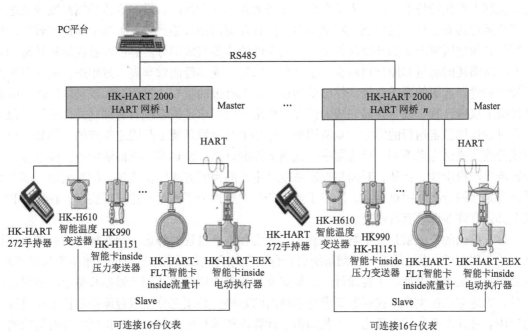

图 1-2-3 现场总线控制系统

纵观过程控制发展的历史，大致经历如表 1-2-1 所示的几个阶段。

表 1-2-1 过程控制发展史

阶段	大致时间	控制理论和研究方法	过程控制研究对象	采用的仪表
第一阶段	20 世纪 50 年代以前	经典控制理论 微分方程、解析方法	控制系统稳定性，单输入单输出系统	基地式大型仪表、部分气动单元组合仪表
第二阶段	20 世纪 50 年代	经典控制理论 频域法、根轨迹法等	从随动到定值控制；从单回路到复杂控制；从 PID 到特殊控制规律	基地式仪表为主，大量应用气动单元组合仪表
第三阶段	20 世纪 60 年代	现代控制理论 状态空间、动态规划、极小值原理等	复杂控制系统的开发和应用，在航天、航空和制导等领域取得成功	组合式仪表广泛应用，气动和电动单元组合仪表成为控制仪表的主流
第四阶段	20 世纪 70 年代	大系统控制理论 人工智能、鲁棒控制、模糊控制、神经网络、多变量频域	智能控制、预测控制、故障诊断、生产计划和调度、优化控制等先进控制系统，非线性和分布参数系统	集散控制系统，可编程控制器、管理信息系统
第五阶段	20 世纪 80 年代之后	管控一体化、综合自动化 过程控制系统、制造执行系统和企业资源计划结合	综合自动化系统(PCS、MES、ERP)；网络集成、数据集成，直到信息集成和应用集成；先进过程控制、卓越运行操作	现场总线控制系统、无线仪表、网络化仪表

1.3　船舶过程控制的任务和要求

过程控制的要求是多方面的，最终可以归纳为三项要求，即安全性、经济性和稳定性。安全性是指整个生产过程中，确保人身和设备的安全，这是最重要的也是最基本的要求。在系统控制方案设计中，被控参数的选择首先考虑能保证安全生产工艺参数作为被控参数，同时采用参数越限报警、事故报警和连锁保护等措施加以保证。现在，由于船舶自动化、高度连续化和大型化的特点，研究人员提出了在线故障预测和诊断、设计容错控制系统等来进一步提高运行的安全性。这里还应特别指出，随着环境污染日趋严重，生态平衡遭到破坏，现代船舶必须把国家制定的环境保护法视为安全性的重要组成部分。经济性旨在同样质量和数量产品所消耗的能量和原材料最少，也就是要求生产成本低而效率高。近年来，随着市场竞争加剧和世界能源的匮乏，经济性已受到过去从未有过的重视。过程局部或整体最优化问题已经提上议事日程，成为急需完成的任务。稳定性的要求是指系统具有抑制外部干扰、保持生产过程长期稳定运行的能力。众所周知，船舶生产过程环境不是固定不变的，例如，原材料成分改变或供应量不同，反应器中催化剂活性的衰减，换热器传热面沾污等，会或多或少地影响生产稳定性。当然，对简单控制系统稳定性的判断方法已很成熟，但对大型、复杂大系统稳定性的分析就困难得多。随着工业生产的发展，为了满足上述三项要求，在理论和实践上都还有许多课题有待研究。

过程控制的任务就是在了解、掌握工艺流程和生产过程的静态与动态特性的基础上，根据上述三项要求，应用理论对控制系统进行分析和综合，最后采用适宜的技术手段加以实现，主要包括系统方案设计、工程设计、工程安装与仪表选型调校及调节器参数整定。值得指出的是，为适应当前生产对控制的要求越来越高的趋势，必须充分注意智能控制技术在过程中的应用。过程控制是控制理论、工艺知识、计算机技术和仪器仪表等知识相结合而构成的一门应用科学。在研究探索的实践中，可能形成一门更适合过程控制特点的新的控制理论，从而使过程控制迅速提高到一个新的水平。

过程控制的理论基础是控制理论，它的技术工具和分析工具包括船舶生产过程工程和工艺、自动化仪表和计算机，它所研究的主体是过程控制系统。用图 1-3-1 表示学科结构之间的联系。

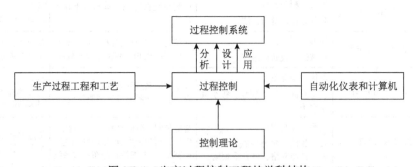

图 1-3-1　生产过程控制工程的学科结构

过程控制工程是控制理论在船舶过程控制系统的重要应用。控制理论的移植和改造、控制系统结构的研究、控制算法的确定及控制系统的实现等都是控制理论与船舶生产过程工程和工艺、自动化仪表和计算机的有机结合，是它们在船舶过程控制系统的成功应用。

　　船舶过程控制的任务是由控制系统的设计和实现来完成的。现在以一个再沸油加热炉的控制实例来说明过程控制系统的设计和实现步骤，如图 1-3-2 所示。

　　(1) 确定控制目标。对于给定的被控过程，可以根据具体情况提出各种不同的控制目标。以加热炉为例，可以有以下几个不同的目标：

　　① 在安全运行条件下，保证热油出口温度稳定；

　　② 在安全运行条件下，保证热油出口温度和烟气含氧量稳定；

　　③ 在安全运行条件下，保证热油出口温度稳定，而且加热炉热效率最高。

　　为实现不同的控制目标就应有不同的控制方案。

　　(2) 选择被控参数(被控量)。无论采用什么控制方案，都需要选择被控参数并通过参数的测量来控制和监视整个生产过程。例如，在加热炉中，热油出口温度、烟气含氧量、燃料油压力、炉膛负压等，这些参数就是图 1-1-1 中所示的参数 $y(t)$ 。在确定了需要检测的参数后，就应选择合适的测量元件和

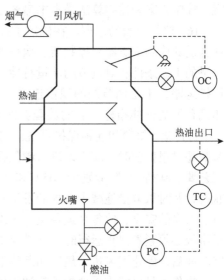

图 1-3-2　加热炉控制流程图

变送器。应该注意，有些参数可能因某些原因不能直接测量，则应通过测量与之呈一定线性关系的另一个参数(又称为间接参数)来获取，或者利用参数估计的方法来得到。有些控制目标只能通过计算得到，例如，加热炉中的热效率就是排烟温度、烟气含氧量和一氧化碳含量的函数，必须分别测量这些参数并进行综合计算才能得到。

　　(3) 控制参数的选择。控制量又称为操作量或操纵量，即指图 1-1-1 中操作量 $q(t)$ 的选择。一般情况下，操作量都是由通道特性和工艺条件决定的，但是在有多个操作量和被调量的情况下，用哪个操作量去控制哪个被调量还是要认真加以选择的。例如，在耦合多变量系统中，必须就操作量和被调量如何配对问题作出抉择。在上述加热炉控制中，以燃油量作为操作量来控制热油出口温度，用烟道挡板改变烟气流量来保证烟气含氧量，这些是由工艺规定的，但是，如果除了烟道挡板外，设备中还装有炉膛入口处的送风挡板，那么用哪个挡板来调节烟气含氧量还有选择余地。

　　(4) 控制结构的确定。这与控制目标有密切的关系。如果采用第一个控制目标，只要对加热炉进行人工调整，使之不冒黑烟，不熄火，保证一定的安全性和经济性，然后采用热油出口温度简单控制系统的方案就可以满足要求。对于第二个控制目标，只要再加一个烟气含氧量简单控制系统，用两个单回路来完成控制任务。如果生产对被调量控制的精度要求高，例如，温度变化不超过 ±0.5% ，那就应进一步分析过程的特点。由于这两个单回路之间存在着耦合因素，只用两个单输入单输出系统的控制方案已不能满足要求，而要把加热炉看作一个多输入多输出(Multiple Input Multiple Output，MIMO)系统，采用不同方法获取对象的数学模型再来进一步设计。对于第三个控制目标，除了分别采用定值控制热油出口温度和烟气含氧量外，含氧量设定值的确定还应以保证加热炉热效率最高为准。这就需要建立燃烧过程数学模型，使之在不同工况下，均能依靠调整含氧量设定值保持加热炉热效率最高。

(5) 选择控制算法。控制方案决定了控制算法。在很多情况下，只需要采用商品化的常规调节器 PID 控制即可达到目的。对于需要应用高级过程控制算法的情况，如内模控制、推理控制、预测控制、解耦控制以及最优控制等，都涉及较多的计算，只能借助计算机才能实现。控制方案和控制算法是本书最核心的内容。

(6) 控制仪表的选型。在确定了控制算法以后，根据控制方案和过程特性、工艺要求选择合适的检测变送器、控制器、执行器。目前，可供选择的商品化执行器有调节阀。根据操作量的工艺条件和对调节阀流量特性的要求来选择合适的调节阀就可以了。可是这一步骤往往被忽略，不是调节阀的规格选得过大或过小，就是流量特性不匹配，以致控制系统不能达到预期的性能指标，有的甚至会使系统根本无法运行，因此，应该引起充分重视。

(7) 设计报警和连锁保护系统。对于关键参数，应根据工艺要求规定其高低报警值。当参数超过报警值时，应立即进行越限报警。例如，加热炉热油出口温度的设定值为 300℃，工艺要求其高、低限分别为 305℃和 295℃。报警系统的作用在于提醒操作人员密切监视生产状况，及时采取措施减少事故的发生。连锁保护系统是指当生产出现严重事故时，为保证设备、人身的安全，使各个设备按一定次序紧急停止运转的系统。例如，加热炉运行中出现严重事故必须紧急停止运行时，连锁保护系统将立即先停止燃油泵，然后关掉燃油阀，经过一定时间后，停止引风机，最后切断热油阀，这一套连锁程序可以避免事故发生。因为在忙乱中，操作人员可能错误地先关热油阀以致烧坏热油管，或者先停引风机而使炉内积累大量燃油气，以致再次点炉时出现爆炸事故，损坏炉体。这些针对生产过程而设计的报警和连锁保护系统是保证生产安全性的重要措施。

(8) 控制系统的调试和投运。控制系统安装完毕后，应随着生产过程进行试运行，按控制要求检查和调整各控制仪表及设备的工作状况，包括调节器参数的整定等，依次将全部控制系统投入运行。

以上简单描述了自动控制系统从设计到实现的全过程。由此可以看到，对一个从事过程控制的工作者来说，除了掌握控制理论、计算机、仪器仪表知识以及现代控制技术外，还要十分熟悉生产过程的工艺流程，从控制的角度理解它的静态和动态特性。这些都是设计和实现一个成功的控制系统的必要基础。

1.4 过程控制系统的分类及性能指标

1. 过程控制系统的分类

过程控制系统的分类方法很多，若按被控参数的名称来分，有温度、压力、流量、液位、成分等控制系统；按系统完成的功能来分，有比值、均匀、分程和选择性控制系统；按被控变量的多少来分，有单变量和多变量控制系统；按采用常规仪表和计算机来分，有常规过程控制系统和计算机过程控制系统等。最基本的分类方法有下列几种。

1) 按系统的结构特点来分

(1) 反馈控制系统。

反馈控制系统是根据系统被控量与给定值的偏差进行工作的，偏差值是控制的依据，最后要达到减小或消除偏差的目的。图 1-1-1 所示的过热蒸汽温度控制系统就是一个反馈控制系统。因为该系统由被控量的反馈构成一个闭合回路，所以又称为闭环控制系统，反馈控制系统是过程控制系统中的一种最基本的控制形式。另外，反馈信号也可能有多个，从而可以构成多个闭合回路，称为多回路控制系统。

(2) 前馈控制系统。

前馈控制系统是根据扰动量的大小进行工作的，扰动是控制的依据。由于前馈控制没有被控量的反馈，因此也称为开环控制系统。

图 1-4-1 为前馈控制系统框图。扰动 $f(t)$ 是引起被控量 $y(t)$ 变化的原因，通过前馈控制可以及时消除扰动 $f(t)$ 对被控量 $y(t)$ 的影响，但是，由于前馈控制是一种开环控制，最终无法检查控制的效果，所以在实际生产过程中是不能单独采用的。

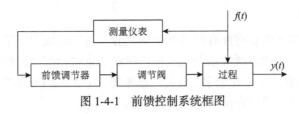

图 1-4-1 前馈控制系统框图

(3) 复合控制系统(前馈-反馈控制系统)。

图 1-4-2 所示为复合控制系统框图。前馈控制的主要优点是能及时迅速地克服主要扰动对被控变量的影响。反馈控制克服其他干扰，所以，在反馈控制系统中引入前馈控制，构成复合控制系统，可以提高控制质量。

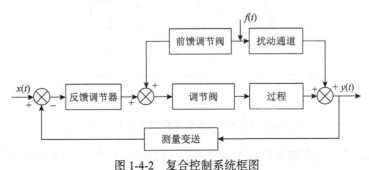

图 1-4-2 复合控制系统框图

2) 按给定值信号的特点来分

(1) 定值控制系统。

定值控制系统是工业生产过程中应用最多的一种过程控制系统。在运行时，系统被控量(温度、压力、流量、液位、成分等)的给定值是固定不变的。有时根据生产工艺要求，被控量的给定值保持在规定的小范围附近不变。如图 1-1-1 所示的过热蒸汽温度控制系统就是一个定值控制系统。

(2) 随动控制系统。

随动控制系统是一种被控量的给定值随时间任意变化的控制系统。它的主要作用是克服一切扰动，使被控量随时跟踪给定值。例如，在锅炉燃烧控制系统中，要求空气随燃料量的变化而成比例变化，保证燃料经济地燃烧，而燃烧量则随负荷而变，其变化规律是随机的，这就是随动控制系统。

(3) 顺序控制系统。

顺序控制系统是被控量的给定值按预定的时间程序而变化的控制系统。例如，机械工业中的退火炉的温度控制系统，其给定值是按升温、保温和逐次降温等程序变化的，这就是顺序控制系统。

2. 过程控制系统的性能指标

对于每一个定值控制系统而言，当设定值发生变化或受到外界干扰时，要求被控量能平稳、迅速和准确地趋近或恢复到设定值。因此，通常根据稳定性、快速性和准确性三个方面提出各种单项性能指标和综合性能指标。

1) 单项性能指标

过程控制系统的单项性能指标有时域和频域之分。现以时域为例说明其确定方法。

系统的单项时域性能指标通常根据设定值作阶跃变化时的过渡过程特性确定。其单项时域指标包括衰减比(或衰减率)、超调量、最大动态偏差、残余偏差(亦称稳态误差或静态误差)、调节时间和振荡频率等，现结合图 1-4-3 加以说明。

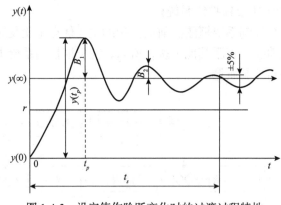

图 1-4-3 设定值作阶跃变化时的过渡过程特性

(1) 衰减比 n 是衡量系统振荡过程衰减程度的指标，它定义为两个相邻的同向波峰值之比，即

$$n = \frac{B_1}{B_2} \tag{1-4-1}$$

衡量衰减程度的另一个指标是衰减率，它定义为一个周期后波动幅度衰减的程度，即

$$\varphi = \frac{B_1 - B_2}{B_1} \tag{1-4-2}$$

理论计算表明，衰减比与衰减率有单值对应关系，如衰减比 4:1 时，衰减率为 0.75。为了保证过程控制系统有一定的稳定裕度，一般要求衰减比为 4:1~10:1，则对应的衰减率为 0.75~0.9。具有这种衰减过程的系统，其过渡过程大约经过两个周期以后即接近稳定值。

(2) 最大动态偏差和超调量。最大动态偏差是指在设定值阶跃响应中，系统过渡过程的

第一个峰值超出稳态值的幅度，如图 1-4-3 中的 B_1。最大动态偏差占被控量稳态值的百分比称为超调量，即

$$\sigma = \frac{y(t_p) - y(\infty)}{y(\infty)} \times 100\% \tag{1-4-3}$$

对于二阶振荡过程，控制理论已经证明，超调量 σ 与衰减比 n 有单值对应关系，即

$$\sigma = \frac{1}{\sqrt{n}} \times 100\% \tag{1-4-4}$$

(3) 残余偏差是指过渡过程结束后，被控量新的稳态值 $y(\infty)$ 与设定值 r 之间的差值，它是控制系统的稳态指标，即

$$e(\infty) = r - y(\infty) \tag{1-4-5}$$

(4) 调节时间、峰值时间和振荡频率。调节时间是指系统从干扰开始到被控量与稳态值的偏差(绝对值)进入稳态值的 ±5% (或 ±2%)范围内所需时间，通常以 t_s 表示。峰值时间是指系统从干扰开始到被控量达到最大值所需的时间，通常用 t_p 表示。调节时间与峰值时间均是衡量控制系统快速性的重要指标，通常要求它们越短越好。

在相同衰减比下，振荡频率越高，调节时间与峰值时间越短。因此，振荡频率在一定程度上也可以作为衡量控制系统快速性的指标之一。

2) 综合性能指标

单项指标虽然清晰明了，但统筹考虑比较困难。有时希望用一个综合性的指标全面反映控制系统的品质。综合性能指标常采用偏差积分的形式，它是过渡过程被调量偏离稳态值的误差沿时间轴的积分，无论是误差幅值大还是动态过程时间长都会使误差积分增大。因此，它是一类综合指标，希望它越小越好。系统的综合性能指标是在基于偏差积分最小的原则下制定的、用以衡量控制系统性能"优良度"的一些指标。常用的有以下几种。

(1) 偏差绝对值积分(Integral of Absolute Error，IAE)可表示为

$$\mathrm{IAE} = \int_0^\infty |e(t)| \mathrm{d}t \to \min \tag{1-4-6}$$

该性能指标使用广泛，用计算机实现简便。

(2) 偏差平方积分(Integral of the Square Error，ISE)可表示为

$$\mathrm{ISE} = \int_0^\infty e^2(t) \mathrm{d}t \to \min \tag{1-4-7}$$

该性能指标着重抑制过渡过程中大的偏差。

(3) 偏差绝对值与时间乘积积分(Integral of Time Absolute Error，ITAE)可表示为

$$\mathrm{ITAE} = \int_0^\infty t|e(t)| \mathrm{d}t \to \min \tag{1-4-8}$$

该性能指标既能降低误差对性能指标的影响，又能抑制过渡过程时间。

(4) 时间乘偏差平方积分(Integral of Time Square Error，ITSE)可表示为

$$\text{ITSE} = \int_0^\infty te^2(t)\mathrm{d}t \to \min \tag{1-4-9}$$

该性能指标着重抑制过渡过程中大的偏差和过渡过程时间。

以上各式中，$e(t) = y(t) - y(\infty)$。不同的积分公式意味着评价过渡优良程度的侧重点不同。误差积分指标存在的缺点是不能保证控制系统具有合适的衰减率。因此，通常先确定衰减率，然后考虑使某种误差积分最小。

思考题与习题

1-1 什么是过程控制？

1-2 试举例说明过程控制系统的组成。

1-3 过程控制的总目标是什么？

1-4 一个简单过程控制系统由哪几部分组成？各个部分的作用是什么？

1-5 过程控制系统最基本的分类方法有哪几种？什么是定值控制系统？其输入量是什么？

1-6 与其他自动控制系统相比，过程控制有哪些主要特点？

1-7 图题 1-1 所示为一组在阶跃扰动作用下的过渡过程曲线。试指出各种过程曲线的名称，其中哪些过程曲线能满足控制要求，哪些不能？为什么？其中哪个过渡过程最理想，为什么？

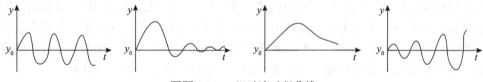

图题 1-1 一组过渡过程曲线

1-8 在某生产过程中，要求其流量控制在某一个值上，故设计图题 1-2 所示的系统。试画出流量控制系统的方框图，并指出被控过程、被控参数和控制参数。

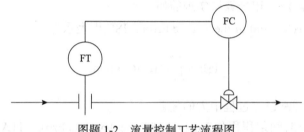

图题 1-2 流量控制工艺流程图

1-9 已知某工艺控制流程图如图题 1-3 所示。试指出该系统的被控对象、设定值、被控量以及控制量。

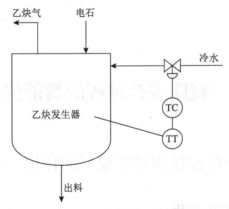

图题 1-3 温度控制工艺流程图

1-10 某工业锅炉工艺规定的操作温度为(900±10)℃。考虑到安全因素，控制过程中温度偏离给定值最大不得超过 80℃。现设计的温度定值控制系统，在最大阶跃干扰作用下的过渡过程曲线如图题 1-4 所示。试求最大偏差、衰减比、振荡周期、余差和调节时间等过渡品质指标，并说明该控制系统是否满足题中的工艺要求。

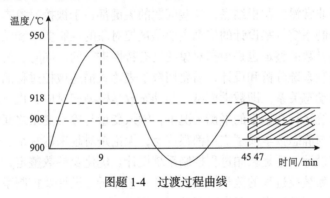

图题 1-4 过渡过程曲线

1-11 试述评价过程控制系统的控制质量指标。

1-12 简述过程控制的发展史。

第 2 章　舰船被控过程的智能建模方法

2.1　被控过程数学模型的作用与要求

2.1.1　被控过程数学模型的作用

被控过程又称为被控对象,在实现舰船过程控制系统自动化时,一般根据系统工艺要求提出被控过程的控制要求,而控制工程师的任务则是设计出合理的控制系统以满足这些要求。此时,考虑问题的主要依据为被控过程的动态特性。例如,人们知道有些被控对象很容易控制而有些被控对象又很难控制,为什么会有此差别? 为什么有些调节过程进行得很快而有些调节过程又进行得非常慢? 归根结底,这些问题的关键都在于被控对象本身,在于它们的动态特性。因此,控制系统方案设计的依据主要是被控对象的控制要求和动态特性。需要特别指出的是,调节器参数的整定也是根据对象的动态特性进行的。同时,为了应用控制理论进行船舶工业过程控制系统分析和设计,需要用数学表达式描述被控过程的动态特性,以及被控过程的输入输出动态关系,即数学模型。与动态数学模型相对应,也有静态数学模型。静态数学模型表示系统运行在稳定的平衡工况下,输入变量与输出变量之间的数学关系。被控过程动态数学模型与静态数学模型应用都很广泛,无论是对越来越复杂、规模越来越大的现代生产过程的工艺设计,还是船舶过程控制系统设计、优化及参数整定,首先都要建立被控过程数学模型。舰船被控过程的数学模型在生产工艺分析、设计及控制系统分析与设计等方面有着广泛的应用,归纳起来主要有以下几个方面:

(1) 制定舰船工业过程优化操作方案;

(2) 控制系统方案设计及对被控过程的仿真研究;

(3) 控制系统的调试和调节器参数的整定;

(4) 设计舰船工业过程的故障检测与诊断系统;

(5) 设计舰船工业过程运行人员培训系统等。

2.1.2　数学模型的要求

作为数学模型,首先是要求它准确可靠,但这并不意味着越准确越好。应根据实际应用情况提出适当的要求,超过实际需要的准确性要求必然造成不必要的浪费。在线运用的数学模型还有一个实时性的要求,它与准确性要求往往是矛盾的。

一般用于控制的数学模型并不要求非常准确,闭环控制本身具有一定的鲁棒性,模型的误差可以视为干扰,而闭环控制在某种程度上具有自动消除干扰影响的能力。

实际船舶工业过程的动态特性是非常复杂的。控制工程师在建立其数学模型时,不得不突出主要因素，忽略次要因素，否则就得不到可用的模型。为此往往需要做很多近似处理，例如，线性化、分布参数系统集总化和模型降阶处理等。

2.1.3　建立过程数学模型的两个基本方法

建立过程数学模型的基本方法有两个，即机理法和试验法，此外，还有综合两种方法的混合法。

1. 机理法建模

机理法建模就是根据生产过程中实际发生的变化机理，写出各种有关的平衡方程，如物质平衡方程、能量平衡方程、动量平衡方程、相平衡方程及反映流体流动、传热、传质、化学反应等基本规律的运动方程、物性参数方程和某些设备的特性方程等，从中获得所需的数学模型。

由此可见，用机理法建模的首要条件是生产过程的机理必须已经为人们充分掌握，并且可以比较确切地加以数学描述。其次，除非是非常简单的被控对象，否则很难得到以紧凑的数学形式表达的模型。因此，在计算机尚未得到普及应用以前，几乎无法用机理法建立实际工业过程的数学模型。

随着电子计算机的普及使用，工业过程数学模型的研究有了迅速的发展。可以说，只要机理清楚，就可以利用计算机求解几乎任何复杂系统的数学模型。根据对模型的要求，合理的近似假定总是必不可少的。模型应该尽量简单，同时保证达到合理的精度。有时还需要考虑实时性的问题。用机理法建模时，有时也会出现模型中有某些参数难以确定的情况，这时可以用过程辨识方法把这些参数估计出来。

2. 试验法建模

试验法建模又称为测试法建模，一般只用于建立输入输出模型。它是根据舰船工业过程的输入和输出的实测数据进行某种数学处理后得到的模型。它的主要特点是把被研究的被控过程视为一个黑匣子，完全从外特性上测试和描述它的动态性质，因此不需要深入掌握其内部机理。然而，这并不意味着可以对内部机理毫无所知。

只有当被控过程处于变动状态时，才会表现出动态特性，在稳态下是表现不出来的。因此为了获得动态特性，必须使被研究的过程处于被激励的状态，例如，施加一个阶跃扰动或脉冲扰动等。为了有效地进行这种动态特性测试，仍然有必要对过程内部的机理有明确的定性了解，例如，究竟有哪些主要因素在起作用，它们之间的因果关系如何等。丰富的先验知识无疑会有助于成功地用试验法建立数学模型。内部机理尚未被人们充分了解的过程，如复杂的生化过程，也是难以用试验法建立其动态数学模型的。

用试验法建模一般比用机理法要简单省力，尤其是对于复杂的工业过程更为明显，如果两者都能达到同样的目的，一般就采用试验法建模。

用单一的机理法或试验法建立复杂被控过程的数学模型有时比较困难，可以采用混合法(又称灰箱法)建模。先通过机理分析确定模型结构形式，再通过试验测试数据确定模型中各个参数，或者对被控过程工作机理已经熟悉的部分，采用机理法推导出相应的数学模型，对于不十分熟悉或不确定的部分，采用试验法辨识其数学模型。

2.2　机理法建模

对于一些比较简单的物料或能量变化过程和机理比较清楚的被控过程，一般可根据过程的机理，通过物料(或能量)平衡的关系，应用理论计算方法建立被控过程的数学模型。利用这种建模方法，在工艺设备建立前就可以得出模型，这对于预先设计控制方案是有好处的。

2.2.1　单容过程建模

单容过程是指只有一个储存容量的过程。

例 2-2-1　单容水箱——以舰船蒸汽动力系统冷凝器水位控制系统为例。

舰船蒸汽动力系统冷凝器主要用于对来自汽轮机做完功的蒸汽进行冷凝，冷凝后的水送入除氧器进行除氧，为保证冷凝效果，冷凝器水位需要保持在规定范围内，因此可通过调节给水箱流入冷凝器的补水进行控制。冷凝器水位控制系统为典型的单容水箱水位控制系统，如图 2-2-1 所示。不断有水流入箱内，同时也有水不断从箱中流出。水的流入量 Q_i 由调节阀开度 μ 加以控制，流出量 Q_o 则由用户根据需要通过负载阀 R 来改变。被控量为冷凝器水位 H，它反映水的流入量与水的流出量之间的平衡关系。现在分析水位在调节阀开度扰动下的动态特性。显然，在任何时刻，水位的变化均满足下述物料平衡方程：

$$\frac{\mathrm{d}H}{\mathrm{d}t} = \frac{1}{F}(Q_i - Q_o) \tag{2-2-1}$$

其中

$$Q_i = k_\mu \mu \tag{2-2-2}$$

$$Q_o = k\sqrt{H} \tag{2-2-3}$$

式中，F 为水箱的横截面积；k_μ 是与调节阀特性有关的系数，可以假定它是常数；k 是与负载阀开度、液位有关的系数。

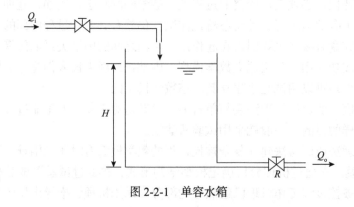

图 2-2-1　单容水箱

将式(2-2-2)、式(2-2-3)代入式(2-2-1)得

$$\frac{\mathrm{d}H}{\mathrm{d}t} = \frac{1}{F}(k_\mu \mu - k\sqrt{H}) \tag{2-2-4}$$

式(2-2-4)是一个非线性微分方程。这种非线性会给下一步的分析带来很大的困难，应该在条件允许的情况下尽量避免。如果水位始终保持在其稳态值附近很小的范围内变化，那么就可以将式(2-2-4)加以线性化。为此，首先要把原始的平衡方程改写成增量形式，其方法如下。

在过程控制中，描述各种动态环节的动态特性，最常用的方式是阶跃响应，这意味着在扰动发生以前，该环节原本处于稳定平衡工况。对于上述水箱而言，在起始的稳定平衡工况下，平衡方程(2-2-1)变为

$$\frac{1}{F}(Q_{i0} - Q_{o0}) = 0 \tag{2-2-5}$$

式(2-2-5)只是说明在起始的稳定平衡工况下，由于流入量 Q_{i0} 必然等于流出量 Q_{o0}，故水位变化速度为零。

将式(2-2-1)、式(2-2-5)两式相减，并以增量形式表示各个量偏离其起始稳态值的程度，即 $\Delta H = H - H_0$，$\Delta Q_i = Q_i - Q_{i0}$，$\Delta Q_o = Q_o - Q_{o0}$，即可得到

$$\frac{\mathrm{d}\Delta H}{\mathrm{d}t} = \frac{1}{F}(\Delta Q_i - \Delta Q_o) \tag{2-2-6}$$

它就是平衡方程(2-2-1)的增量形式。考虑水位只在其稳态值附近的小范围变化，故由式(2-2-3)可以近似地认为

$$\Delta Q_o = \frac{k}{2\sqrt{H_0}}\Delta H \tag{2-2-7}$$

这个近似正是将式(2-2-4)加以线性化的关键一步。另外，还有 $\Delta Q_i = k_\mu \Delta\mu$，则式(2-2-6)变为

$$\frac{\mathrm{d}\Delta H}{\mathrm{d}t} = \frac{1}{F}\left(k_\mu \Delta\mu - \frac{k}{2\sqrt{H_0}}\Delta H\right)$$

或

$$\frac{2\sqrt{H_0}}{k}F\frac{\mathrm{d}\Delta H}{\mathrm{d}t} + \Delta H = \frac{2\sqrt{H_0}}{k}k_\mu \Delta\mu$$

如果各变量都以自己的稳态值为初始值，则可去掉上式中的增量符号，直接写成：

$$\frac{2\sqrt{H_0}}{k}F\frac{\mathrm{d}H}{\mathrm{d}t} + H = \frac{2\sqrt{H_0}}{k}k_\mu \mu \tag{2-2-8}$$

不难看出，式(2-2-8)是最常见的一阶系统，它的阶跃响应是指数曲线，如图 2-2-2 所

示，与电容充电过程相同。实际上，如果把水箱的充水过程与 RC 回路(图 2-2-3)的充电过程加以比较，就会发现两者虽不完全相似，但在物理概念上具有可类比之处。例如，在电学中，电阻 R 和电容 C 是这样定义的：

$$i = \frac{u}{R}, \quad \frac{\mathrm{d}u}{\mathrm{d}t} = \frac{i}{C}$$

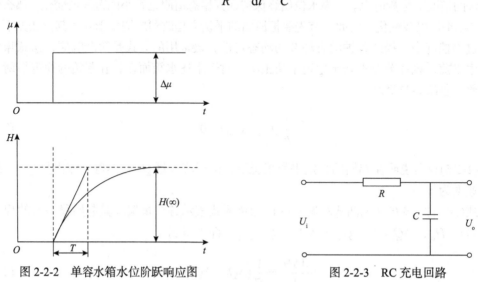

图 2-2-2　单容水箱水位阶跃响应图　　　　　　　图 2-2-3　RC 充电回路

在水箱中，水位相当于电压，水流量相当于电流。根据类比关系，不难由式(2-2-6)和式(2-2-7)分别看出，对于水箱而言：

液容　　　　　　　　　　　　　　　$C = F$

液阻　　　　　　　　　　　　　　$R = \dfrac{2\sqrt{H_0}}{k}$

不同的是，在图 2-2-1 中，液阻出现在流出侧，而在图 2-2-3 中的电阻则出现在流入侧(它只有流入量，没有流出量)。液阻是阀门的阻力系数，它的物理意义是：要使流出侧增加单位流量，液位应该升高的数值。流出流量取决于液位高度和阀门液阻，严格讲，液阻 R 不是一个常数，它与液位 H、流量 Q_o 呈非线性关系，在平衡点附近的微小增量可以近似线性化。被控过程都具有一定储存物料或能量的能力，其储存能力的大小，称为液容或容量，表示为容量系数。其物理意义是：引起单位被控量变化时，被控过程储存量的变化量。此外，式(2-2-8)还表明，单容水箱液位过程的时间常数是

$$T = \frac{2\sqrt{H_0}}{k}F = RC$$

由被控过程的阻力和容积决定。这与 RC 回路的时间常数 $T = RC$ 没有区别。

凡是只具有一个储蓄容积同时还有阻力的被控对象(简称单容对象)都具有相似的动态特性，冷凝器液位控制系统只是一个典型代表。图 2-2-4 中的储气罐(a)、电加热槽(b)和混合槽(c)都属于这一类被控对象。图中还给出了它们的容积和阻力分布情况。

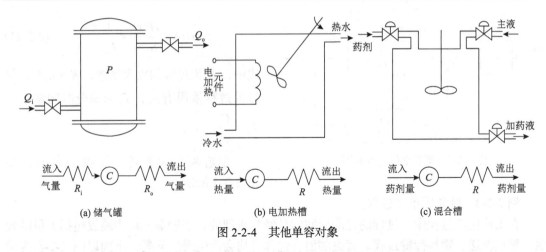

(a) 储气罐	(b) 电加热槽	(c) 混合槽

图 2-2-4　其他单容对象

例 2-2-2　单容积分水箱——以舰船蒸汽动力系统除氧器水位控制系统为例。

舰船蒸汽动力装置除氧器主要用于除去溶解于工质给水中的氧及其他气体，防止和降低锅炉给水管、省煤器和其他附属设备的腐蚀。除氧器接收来自冷凝器的冷凝水，并将除氧后的给水送入锅炉，除氧器与锅炉间通过给水泵连接，这种水箱如图 2-2-5 所示，它与例 2-2-1 中的单容水箱只有一个区别：在它的水流出侧装有一只排水泵。

在图 2-2-5 中，水泵的排水量不随水位的高低而变化。这样，水箱的流出量也不变，因而在式(2-2-6)中有 $\Delta Q_o = 0$。由此可以得到水位在调节阀开度扰动下的变化规律为

$$\frac{dH}{dt} = \frac{k_\mu}{F}\mu \tag{2-2-9}$$

式(2-2-9)代表一个积分环节，其阶跃响应为直线，如图 2-2-6 所示。

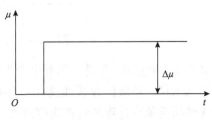

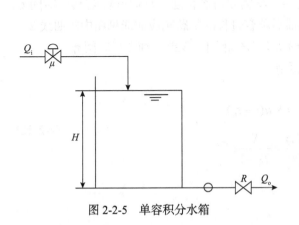

图 2-2-5　单容积分水箱

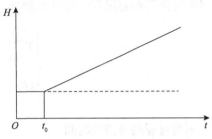

图 2-2-6　单容积分水箱的阶跃响应

将式(2-2-8)、式(2-2-9)进行拉氏变换后，单容液位过程的传递函数为

$$G(s) = \frac{H(s)}{\mu(s)} = \frac{k_\mu R}{RCs+1} = \frac{K}{Ts+1} \tag{2-2-10}$$

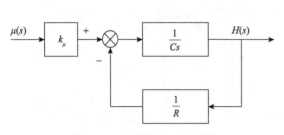

图 2-2-7　单容液位过程框图

$$G(s) = \frac{H(s)}{\mu(s)} = \frac{1}{T_a s} \qquad (2\text{-}2\text{-}11)$$

式中，K 为过程的放大系数，$K = k_\mu R$，与被控过程液阻有关；T_a 为积分时间常数，$T_a = \dfrac{C}{k_\mu}$。

单容液位过程可以用框图表示，如图 2-2-7 所示。

例 2-2-3　纯滞后单容过程。

在工业生产过程中，过程的纯滞后问题是经常碰到的，舰船蒸汽动力装置包括大量的管线，管道输送、物料传输过程、管道的混合过程等均会产生滞后问题。下面以图 2-2-8 为例讨论纯滞后单容过程的动态特性。

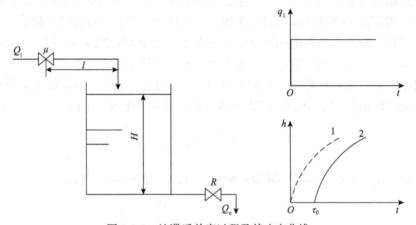

图 2-2-8　纯滞后单容过程及其响应曲线

如图 2-2-8 所示，当进水阀开度产生扰动后，Q_i 需要流经长度为 l 的管道，经传输时间 τ_0 后才流入水箱，使液位 H 发生变化。具有纯滞后单容过程的阶跃响应曲线见图中的曲线 2，它与无纯滞后单容过程的阶跃响应曲线 1 在形状上完全相同，仅差一纯滞后时间 τ_0。

具有纯滞后单容过程的微分方程和传递函数为

$$\begin{cases} T\dfrac{\mathrm{d}H}{\mathrm{d}t} + H = K\mu(t - \tau_0) \\ G(s) = \dfrac{H(s)}{\mu(s)} = \dfrac{K}{Ts+1}\mathrm{e}^{-\tau_0 s} \end{cases} \qquad (2\text{-}2\text{-}12)$$

式中，τ_0 为过程的纯滞后时间。

2.2.2　多容过程建模

在工业生产过程中，被控过程往往由多个容积、阻力和多个分布参数构成，这种过程称为多容过程。

图 2-2-9 所示为三个水箱串联工作的三容过程，若其输入量为 μ，输出量为 H_3，根据物料平衡关系，可列出下列的微分方程组。

$$\begin{cases} \Delta Q - \Delta Q_1 = C_1 \dfrac{\mathrm{d}\Delta H_1}{\mathrm{d}t}, & \Delta Q = k_\mu \Delta \mu, & \Delta Q_1 = \dfrac{\Delta H_1}{R_1} \\[2mm] \Delta Q_1 - \Delta Q_2 = C_2 \dfrac{\mathrm{d}\Delta H_2}{\mathrm{d}t}, & \Delta Q_2 = \dfrac{\Delta H_2}{R_2} \\[2mm] \Delta Q_2 - \Delta Q_3 = C_3 \dfrac{\mathrm{d}\Delta H_3}{\mathrm{d}t}, & \Delta Q_3 = \dfrac{\Delta H_3}{R_3} \end{cases} \tag{2-2-13}$$

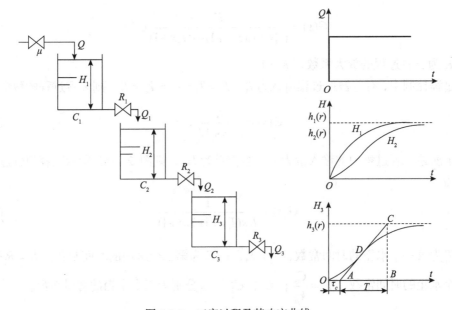

图 2-2-9　三容过程及其响应曲线

为了消除三容过程的中间变量 ΔQ_1、ΔH_1、ΔQ_2、ΔH_2、ΔQ_3，对上述方程组进行拉氏变换，并画出框图，如图 2-2-10 所示。

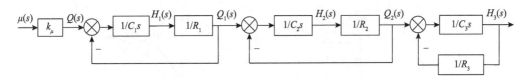

图 2-2-10　三容过程框图

三容过程的数学模型为

$$G(s) = \frac{H_3(s)}{\mu(s)} = \frac{K}{(T_1 s + 1)(T_2 s + 1)(T_3 s + 1)} \tag{2-2-14}$$

式中，T_1 为第一个水箱的时间常数，$T_1 = R_1 C_1$；T_2 为第二个水箱的时间常数，$T_2 = R_2 C_2$；T_3 为

第三个水箱的时间常数，$T_3 = R_3 C_3$；K 为三容过程的放大系数，$K = k_\mu R_3$；C_1、C_2、C_3 分别为三个水箱的容量系数。

可见，三容过程的数学模型为三阶惯性环节。其阶跃响应曲线如图 2-2-9 所示。由曲线可见，三容过程受扰动后，其被控量 H_3 的初始变化速率不是最大的，而要经过一段容量滞后时间 τ_c 以后，变化速率才达到最大。三容过程容量滞后时间 τ_c 是由于三个容积之间均存在阻力所致。τ_c 可用作图法求得，即通过 H_3 响应曲线上的拐点 D 作切线，与时间轴相交于 A 点，与稳态值 $h_3(r)$ 交于 C 点，C 点在时间轴上的投影为 B，即 $\overline{AB}$ 为过程的时间常数，$\overline{OA}$ 为过程的容量滞后时间 τ_c。

纯滞后多容过程数学模型的一般表达式为

$$G(s) = \frac{K}{(T_1 s + 1)(T_2 s + 1)\cdots(T_n s + 1)} \mathrm{e}^{-\tau_0 s} \tag{2-2-15}$$

式中，K 为三容过程的放大系数，$K = 1$。

在过程控制中，有些被控过程可认为 $T_1 = T_2 = T_3 = \cdots = T_n = T_0$，则多容过程的数学模型为

$$G(s) = \frac{K}{(T_0 s + 1)^n} \mathrm{e}^{-\tau_0 s} \tag{2-2-16}$$

同上所述，若过程中的输入量为 μ，被控量为 H_3，则图 2-2-11 所示三容积分过程的数学模型为

$$G(s) = \frac{1}{T_a s(T_1 s + 1)(T_2 s + 1)} \tag{2-2-17}$$

式中，T_1 为第一个水箱的时间常数，$T_1 = R_1 C_1$；T_2 为第二个水箱的时间常数，$T_2 = R_2 C_2$；T_a 为第三个水箱的时间常数，$T_a = \dfrac{C_3}{k_\mu}$；C_1、C_2、C_3 分别为三个水箱的容量系数。

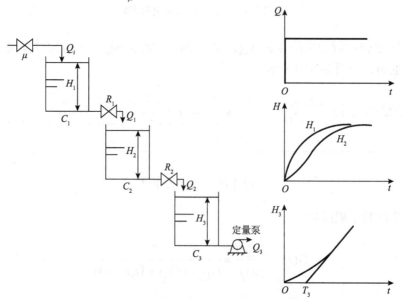

图 2-2-11　三容积分过程及其响应曲线

若三容过程具有纯滞后，则其传递函数为

$$G(s) = \frac{1}{T_a s (T_1 s + 1)(T_2 s + 1)} \mathrm{e}^{-\tau_0 s} \qquad (2\text{-}2\text{-}18)$$

对于多容过程，则有

$$G(s) = \frac{1}{T_a s (T_0 s + 1)^n} \qquad (2\text{-}2\text{-}19)$$

$$G(s) = \frac{1}{T_a (T_0 s + 1)^n} \mathrm{e}^{-\tau_0 s} \qquad (2\text{-}2\text{-}20)$$

利用上述概念可以分析类似的工业过程。图 2-2-12 是一个蒸汽动力装置经济器，它用蒸汽通入经济器中加热盘管中的燃料。在蒸汽入口处装有调节阀以便控制热水的温度。此时，流入、流出都是热流量，有两个可以储蓄热量的容积：盘管的金属管壁和盘管中的一罐水。图 2-2-13 表示这个被控对象的热量流动路线以及容积和阻力的分布情况。利用相应的热阻、热容的概念同样可以写出加热器的运动方程。

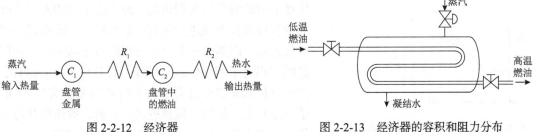

图 2-2-12　经济器　　　　　　　图 2-2-13　经济器的容积和阻力分布

有些被控对象，如图 2-2-1 中的单容水箱，当输入量有一阶跃变化时，即调节阀开度改变，使原来的物质或能量平衡关系遭到破坏后，随着被控量的变化，不平衡量越来越小，被控量能够自动地稳定在新的水平上，达到新的平衡。这种特性称为自平衡特性，具有这种特性的被控对象称为自衡过程。如果对于同样大的调节阀开度变化，被控量只需要稍改变一点就能重新恢复平衡，就说明该过程的自平衡能力强。自平衡能力用对象静态增益 K_0 的倒数衡量，称为自平衡率 $\rho = \dfrac{1}{K_0}$。

也有一些被控对象，如图 2-2-5 中的单容积分水箱，当输入量有一阶跃变化时，调节阀开度改变致使物质或能量平衡关系破坏后，被控量将以固定的速度一直变化下去而不会自动地稳定在新的水平上，达到新的平衡。这种对象不具有自平衡特性，称为非自衡过程。典型工业过程在调节阀开度扰动下的阶跃响应如图 2-2-14 所示，其中(a)为自衡过程，(b)为非自衡过程。它们的传递函数可以用下式近似表示：

自衡过程

$$G(s) = \frac{K}{Ts + 1} \mathrm{e}^{-\tau_0 s}$$

非自衡过程　　　　　　　　　　$$G(s) = \frac{1}{Ts}\mathrm{e}^{-\tau_0 s}$$

式中，K 为被控对象增益；T 为过程的时间常数；τ_0 为纯延迟时间。

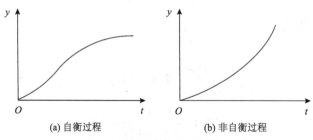

(a) 自衡过程　　　　　　　　　(b) 非自衡过程

图 2-2-14　典型工业过程在调节阀开度扰动下的阶跃响应

　　单纯由延迟构成的过程是很难控制的，但针对单容过程，尤其是有自衡的单容过程则极易控制，它们代表两种极端的情况。在这两种极端情况之间，存在一系列控制难易程度不等的实际工业过程。下面分析如何利用一个简易的指标来衡量实际工业过程控制的难易程度。

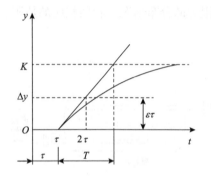

图 2-2-15　自衡过程在阶跃扰动下的阶跃响应的起始阶段

　　图 2-2-15 表示自衡过程在调节阀开度单位阶跃扰动下阶跃响应的初期情况。为了便于在相同的基础上对各种被控对象进行比较，这里输入、输出都用相对值表示，即阀门开度以全行程的百分数表示，被调量则以相对于测量仪表全量程的百分数表示。这样，自衡过程和非自衡过程公式中的 K 为无量纲数，T 的量纲是时间。经过一段延迟时间 τ 后，被调量开始以某个速度变化，这个起始速度称为响应速度，以 ε 表示，显然有

$$\varepsilon = \frac{K}{T} \text{(适用于自衡过程)} \tag{2-2-21}$$

再经过时间 τ 后，被调量的变化量近似为

$$\Delta y = \varepsilon \tau \tag{2-2-22}$$

　　如图 2-2-15 所示，$\varepsilon \tau$ 值越大，则过程越接近一个纯延迟过程，因此该过程就属难控之列。反之，$\varepsilon \tau$ 值越小，则说明该过程属易控之列，即 K 极小，也就是过程的自平衡能力极强；或者 τ / T 极小，此时它接近一个自衡单容过程。这两种情况都意味着该过程属于易控之列。

　　对于非自衡过程也可以做类似的分析，此时式(2-2-22)是准确成立的，其中

$$\varepsilon = \frac{1}{T} \text{(适用于非自衡过程)} \tag{2-2-23}$$

　　因此，可以用 $\varepsilon \tau$ 的大小作为衡量被控对象控制难易程度的简易指标。这个概念是符合实

际的。在第 6 章根据被控对象的阶跃响应整定调节时，将会看到比例带也与 $\varepsilon\tau$ 成正比，而在过程控制中，比例带一向被认为是从另一角度衡量控制难易程度的标志。

2.3　试验法建模

前面介绍的机理建模方法具有较大的普遍性，但是多数工业过程的机理较复杂，其数学模型很难建立。同时在建模过程中虽然作了一些具有一定实际依据的近似和假设，但是毕竟不能完全反映过程的实际情况，有时甚至会带来一些估计不到的影响。因此，在工程上目前主要采用试验法建模——过程辨识与参数估计的方法。下面主要讨论响应曲线法、频域法、相关统计法、最小二乘参数估计法，以及数据驱动的智能建模方法。

2.3.1　响应曲线法

响应曲线法是指通过操作调节阀，使被控过程的控制输入产生一阶跃变化或方波变化，得到被控量随时间变化的响应曲线或输出数据，再根据输入和输出数据，求取过程的输入与输出之间的数学关系。响应曲线法又分为阶跃响应曲线法和方波响应曲线法。

1. 阶跃响应的获取

获取阶跃响应的原理很简单，但在实际工业过程中进行这种测试会遇到许多实际问题，例如，不能因测试使正常生产受到严重的干扰，还要尽量设法减少其他随机扰动的影响以及系统中的非线性因素等。为了得到可靠的测试结果，应注意以下事项。

(1) 合理选择阶跃扰动信号的幅度。过小的阶跃扰动幅度不能保证测试结果的可靠性，而过大的扰动幅度则会使正常生产受到严重干扰甚至危及生产安全。

(2) 试验开始前确保被控对象处于某一选定的稳定工况。试验期间应设法避免发生偶然性的其他扰动。

(3) 考虑到实际被控对象的非线性，应选取不同负荷，在被控量的不同设定值下，进行多次测试。即使在同一负荷和被控量的同一设定值下，也要在正向和反向扰动下重复测试，以求全面掌握对象的动态特性。

为了能够施加比较大的扰动幅度而又不至于严重干扰正常生产，可以采用方波响应曲线法，用矩形脉冲输入代替通常的阶跃输入，即大幅度的阶跃扰动施加一小段时间后立即将它切除。这样得到的矩形脉冲响应与阶跃响应有确定的关系，可以从中求出所需的阶跃响应，如图 2-3-1 所示。

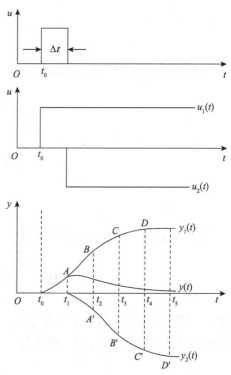

图 2-3-1　由矩形脉冲确定阶跃响应

在图 2-3-1 中，矩形脉冲输入 $u(t)$ 可视为两个阶跃扰动 $u_1(t)$ 和 $u_2(t)$ 的叠加，它们的幅度相等但方向相反且开始作用的时间不同，因此，有

$$u(t) = u_1(t) + u_2(t) \tag{2-3-1}$$

其中

$$u_2(t) = -u_1(t - \Delta t) \tag{2-3-2}$$

假定对象无明显非线性，则矩形脉冲响应就是两个阶跃响应之和，即

$$y(t) = y_1(t) + y_2(t) = y_1(t) - y_1(t - \Delta t) \tag{2-3-3}$$

所需的阶跃响应为

$$y_1(t) = y(t) + y_1(t - \Delta t) \tag{2-3-4}$$

根据式(2-3-4)可以用逐段递推的作图方法得到阶跃响应 $y_1(t)$，如图 2-3-1 所示。

2. 由阶跃响应确定近似传递函数

用试验法建立被控对象的数学模型，首要的问题就是选定模型结构。根据测定到的阶跃响应，可以把它拟合成近似的传递函数。

典型的工业过程的传递函数可以取为各种形式，举例如下。

(1) 一阶惯性环节加纯延迟：

$$G(s) = \frac{Ke^{-\tau s}}{Ts + 1} \tag{2-3-5}$$

(2) 二阶或 n 阶惯性环节加纯延迟：

$$G(s) = \frac{Ke^{-\tau s}}{(T_1 s + 1)(T_2 s + 1)} \tag{2-3-6}$$

或

$$G(s) = \frac{Ke^{-\tau s}}{(Ts + 1)^n} \tag{2-3-7}$$

(3) 用有理分式表示的传递函数：

$$G(s) = \frac{b_m s^m + \cdots + b_1 s + b_0}{a_n s^n + \cdots + a_1 s + a_0} e^{-\tau s}, \quad n > m \tag{2-3-8}$$

等。上述三个公式只适用于自衡过程。对于非自衡过程，其传递函数应含有一个积分环节，对应将式(2-3-5)和式(2-3-6)分别改为

$$G(s) = \frac{1}{T_a s} e^{-\tau s} \tag{2-3-9}$$

和

$$G(s) = \frac{1}{T_1 s (T_2 s + 1)} \mathrm{e}^{-\tau s} \tag{2-3-10}$$

等。传递函数形式的选用取决于：

(1) 关于被控对象的前验知识；

(2) 建立数学模型的目的，从中可以对模型的准确性提出合理的要求。

确定了传递函数的形式后，下面的问题就是如何确定其中的各个参数使之能拟合测试出的阶跃响应。各种不同形式的传递函数中所包含的参数数目不同。一般来说，参数越多，就可以拟合得越完美，但计算工作量也越大。考虑到传递函数的可靠性受到其原始资料(即阶跃响应的可靠性)的限制，而后者一般是难以测试准确的，因此没有必要过分追求拟合的完美程度。实际中，闭环控制尤其是最常用的 PID 控制并不要求非常准确的被控对象数学模型。

下面给出几种确定传递函数的参数的方法。

1) 确定式(2-3-5)中参数 K、T 和 τ 的作图法

如果阶跃响应是一条如图 2-3-2 所示的 S 形的单调曲线，就可以用式(2-3-5)去拟合。增益 K 可以由输入输出的稳态值直接算出。

$$K = \frac{y(\infty)}{x_0} \tag{2-3-11}$$

式中，x_0 为阶跃输入的幅值。而 τ 和 T 则可以用作图法确定。在曲线的拐点 P 处作切线，它与时间轴交于 A 点，$\overline{OA}$ 为过程的滞后时间 τ，与曲线的稳态渐近线 $y(\infty)$ 交于 B 点，$\overline{AB}$ 为过程的时间常数 T，这样就确定了 τ 和 T 的数值，如图 2-3-2 所示。

显然，这种作图法的拟合程度是很差的。首先，与式(2-3-5)所对应的阶跃响应是一条向后平移了 τ 时刻的指数曲线，它不可能完美地拟合一条 S 形曲线。其次，在作图中，切线的画法也有较大的随意性，这直接关系到 τ 和 T 的取值。但是，作图法十分简单，实践证明它可以成功地应用于 PID 调节器的参数整定。

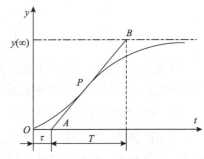

图 2-3-2　用作图法确定参数 T、τ

2) 确定式(2-3-5)中参数 K 和 τ 的两点法

两点法就是利用阶跃响应 $y(t)$ 上两个点的数据去计算 T 和 τ。增益 K 仍按输入输出的稳态值计算，同前。

首先，需要把 $y(t)$ 转换成它的无量纲形式 $y^*(t)$，即

$$y^*(t) = \frac{y(t)}{y(\infty)} \tag{2-3-12}$$

式中，$y(\infty)$ 为 $y(t)$ 的稳态值(图 2-3-2)。

与式(2-3-5)相对应的阶跃响应无量纲形式为

$$y^*(t) = \begin{cases} 0, & t < \tau \\ 1 - \exp\left(-\dfrac{t-\tau}{T}\right), & t \geqslant \tau \end{cases} \tag{2-3-13}$$

式(2-3-13)中只有两个参数 τ 和 T，因此只能根据两个点的测试数据进行拟合。为此先选定两个时刻 t_1 和 t_2，其中 $t_2 > t_1 \geqslant \tau$，从测试结果中读出 $y^*(t_1)$ 和 $y^*(t_2)$ 并写出下述联立方程。

$$\begin{cases} y^*(t_1) = 1 - \exp\left(-\dfrac{t_1-\tau}{T}\right) \\ y^*(t_2) = 1 - \exp\left(-\dfrac{t_2-\tau}{T}\right) \end{cases} \tag{2-3-14}$$

由式(2-3-14)可以解出：

$$\begin{cases} T = \dfrac{t_2 - t_1}{\ln\left[1 - y^*(t_1)\right] - \ln\left[1 - y^*(t_2)\right]} \\ \tau = \dfrac{t_2 \ln\left[1 - y^*(t_1)\right] - t_1 \ln\left[1 - y^*(t_2)\right]}{\ln\left[1 - y^*(t_1)\right] - \ln\left[1 - y^*(t_2)\right]} \end{cases} \tag{2-3-15}$$

为了计算方便，取 $y^*(t_1) = 0.39$，$y^*(t_2) = 0.63$，则可得

$$\begin{cases} T = 2(t_2 - t_1) \\ \tau = 2t_1 - t_2 \end{cases} \tag{2-3-16}$$

最后可取另外两个时刻进行校验，即

$$\begin{cases} t_3 = 0.8T + \tau, & y^*(t_3) = 0.55 \\ t_4 = 2T + \tau, & y^*(t_4) = 0.87 \end{cases} \tag{2-3-17}$$

两点法的特点是单凭两个孤立点的数据进行拟合，而不考虑整个测试曲线的形态。此外，两个特定点的选择也具有某种随意性，因此所得到的结果的可靠性也是值得怀疑的。

3) 确定式(2-3-6)中参数 K、τ、T_1、T_2 的方法

如果阶跃响应是一条如图 2-3-2 所示的 S 形的单调曲线，它也可以用式(2-3-6)去拟合。由于其中包含两个一阶惯性环节，可以拟合得更好。

增益 K 同前，仍由输入输出稳态值确定。再根据阶跃响应曲线确定参数 τ。然后利用下述传递函数去拟合已截去纯延迟部分并已化为无量纲形式的阶跃响应 $y^*(t)$。

$$G(s) = \dfrac{1}{(T_1 s + 1)(T_2 s + 1)}, \quad T_1 \geqslant T_2 \tag{2-3-18}$$

与式(2-3-18)对应的阶跃响应为

$$y^*(t) = 1 - \dfrac{T_1}{T_1 - T_2} e^{\frac{t}{T_1}} + \dfrac{T_2}{T_1 - T_2} e^{\frac{t}{T_2}}$$

或

$$1-y^*(t)=\frac{T_1}{T_1-T_2}\mathrm{e}^{-\frac{t}{T_1}}-\frac{T_2}{T_1-T_2}\mathrm{e}^{-\frac{t}{T_2}} \tag{2-3-19}$$

　　根据式(2-3-19)，就可以利用阶跃响应上两个点的数据 $\left[t_1,y^*(t_1)\right]$ 和 $\left[t_2,y^*(t_2)\right]$ 确定参数 T_1 和 T_2。例如，可以取 $y^*(t)$ 分别等于 0.4 和 0.8，从曲线上找到 t_1 和 t_2，如图 2-3-3 所示，就可以得到下述联立方程：

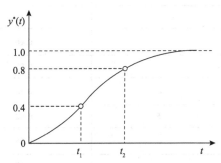

图 2-3-3　根据阶跃响应曲线上两个点的数据确定 T_1 和 T_2

$$\begin{cases}\dfrac{T_1}{T_1-T_2}\mathrm{e}^{-\frac{t_1}{T_1}}-\dfrac{T_2}{T_1-T_2}\mathrm{e}^{-\frac{t_1}{T_2}}=0.6\\[3mm]\dfrac{T_1}{T_1-T_2}\mathrm{e}^{-\frac{t_2}{T_1}}-\dfrac{T_2}{T_1-T_2}\mathrm{e}^{-\frac{t_2}{T_2}}=0.2\end{cases} \tag{2-3-20}$$

式(2-3-20)的近似解为

$$T_1+T_2=\frac{1}{2.16}(t_1+t_2) \tag{2-3-21}$$

$$\frac{T_1T_2}{(T_1+T_2)^2}\approx1.74\frac{t_1}{t_2}-0.55 \tag{2-3-22}$$

对于用式(2-3-18)表示的二阶对象，应有

$$0.32<\frac{t_1}{t_2}\leqslant0.46 \tag{2-3-23}$$

　　上述结果的正确性可验证如下。易知，当 $T_2=0$ 时，式(2-3-18)变为一阶对象，而对于一阶对象阶跃响应则应有

$$\frac{t_1}{t_2}=0.32 \tag{2-3-24}$$

　　将 $T_2=0$ 代入式(2-3-22)，式(2-3-22)近似成立，与式(2-3-21)大致相等，以及 $t_1+t_2=2.12T_1$。当 $T_2=T_1$，即式(2-3-18)中的两个时间常数相等时，根据它的阶跃响应解析式可知：

$$\frac{t_1}{t_2}=0.46 \tag{2-3-25}$$

　　将 $T_2=T_1$ 代入式(2-3-22)，式(2-3-22)近似成立，与式(2-3-21)大致相符，以及 $t_1+t_2=2.18\times2T_1$。

　　如果 $t_1/t_2>0.46$，则说明该阶跃响应需要用更高阶的传递函数才能拟合得更好，例如，可取为式(2-3-7)。此时，仍根据 $y^*(t)=0.4$ 和 0.8 分别定出 t_1 和 t_2，然后根据比值 t_1/t_2，利用表 2-3-1 查出 n 值，最后利用式(2-3-26)计算式(2-3-7)中的时间常数 T：

$$nT \simeq \frac{t_1 + t_2}{2.16} \tag{2-3-26}$$

表 2-3-1　高阶惯性对象 $1/(Ts+1)^n$ 中阶数 n 与比值 t_1/t_2 的关系

n	t_1/t_2	n	t_1/t_2
1	0.32	8	0.685
2	0.46	9	
3	0.53	10	0.71
4	0.58	11	
5	0.62	12	0.735
6	0.65	13	
7	0.67	14	0.75

4) 确定式(2-3-8)中有理分式的方法

在截去纯延迟部分后，被控对象的单位阶跃响应 $h(t)$ 假定如图 2-3-4 所示。现在要用下述传递函数去拟合：

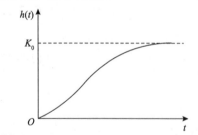

图 2-3-4　截去延迟部分后的单位阶跃响应

$$G(s) = \frac{b_m s^m + b_{m-1} s^{m-1} + \cdots + b_1 s + b_0}{a_n s^n + a_{n-1} s^{n-1} + \cdots + a_1 s + 1}, \quad n > m \tag{2-3-27}$$

根据拉氏变换的终值定理，可知：

$$K_0 = \lim_{t \to \infty} h(t) = \lim_{s \to 0} sG(s)\frac{1}{s} = b_0 \tag{2-3-28}$$

现定义：

$$h_1(t) \overset{\text{def}}{=} \int_0^t \left[K_0 - h(\tau) \right] \mathrm{d}\tau \tag{2-3-29}$$

则根据拉氏变换的积分定理，有

$$L\left\{ h_1(t) \right\} \overset{\text{def}}{=} \frac{1}{s^2}\left[K_0 - G(s) \right] \overset{\text{def}}{=} \frac{G_1(s)}{s} \tag{2-3-30}$$

因此又有

$$K_1 \overset{\text{def}}{=} \lim_{t \to \infty} h_1(t) = \lim_{t \to 0} G_1(s) = K_0 a_1 - b_1 \tag{2-3-31}$$

同理，定义：

$$h_2(t) \overset{\text{def}}{=} \int_0^t \left[K - h_1(\tau) \right] \mathrm{d}\tau \tag{2-3-32}$$

则

$$L\{h_2(t)\} = \frac{1}{s^2}\big[K_1 - G_1(s)\big] \overset{\text{def}}{=} \frac{G_2(s)}{s} \tag{2-3-33}$$

且

$$K_2 \overset{\text{def}}{=} \lim_{t \to \infty} h_2(t) = \lim_{t \to 0} G_2(s) = K_1 a_1 - K_0 a_2 + b_2 \tag{2-3-34}$$

依次类推，可得

$$K_r \overset{\text{def}}{=} \lim_{t \to \infty} h_r(t) = K_{r-1} a_1 - K_{r-2} a_2 + \cdots + (-1)^{r-1} K_0 a_r + (-1)^r b_r \tag{2-3-35}$$

其中

$$h_r(t) \overset{\text{def}}{=} \int_0^t \big[K_{r-1} - h_{r-1}(\tau)\big] \mathrm{d}\tau \tag{2-3-36}$$

于是得到一个线性方程组：

$$\begin{cases} K_0 = b_0 \\ K_1 = K_0 a_1 - b_1 \\ K_2 = K_1 a_1 - K_0 a_2 + b_2 \\ \quad\vdots \\ K_r = K_{r-1} a_1 - K_{r-2} a_2 + \cdots + (-1)^{r-1} K_0 a_r + (-1)^r b_r \end{cases} \tag{2-3-37}$$

式中，$a_1, a_2, \cdots, a_n$ 和 $b_0, b_1, \cdots, b_m$ 为未知数，共 $n+m+1$ 个；$K_0, K_r (r=1, \cdots, n+m)$ 分别是 $h(t)$，$h_r(t)(r=1,2,\cdots,n+m)$ 的稳态值。解方程组(2-3-37)需要 $n+m+1$ 个方程。

这种方法的关键在于确定各 K_r 之值，这需要进行多次积分，不但计算量大，而且精度越来越低。因此，本方法只宜用在传递函数阶数比较低，如 $n+m$ 不超过 3 的情况。与前述的两点法相比，本方法不是只凭阶跃响应曲线上的两个孤立点的数据进行拟合，而是根据整条曲线的态势进行拟合，因此，即使采取较低的阶数，也可以得到较好的拟合结果，当然作为代价，计算量的增大也是显然的。

5) 无自衡特性过程的参数确定方法

对于某些无自衡特性过程，其数学模型用式(2-3-9)描述，其阶跃响应如图 2-3-5 所示。

无自衡过程的阶跃响应随时间 $t \to \infty$ 将无限增大，其变化速度会逐渐趋于恒定。对于式(2-3-9)，去掉纯滞后部分，其微分方程可表示为

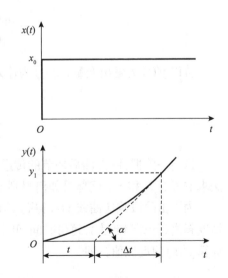

图 2-3-5　无自衡特性过程的阶跃响应

$$T_a \frac{\mathrm{d}y}{\mathrm{d}t} = x(t) \tag{2-3-38}$$

亦即

$$\frac{\mathrm{d}y}{\mathrm{d}t} = \frac{1}{T_a} x(t) \tag{2-3-39}$$

在输入为阶跃变化的 $x(t) = x_0 \cdot 1(t)$ 情况下，输出变化速度将趋向一个常数 x_0 / T_a。因此，可在图 2-3-5 所示阶跃响应的变化速度最大处作切线，若测得该切线斜率为 $\tan\alpha$，则有

$$T_a = \frac{x_0}{\tan\alpha} \approx \frac{x_0}{\dfrac{y_1}{\Delta t}} \tag{2-3-40}$$

据此，式(2-3-9)的参数 T_a 即可近似求得。至于纯滞后时间 τ，可由图 2-3-5 上切线与时间轴的交点求得。

如果采用式(2-3-10)所示的数学模型进行必要的变换，仍可仿照一阶惯性+纯滞后环节参数的方法。为此，对应式(2-3-10)的微分方程，可表示为

$$T_1 \frac{\mathrm{d}}{\mathrm{d}t}\left[T_2 \frac{\mathrm{d}y(t)}{\mathrm{d}t} + y(t) \right] = x(t-\tau) \tag{2-3-41}$$

若令 $\dfrac{\mathrm{d}y(t)}{\mathrm{d}t} = y'(t)$ 为新的变量，则有

$$T_1 T_2 \frac{\mathrm{d}y'(t)}{\mathrm{d}t} + T_1 y'(t) = x(t-\tau) \tag{2-3-42}$$

亦即

$$T_2 \frac{\mathrm{d}y'(t)}{\mathrm{d}t} + y'(t) = \frac{1}{T_1} x(t-\tau) \tag{2-3-43}$$

若以 $y'(t)$ 为输出变量，$x(t)$ 为输入变量，则与式(2-3-43)对应的传递函数可表示为

$$\frac{Y'(s)}{X(s)} = \frac{1/T_1}{T_2 s + 1} \mathrm{e}^{-\tau s} \tag{2-3-44}$$

这与一阶惯性+纯滞后环节的传递函数类似，可按照一阶惯性+纯滞后环节的参数确定方法求取 T_1、T_2 和 τ。问题是如何得到 $y'(t)$。

为了由阶段响应曲线 $y(t)$ 得到 $y'(t)$，可将 $y(t)$ 先分成 n 等份(一般取 $n=10:20$，n 越大，精度越高,计算量越大)，每份时间间隔为 Δt。然后，根据相应的时间 t_i 和 $y(t_i)$，按照式(2-3-45)计算 $y'(t_i)$ 的近似值，即

$$y'(t_i) \approx \frac{\Delta y(t_i)}{\Delta t} = \frac{y(t_i) - y(t_i - 1)}{\Delta t}, \quad i = 1, 2, \cdots, n \tag{2-3-45}$$

依据式(2-3-45)可得 $y'(t)$ 随时间变化的曲线，然后按一阶惯性+纯滞后环节的参数确定方法求取各个参数。

2.3.2　频域法

被控过程的动态特性也可以用频率特性 $G(\mathrm{j}\omega) = \dfrac{y(\mathrm{j}\omega)}{x(\mathrm{j}\omega)} = |G(\mathrm{j}\omega)| \angle G(\mathrm{j}\omega)$ 来表示，频率特性表征了系统的动态运动规律。

用频率特性测试法可得到被控过程的频率特性曲线。其测试原理如图 2-3-6 所示，在所测过程的输入端加入特定频率的正弦信号，同时记录输入和输出的稳定波形(幅值与相位)，在所选定范围内的各个频率上重复上述测试，便可测得该被控过程的频率特性。

图 2-3-6　过程频率特性测试原理图

用正弦输入信号测定频率特性的优点是能直接从记录曲线上求得频率特性。稳态正弦激励试验利用线性系统频率保持特性，即在单一频率输入时，系统的输出也是单一频率，而把系统的噪声干扰及非线性因素引起输出畸变的谐波分量都看作干扰，在试验过程中容易发现干扰的存在和影响。试验测量装置应能滤出与激励频率一致的正弦信号，显示其响应幅值与相对于激励信号的相移，或者给出其同相分量及正交分量。通过测出被测过程通频带内抽样频点的幅值、相值，就可以画出奈奎斯特(Nyquist)图或波特(Bode)图，进而获得被控过程的传递函数。

在频率特性测试中，幅频特性较易测得，而相角信息的精确测量比较困难，因为要保证测量滤波装置对不同频率不造成相移或有恒定的相移比较困难。

在实际测试中，输出信号常混有大量的噪声，严重时甚至会将有用信号淹没，这就要求采取有效的滤波手段，在噪声背景下提取有用信号，基于相关原理设计的频率特性测试装置在这方面具有明显的优势。其工作原理是对激励输入信号进行波形变换，得到幅值恒定的正余弦参考信号，把参考信号与被测信号进行相关处理(即相乘和平均)，所得常值(直流)部分保存了被测信号基波的幅值和相角信息。基于相关原理的频率特性测试装置组成原理如图 2-3-7 所示。

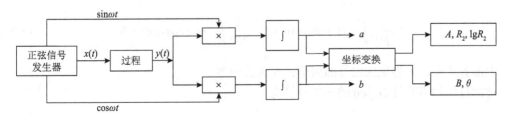

图 2-3-7　频率特性相关测试装置组成原理图

将函数信号发生器产生的正弦激励信号 $x(t)$ 送到被测过程输入端。信号发生器还产生幅值恒定的正弦、余弦参考信号，分别送到两个乘法器，与被测过程的输出信号 $y(t)$ 相乘后，通过积分器得到两路直流信号，即同相分量 a 与正交分量 b。

图 2-3-7 中其他符号的含义如下：A 为被测过程频率特性 $G(\mathrm{j}\omega)$ 的同相分量，B 为被测过程频率特性 $G(\mathrm{j}\omega)$ 的正交分量，R_2 为输出的基波幅值，θ 为被测过程输出与输入信号的相位差，$\lg R_2$ 为被测过程输出基波幅值的对数值。相关测试原理的数学表述如下。

被测过程在输入信号 $x(t) = R_1 \sin \omega t$ 的激励下，其理想输出为

$$y_\omega(t) = R_2 \sin(\omega t + \theta) = a \sin \omega t + b \cos \omega t \tag{2-3-46}$$

其中

$$a = R_2 \cos \theta, \quad b = R_2 \sin \theta$$

式中，R_1、R_2 分别为被测信号的输入、输出信号的幅值；a 为被测过程输出信号的同相分量；b 为被测过程输出信号的正交分量；θ 为输出信号相对于输入信号的相移(相位差)。

考虑到直流干扰及高频干扰的存在，实际输出可表示为

$$y(t) = \frac{a_0}{2} + a \sin \omega t + b \cos \omega t + \sum_{k=2}^{\infty} (a_k \sin k\omega t + b_k \cos k\omega t) + n(t) \tag{2-3-47}$$

式中，$a \sin \omega t$、$b \cos \omega t$ 为基波分量；$a_0/2$ 为直流干扰；$a_k \sin k\omega t$、$b_k \cos k\omega t$ $(k \geqslant 2)$ 为高次谐波干扰分量；$n(t)$ 为随机(噪声)干扰。

对输出信号 $y(t)$ 分别与 $\sin \omega t$ 及 $\cos \omega t$ 进行相关的运算：

$$\frac{2}{NT} \int_0^{NT} y(t) \sin \omega t \mathrm{d}t = \frac{2}{NT} \int_0^{NT} \frac{a_0}{2} \sin \omega t \mathrm{d}t + \frac{2}{NT} \int_0^{NT} (a \sin \omega t + b \cos \omega t) \sin \omega t \mathrm{d}t$$

$$+ \frac{2}{NT} \int_0^{NT} \sum_{k=2}^{\infty} (a_k \sin k\omega t + b_k \cos k\omega t) \sin \omega t \mathrm{d}t + \frac{2}{NT} \int_0^{NT} n(t) \sin \omega t \mathrm{d}t \tag{2-3-48}$$

$$= a + \frac{2}{NT} \int_0^{NT} n(t) \sin \omega t \mathrm{d}t \approx a$$

当 N 足够大时，式(2-3-48)中的 $\dfrac{2}{NT} \displaystyle\int_0^{NT} n(t) \sin \omega t \mathrm{d}t \approx 0$。

同理可得

$$\frac{2}{NT} \int_0^{NT} y(t) \cos \omega t \mathrm{d}t = b + \frac{2}{NT} \int_0^{NT} n(t) \cos \omega t \mathrm{d}t \approx b \tag{2-3-49}$$

上面各式中，T 为正弦信号的周期；N 为正整数。

被测过程频率特性 $G(\mathrm{j}\omega)$ 的同相分量为

$$A = \frac{a}{R_1} \tag{2-3-50}$$

正交分量为

$$B = \frac{b}{R_1} \tag{2-3-51}$$

幅值为

$$|G(j\omega)| = \sqrt{A^2 + B^2} \tag{2-3-52}$$

相角为

$$\angle G(j\omega) = \arctan\frac{b}{a} \tag{2-3-53}$$

然后将 $|G(j\omega)|$、$\angle G(j\omega)$ 以极坐标或对数坐标的形式表示出来，就可得到被测过程的 Nyquist 图或 Bode 图，进而获得被控过程的传递函数。频率测试法的优点是简单、方便、精度较高。国产的 BT-6 型频率特性测试仪就是按以上原理设计的。对于惯性比较大的生产过程，要测定其频率特性需要持续很长的时间，一般实际生产现场不允许生产过程较长时间偏离正常运行状态，被控过程特性频率测试法在线测试的运用受到一定的限制。

2.3.3　相关统计法

前面所介绍的响应曲线法辨识被控过程数学模型的方法需要进行专门的试验，其生产装置要由正常运行状态转入试验状态，因此会影响生产的正常进行。

相关统计法辨识过程的数学模型可以在生产正常运行状态下进行，不会对生产造成影响。此方法以随机过程理论为基础，其特点是要处理大量的信息。若配用计算机或专用仪器，则数据处理是方便的。因此这种方法已获得了广泛的应用。

用相关统计法辨识过程数学模型时，事先将 M 序列伪随机信号输入被控过程，然后计算其输出信号与输入信号的互相关函数，这样就求得过程的脉冲响应函数，从而获得其数学模型。

1. 有关平稳随机过程的基础知识

1) 随机过程

如图 2-3-8 所示，信号 $x_1(t)$ 为随机信号，它们的"集合"称为随机过程。随机过程是一个总体的概念。

2) 平稳随机过程

研究随机过程所得的曲线 $x_1(t)$，称为随机过程的一个"实现"。如 $x_2(t)$，$x_3(t)$，$\cdots$，$x_k(t)$，当 k 足够大时，则可求得在任一时刻 T_1 随机过程的时间平均值，即

$$\bar{x}(T_1) = \frac{1}{k}\sum_{i=1}^{k} x_i(T_1) \tag{2-3-54}$$

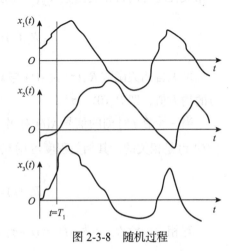

图 2-3-8　随机过程

同理，也可求得随机过程的时间均方值，即

$$\overline{x}^2(T_1) = \frac{1}{k}\sum_{i=1}^{k} x_i^2(T_1) \tag{2-3-55}$$

一个随机过程，其统计特性(如平均值与均方值)在各个时刻都不变，即

$$\overline{x}(T_1) = \overline{x}(T_2) = \overline{x}(T_3) = \cdots \tag{2-3-56}$$

和　　　　　　　　　　　$$\overline{x}^2(T_1) = \overline{x}^2(T_2) = \overline{x}^2(T_3) = \cdots \tag{2-3-57}$$

则称该随机过程为平稳随机过程。

　　平稳随机过程是数学上的抽象，但是许多工业生产过程的统计特性变化是缓慢的，因此在足够长的时间里往往可认为是一个平稳随机过程。

　　如果在同一时刻对随机过程的各个实现 $x_1(t), x_2(t),\cdots$ 进行观察的结果和许多不同时刻对该随机过程的一个实现观察的结果具有相同的统计性质，则称该随机过程是各态历经的。

　　对于各态历经的平稳随机过程，其总体的统计性质可用一条记录曲线的统计性质来表示。其总体平均值 $\overline{x}$ 等于任意一个 $x(t)$ 的时间平均值，只要时间取足够长即可，即

$$\overline{x} = \lim_{T\to\infty}\frac{1}{2T}\int_{-T}^{T} x(t)\mathrm{d}t \tag{2-3-58}$$

总体均方值为

$$\overline{x}^2 = \lim_{T\to\infty}\frac{1}{2T}\int_{-T}^{T} x^2(t)\mathrm{d}t \tag{2-3-59}$$

3) 相关函数

相关函数包括自相关函数和互相关函数。

　　一个 t 时刻的信号 $x(t)$ 对 $t+\tau$ 时刻的信号 $x(t+\tau)$ 有影响，则称 $x(t)$ 与 $x(t+\tau)$ 是相关的。其相关程度可用自相关函数 $R_{xx}(\tau)$ 来度量，可定义为

$$R_{xx}(\tau) = \lim_{T\to\infty}\frac{1}{2T}\int_{-T}^{T} x(t)x(t+\tau)\mathrm{d}t \tag{2-3-60}$$

　　可见自相关函数 $R_{xx}(\tau)$ 为 $x(t)$ 与 $x(t+\tau)$ 乘积的时间平均值。当 $\tau=0$ 时，$R_{xx}(0)$ 等于该信号的均方值，即 $R_{xx}(0) = \sigma^2$。

　　当一个在 t 时刻的信号 $x(t)$ 对另一个在 $x(t+\tau)$ 时刻的信号 $R_{xy}(\tau)$ 有影响时，称 $x(t)$ 与 $y(t+\tau)$ 是相关的，其相关程度可用互相关函数 $R_{xy}(\tau)$ 来度量，可定义为

$$R_{xy}(\tau) = \lim_{T\to\infty}\frac{1}{2T}\int_{-T}^{T} x(t)y(t+\tau)\mathrm{d}t \tag{2-3-61}$$

互相关函数 $R_{xy}(\tau)$ 为 $x(t)$ 与 $y(t+\tau)$ 乘积的时间平均值。

　　对于各态历经的平稳随机过程，相关函数只与 τ 有关，而和 t 无关。

4) 功率密度谱与白噪声

自相关函数 $R_{xx}(\tau)$ 是对信号 $x(t)$ 在时间域进行描述。同样地， $R_{xx}(\tau)$ 进行傅里叶变换，在频域进行描述，即

$$S_{xx}(j\omega) = \int_{-\infty}^{\infty} R_{xx}(\tau)e^{-j\omega\tau}d\tau = \int_{-\infty}^{\infty} R_{xx}(\tau)(\cos\omega\tau - j\sin\omega\tau)d\tau$$

$$S_{xx}(j\omega) = \int_{-\infty}^{\infty} R_{xx}(\tau)\cos\omega\tau d\tau \tag{2-3-62}$$

上述积分是 ω 的实函数，通常可用 $S_{xx}(\omega)$ 表示， $S_{xx}(\omega)$ 就称为信号 $x(t)$ 的功率谱密度，或称为谱密度函数。

如果在所有频率下，一个平稳随机过程 $x(t)$ 的功率谱密度都具有恒定的幅值，如图 2-3-9(a) 所示，即

$$S_{xx}(\omega)=常数, \quad -\infty < \omega < \infty \tag{2-3-63}$$

则称 $x(t)$ 是白噪声。

白噪声的变化速度极快，它的值前后互不相关，其自相关函数可用一个单位脉冲来描述，即

$$R_{xx}(\tau) = K_r\delta(\tau) \tag{2-3-64}$$

式中， K_r 为常数； $\delta(\tau)$ 为单位脉冲函数，即

$$\delta(\tau) = \begin{cases} 1, & \tau = 1 \\ 0, & \tau \neq 0 \end{cases} \tag{2-3-65}$$

式(2-3-64)的图像如图 2-3-9(b)所示。

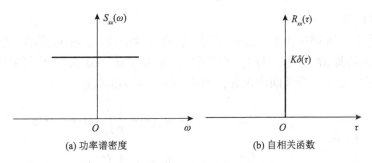

(a) 功率谱密度　　　　　　　　　(b) 自相关函数

图 2-3-9　白噪声的 $S_{xx}(\omega)$ 和 $R_{xx}(\tau)$

白噪声只是理论上的抽象，实际上是不存在的，但是若某个实际的随机信号，在所考虑的频率范围内(对工业过程来说，在低频范围内)，其功率密度谱 $S_{xx}(\omega)$ 的幅值是恒定的，则可认为它是白噪声。相关统计法辨识被控过程的脉冲响应函数所采用的随机信号源应该是白噪声。

2. 相关统计法辨识被控过程数学模型的原理及示例

1) 用白噪声辨识过程的数学模型

一个线性过程的数学模型可用它的脉冲响应函数来表示。如图 2-3-10 所示，线性过程的脉冲响应函数为 $g(u)$，若其输入 $x(t)$ 是一个平稳的随机过程，则其输出 $y(t)$ 也是一个平稳随机过程。若过程的输入量为 $x(t)$ 的自相关函数 $R_{xx}(\tau)$，则其输出量就相当于该过程的输出 $y(t)$ 与 $x(t)$ 之间的互相关函数 $R_{xy}(\tau)$。

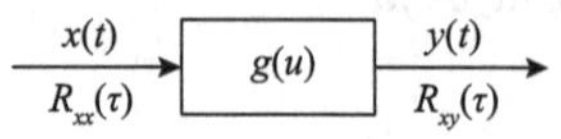

图 2-3-10　线性过程的输入输出关系

用相关统计法辨识过程的数学模型时，可应用著名的维纳-霍普夫(Wiener-Hopf)方程，即

$$R_{xy}(\tau) = \int_0^\infty g(u)R_{xx}(\tau-u)\mathrm{d}u \tag{2-3-66}$$

式(2-3-66)说明了过程的脉冲响应函数 $g(u)$ 和 $R_{xx}(\tau)$、$R_{xy}(\tau)$ 之间的关系。若能通过计算求出 $R_{xx}(\tau)$ 和 $R_{xy}(\tau)$，则只要解式(2-3-66)即可求得过程的脉冲响应函数 $g(u)$，但是对于一般信号的 $R_{xx}(\tau)$ 和 $R_{xy}(\tau)$，求解上述方程是很困难的，所以必须找到某些特殊形式的输入信号，以简化求解。

由前所述，白噪声的自相关函数是一个 δ 函数，即

$$R_{xx}(\tau) = K\delta(\tau) \tag{2-3-67}$$

则

$$g(\tau) = \frac{1}{K}R_{xy}(\tau) \tag{2-3-68}$$

可见，在过程输入端施加白噪声后，只要求取 $R_{xy}(\tau)$，即求得了过程的数学模型 $g(\tau)$，但是白噪声只是数学上的一种抽象，工程上是不容易产生的，所以常用伪随机信号作为辨识被控过程的输入信号。

2) 用伪随机信号辨识过程的数学模型

(1) 伪随机信号。

伪随机信号是一种周期为 T 的信号序列，它有多种形式，其中最简单、最常用的是最大长度二位式序列(简称 M 序列)。M 序列的循环周期为 $N\Delta t$，Δt 为每个码的持续时间。M 序列的相关函数只需要在一个周期内积分，而不必取 $T \to \infty$ 的极限，即

$$R_{xx}(\tau) = \frac{1}{T}\int_0^T x(t)x(t+\tau)\mathrm{d}t \tag{2-3-69}$$

$$R_{xy}(\tau) = \frac{1}{T}\int_0^T x(t)y(t+\tau)\mathrm{d}t \tag{2-3-70}$$

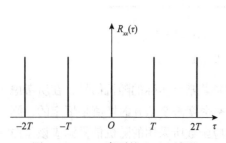

图 2-3-11　M 序列的 $R_{xx}(\tau)$ 波形

M 序列自相关函数的波形形状与白噪声的自相关函数波形形状相似，但它有一个重复周期 T，$R_{xx}(\tau)$ 在 $\tau=0,T,2T,\cdots$ 以及 $-T,-2T,\cdots$ 处有值，其他各点的值为零，如图 2-3-11 所示。

在工程上，M 序列容易实现，例如，可用移位寄存器来产生，也可利用数字计算机来实现等。

如图 2-3-12 所示，一个周期长为 $N = 15$ 的 M 序列，即 111100010011010，对此，只要用四级移位寄存器或利用计算机编程的方法产生 M 序列。若 M 序列 0 取高电平 a，1 取低电平 $-a$，其自相关函数为

$$R_{xx}(\tau) = \begin{cases} a^2, & -\Delta t < \tau < \Delta t \\ -\dfrac{a^2}{15}, & \Delta t \leqslant \tau \leqslant (N-1)\Delta t, \quad N = 15 \end{cases} \tag{2-3-71}$$

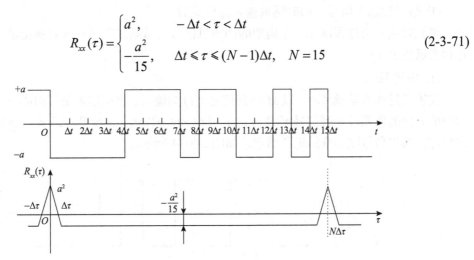

图 2-3-12　M 序列及 M 序列的 $R_{xx}(\tau)$

可见，自相关函数是一个三角波，它与横坐标轴的距离为 $-a^2/N$。当 Δt 很小，N 很大时，三角波趋近一个理想的 δ 函数，同时，$-a^2/N$ 接近零，但是 Δt 也不能太小，需要综合考虑选取。

(2) 辨识原理。

用 M 序列辨识过程的数学模型时，在过程的输入端施加一个 M 序列信号，只要 M 序列的周期大于过程脉冲函数的持续时间，则过程的互相关函数与其脉冲响应函数成比例，即

$$g(\tau) = \frac{1}{K} R_{xy}(\tau) \tag{2-3-72}$$

过程输入端的伪随机信号的自相关函数为一个周期性的三角波，则过程输出的互相关函数是一个三角波的响应，如图 2-3-13 所示。因此用上述公式计算求出 $R_{xy}(\tau)$，便可得到过程的数学模型。

(3) 辨识过程数学模型的具体步骤。

① 估计过程的过渡时间 T_s 和截止频率 f_M。被控过程的过渡时间 T_s 可以作一次阶跃响应试验获得。过程的截止频率 f_M 可用计算机或其他仪器给过程输入不同周期的低振幅矩形波，并观察其响应，当矩形波的周期小于某一值时，过程不产生响应，此时矩形波周期的倒数可近似认为是过程的 f_M。

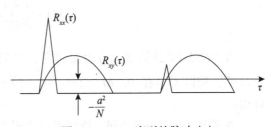

图 2-3-13　M 序列的脉冲响应

② 选择 M 序列参数。M 序列伪随机信号的周期大于过程的过渡时间 T_s，通常认为伪随机信号周期 $T = N\Delta t = (1.25 \sim 1.5)T_s$。伪随机信号的时钟周期 $\Delta t \leqslant 0.3\dfrac{1}{f_M}$。信号的幅值 a 应根据过程的允许幅值来决定。在工艺允许的条件下，幅值 a 应取大一点为好。

③ 用计算机或伪随机信号发生器产生 M 伪随机信号。

④ 给过程输入信号，同时测取输入输出参数。

试验时应先给过程输入一个周期的伪随机信号，从第二个周期开始测量输出数据，计算互相关函数 $R_{xy}(\tau)$。

(4) 应用举例。

在辨识过程数学模型时，以 M 序列信号 $x(t)$ 为输入，再根据该信号构成一个周期与此时相同的离散的周期性序列信号 $x'(t)$，它在 $-k\Delta t, -(k-1)\Delta t, \cdots, -\Delta t, 0, \Delta t, 2\Delta t, \cdots$ 等时刻为一理想的脉冲，其正负号随 $x(t)$ 的正负而定，如图 2-3-14 所示。

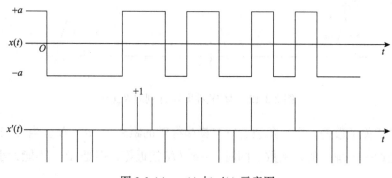

图 2-3-14　$x(t)$ 与 $x'(t)$ 示意图

$x'(t)$ 与 $x(t)$ 的自相关函数可用式(2-3-73)求取，即

$$R_{x'x}(\tau) = \frac{1}{N}\sum_{k=0}^{N-1} x'(k\Delta t)x(k\Delta t + \tau) \tag{2-3-73}$$

由式(2-3-73)计算 $R_{x'x}(\tau)$ 是容易的，只要取 τ，$\tau+\Delta t$，$\tau+2\Delta t$，$\cdots$，$\tau+(N-1)\Delta t$ 等共 N 个时刻的 $x(t)$ 值，乘以 $x'(t)$ 在 0，Δt，$\cdots$，$(N-1)\Delta t$ 时刻的符号值(+1 或-1)，相加后再除以 N 即得。

$x'(t)$ 与过程 $y(t)$ 的互相关函数可用式(2-3-74)求取，即

$$R_{x'y}(\tau) = \frac{1}{N}\sum_{k=0}^{N-1} x'(k\Delta t)y(k\Delta t + \tau) \tag{2-3-74}$$

由式(2-3-74)计算 $R_{x'y}(\tau)$ 也很容易，只要取 τ，$\tau+\Delta t$，$\cdots$，$\tau+(N-1)\Delta t$ 共 N 个时刻的 $y(t)$ 值，乘以 $x'(t)$ 在 0，Δt，$2\Delta t$，$\cdots$，$(N-1)\Delta t$ 时刻的符号值(+1 或-1)，相加后再除以 N 即得。

由于 $R_{x'x}(\tau)$ 是一个方波，所以 $R_{x'y}(\tau)$ 相当于一个方波的响应。应用式(2-3-68)即可求得对

象的脉冲响应函数 $g(\tau)$ 。

下面介绍一个用相关统计法辨识过程数学模型的实例。

如图 2-3-15 所示，在调节阀上施加一个 M 序列信号 $x(t)$ ，辨识炉膛温度对燃料量变化的脉冲响应函数，其中， $x(t)$ 的参数为 $\Delta t = 4\text{min}$ ， $N = 15$ ， $a = 0.003\text{MPa}$ 。

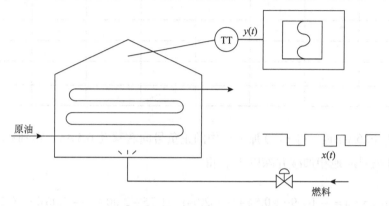

图 2-3-15　用 M 序列辨识加热炉过程

试验结果： $y(t)$ 的记录曲线如图 2-3-16 所示，共取三个周期的数据。由于生产条件的随机波动及记录仪表的测量误差，三个周期的记录曲线并不完全重复。

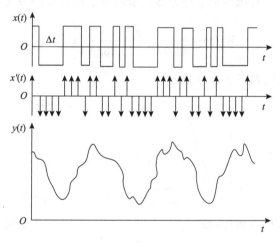

图 2-3-16　试验记录曲线

数据处理工作可用计算机或专用仪器进行，但在这里互相关函数的计算很简单，下面介绍一种手工计算方法。

首先将 $y(t)$ 在 0, $0.5\Delta t$, Δt , … 各时刻的采样值记录下来，如表 2-3-2 所示。在计算互相关函数 $R_{xy}(\tau)$ 时，可按表 2-3-2 中 $\tau = 0$ 那一栏中的正负号对应地将 $y(t)$ 的采样值相加减，并除以采样值的个数。若采样个数 $2N = 30$ ，则

$$R_{x'y}(0) = \frac{1}{30}[(2.06 + 0.68 + \cdots + 2.86) - (1.85 + 1.84 + \cdots + 2.04)] = -0.303$$

表 2-3-2　试验记录表

Δt	0	0.5	1	1.5	2	2.5	...	44	44.5
$y(\Delta t)$	2.06	1.96	1.85	1.75	1.84	2.00	...	2.06	1.76
$\tau = 0$	+		−		−				
0.5		+		−		−			
1.0			+		−			−	
1.5				+		−			
⋮									
14.5									+

在计算 $R_{xy}(0.5\Delta t)$ 时，将 $\tau = 0$ 那一栏中的正负号向右移动 $0.5\,\Delta t$，得到 $\tau = 0.5\Delta t$。然后将 $y(t)$ 的采样值对应地相加减并除以 30，得

$$R_{xy}(0.5\Delta t) = \frac{1}{30}[(1.96 + 0.54 + \cdots + 2.04) - (1.75 + 2.00 + \cdots + 2.06)] = -0.295$$

如此继续下去，直到计算满一个周期，即 $\tau = 15\Delta t$ 为止。本例所得 $R_{xy}(t)$ 的图形如图 2-3-17(a) 所示，它就是炉膛温度对应于燃料量的方波响应，再将图 2-3-17(a) 相对于稳态作一平移，则得图 2-3-17(b) 所示图形。若按本章前述方法，最后可求出过程的传递函数，即

$$W_o(s) = \frac{87}{44.09 s^2 + 13.28 s + 1} e^{-3.32 s} \tag{2-3-75}$$

过程的阶跃响应曲线如图 2-3-18 所示。

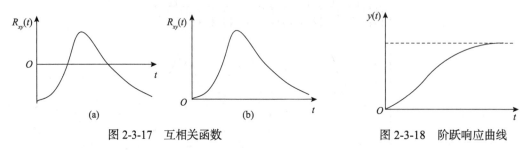

图 2-3-17　互相关函数　　　　　　　图 2-3-18　阶跃响应曲线

以上是单输入单输出过程的情况。对于多输入多输出的过程，用相关统计法辨识时，可根据线性叠加原理进行。

2.3.4　最小二乘参数估计法

1. 基本关系式及其估计原理

过程(系统)辨识包含确定模型结构和参数估计。参数估计是在模型结构已知的情况下，利用过程输入、输出的试验数据，按某种估计方法求取模型参数。参数估计方法有很多，下面仅介绍常用的最小二乘法。

一个单输入单输出的线性 n 阶常数系统，可用如下差分方程表示：

$$
\begin{aligned}
& y(k) + a_1 y(k-1) + a_2 y(k-2) + \cdots + a_n y(k-n) \\
& = b_1 u(k-1) + b_2 u(k-2) + \cdots + b_n u(k-n) + e(k)
\end{aligned}
\tag{2-3-76}
$$

式中，$u(k)$ 为实际过程的输入序列；$y(k)$ 为实际过程的输出序列；$e(k)$ 为模型残差，它是一个随机变量序列；n 为模型的阶数。

参数估计(n 已知)时，从输入输出数据中求取方程的定常系数 $a_1, a_2, \cdots, a_n, b_1, b_2, \cdots, b_n$。

若对输入输出观察了 $N+n$ 次，则得到的输入、输出序列为

$$
\{ u(k), y(k) \mid k = 1, 2, \cdots, N+n \}
$$

为了估计上述 $2n$ 个未知参数，要构成如式(2-3-76)那样的 N 个观察方程：

$$
\begin{aligned}
y(n+1) &= -a_1 y(n) - \cdots - a_n y(1) + b_1 u(n) + \cdots + b_n u(1) + e(n+1) \\
y(n+2) &= -a_1 y(n+1) - \cdots - a_n y(2) + b_1 u(n+1) + \cdots + b_n u(2) + e(n+2) \\
& \qquad\qquad\qquad\qquad \vdots \\
y(n+N) &= -a_1 y(n+N-1) - \cdots - a_n y(N) + b_1 u(n+N-1) + \cdots + b_n u(N) + e(n+N)
\end{aligned}
\tag{2-3-77}
$$

式中，$N \geqslant 2n+1$。

将上述观察方程组用向量形式表示，即

$$
\boldsymbol{y}(N) = \boldsymbol{x}(N) \boldsymbol{\theta}(N) + \boldsymbol{e}(N)
\tag{2-3-78}
$$

或简记为

$$
\boldsymbol{y} = \boldsymbol{x\theta} + \boldsymbol{e}
\tag{2-3-79}
$$

式中，$\boldsymbol{y}(N)$ 为测试向量；$\boldsymbol{e}(N)$ 为随机干扰向量；$\boldsymbol{x}(N)$ 为数据向量；$\boldsymbol{\theta}(N)$ 为参数向量，即

$$
\boldsymbol{y}(N+1) = \begin{bmatrix} y(n+1) \\ \vdots \\ y(n+N) \\ y(n+N+1) \end{bmatrix} = \begin{bmatrix} \boldsymbol{y}(N) \\ \\ y(n+N+1) \end{bmatrix}
$$

$$
\boldsymbol{x}(N+1) = \begin{bmatrix} x^{\mathrm{T}}(N) \\ \\ x^{\mathrm{T}}(N+1) \end{bmatrix}
$$

$$
\boldsymbol{e}(N) = \begin{bmatrix} e(n+1) \\ e(n+2) \\ \vdots \\ e(n+N) \end{bmatrix}
\tag{2-3-80}
$$

$$x(N) = \begin{bmatrix} x_1^{\mathrm{T}}(1) \\ x_2^{\mathrm{T}}(2) \\ \vdots \\ x_N^{\mathrm{T}}(N) \end{bmatrix}$$

$$= \begin{bmatrix} -y(n) & -y(n-1) & \cdots & -y(1) & u(n) & u(n-1) & \cdots & u(1) \\ -y(n+1) & -y(n) & \cdots & -y(2) & u(n+1) & u(n) & \cdots & u(2) \\ \vdots & \vdots & \ddots & \vdots & \vdots & \vdots & \ddots & \vdots \\ -y(n+N-1) & -y(n+N-2) & \cdots & -y(N) & u(n+N-1) & u(n+N-2) & \cdots & u(N) \end{bmatrix}$$

$$\theta(N) = \begin{bmatrix} a_1 \\ \vdots \\ a_n \\ b_1 \\ \vdots \\ b_n \end{bmatrix} \tag{2-3-81}$$

式(2-3-81)是待估计参数。

参数估计的最小二乘原理是从式(2-3-76)的一类模型中找出这样一个模型，在这个模型中，过程的参数向量 θ 的估计量 $\hat{\theta}$，能使模型误差尽可能地小，即要求估计出来的参数使得观察方程组(2-3-77)的残差平方和(损失函数)最小，如式(2-3-82)所示：

$$J = \sum_{k=n+1}^{n+N} e^2(k) = e^{\mathrm{T}} e \tag{2-3-82}$$

将式(2-3-79)代入式(2-3-82)可得

$$J = (y - x\theta)^{\mathrm{T}}(y - x\theta) \tag{2-3-83}$$

为了求出模型中的未知参数，必须求解如下方程组：

$$\frac{\partial J}{\partial a_i} = 0$$
$$\frac{\partial J}{\partial b_i} = 0 \tag{2-3-84}$$

式中，$i = 1, 2, 3, \cdots, n$。

若对式(2-3-78)直接求导，得

$$\frac{\partial J}{\partial \hat{\theta}} = \frac{\partial}{\partial \hat{\theta}}[(y - x\hat{\theta})^{\mathrm{T}}(y - x\hat{\theta})] = -2x^{\mathrm{T}}(y - x\hat{\theta}) = 0 \tag{2-3-85}$$

或

$$x^{\mathrm{T}} x\theta = x^{\mathrm{T}} y \tag{2-3-86}$$

从式(2-3-86)可求得最小二乘估计 $\hat{\theta}$ 为

$$\hat{\theta} = (x^{\mathrm{T}} x)^{-1} x^{\mathrm{T}} y \tag{2-3-87}$$

通常认为 $x^{\mathrm{T}}x$ 为非奇异矩阵，有逆矩阵存在。

2. 递推的最小二乘法

前面介绍的最小二乘估计法是在测取一批数据后再进行计算的，即利用全部采样点的数据直接完成估计。当获得新的数据后，要将新的数据附加到以前的数据之上，按式(2-3-87)重新计算。这样计算工作量大，同时又浪费时间。为了解决这个问题，可以采用递推算法，即采用新的数据来改进原来的参数估计，使估计值不断刷新，得到新的估计值，而不必重复进行计算。

当增加一个观察数据 $[u(n+N+1), y(n+N+1)]$ 时，有

$$
y(N+1) = \begin{bmatrix} y(n+1) \\ \vdots \\ y(n+N) \\ y(n+N+1) \end{bmatrix} = \begin{bmatrix} y(N) \\ \\ y(n+N+1) \end{bmatrix} \tag{2-3-88}
$$

$$
x(N+1) = \begin{bmatrix} x(N) \\ \\ x_{N+1}^{\mathrm{T}}(N+1) \end{bmatrix}
$$

式中，$x_{N+1}^{\mathrm{T}}(N+1) = [-y(n+N), -y(n+N+1), \cdots, -y(N+1), -u(n+N), \cdots, -u(1+N)]$。根据 $n+N+1$ 个观察数据对的参数估计式为

$$
\hat{\boldsymbol{\theta}}(N+1) = [x^{\mathrm{T}}(N+1)x(N+1)]^{-1}x^{\mathrm{T}}(N+1)y(N+1) \tag{2-3-89}
$$

将式(2-3-88)代入式(2-3-89)，可得

$$
\begin{aligned}
\hat{\boldsymbol{\theta}}(N+1) &= \left[[x^{\mathrm{T}}(N)x_{N+1}(N+1)]\begin{bmatrix} x(N) \\ x_{N+1}^{\mathrm{T}}(N+1) \end{bmatrix}\right]^{-1} \\
&\quad \cdot [x^{\mathrm{T}}(N)x_{N+1}(N+1)]\begin{bmatrix} y(N) \\ y^{\mathrm{T}}(N+n+1) \end{bmatrix} \\
&= [x^{\mathrm{T}}(N)x(N) + x_{N+1}(N+1)x_{N+1}^{\mathrm{T}}(N+1)]^{-1} \\
&\quad \cdot [x^{\mathrm{T}}(N)y(N) + x_{N+1}(N+1)y^{\mathrm{T}}(N+n+1)]
\end{aligned} \tag{2-3-90}
$$

由于式(2-3-90)中的 $[x^{\mathrm{T}}(N)x(N) + x_{N+1}^{\mathrm{T}}(N+1)x_{N+1}^{\mathrm{T}}(N+1)]$ 求逆复杂，为此需要利用如下矩阵求逆定理。

设 A、C、$A+BCD$ 均为非奇异矩阵，则

$$
[A+BCD]^{-1} = A^{-1} - A^{-1}B[C^{-1}+DA^{-1}B]^{-1}DA^{-1} \tag{2-3-91}
$$

式(2-3-87)与式(2-3-89)分别表示了根据 N 及 $N+1$ 组数据对参数 $\hat{\boldsymbol{\theta}}$ 的最小二乘估计算式。令

$$
\boldsymbol{P}(N) = [x^{\mathrm{T}}(N)x(N)]^{-1} \tag{2-3-92}
$$

则

$$P(N+1) = \left[\left[x^T(N) \quad x_{N+1}(N+1) \right] \begin{bmatrix} x(N) \\ x_{N+1}^T(N+1) \end{bmatrix} \right]^{-1}$$

$$= \left[x^T(N)x(N) + x(N+1)x^T(N+1) \right]^{-1} \tag{2-3-93}$$

$$= \left[P(N) + x_{N+1}(N+1)x_{N+1}^T(N+1) \right]^{-1}$$

应用矩阵求逆定理，令 $A = P^{-1}(N)$，$B = x_{N+1}(N+1)$，$C = I$，$D = x_{N+1}^T(N+1)$ 则由式 (2-3-91)可得

$$P(N+1) = P(N) - P(N)x_{N+1}(N+1)[I + x_{N+1}^T(N+1)$$
$$\cdot P(N)x_{N+1}(N+1)]^{-1}x_{N+1}^T(N+1)P(N)$$

把上式代入式(2-3-89)，可得

$$\hat{\theta}(N+1) = \hat{\theta}(N) + [x^T(N)x(N)]^{-1}x_{N+1}(N+1) \cdot [I + x_{N+1}^T(N+1)[x^T(N)x(N)]]^{-1}$$
$$\cdot [x_{N+1}(N+1)]^{-1}[y(n+N+1) - x_{N+1}^T(N+1)\hat{\theta}(N)]$$

$$= \hat{\theta}(N) + P(N)x_{N+1}(N+1)[I + x_{N+1}^T(N+1)P(N)x_{N+1}(N+1)]^{-1} \tag{2-3-94}$$
$$\cdot [y(n+N+1) - x_{N+1}^T(N+1)\hat{\theta}(N)]$$

或写成

$$\hat{\theta}(N+1) = \hat{\theta}(N) + K(N+1)[y(n+N+1) - x_{N+1}^T(N+1)\hat{\theta}(N)]\hat{\theta}(N) \tag{2-3-95}$$

式中，$K(N+1)$ 为增益矩阵，即

$$K(N+1) = P(N)x_{N+1}(N+1)[I + x_{N+1}^T(N+1)P(N)x_{N+1}(N+1)]^{-1} \tag{2-3-96}$$

式(2-3-95)、式(2-3-96)、式(2-3-93)为递推的最小二乘估计的算式。

从递推的最小二乘估计算式可见，$N+1$ 组数据的参数估计 $\hat{\theta}(N+1)$ 等于 N 组数据的参数估计加修正项 $K(N+1)[y(n+N+1) - x_{N+1}^T(N+1)\hat{\theta}(N)]$，其中，$x_{N+1}^T(N+1)\hat{\theta}(N)$ 表示基于 $\hat{\theta}(N)$ 和 $x_{N+1}^T(N+1)$ 对输出 $y(n+N+1)$ 的估计。因此 $y(n+N+1) - x_{N+1}^T(N+1)\hat{\theta}(N)$ 表示 $e(N+1)$，即增加一个新的观察数据输出的估计误差，而 $K(N+1)$ 为估计误差的加权矩阵。

另外，在 $P(N+1)$ 与 $K(N+1)$ 公式中的因子 $I + x_{N+1}^T(N+1)P(N)x_{N+1}(N+1)$ 是一个数，所以实质上 $[I + x_{N+1}^T(N+1)P(N)x_{N+1}(N+1)]^{-1}$ 是一个除法，从而省去了一个矩阵求逆的复杂运算。

采用递推公式计算 P 时，每个采样时刻的 $\hat{\theta}$ 和 P 值可按式(2-3-95)和式(2-3-93)计算，但其初值需先设定。

设 $P(0) = a^2I$，其中，a 为一个数值非常大的标量，I 为单位矩阵。$\hat{\theta}(0)$ 可设定为任何值。当无任何先验信息时，可令 $\hat{\theta}(0) = 0$，算法从 $\hat{\theta}(1)$ 与 $P(1)$ 递推。

3. 确定模型的阶次 n

前面讨论的估计差分方程的系数都是假定模型的阶次 n 是已知的。实际上，模型的阶次是很难事先准确知道的，它是系统辨识中的一个重要问题。因为对阶次的了解程度是直接与一个线性差分方程的准确结构有关的，所以模型阶次不准确可能在控制过程系统设计时发生严重问题。因此在辨识过程中，模型的阶次是否适合是必须进行检验的。关于过程模型阶次的检验方法很多，如表 2-3-3 所示。下面介绍一种常用拟合度检验法。

表 2-3-3　确定模型阶次 n 的检验方法

检验方法	代号	有干扰时的有效性	无干扰时的有效性
行列式比	DR	好	差
推广的行列式比	EDR	好	尚可
辅助行列式比	IDR	好	好
模拟误差的独立性	IO	好	尚可
拟合度检验	LF	好	好
信号误差	SE	好	好
F 检验	FT	好	好
多项式检验	PT	好	好
最终预报误差	FPF	好	好

模型的拟合度检验法是一种应用较多的以模型拟合质量来估计其阶次的方法。这种方法是通过比较不同阶次的模型输出与观察输出的拟合好坏来决定模型阶次的。其具体做法是，先设定模型的阶次 $n = 1,2,3,\cdots$ ，再在不同阶次下计算相应的参数估计值 $\hat{\theta}_n$ 和式(2-3-97)所示的 J ，然后比较相邻的不同阶次 n 的模型与观察数据之间拟合程度的好坏。

若 J_{n+1} 与 J_n 明显减小，则阶次由 $n+1$ 上升到 $n+2$ ，直至阶次增加后 J 无明显变化，即 $J_{n+1} - J_n \leqslant \varepsilon$ ，最后选用 J 减小不明显的阶次。拟合好坏的指标可选用误差平方和的函数或损失函数 J 来评定，即

$$J = e^{\mathrm{T}} e = (y - x\hat{\theta})^{\mathrm{T}} (y - x\hat{\theta}) \tag{2-3-97}$$

在一般情况下，随着模型阶次 n 的增加， J 值明显减小。当设定的阶次比实际的阶次大时， J 值就无明显下降，所以可以应用这一原理来确定合适的模型阶次。下面举例来说明这一阶次检验方法的具体应用。

例 2-3-1　设过程模型为如下差分方程：

$$y(k) = -\sum_{i=1}^{n} a_i y(k-i) + \sum_{i=1}^{n} b_i u(k-i) + e(i) \tag{2-3-98}$$

试由观察数据决定式(2-3-98)所示模型的阶次。

解：首先假设 $n = 1,2,3$ ，对系统进行仿真，然后对五种不同的模型噪声水平，根据输入

输出数据来估计不同阶次假定下的参数 $\hat{\theta}_n$，同时算出 $n=1,2,3$ 所对应的 J_n 值。计算结果如表 2-3-4 所示。

表 2-3-4 不同 n 时的 J_n 值比较

噪声水平	损失函数 J_n 值		
	$n=1$	$n=2$	$n=3$
$\sigma = 0.0$	265.836	0.000	—
$\sigma = 0.1$	248.447	0.987	0.983
$\sigma = 0.5$	337.848	24.558	24.451
$\sigma = 1.0$	308.132	99.863	98.698
$\sigma = 5.0$	5131.905	2462.220	2440.245

由表 2-3-4 可见，不管噪声大小，$n=2$ 时的 J_n 值与 $n=3$ 时的 J_n 值相差不大，故选择模型阶次为 $n=2$。另外，当 $\sigma=0$，$n>2$ 时，由于 $\boldsymbol{x}^{\mathrm{T}}\boldsymbol{x}$ 为奇异矩阵，故 $\hat{\theta}$ 不再存在。当数据有噪声，$\sigma \neq 0$ 时，在 $n=1,2,3$ 情况下，$\boldsymbol{x}^{\mathrm{T}}\boldsymbol{x}$ 均为非奇异矩阵，故 $\hat{\theta}$ 存在。

4. 确定纯滞后时间 τ_0

在以上估算时间算法中，均不考虑纯滞后时间，即 $\tau_0=0$。但在实际生产过程中，τ_0 不一定为零，所以必须加以辨识。对于离散时间模型，纯滞后时间 τ_0 取采样时间间隔 T 的整数倍，如 $\tau_0=k_0T, k_0=1,2,3,\cdots$。

设过程有纯滞后时的差分方程为

$$y(k) = -\sum_{i=1}^{n} a_i y(k-i) + \sum_{i=1}^{n} b_i u(k-k_0-i) \tag{2-3-99}$$

式(2-3-99)与前面使用算式的不同之处仅在于输入信号从 $u(k-i)$ 变为 $u(k-k_0-i)$，所以有关最小二乘估计算法也只要将数据矩阵中的 $u(k-i)$ 换成 $u(k-k_0-i)$，其他可不作任何变动。

纯滞后时间 τ_0 通常是可以事先知道的。在工业生产过程中，有些纯滞后时间是由物料的传输所致，对此可以通过前述方法的精确测量取得，但是，在化工生产过程中，一些重要的状态变量常常无法测量，导致纯滞后时间大小未知。不过可以通过前述阶跃响应曲线试验法获得，或比较不同滞后时间的损失函数 J 的方法来求取，就是可通过上述模型的拟合度检验法确定模型阶次 n 和 k_0，由于 $\tau_0=k_0T$，当 $k_0=1,2,\cdots$ 时，反复进行最小二乘估计，最佳的 k_0 就是能使损失函数 J 趋于最小的值。这里 J 的取法与确定模型阶次 n 的取法相同，所以可将两者结合起来进行，同时确定 n 和 τ_0。

2.3.5 数据驱动的智能建模方法

基于数据驱动的智能建模方法无须掌握生产过程的内在机理，只依赖于收集到的生产过程历史数据。该类方法主要通过对生产过程中的历史输入输出数据进行统计分析，建立描述主导变量与辅助变量之间关系的数学表达式，数据驱动模型可以通过统计学习发现未被机理模型所表征的隐含动态特性，更加适用于带有不确定性和高度非线性的复杂工业过程建模。可以通过最小化误差来确定数据驱动模型的整体结构和相关参数，而数据驱动模型的性能主要取决于数据质量的好坏和建模方法是否合适。

数据驱动方法建模分为多个步骤，包括辅助变量选择、数据采集、数据预处理、模型建立以及模型调试。典型的数据驱动的智能建模方法主要可以分为基于统计回归的建模方法、基于人工智能的建模方法、基于概率框架的建模方法和基于优化算法的建模方法。下面对数据驱动的智能建模方法中的常用方法的原理和各方法在过程控制领域中的应用进行简单介绍。

1. 基于统计回归的建模方法

多元统计分析技术和多元线性回归是基于统计回归建模常用的建模技术，其中应用较多的是主成分回归和偏最小二乘。

主成分回归是利用主成分分析技术对输入变量进行特征提取，再利用最小二乘回归建立提取的主元和主导变量的回归模型，主成分回归是由 Pearson 在解决非随机变量问题中提出的，随后由 H. Hotelling 改进并引入随机变量中，成为目前最常用数据降维方法之一。

偏最小二乘在很大程度上克服了最小二乘回归的共线性问题，并保证输入数据空间与输出数据空间特征的协方差最大，偏最小二乘强调自变量对因变量的解释作用，由偏最小二乘能够较好地解决输入变量之间的共线性强耦合问题，因此在工业过程建模领域得到了广泛的应用。

2. 基于人工智能的建模方法

随着人工智能技术的发展，以支持向量机、神经网络为代表的人工智能方法在数据驱动建模领域得到了广泛应用。

1) 支持向量机

支持向量机(Support Vector Machine，SVM)在机器学习和模式识别领域有着重要的地位，有着严格的理论基础，并具有较好的非线性拟合性能。

对于样本 $\{x_i,y_i\}, i=1,2,\cdots,n, x_i \in \mathbb{R}^p$ 为输入数据，$y_i \in \mathbb{R}$ 为输出数据，利用非线性映射核函数 $\varphi(\cdot):\mathbb{R}^p \to \mathbb{R}^h$ 将原数据样本由原空间 $\mathbb{R}^p$ 映射至高维特征空间 $\mathbb{R}^h$，输入输出数据回归关系表示为

$$y_i = w_i\phi(x_i)+b, \quad i=1,2,\cdots,n \tag{2-3-100}$$

通过结构风险最小化原则，计算 w_i 与 b_i 的值：

$$R = \frac{1}{2}\| w \|^2 + c \cdot R_{\text{emp}} \to \min \tag{2-3-101}$$

最小二乘支持向量机(LSSVM)算法选择的损失函数为误差 ξ_i 的二次项，优化问题变为

$$\min J(\boldsymbol{w}, \boldsymbol{\xi}) = \frac{1}{2} \| \boldsymbol{w} \|^2 + c \sum_{i=1}^{l} \xi_i^2, \quad \text{s.t.} \quad y_i(x_i) = \varphi(x_i) \cdot \boldsymbol{w} + b + \xi_i, \quad i = 1, 2, \cdots, l \tag{2-3-102}$$

拉格朗日法求解：

$$L(\boldsymbol{w}, \boldsymbol{b}, \boldsymbol{\xi}, \boldsymbol{a}, \boldsymbol{\gamma}) = \frac{1}{2} \| \boldsymbol{w} \|^2 + c \sum_{i=1}^{l} a_i \left[\boldsymbol{w} \cdot \varphi(x_i) + b + \xi_i - y_i \right] \tag{2-3-103}$$

式中，$a_i (i = 1, 2, \cdots, l)$ 是拉格朗日乘子。

优化条件为

$$\frac{\partial L}{\partial \boldsymbol{w}} = 0, \quad \frac{\partial L}{\partial \boldsymbol{b}} = 0, \quad \frac{\partial L}{\partial \boldsymbol{\xi}} = 0, \quad \frac{\partial L}{\partial \boldsymbol{a}} = 0 \tag{2-3-104}$$

可得

$$w_i = \sum_{i=1}^{l} a_i \varphi(x_i), \quad \sum_{i=1}^{l} a_i = 0, \quad a_i = c \xi_i, \quad \boldsymbol{w} \cdot \varphi(x_i) + b + \xi_i - y_i = 0 \tag{2-3-105}$$

定义核函数为 $K(x_i, x_j) = \varphi(x_i) \cdot \varphi(x_j)$，则上述优化问题可转化为线性方程求解：

$$\begin{bmatrix} 0 & 1 & \cdots & 1 \\ 1 & K(x_1, x_1) + 1/c & \cdots & K(x_1, x_l) \\ \vdots & \vdots & & \vdots \\ 1 & K(x_l, x_1) & \cdots & K(x_l, x_l) + 1/c \end{bmatrix} \begin{bmatrix} b \\ a_1 \\ \vdots \\ a_l \end{bmatrix} = \begin{bmatrix} 0 \\ y_1 \\ \vdots \\ y_l \end{bmatrix} \tag{2-3-106}$$

2) 神经网络

随着计算机技术的不断发展以及科研人员不断研究，出现了大批神经元连接方式不同的神经网络模型，如基于误差反向传播(Back-Propagation，BP)的神经网络模型、基于径向基函数(Radial Basis Function，RBF)的神经网络模型、感知器神经网络模型、基于函数连接的神经网络模型、自组织神经网络模型等。

神经网络根据网络节点间以及各层之间的连接方式可分为前馈神经网络和递归神经网络，前馈神经网络结构是沿着输入层到输出层的方向把节点连接并没有反馈连接；递归神经网络结构中节点之间存在自反馈和其他节点反馈。相比于递归神经网络，前馈型神经网络具有结构简单、算法容易实现等优势，研究表明，三层前馈神经网络模型可以逼近任何非线性函数。

极限学习机(Extreme Learning Machine，ELM)是一种新型前馈型神经网络，该模型较好地解决了基于误差反向传播算法训练神经网络的问题，ELM 是一种单隐含层前馈神经网络模型，由于其输入层到隐含层的权值随机产生，输出权值由求解广义逆矩阵产生，因此在模型训练过程中不需要对参数进行调整，此种模型训练方式使 ELM 具有训练速度快的特点。极限学习机的算法执行流程详细介绍如下。

假设现在有一个样本集 $S = \{(x_i, y_i) \mid i = 1, 2, \cdots, n\}$，其中 n 为样本数量，$x_i = [x_{i1}, x_{i2}, \cdots, x_{im}] \in \mathbb{R}^m$ 表示第 i 个输入样本，x_{im} 表示样本 x_i 的第 m 个变量，y_i 表示第 i 个单变量输出样本。网络输

出为

$$\sum_{j=1}^{N_h} \beta_j g(x_i \cdot \omega_j + b_j) = o_i \tag{2-3-107}$$

式中，$\omega_j = (w_{j1}\ w_{j2}\ \cdots\ w_{jm})^{\mathrm{T}}$（$j=1,2,\cdots,N_h$）是连接输入层神经元和第 j 个隐含层神经元的输入权值；N_h 是隐含层节点数；b_j 是第 j 个隐含层神经元的阈值；β_j 是连接第 j 个隐含层神经元和输出层神经元的权值；$x_i \cdot \omega_j$ 是 x_i 和 ω_j 的内积；$g(\cdot)$ 是 ELM 隐含层激活函数。

ELM 可以使 n 个样本的网络输出与真实输出之间的误差近似为零，即 $\sum_{i=1}^{n}\left[\theta(x_i) - y_i\right] \approx 0$，故有

$$\sum_{j=1}^{N_h} \beta_j g(x_i \cdot \omega_j + b_j) = y_i \tag{2-3-108}$$

其矩阵表达形式为

$$\boldsymbol{H\beta} = \boldsymbol{y}$$

式中，$\boldsymbol{\beta} = (\beta_1\ \beta_2\ \cdots\ \beta_{N_h})^{\mathrm{T}}$ 表示连接 ELM 隐含层与输出层的权值向量；$\boldsymbol{H}$ 表示 ELM 隐含层的输出矩阵，具体计算公式为

$$\boldsymbol{H} = \begin{bmatrix} g(x_1 \cdot \omega_1 + b_1) & \cdots & g(x_1 \cdot \omega_{N_h} + b_{N_h}) \\ \vdots & & \vdots \\ g(x_n \cdot \omega_1 + b_1) & \cdots & g(x_n \cdot \omega_{N_h} + b_{N_h}) \end{bmatrix} \tag{2-3-109}$$

ELM 网络隐含层连接输出层的权值向量的计算方程如下：

$$\hat{\boldsymbol{\beta}} = \boldsymbol{H}^+ \boldsymbol{y} \tag{2-3-110}$$

式中，$\boldsymbol{H}^+$ 为隐含层输出矩阵 $\boldsymbol{H}$ 的广义逆矩阵。

因此，整个网络模型的训练过程可以划分为以下三个步骤：

(1) 设置输入权值矩阵及隐含层阈值；

(2) 计算网络中间层的输出矩阵 $\boldsymbol{H}$；

(3) 利用 $\boldsymbol{H}^+$ 计算输出权值矩阵。

图 2-3-19 为常规 ELM 结构图。

ELM 是一个模型结构和学习算法都较为简单的人工神经网络，具有极速学习的优点。ELM 的学习算法不会陷入局部极值，在泛化能力方面也具有一定的优势。

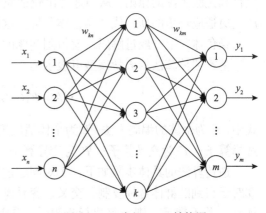

图 2-3-19　常规 ELM 结构图

3. 基于概率框架的建模方法

基于概率框架的建模方法是指以极大似然估计(Maximum Likelihood Estimation，MLE)为原则的机器学习方法。常见的方法有概率主成分分析(Probabilistic Principal Component Analysis，PPCA)和高斯过程回归模型(Gaussian Processes Regression，GPR)。与统计方法相比，基于概率框架的数据驱动建模方法可以在概率框架下包含若干个概率模型对非高斯和多工况工业过程建模，此外，当建模数据出现缺失值和离群点数据时，利用期望最大化和概率模型结合的方法可以有效地降低缺失数据对模型精度的影响。

4. 基于优化算法的建模方法

近年来，智能优化算法得到了快速的发展和应用，出现了许多有代表性的方法，如遗传算法、蚁群优化算法、模拟退火算法、布谷鸟搜索算法等，这些算法为模型求解提供了可行且有效的策略，受到越来越多的关注。下面以遗传算法和粒子群优化算法为例进行介绍。

1) 遗传算法

遗传算法(Genetic Algorithm，GA)的基本思想是基于达尔文(Darwin)的进化论和孟德尔(Mendel)的遗传学说。关于生物的进化，达尔文的进化论认为：生物是通过进化演化而来的，在进化过程中，每一步由前辈随机产生的过程都足够简单，但生物从初始点到最终产物的整个过程并不简单，而是通过一步一步地演变构成了并非一个纯机遇的复杂过程。整个演变过程由每一步的幸存者控制，每一物种在发展中越来越适应环境。物种每个个体的基本特征由后代所继承，但后代又会产生一些异于父代的新特征。在环境变化时，只有能适应环境的个体方能保留下来。孟德尔遗传学说最重要的是基因遗传原理。它认为遗传以密码方式存在于细胞中，并以基因形式包含在染色体内，每个基因都有特殊的位置并控制某种特殊性质，所以，每个基因产生的个体对环境都具有某种适应性。基因突变和基因杂交可产生更适应于环境的后代。经过优胜劣汰，适应性强的基因结构得以保存下来。

(1) 遗传算法的基本原理。

遗传算法把问题的解表示成"染色体"，即以二进制或浮点数编码表示的串。然后给出一群"染色体"，即初始种群(假设解集)，把这些假设解置于问题的"环境"中，并按适者生存和优胜劣汰的原则，从中选择出较适应环境的"染色体"进行复制、交叉、变异等过程，产生更适应环境的新一代"染色体"群。这样，一代一代地进化，最后收敛到最适应环境的一个"染色体"上，经过解码，就得到问题的近似最优解。

基本遗传算法的数学模型可表示为

$$GA = F(C, E, P_0, M, \varphi, \Gamma, \Psi, T) \tag{2-3-111}$$

式中，C 为个体的编码方法；E 为个体适应度评价函数；P_0 为初始种群；M 为种群大小；φ 为选择算子；Γ 为交叉算子；Ψ 为变异算子；T 为遗传运算终止条件。

遗传算法的具体步骤如下：①对问题进行编码；②定义适应度函数后，产生初始群体；③对于得到的群体选择复制、交叉、变异操作，生成下一代种群；④判断算法是否满足停止规则，若不满足，则重复执行步骤③；⑤算法结束，获得最优解。GA 流程图如图 2-3-20 所示。

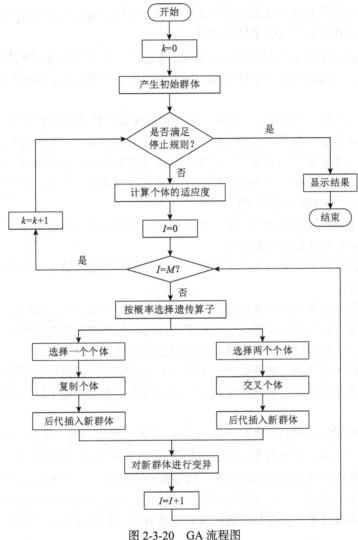

图 2-3-20　GA 流程图

(2) 遗传算法的优点。

遗传算法从数学角度讲是一种概率性搜索算法，从工程角度讲是一种自适应的迭代寻优过程。与其他方法相比，它具有以下优点。

① 编码性：GA 处理的对象不是参数本身，而是对参数集进行了编码的个体，遗传信息存储在其中。通过在编码集上的操作，使得 GA 不受函数条件的约束，其具有广泛的应用领域，适于处理各类非线性问题，并能有效地解决传统方法不能解决的某些复杂问题。

② 多解性和全局优化性：GA 是多点、多途径搜索寻优，且各路径之间有信息交换，因此能以很大的概率找到全局最优解或近似全局最优解，并且每次都能得到多个近似解。

③ 自适应性：GA 具有潜在的学习能力，利用适应度函数，能把搜索空间集中于解空间中期望值最高的部分，自动挖掘出较好的目标区域，适用于具有自组织、自适应和自学习的系统。

④ 不确定性：GA 在选择、交叉和变异操作时，采用概率规则而不是确定性规则来指导

搜索过程向适应度函数值逐步改善的搜索区域发展，克服了随机优化方法的盲目性，只需较少的计算量就能找到问题的近似全局最优解。

⑤ 隐含并行性：对于 n 个群体的 GA 来说，每迭代一次实际上隐含能处理 $O(n^3)$ 个群体，这使 GA 能利用较少的群体来搜索可行域中较大的区域，从而只需较少的代价就能找到问题的全局近似解。

⑥ 智能性：遗传算法在确定了编码方案、适应度函数值及遗传算子之后，利用进化过程中获得的信息自行组织搜索。这种自组织和自适应的特征赋予了它根据环境的变化自动发现环境的特征和规律的能力，消除了传统算法设计过程中的一个最大障碍，即需要事先描述问题的全部特点，并说明针对不同的问题，算法应采取的措施。于是，利用遗传算法可以解决那些结构尚无人能理解的复杂问题。

基本遗传算法只使用选择算子、交叉算子和变异算子三种基本遗传算子，操作简单、容易理解，是其他遗传算法的雏形和基础。

构成基本遗传算法的要素是染色体编码、适应度函数、遗传算子以及遗传参数设置等。

① 染色体编码。

编码就是将问题的解空间转换成遗传算法所能处理的搜索空间。编码是应用遗传算法时要解决的首要问题，也是关键问题。它决定了个体的染色体中基因的排列次序，也决定了遗传空间到解空间的变换解码方法。编码的方法也影响遗传算子的计算方法，好的编码方法能够大大提高遗传算法的效率。遗传算法的工作对象是字符串，因此对字符串的编码有两点要求：一是字符串要反映所研究问题的性质；二是字符串的表达要便于计算机处理。常用的二进制编码如下：

二进制编码用固定长度的二进制符号 {0, 1} 串来表示群体中的个体，个体中的每一位二进制字符称为基因。例如，长度为 10 的二进制编码可以表示为 0～1023 的 1024 个不同的数。如果一个待优化变量的区间 $[a, b]=[0, 100]$，则变量的取值范围可以离散成 $(2^l)p$ 个点，其中，l 为编码长度，p 为变量数目。从离散点 0 到离散点 100，依次对应 0000000000～0001100100。

二进制编码中符号串的长度与问题的求解精度有关。若变量的变化范围为 $[a, b]$，编码长度为 l，则编码精度为 $\dfrac{b-a}{2^l-1}$。

二进制与自变量之间的转换公式为

$$a = a_{\min} + \frac{b}{2^m-1}(a_{\max} - a_{\min}) \tag{2-3-112}$$

式中，a 是 $[a_{\min}, a_{\max}]$ 上的自变量；b 是 m 位二进制数。

二进制编码、解码操作简单易行，杂交和变异等遗传操作便于实现，符合最小字符集编码原则，具有一定的全局搜索能力和并行处理能力。除此之外，还有符号编码、浮点数编码、格雷编码等。

② 适应度函数。

在用遗传算法寻优之前，首先要根据实际问题确定适应度函数，即要明确目标。各个个体适应度值的大小决定了它们是继续繁衍还是消亡，以及能够繁衍的规模。它相当于自然界中各生物对环境的适应能力的强弱，充分体现了自然界适者生存的自然选择规律。

　　为了使遗传算法能正常进行，同时保持种群内染色体的多样性，改善染色体适应度值的分散程度，使之既要有差距，又不要差距过大，以利于染色体之间的竞争，保证遗传算法的良好性能，需要对所选择的适应度函数进行某些数学变换。常见的几种数学变换方法包括线性变换、幂变换、指数变换等。最简单的线性变换如下：

　　把优化目标函数变换为适应度函数的线性函数，即

$$f(Z) = aZ + b \tag{2-3-113}$$

式中，$f(Z)$ 为适应度函数；$Z = Z(\boldsymbol{x})$ 为优化目标函数；a、b 为系数，可根据具体问题的特点和期望的适应度分散程度，在算法开始时确定或在每一代生成过程中重新计算。

　　③ 遗传算子。

　　遗传算子就是遗传算法中进化的规则。基于遗传算法的遗传算子主要有选择算子、交叉算子和变异算子。

　　选择算子就是用来确定如何从父代群体中按照某种方法，选择哪些个体作为子代的遗传算子。选择算子建立在对个体的适应度进行评价的基础上，其目的是避免基因的缺失，提高全局收敛性和计算效率。选择算子是 GA 的关键，体现了自然界中适者生存的思想。选择算子的常用操作方法有赌轮选择法、排序选择法、最优保存策略等。

　　交叉算子体现了自然界信息交换的思想，其作用是将原有群体的优良基因遗传给下一代并生成包含更复杂结构的新个体。参与交叉的个体一般为两个。交叉算子有一点交叉、二点交叉、多点交叉和一致交叉等。其中，一点交叉如下：

　　首先在染色体中随机选择一个点作为交叉点；然后第一个父辈交叉点前的串和第二个父辈交叉点后的串组合形成一个新的染色体，第二个父辈交叉点前的串和第一个父辈交叉点后的串形成另外一个新染色体。

　　在交叉过程的开始，先产生随机数与交叉概率 p_c 进行比较，若随机数比 p_c 小，则进行交叉运算；否则直接返回父代。

　　例如，下面两个串在第五位上进行交叉，生成的新染色体将替代它们的父辈而进入中间群体。

$$\left.\begin{array}{l} \underline{1010} \otimes \underline{\text{xyxyyx}} \\ \underline{\text{xyxy}} \otimes \underline{\text{xxxyxy}} \end{array}\right\} \longrightarrow \begin{array}{l} \underline{1010\text{xxxyxy}} \\ \underline{\text{xyxyxyxyyx}} \end{array} \tag{2-3-114}$$

　　变异算子是遗传算法中保持物种多样性的一条重要途径，它模拟了生物进化过程中的偶然基因突变现象。其操作过程是：先以一定概率从群体中随机选择若干个体；然后，对于选中的个体，随机选取某一位进行反运算，即由 1 变为 0，由 0 变为 1。

　　对于实数编码的基因串，基因变异的方法可以采用与二进制串表示时相同的方法，也可以采用不同的方法。例如，"数值交叉法"采用了两个个体的线性组合来产生子代个体，即个体 p 和个体 q 的基因交换结果为

$$\begin{aligned} p' &= kp + (1-k)q \\ q' &= kq + (1-k)p \end{aligned} \tag{2-3-115}$$

式中，k 为 0～1 的控制参数，可以采用随机数，也可以采用与进化过程有关的参数。

GA 的搜索能力主要是由选择和交叉赋予的。变异因子则保证了算法能搜索到问题解空间的每一点，从而使算法具有全局最优性，进一步增强了 GA 的能力。

对产生的新一代群体重新进行评价选择、交叉和变异。如此循环往复，使群体中最优个体的适应度和平均适应度不断提高，直到最优个体的适应度达到某一限值或最优个体的适应度和群体的平均适应度不再提高，则迭代过程收敛，算法结束。

④ 遗传参数设置。

遗传算法一般有 4 个参数需要提前设定，一般在以下范围内进行设置。群体大小：20～100；遗传算法的终止进化代数：100～500；交叉概率：0.4～0.99；变异概率：0.0001～0.1。

初始的种群生成是随机的。在初始种群赋值之前，尽量进行一个大概率的区间估计，以免初始种群分布在远离全局最优解的编码空间，导致遗传算法的搜索范围受到限制，同时也为算法减轻负担。

群体规模太小，很明显会出现近亲交配，产生病态基因。而且造成有效等位基因先天缺失，即使采用较大概率的变异算子，生成具有竞争力高阶模式的可能性仍然很小，况且大概率变异算子对已有模式的破坏作用极大。同时，遗传算子存在随机误差(模式采样误差)，妨碍小群体中有效模式的正确传播，使得种群进化不能按照模式定理产生所预期的期望数量。

针对变异参数，变异概率太小，种群的多样性下降太快，容易导致有效基因的迅速丢失且不容易修补；变异概率太大，尽管种群的多样性可以得到保证，但是高阶模式被破坏的概率也随之增大。

交叉概率与变异概率类似，交叉概率太大容易破坏已有的有利模式，随机性增大，容易错失最优个体；交叉概率太小不能有效更新种群。

2) 粒子群优化算法

粒子群优化算法(Particle Swarm Optimization，PSO)是一种有效的全局寻优算法，最初由美国学者 Kennedy 和 Eberhart 于 1951 年提出。它是基于群体智能理论的优化算法，通过群体中粒子间的合作与竞争进行优化搜索。与传统的进化算法相比，粒子群优化算法保留了种群全局搜索能力，采用速度-位移模型，使操作简单，避免了复杂的遗传操作，它特有的记忆可以动态跟踪当前搜索情况以调整搜索策略。由于每代种群中的解具有"自我"学习和向"他人"学习的双重优点，从而能在较少的迭代次数内找到最优解。目前，该方法已广泛应用于函数优化、数据挖掘、神经网络训练等领域。

(1) 粒子群优化算法基本原理。

粒子群优化算法具有进化计算和群体智能的特点，通过个体间的协作和竞争，实现复杂空间中最优解的搜索。在粒子群优化算法中，可以把每个优化问题的潜在解看作 n 维搜索空间上的一个点，称为"粒子"或"微粒"，并假定它是没有体积和质量的。所有粒子都有一个被目标函数所决定的适应度值和一个决定它们位置和飞行方向的速度，然后粒子以该速度追随当前最优粒子在解空间中进行搜索，其中，粒子的飞行速度根据个体的飞行经验和群体的飞行经验进行动态调整。

算法开始在可行解空间中随机初始化 m 粒子生成初始解 $Z = \{Z_1, Z_2, \cdots, Z_m\}$，其中，每个粒子的位置 $Z_i = \{z_{i1}, z_{i2}, \cdots, z_{in}\}$ 均为优化问题的一个解，并且根据目标函数计算每个粒子的适应度函数。每个粒子都将在解空间中迭代搜索,通过不断调整自己的位置来搜索新解。在每一次迭代中,粒子将跟踪两个"极值"来更新自己,一个是粒子本身搜索到的最好解 p_{id},另一个是整个种群目前搜索到的最优解 p_{gd},即全局极值。此外,每个粒子都有一个速度 $V_i = \{v_{i1}, v_{i2}, \cdots, v_{in}\}$,当两个最优解都被找到后,每个粒子根据式(2-3-116)来更新自己的速度:

$$v_{id}(t+1) = wv_{id}(t) + \eta_1 \text{rand}(\cdot)[p_{id} - z_{iz}(t)] + \eta_2 \text{rand}(\cdot)[p_{gd} - z_{id}(t)] \qquad (2\text{-}3\text{-}116)$$

$$z_{id}(t+1) = z_{id}(t) + v_{id}(t+1) \qquad (2\text{-}3\text{-}117)$$

式中, $v_{id}(t+1)$ 为第 i 个粒子在 $t+1$ 次迭代中第 d 维上的速度; w 为惯性权值,它具有维护全局和局部搜索能力平衡的作用,可以使粒子保持运动惯性,使其具有扩展空间搜索的能力; η_1、 η_2 为学习因子,分别称为认知学习因子和社会学习因子, η_1 主要是为了调节粒子向自身的最好位置飞行的步长, η_2 是为了调节粒子向全局最好位置飞行的步长; $\text{rand}(\cdot)$ 为 0~1 的随机数。

在基本粒子群优化算法中,如果不对粒子的速度有所限制,则算法会出现"群爆炸"现象,即粒子不收敛。此时,可设置速度上限并选择合适的学习因子 η_1 和 η_2。限制最大速度即定义一个最大速度,如果 $v_{id}(t+1) > v_{\max}$,则令 $v_{id}(t+1) = v_{\max}$;如果 $v_{id}(t+1) < -v_{\max}$,则令 $v_{id}(t+1) = -v_{\max}$,大多数情况下, $v_{\max}$ 由经验进行设定,若太大,则不能起到限制速度的作用;若太小,则容易使粒子移动缓慢而找不到最优点。

如果令 $\eta = \eta_1 + \eta_2$,则研究发现,当 $\eta > 4.0$ 时,粒子将不收敛,建议采用 $\eta_1 = \eta_2 = 2$。

从粒子的更新公式可以看出,粒子的移动方向由三部分决定:本身原有的速度 v_{id};最佳历经距离 $p_{id} - z_{id}(t)$,即"认知"部分,表示粒子本身的思考;群体最佳历经距离 $p_{gd} - z_{gd}(t)$,即"社会"部分,表示粒子间的信息共享。分别由权值系数 w、 η_1 和 η_2 决定这三部分的相对重要性。如果进化方程只有"认知"部分,即只考虑粒子自身的飞行经验,那么不同粒子间就缺少了信息和交流,得到最优解的概率就非常小;如果进化方程中只有"社会"部分,那么粒子就失去了自身的认知能力,虽然收敛速度比较快,但是对于复杂问题,却容易陷入局部最优解。

当满足算法的终止条件,即找到足够好的最优解或达到最大迭代次数时,算法结束。

粒子群优化算法的基本流程如图 2-3-21 所示。算法中参数选择对算法的性能和效率有较大的影响。在粒子群优化算法中有 3 个重要参数,惯性权值 w、速度调节参数 η_1 和 η_2。惯性权值 w 使粒子保持运动惯性,速度调节参数 η_1 和 η_2 表示粒子向 p_{id} 和 p_{gd} 位置飞行的

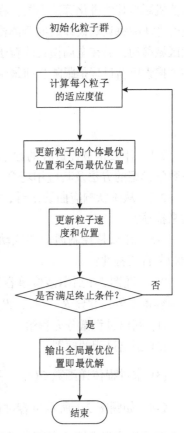

图 2-3-21　粒子群优化算法的
基本流程图

加速项权值。如果 $w = 0$，则粒子速率没有记忆性，粒子群将收缩到当前的全局最优位置，失去搜索更优解的能力。如果 $\eta_1 = 0$，则粒子失去"认知"能力，只具有"社会"性，粒子群收敛速度会更快，但是容易陷入局部极值。如果 $\eta_2 = 0$，则粒子只具有"认知"能力，而不具有"社会"性，等价于多个粒子独立搜索，因此很难得到最优解。

实践证明没有绝对最优的参数，针对不同的问题选取合适的参数才能获得更好的收敛速度和鲁棒性，一般情况下，w 取 0～1 的随机数，η_1 和 η_2 分别选取 2。

(2) 粒子群优化算法的特点。

粒子群优化算法有以下一些特点：

① 粒子群优化算法和其他进化算法都基于"种群"概念，用于表示一组解空间中的个体集合，其采用随机初始化种群方法，使用适应度值来评价个体，并且据此进行一定的随机搜索，因此不能保证一定能找到最优解。

② 具有一定的选择性。在粒子群优化算法中，通过不同代种群间的竞争实现种群的进化过程。若子代具有更好的适应度值，则子代将替换父代，因而具有一定的选择机制。

③ 算法具有并行性，即搜索过程是从一个解集合开始的，而不是从单个个体开始的，不容易陷入局部极小值，并且这种并行性易于在并行计算机上实现，提高了算法的性能和效率。

④ 收敛速度更快。粒子群优化算法在进化过程中同时记忆位置和速度信息，并且其信息通信机制与其他进化算法不同。在遗传算法中，染色体互相通过交叉、变异等操作进行通信，蚁群算法中每只蚂蚁以蚁群全体构成的信息轨迹作为通信机制，因此整个种群比较均匀地向最优区域移动，而在全局模式的粒子群优化算法中，只有全局最优粒子提供信息给其他的粒子，整个搜索更新过程是跟随当前最优解的过程，因此所有的粒子很可能更快地收敛于最优解。

思考题与习题

2-1　什么是被控过程的数学模型？为什么要研究被控过程的数学模型？试说明目前研究数学模型的方法及其应用场合。

2-2　从阶跃响应曲线来看，大多数工业生产过程有何主要特点？其特性通常可用哪些参数来描述？

2-3　什么是控制通道和扰动通道？什么是单容过程和多容过程？什么是过程的自衡特性和非自衡特性？

2-4　题图 2-1 所示液位单容过程的输入量为 q_1，流出量为 q_2、q_3，液位 h 为被控参数，C 为容量系数，并设 R_1、R_2、R_3 均为线性液阻。要求：

(1) 列出过程微分方程组；

(2) 画出过程的框图；

(3) 求过程传递函数 $G(s) = \dfrac{H(s)}{Q_1(s)}$。

2-5　如题图 2-1 所示单容过程。若其输入量为 q_1、输出量为 q_2，试列写出其微分方程组。根据方程组画出框图并求其数学模型 $G(s) = \dfrac{Q_2(s)}{Q_1(s)}$。

2-6　两只水箱串联工作，各个参数如题图 2-2 所示。若过程的输入量为 q、输出量为 q_2，

并设 R、R_1、R_2 均为线性液阻，试列写过程的微分方程组；根据方程组画出过程的框图，并求其数学模型 $G(s) = \dfrac{Q_2(s)}{Q(s)}$。

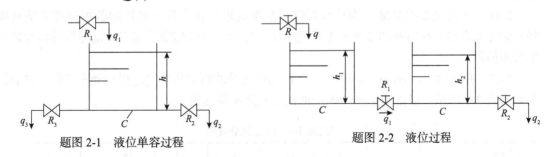

题图 2-1　液位单容过程　　　　　　　　　题图 2-2　液位过程

2-7　有一液位过程，其阶跃响应特性试验结果如题表 2-1 所示。

题表 2-1　阶跃响应特性试验结果

t/s	0	10	20	40	60	80	100
$h(t)/cm$	0	0	0.2	0.8	2.0	3.6	5.4
t/s	140	180	250	300	400	500	600
$h(t)/cm$	8.8	11.8	14.4	16.6	18.46	19.2	19.6

阶跃扰动量为 $\Delta u = 20\%$，试求过程的数学模型。

2-8　某一过程在阶跃扰动 1.5 mA DC 作用下，其响应变化情况如题表 2-2 所示。

题表 2-2　响应变化情况

t/s	0	1	2	3	4	5	6
$h(t)/mV$	4.0	4.0	4.2	4.5	4.8	5.1	5.4
t/s	7	8	9	10	11	...	∞
$h(t)/mV$	5.7	5.8	5.85	5.9	6	...	6

试用两点法求该过程的数学模型。

2-9　如题图 2-3 所示，q_1 为过程的输入量，q_2 为输出量，h 为液面高度，C 为容量系数。若 q_1 为过程的输入量，h 为输出量，设 R_1、R_2 为线性液阻，求过程的数学模型 $G(s) = \dfrac{H(s)}{Q_1(s)}$。

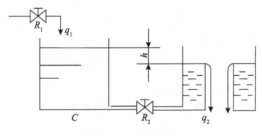

题图 2-3　液位过程

2-10　在过程的辨识中,当测取阶跃响应曲线时,必须注意什么问题?既然阶跃响应曲线能形象、直观地反映过程特性,为什么还要测取矩形(脉冲)响应曲线?如何由矩形脉冲响应曲线画出阶跃响应曲线?

2-11　什么是数据处理?为什么要进行数据处理?在工程上常用的数据处理方法有哪些?为什么高阶自衡过程的数学模型可用一阶、二阶、一阶加滞后和二阶加滞后的特性之一来近似描述?

2-12　用宽度 $t_0 = 10\text{min}$,幅值为 2°C/h 的矩形脉冲测定某温度过程的动态特性,试验记录如题表 2-3 所示。试由矩形脉冲响应曲线求阶跃响应曲线。

题表 2-3　试验记录数据

t/min	1	3	4	5	6	10	15	16.5	20
温度/℃	0.46	1.7	3.7	9.0	19.0	26.4	36.0	37.5	33.5
t/min	25	30	40	50	60	70	80	…	
温度/℃	27.2	21.0	10.5	5.0	2.8	1.0	0.5	…	

2-13　用响应曲线法辨识某液位被控过程,阶跃扰动的幅值为 1(即单位阶跃),阶跃响应数据如题表 2-4 所示。试用一阶环节近似法和二阶环节近似法求过程的数学模型。

题表 2-4　阶跃响应数据

t/s	0	10	20	30	40	50	70	90	130	180	250	400
$h(t)/\text{cm}$	0	1.29	3.79	6.39	8.67	10.5	13.04	14.44	15.58	15.92	15.98	15.99

2-14　什么是平稳随机过程?什么是各态历经的平稳随机过程?怎样描述相关函数、谱密度函数和白噪声?

2-15　白噪声与 M 序列信号有何区别?怎样用 M 序列信号辨识过程的动态特性?

2-16　参数估计的最小二乘法与递推最小二乘法有何区别?怎样确定过程模型参数?

第3章 舰船智能过程参数检测仪表

参数检测仪表是过程控制系统的重要组成部分，它对被控量的实际值进行测量，并输出测量信号送至调节器和显示仪表。参数检测仪表通常由各种各样的测量传感器和信号变送器组成，传感器的作用是将被测量的物理量转化为位移变化、压力变化，或电阻、电容、电感和电压等电参数的变化，而变送器则把这些变化进一步转换为标准的气信号或者电信号。

智能检测仪表是计算机技术与测试技术相结合的产物，是含有微计算机或微处理器的测量仪器，它具有对数据的存储、运算、逻辑判断及自动化操作等功能，有的还具有自校正、自诊断、自适应、自学习的功能，具有一定智能的作用。随着技术的发展，智能传感器在船舶行业的应用越来越广泛，新型传感器的研制也在不断发展，推动船舶向数字化、网络化、智能化方向发展。

3.1 温度智能检测仪表

温度传感器主要用于检测机舱中的各种温度信号，如各种水温、油温和排气温度等，所以对温度的检测和控制是舰船过程控制的重要任务之一。

3.1.1 温度检测仪表的分类及其测温范围

温度检测方法很多，根据测温元件与被测介质接触与否，可分为接触式测温和非接触式测温两大类。

1. 接触式测温

这种测温方法是测量元件与待测温介质直接接触，当两者达到热平衡状态时，其温度相等，于是通过测温元件的某一物理量(如液体的体积、导体的电阻等)得出待测的温度值。可作为这类测温元件的物质有水银、乙醇、铊、铂、镍、铜和一些气体(氢、氦、氖、氧等)。接触式测温简单、可靠，测量精度高，但由于测温元件与被测介质需要进行充分的热交换，所以测量常伴有时间上的滞后；测温元件有时可能破坏被测介质的温度场或与被测介质发生化学反应，此时将引起不允许的测量误差，此外，接触式测温仪器的传感器因受到耐高温材料的限制，测温上限是有界的。

2. 非接触式测温

这种测温方法是测温元件不与被测温物体直接接触，测温上限原则上是不受限制的。由于它是通过热辐射来测温的，所以不会破坏被测介质的温度场，误差小，反应速度快，但它受被测物体热辐射率及环境因素(物体与仪表间的距离、烟尘和水汽等)的影响，当应用不当时，会引起额外的测量误差。

测温仪表的分类及测温范围见表 3-1-1。

表 3-1-1　测温仪表的分类及测温范围

测温方式	温度计类型	测温原理	常用测量范围/℃	主要特点
接触式	膨胀式温度计： 液体膨胀式 固体膨胀式	利用液体(水银、乙醇等)或固体(金属片)受热时产生热膨胀的特性	−200～600	结构简单，价格低廉，适用于就地测量
	压力表式温度计： 气体式 液体式 蒸汽式	利用封闭在一定容积中的气体、液体或饱和蒸汽在受热时体积或压力变化的性质	−200～600	结构简单，具有防爆性，不怕振动，适宜近距离传送，时间滞后较大，准确度不高
	热电阻温度计	利用导体或半导体的电阻值随温度变化的性质	−270～900	准确度高，能远距离传送，适用于低、中温测量
	热电偶温度计	利用金属的热电效应	−200～1800	测温范围广，准确度高，能远距离传送，适于中、高温测量
非接触式	辐射式温度计： 光学式 比色式 红外式	利用物体辐射能随温度变化的性质	700 以上	适用于不宜直接接触测温的场合，测温范围广，测量准确度受环境条件的影响

3.1.2　热电偶

1. 热电偶的测温原理

将两种材质不同的导体或半导体 A、B 连接成闭合回路就构成了热电偶。热电偶的测温原理是基于热电效应的，即只要热电偶两端的温度不同，在热电偶闭合回路中就会产生热电动势，这种现象就称为热电效应。热电偶回路中的热电动势由接触电动势和温差电动势两部分组成，如图 3-1-1 所示。

图 3-1-1 中，接触电动势是由两种不同材质的导体 A、B 在接触时产生的电子扩散而形成的。假设导体 A 中自由电子的浓度大于导体 B 中自由电子的浓度，在开始接触的瞬间，导体 A 向导体 B 扩散的电子数将多于导体 B 向导体 A 扩散的电子数，因而使导体 A 失去较多的电子而带正电荷，导体 B 则带负电荷，结果导致接触面处产生电场，该电场将阻碍电子在导体 B 中的进一步积累，最后达到平衡。平衡时在 A、B 两个导体间形成的电位差就称为接触电动势，其大小与两种导体的材质和接点的温度有关。温差电动势则是指同一导体两端温度不同而导致电子具有不同的能量所产生的电势差。由此可见，热电偶闭合回路中的热

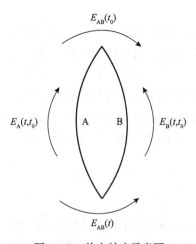

图 3-1-1　热电效应示意图

电动势为接触电动势与温差电动势之和，即可表示为

$$E_{AB}(t,t_0) = E_{AB}(t) - E_{AB}(t_0) + E_B(t,t_0) - E_A(t,t_0) \tag{3-1-1}$$

式中，等号右边前两项为接触电动势，后两项为温差电动势。理论研究表明，温差电动势比接触电动势小得多，所以热电动势通常以接触电动势为主，式(3-1-1)即可近似为

$$E_{AB}(t,t_0) = E_{AB}(t) - E_{AB}(t_0) \tag{3-1-2}$$

由式(3-1-2)可知，当材质一定且冷端温度 t_0 不变时，热端温度与热电动势呈单值对应的反函数关系，即

$$t = E_{AB}^{-1}(t,t_0)\big|_{t_0=\text{constan}\,t} \tag{3-1-3}$$

式(3-1-3)表明，只要测出热电动势的大小，即可确定被测温度的高低，这就是热电偶的测温原理。

根据上述分析可得到三点重要结论：①若组成热电偶的电极材料相同，则无论热电偶冷、热两端的温度如何，总热电动势为零；②若热电偶冷、热两端的温度相同，则无论电极材料如何，总热电动势也为零；③热电偶的热电动势除了与冷、热两端的温度有关外，还与电极材料有关。换句话说，由不同电极材料制成的热电偶在相同温度下产生的热电动势是不同的。

2. 热电动势的检测与第三导体定律

在实际使用中，为了测出热电动势，则必须在热电偶回路中接入检测仪表与导线(也称第三导体)，如图 3-1-2 所示。

接入第三导体后是否对热电偶的热电动势产生影响？分析如下。

由图 3-1-2 可知，接入第三导体后热电偶回路中的总热电动势为

$$E_{ABC}(t,t_0) = E_{AB}(t) + E_{BC}(t_0) + E_{CA}(t_0) \tag{3-1-4}$$

当 $t = t_0$ 时，有

$$E_{ABC}(t,t_0) = E_{AB}(t_0) + E_{BC}(t_0) + E_{CA}(t_0) = 0 \tag{3-1-5}$$

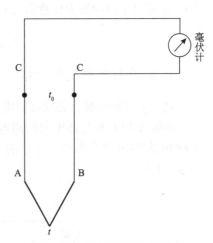

图 3-1-2　热电动势检测示意图

将式(3-1-5)代入式(3-1-4)可得

$$E_{ABC}(t,t_0) = E_{AB}(t) - E_{AB}(t_0) = E_{AB}(t,t_0) \tag{3-1-6}$$

由式(3-1-6)可见，在热电偶回路中接入第三导体时，只要第三导体的两个接点温度相同，回路中热电动势值就不变，热电偶的这一性质称为第三导体定律。第三导体定律在实际应用中有着重要意义，即依据它可以很放心地在热电偶中接入所需的检测仪表和导线，只要使两个接点的温度相同，即可对热电动势进行测量而不影响热电偶的输出。

3. 热电偶的基本定律

1) 均质导体定律

由一种均质导体或半导体组成的闭合回路中，不论其截面和长度如何以及沿长度方向上的温度分布如何，都不能产生热电动势。因此，热电偶必须采用两种不同的导体或半导体组成，其截面和长度大小不影响热电动势大小，但需材质均匀，否则由于温度梯度的存在，将会产生附加热电动势，造成测量误差。

2) 中间导体定律

在热电偶回路中接入中间导体后，只要中间导体两端的温度相同，就对热电偶的热电动势没有影响。同理，热电偶回路中接入多种导体后，只要保证接入的每种导体的两端温度相同，也对热电偶的热电动势没有影响。

根据这一定律就能在热电偶回路中接入仪表以测量热电动势的大小。只要热电偶连接测量仪表的两个接点温度相同，接入仪表就对热电偶回路中的热电动势没有影响。

3) 中间温度定律

热电偶的两个接点温度分别为 t、t_0 时产生的热电动势 $E_{AB}(t,t_0)$ 等于接点温度为 t、t_n 和 t_n、t_0 时，两支同性质热电偶产生的热电动势 $E_{AB}(t,t_n)$ 和 $E_{AB}(t_n,t_0)$ 的代数和，即

$$E_{AB}(t,t_0) = E_{AB}(t,t_n) + E_{AB}(t_n,t_0) \tag{3-1-7}$$

根据这一定律，对于一种热电偶，只要给出冷端为 0℃时的热电动势和温度的关系(分度表)，就可以求出冷端为任意温度 t_0 时的热电动势，即

$$E_{AB}(t,t_0) = E_{AB}(t,0) - E_{AB}(t_0,0) \tag{3-1-8}$$

4. 工业常用热电偶的结构形式和类型

热电动势输出时，必须将热电偶的闭合回路打开，实际应用时将热电偶从一个接点处打开。导体 A 和 B 称为热电偶的热电极，两个热电极的焊接点称为热电偶的工作端或热端，置于被测温场中(温度为 t)。打开的一端称为参考端或冷端，置于被测温场外(温度为 t_0)，如图 3-1-3 所示。

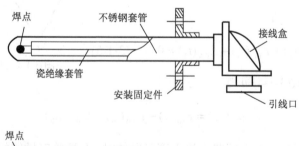

图 3-1-3　普通热电偶的构造

普通型热电偶，由热电极套上绝缘管装在保护套管内并外加接线盒组成。另有铠装型热电偶，是将热电极装在保护套管内填充绝缘材料后，组合拉伸加工而成，比普通型热电偶细，提高了测温速度。还有薄膜型热电偶，是用真空蒸镀的方法将热电极材料蒸镀到绝缘基板上形成薄膜状热接点，可以快速测量壁面温度。

理论上，任意两种导体或半导体都可以组成热电偶，但实际上组成热电偶的材料必须在测温范围内有稳定的化学与物理性质，热电动势要大，并与温度接近线性关系。国际电工委员会(International Electrotechnical Commission，IEC)制定了热电偶材料的统一标准。表 3-1-2 为常用的标准型热电偶的主要特性。

表 3-1-2　几种常用的标准型热电偶

热电偶[①]名称	分度号	热电丝材料	测温范围/℃	平均灵敏度/(μV/℃)	特点
铂铑$_{30}$-铂铑$_6$	B	正极 Pt 70%，Rh 30% 正极 Pt 94%，Rh 6%	0~1800	10	价格高，稳定性好，精度高，可在氧化气氛中使用
铂铑$_{10}$[②]-铂	S	正极 Pt 90%，Rh 10% 负极 Pt 100%	0~1600	10	价格高，线性度优于 B
镍铬-镍硅	K	正极 Ni 90%，Cr 10% 负极 Ni 97%，Si 2.5%，Mn 0.5%	0~1300	40	线性好，价廉，稳定，可在氧化及中性气氛中使用
镍铬-康铜	E	正极 Ni 90%，Cr 10% 负极 Ni 45%，Cu 55%	−200~900	80	灵敏度高，价廉，可在氧化及弱还原气氛中使用
铜-康铜	T	正极 Cu 100% 负极 Ni 45%，Cu 55%	−200~400	50	价廉，但铜易氧化，常用于 150℃ 以下温度测量

注：①热电偶材料中"-"前表示正极，"-"后表示负极。
　　②铂铑$_{10}$ 表示铂占 90%，铑占 10%，以此类推。

不同材质的热电偶，其热电动势与热端温度的关系不同，如图 3-1-4 所示，用分度号来区别不同的热电偶。热电偶分度号是表示热电偶材料的标记符号。如表 3-1-2 中的分度号 S 表明热电偶材料采用铂铑$_{10}$-铂，即正极采用 90% 的 Pt(铂)、10% 的 Rh(铑)制成，负极采用 100% 的 Pt 制成，其他类推。

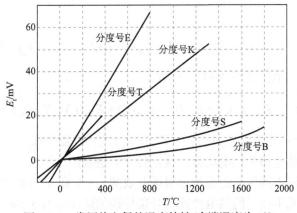

图 3-1-4　常用热电偶的温度特性(冷端温度为 0℃)

　　铂及其合金属于贵金属，其组成的热电偶价格最贵，优点是热电动势非常稳定、精度高；铜-康铜价格最便宜，但测温上限低；居中为镍铬-康铜，它的灵敏度最高。由于热电偶的热电动势不仅与被测温度有关，还与自由端(冷端)温度有关，而热电动势的计算又非常困难，实际上通过试验获得热电动势参数。将热电偶冷端温度固定为 0℃，测出热端温度与热电动势的关系数据，做成分度表使用。

　　除标准热电偶之外，尚有非标准热电偶，它们在某些特殊的场合使用。

5. 热电偶冷端温度补偿

1) 冷端延伸与等值替换原理

　　由热电偶的测温原理可知，只有在热电偶的冷端温度保持不变时，热电动势才与被测温度具有单值对应关系。由于制作热电偶的热电材料价格昂贵，不可能将热电偶的电极做得很长，结果导致冷端温度受被测温度的影响较大而不断变化。为了使冷端远离热端，在工程上常用专用的"补偿导线"与热电偶的冷端相连，将冷端延伸到温度相对稳定的环境内而不影响热电偶的热电动势。这样做的理论依据称为"等值替换"原理。

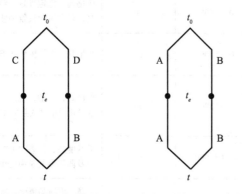

(a) 由补偿导线和贵重金属　　(b) 贵重金属材料制成的热电偶
　材料共同制成的热电偶

图 3-1-5　热电偶的等值替换

　　如图 3-1-5 所示，图 3-1-5(a)为由补偿导线 C、D 和贵重金属材料 A、B 共同制成的热电偶，且满足 $E_{AB}(t_e,t_0)=E_{CD}(t_e,t_0)$，$t_e \leqslant 100℃$；图 3-1-5(b)为全部用贵重金属材料 A、B 制成的热电偶。对于图 3-1-5(a)而言，热电回路的总热电动势为

$$E_{ABCD}(t,t_0)=E_{AB}(t)+E_{BD}(t_e)+E_{DC}(t_0)+E_{CA}(t_e) \tag{3-1-9}$$

设 $t=t_0=t_e$，则有

$$E_{AB}(t_e)+E_{BD}(t_e)+E_{DC}(t_e)+E_{CA}(t_e)=0 \tag{3-1-10}$$

因而有

$$E_{ABCD}(t,t_0)=E_{AB}(t)-E_{AB}(t_e)+E_{DC}(t_0)-E_{DC}(t_e)=E_{AB}(t,t_e)+E_{DC}(t_e,t_0) \tag{3-1-11}$$

将 $E_{AB}(t_e,t_0)=E_{CD}(t_e,t_0)$ 代入式(3-1-11)，则有

$$E_{ABCD}(t,t_0)=E_{AB}(t,t_e)+E_{DC}(t_e,t_0)=E_{AB}(t)-E_{AB}(t_e)+E_{AB}(t_e)-E_{AB}(t_0)=E_{AB}(t,t_0) \tag{3-1-12}$$

　　由式(3-1-12)可知，将满足 $E_{AB}(t_e,t_0)=E_{CD}(t_e,t_0)$ 的"补偿导线"代替热电极，既可使冷端延伸，又不会改变热电偶的热电动势，这就是"等值替换"原理。

　　补偿导线是由两根不同性质的廉价金属线制成的，一般在 0～100℃温度范围内要求它与所连接的热电偶具有几乎相同的热电性能，补偿导线的连接如图 3-1-6 所示。

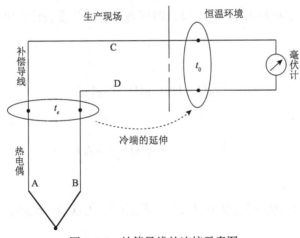

图 3-1-6　补偿导线的连接示意图

在选择和使用补偿导线时，要注意和热电偶的型号相匹配，其极性不能接错。

2) 标准热电偶及其补偿导线

常用热电偶可分为标准热电偶和非标准热电偶两大类。标准热电偶是指按国家标准规定了其热电动势与温度的关系、允许误差并有统一标准型号(称为分度号)的热电偶。非标准热电偶是指用于特殊场合的热电偶，没有统一的标准。按照 IEC 国际标准，我国设计了统一标准化热电偶，其中部分如表 3-1-3 所示。

表 3-1-3　我国部分标准化热电偶及其补偿导线

热电偶				配套的补偿导线(绝缘层着色)		
分度号	热电偶材料	测温范围/℃		型号①	正极材料	负极材料
		长期	短期			
S	铂铑$_{10}$-铂	0～1300	1600	SC	铜(红)	铜镍(绿)
B	铂铑$_{30}$-铂铑$_6$	0～1600	1800	BC	铜(红)	铜(灰)
K	镍铬-镍硅	−50～1000	1300	KX	镍铬(红)	镍硅(黑)
T	铜-康铜	−200～300	350	TX	铜(红)	康铜(白)

注：①补偿导线型号的第一个字母表示配套的热电偶型号；第二个字母"C"表示补偿型补偿导线，"X"表示延伸型补偿导线，即补偿导线的材料与热电偶的材料相同。

3) 热电偶的冷端温度校正

如前所述，只有当热电偶的冷端温度 t_0 恒定时，其热电动势才是 t 的单值函数。依据等值替换原理制成的补偿导线，虽然可以将冷端延伸到温度相对稳定的地方，但还不能保持绝对不变。此外，由国家标准规定的热电偶分度表(热电动势与温度的对应关系表)通常是在冷端温度 $t_0 = 0$℃时制定的。因此，当 t_0 不为零且经常变化时，仍会产生测量误差。为了消除冷端温度不为零或变化时对测量精度的影响，可进行冷端温度校正。冷端温度校正的方法很多，常用的有查表校正法、仪表零点调整法、冰浴法和电桥补偿法。

(1) 查表校正法。

查表校正法是针对冷端温度 $t_0 = t_n \neq 0$ 时采用的一种校正方法。该方法的思路是：只要已

知 t_n 值，并测得热电偶回路中的热电动势，即可通过查阅分度表计算出被测温度 t_0，分析计算如下。

将式(3-1-12)重写为

$$E_{AB}(t,t_0) = E_{AB}(t) - E_{AB}(t_0) \tag{3-1-13}$$

则有

$$E_{AB}(t,t_n) = E_{AB}(t) - E_{AB}(t_n) \tag{3-1-14}$$

将两式相减可得

$$E_{AB}(t,t_0) - E_{AB}(t,t_n) = E_{AB}(t) - E_{AB}(t_0) - E_{AB}(t) + E_{AB}(t_n) = E_{AB}(t_n) - E_{AB}(t_0) = E_{AB}(t_n,t_0) \tag{3-1-15}$$

则当 $t_0 = 0℃$ 时，有

$$E_{AB}(t,0) = E_{AB}(t,t_n) + E_{AB}(t_n,0) \tag{3-1-16}$$

式中，$E_{AB}(t,t_n)$ 是实际测得的热电动势；$E_{AB}(t_n,0)$ 可由相应分度表查得；$E_{AB}(t,0)$ 即可通过式(3-1-13)计算求得，再由分度表反查可得被测温度 t。

(2) 仪表零点调整法。

如果热电偶冷端温度比较恒定，与之配套的显示仪表零点调整又比较方便，则可用此法。预先测知热电偶冷端温度 t_0，然后将仪表的机械零点从 0℃调至 t_0 处，这相当于在未输入热电偶电动势之前，先给仪表输入固定电动势 $E_{AB}(t_0,0)$，则测量时输入仪表的电动势相当于 $E_{AB}(t,0) = E_{AB}(t,t_0) + E_{AB}(t_0,0)$，所以仪表的指针就指出热端的温度 t。应该注意，当冷端温度变化时，需要重新调整仪表的零点，此法适宜冷端温度稳定的场合。

(3) 冰浴法。

在实验室条件下，可将热电偶冷端置于冰点恒温槽中，使冷端温度恒定在 0℃时进行测量，此法称为冰浴法，一般用于热电偶的检定。

(4) 电桥补偿法。

电桥补偿法是当冷端温度 t_0 随环境温度变化时采用的一种校正方法。其原理是利用电桥中某桥臂电阻因环境温度变化而产生的附加电压来补偿热电偶冷端温度变化而引起的热电动势的变化，如图 3-1-7 所示。

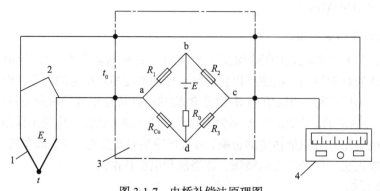

图 3-1-7　电桥补偿法原理图

1-热电偶；2-补偿导线；3-补偿电桥；4-显示仪器

图 3-1-7 中，R_1、R_2、R_3 为锰铜电阻，其电阻值不随温度变化；R_{Cu} 为铜电阻，其电阻值随温度变化而变化；R_0 为电源内阻，E 为桥路直流电源；电桥电阻 R_{Cu} 与热电偶冷端感受相同的环境温度。通过选择 R_{Cu} 的值使电桥在 $t_0 = 0$℃(也可以是其他参考值)时桥路输出为 $u_{ac} = 0$。当冷端温度 t_0 升高、R_{Cu} 的值增大、其余电阻值不变时，桥路输出 u_{ac} 增大，此时热电偶的热电动势 $E(t, t_0)$ 却相应减小。若 u_{ac} 的增加量等于 $E(t, t_0)$ 的减少量，则显示仪表的指示值不受 t_0 升高的影响，从而补偿了冷端温度的变化对测量结果的影响。电桥补偿法的关键是如何确定冷端温度 $t_0 = 0$ 时铜电阻的值。不同的热电偶其值是不一样的。现以铂铑-铂热电偶为例，确定铜电阻 R_{Cu} 在 $t_0 = 0$℃时的值。

已知铂铑-铂热电偶冷端温度在 $0 \sim 100$℃变化时的平均热电动势为 $6\mu V/$℃，设桥臂电流 $I = 0.5mA$，铜电阻的温度系数 $\alpha = 0.004$(℃)$^{-1}$，则全补偿的条件为

$$IR_{Cu} \times 0.004(℃)^{-1} = 6\mu V/℃$$

经计算，R_{Cu} 在 $t_0 = 0$℃的值为 3Ω。

3.1.3　热电阻

1. 热电阻及其测温原理

在工业应用中，对于 500℃以下的中、低温度，一般使用热电阻作为测温元件较为适宜。

热电阻的测温原理是基于电阻的热-阻效应(电阻体的阻值随温度的变化而变化)进行温度测量的。因此，只要测出感温热电阻的阻值变化，即可测量出被测温度。目前，测温元件主要有金属热电阻和半导体热敏电阻两类。下面分别加以介绍。

1) 金属热电阻的测温

理论与试验研究表明，金属热电阻的电阻值和温度的函数关系可近似为

$$R(t) = R_0 \left[1 + \alpha(t - t_0) \right] \tag{3-1-17}$$

式中，$R(t)$ 为被测温度 t 时的电阻值；R_0 为参考温度 t_0 (通常 $t_0 = 0$℃)时的电阻值；α 为正温度系数。

由式(3-1-17)可知，金属热电阻的阻值随温度的升高而增加，这是因为当温度升高时，金属导体内的粒子无规则运动加剧，阻碍了自由电子的定向运动，从而导致电阻值的增加。

工业上常用的热电阻有铜电阻和铂电阻两种，见表 3-1-4。

表 3-1-4　工业常用热电阻

热电阻名称	分度号	0℃时电阻值/Ω	测温范围/℃	特点
铜电阻	Cu50	50±0.05	−50~150	线性好，价格低，适用于无腐蚀性介质
	Cu100	100±0.1		
铂电阻	Pt50	50±0.003	−200~500	精度低，价格贵，适用于中性和氧化性介质，但线性度差
	Pt100	100±0.006		

金属热电阻一般适用于–200～500℃范围内的温度测量，其特点是测量准确、稳定性好、性能可靠，在过程控制领域中的应用比较广泛。

2) 半导体热敏电阻的测温

理论与试验研究表明，半导体热敏电阻的电阻值和温度的函数关系近似为

$$R(T) = R(T_0)\exp\left[B\left(\frac{1}{T} - \frac{1}{T_0} \right) \right] \tag{3-1-18}$$

式中，T 为被测的热力学温度值；$R(T)$ 为被测温度 T 时热敏电阻的阻值；$R(T_0)$ 为参考温度 T_0 时的电阻值，$T_0 = 0℃$（即 273.15K）；B 为与热敏电阻材料有关的常数，其量纲为温度（K）。

将式(3-1-18)两边取对数，整理得

$$B = \frac{\ln\left[R(T) \right] - \ln\left[R(T_0) \right]}{\dfrac{1}{T} - \dfrac{1}{T_0}} \tag{3-1-19}$$

若用试验的方法分别测得 T 和 T_0 时的电阻值 $R(T)$ 和 $R(T_0)$，代入式(3-1-19)即可算出 B 的数值。通常，B 为1500～6000K。

热敏电阻的温度系数定义为：温度变化 1℃时电阻值的相对变化量，记为 α，即

$$\alpha = \frac{1}{R(T)}\frac{\mathrm{d}R(T)}{\mathrm{d}T} = -\frac{B}{T^2} \tag{3-1-20}$$

由式(3-1-20)可知，α 的绝对值越大，热敏电阻的灵敏度越高。当 B 为正值(负值)时，热敏电阻的温度系数是负数(正值)，并为温度 T 的函数。热敏电阻按其温度系数可分为负温度系数(Negative Temperature Coefficient，NTC)热敏电阻、正温度系数(Positive Temperature Coefficient，PTC)热敏电阻和临界温度热敏电阻(Critical Temperature Resister，CTR)，其电阻-温度特性如图 3-1-8 所示。

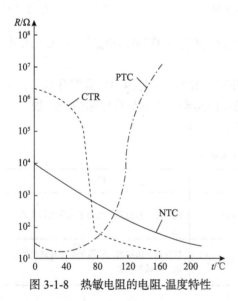

图 3-1-8　热敏电阻的电阻-温度特性

其中，NTC 型热敏电阻常用于测温较宽范围内连续变化的温度，尤其是测量低温时，其灵敏度更高；在某个温度段内，PTC 型热敏电阻的阻值随温度上升而急剧上升；在某个温度段内，CTR 型热敏电阻的阻值随温度上升而急剧下降。因此，它们一般只能作为位式(开关式)温度检测元件使用。

与金属热电阻相比，热敏电阻的温度系数要大得多，这是它的优点，但由于互换性较差、非线性严重，且测温范围为–50～300℃，所以通常较多地用于家用和汽车的温度检测和控制方面。

2. 热电阻的接线方式

工业用热电阻需要安装在生产现场，而显示

记录仪表一般安装在控制室。生产现场与控制室之间存在一定的距离。因而热电阻的连线对测量结果会有较大的影响。目前，热电阻的接线方式主要有三种，如图 3-1-9 所示。

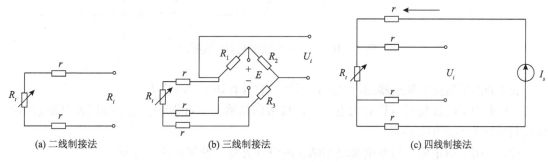

(a) 二线制接法　　　　(b) 三线制接法　　　　　　　　(c) 四线制接法

图 3-1-9　热电阻的接线方式

图 3-1-9(a)所示为二线制接法，即在热电阻的两端各接一根导线引出电阻信号。这种接法最简单，但由于连接导线存在导线电阻 r，r 的大小与导线的材质、粗细及长度有关。很显然，图中的 $R_i = R_t + 2r$。因此，这种接线方式只适用于测量精度要求较低的场合。图 3-1-9(b)所示为三线制接法，即在热电阻根部的一端引出一根导线，而在另一端引出两根导线，分别与电桥中的相关元件相接。这种接法可利用电桥平衡原理较好地消除导线电阻的影响。这是因为当电桥平衡时有 $R_1(R_3 + r) = R_2(R_t + r)$，若 $R_1 = R_2$，则有 $R_1 R_3 = R_2 R_t$，可见电桥平衡与导线电阻无关。因此这种接法是目前工作过程中最常用的接线方式。图 3-1-9(c)所示为四线制接法，即在热电阻根部两端各引两根导线，其中一对导线为热电阻提供恒定电流 I_s，将电阻 R_t 转换为电压信号 U_i，再通过另一对导线把 U_i 信号引至内阻很高的显示仪表(如电子电位差计)。可见，这种接线方式主要用于高精度的温度测量。

对于 500℃以上的高温，已不能用热电阻进行测量，大多采用热电偶进行测量。

3.1.4　智能温度变送器

检测信号要进入控制系统，必须符合控制系统的信号标准。变送器的任务就是将各种不同的检测信号转换成标准信号输出。因此，热电偶、热电阻的输出信号必须经温度变送器转换成标准信号后，才能进入控制系统，与调节器等其他仪表配合工作。温度变送器从信号制式上分，有模拟式和数字式两类。模拟式温度变送器由模拟器件构成电路，输出模拟信号；而数字式温度变送器以 CPU 为核心，具有信号的转换、补偿、计算等多种功能，输出数字信号，并能自动诊断故障、与上位机通信，又称为智能温度变送器。

1. 模拟式温度变送器

目前，在由单位组合仪表构成的模拟式控制系统中，仪表之间的信号联系必须遵守的标准是 4～20mA DC 或 1～5V DC。模拟式温度变送器有多个品种、规格，以配合不同的传感元件和不同的量程需要，但它们的结构基本相同，如图 3-1-10 所示，由输入电路、放大电路及反馈电路三大部分构成，下面以 DDZ-Ⅲ型温度变送器为例，具体分析各环节的工作原理。

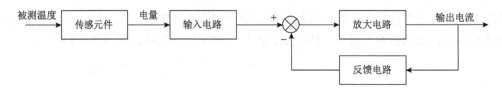

图 3-1-10　模拟式温度变送器原理框图

由 DDZ-Ⅲ型温度变送器的构成原理可知，它具有如下一些特点。

(1) 采用了线性集成运算放大电路，使仪表的精确性、可靠性、稳定性以及其他技术指标均符合国家规定的标准。

(2) 采用了通用模块与专用模块相结合的设计方法，使用灵活、方便。

(3) 在与热电偶或热电阻的接入单元中，采用了线性化电路，从而保证了变送器的输出信号与被测温度呈线性关系，大大方便了变送器与系统的配接。

(4) 采用了统一的 24V DC 集中供电，变送器内无电源，实现了"二线制"接线方式。

(5) 采取了安全火花(火花能量抑制)防爆措施，适用于具有爆炸危险场合中的温度或直流毫伏信号的检测。

由上述特点可见，DDZ-Ⅲ型温度变送器无论在器件技术还是在应用性能方面都具有明显的优点，因而得到了广泛的应用。

2. 智能温度变送器

为适应现场总线控制的要求，近年来出现了基于微处理器技术和通信技术的智能温度变送器。智能温度变送器体现了现场总线控制的特点，其精度、稳定性和可靠性均比模拟式温度变送器优越，因而发展十分迅速。

1) 智能温度变送器的特点与结构

(1) 智能温度变送器的特点。

① 通用性强。智能温度变送器可以与各种热电阻或热电偶配合使用，并可接收其他传感器输出的电阻或毫伏(mV)信号；具有较宽的零点迁移和量程调整范围，测量精度高，性能稳定、可靠。

② 使用灵活。通过上位机或手持终端可以对它所接收的传感器类型、规格以及量程进行任意组态，并可对它的零点和满度值进行远距离调整，使用灵活。

③ 多种补偿校正功能。可以实现对不同分度号热电偶、热电阻的非线性补偿、热电偶的冷端温度校正以及零点、量程的自校正等，补偿与校正精度高。

④ 控制功能。智能温度变送器的软件提供了多种与控制功能有关的功能模块，用户可通过组态实现现场就地控制。

⑤ 通信功能。可以与其他各种智能化的现场控制设备以及上位机实现双向数据通信。

⑥ 自诊断功能。可以定时对变送器的零点和满度值进行自校正，以抑制漂移的影响；对输入回路和输出回路断线、对变送器内部各芯片工作异常均能及时进行诊断报警。

(2) 智能温度变送器的结构。

从整体结构上看，智能温度变送器由硬件和软件两部分组成。硬件部分包括微处理器电路、输入/输出电路、人/机界面等，软件部分包括系统程序和用户程序。

从电路结构看，智能温度变送器包括传感器部件和电子部件两部分。传感器部件部分视测温需要和设计原理而异，电子部件部分由微处理器、A/D 转换器与 D/A 转换器等组成。各种产品在电路结构上各具特色。

2) 智能温度变送器实例

由于智能温度变送器具有许多突出的优点，因而发展十分迅速，产品种类也很多。下面仅以 ZYW 系列智能温度变送器为例进行介绍。

ZYW 系列智能温度变送器是一种高精度智能温度变送器，除具有测量、显示、变送、通信功能外，还具有双信号输入或平均温度及温差测量功能，以及对非标温度传感器进行分度表定制的特殊功能。产品整机精度达 0.1%，转换单元精度等级达到 0.05%，具有自我校正功能。

(1) 原理和概述。

ZYW 系列智能温度变送器主要由温度检测元件、采样模块、模-数转换模块、微处理器模块、数-模转换模块、通信调制解调模块、数据存储模块和隔离电源模块组成(图 3-1-11)。

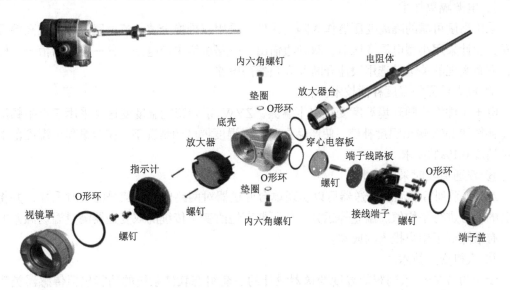

图 3-1-11　ZYW 系列智能温度变送器结构图

(2) 主要技术特点。

① 全类型温度信号接入技术。

ZYW 系列智能温度变送器支持各种类型的热电阻、热电偶、电阻及电压(mV)信号等，将全系列的分度表都集成为一体，采用全新的快速查表法，能迅速找到对应的温度值。即便是用户使用非标准测温元件，也可以通过人机交互系统设置相应的分度表，支持非标传感器分度表定制，满足用户的特殊需要。

② 温度传感器非线性补偿技术。

由于不同种类的温度传感器有各自独特的传感特性，特性曲线都是非线性的。通过分析各种量程传感器的特性曲线，建立每种温度传感器的非线性数学模型。

③ 冷端补偿技术。

采用数字输出温度传感器，即直接为三线串行接口输出数字温度值，精度高、使用方便，是实现冷端补偿的一种新型方法。

④ 小信号处理技术。

对小信号采取了地层屏蔽、模拟滤波等处理方式，对数字信号进行平均值滤波。小信号转换采用分立的 Σ-Δ A/D 转换，转换控制通过隔离信号控制，转换结果也由隔离电路传递。4～20mA 变换电路采用脉冲宽度调制电路控制输出。在 HART Modem 的基础上增加 PC 接口；显示采用发光二极管(Light Emitting Diode，LED)元件，其驱动直接由主控制器实现。

⑤ Σ-Δ A/D 转换技术。

Σ-Δ A/D 转换技术以高采样分辨率和采样速率将模拟信号数字化，通过使用过采样、噪声整形和数字滤波等方法增加有效分辨率，然后对 A/D 转换器输出进行采样、抽取处理以降低有效采样速率。Σ-Δ A/D 转换电路是由简单的模拟电路(一个比较器、一个开关、一个或几个积分器及模拟求和电路)和十分复杂的数字信号处理电路构成的。过采样技术使得量化噪声功率平均分配到更宽的频带范围中，从而降低了基带内的量化噪声功率。

⑥ 电源隔离技术。

采用高度可靠的隔离变压器作为隔离元件，采用双推挽全波整流电路，工作在高频振荡区间，设计采用小型电源变压器，双副边输出，一路供给主控电路，另一路供给信号采样单元，方案实现的关键是选用快速开断及高频振荡电路。

⑦ 放大单元的温度补偿技术。

电子元件都会随环境温度变化产生温漂，ZYW 系列智能温度变送器采用三点牛顿滑动温度补偿和 D/A 输出温度补偿，使产品在不考虑温度梯度的情况下，在全量程全温度范围内满足精度 0.1%的要求。

⑧ 双通道实时采样技术。

ZYW 系列智能温度变送器可以实现单台变送器对两路传感器信号的实时采样，并将采集后的信号进行平均值、温差等运算，从而彻底地改变了传统的双变送器测量温场温差的模式，有效降低了用户投入的成本。

⑨ 人机交互技术。

专门为 ZYW 系列智能温度变送器设计的一套组态软件系统的功能包括传感器类型设定、量程设定、D/A 校准、调零等各种变送器参数的设置，也可以对变送器的运行进行实时监控，掌握变送器的工作状态。

目前，ZYW 系列高精度智能温度变送器为适应国家互联网+的发展趋势，成功开发了支持无线 HART 和无线 ZigBee 协议的无线智能温度变送器，以及支持通用分组无线服务(General Packet Radio Service，GPRS)信号的无线远程传输温度变送器，为方便现场维护和诊断，建立起利用互联网的远程在线诊断系统。

3.1.5　温度仪表的工程应用与选型原则

在船舶过程参数检测中，温度仪表使用是最多的。在选用测温仪表时，应注意以下几点。

(1) 仪表的精度等级应根据生产工艺对参数允许偏差值的大小确定。

(2) 仪表选型应力求操作方便、运行可靠、经济、合理等。在同一工程中，应尽量减少仪表的品种和规格。

(3) 温度仪表的测量上限应选得比实际使用的最高温度略高一些，一般取实测最高温度为仪表上限值的 90%，而 30% 以下的刻度原则上最好不用。

(4) 热电偶测温反应速度快、适于远距离传送、便于与计算机联用、价廉，故只在测温范围低于 150℃ 时才选用热电阻。热电偶、补偿导线及显示仪表的分度号要一致。

(5) 保护套管的耐压等级应不低于所在管线或设备的耐压等级，材料应根据最高使用温度及被测介质的特性来选择。例如，在测钢水等熔融金属的温度时，保护套管应选石英管、纸板管或高温水泥做成的套管。

图 3-1-12 为一般温度测温仪表的选型原则。

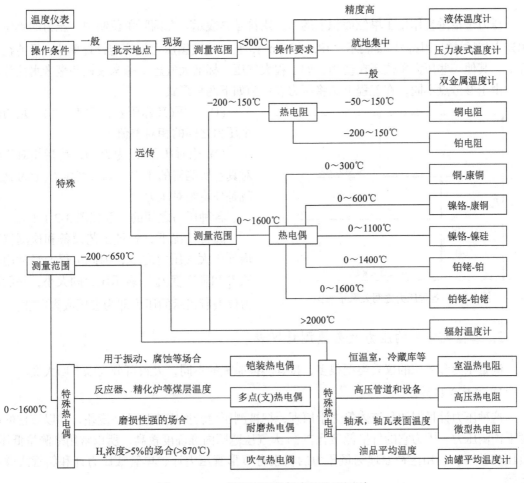

图 3-1-12 一般温度测温仪表的选型原则

3.2　智能压力检测仪表

压力是生产过程控制中的重要参数。许多生产过程(尤其是化工、炼油等生产过程)都是在一定的压力条件下进行的。例如,高压容器的压力不能超过规定值;某些减压装置则要求在低于大气压的真空下进行;在某些生产过程中,压力的大小还直接影响产品的产量与质量。此外,压力检测的意义还在于,其他一些过程参数如温度、流量、液位等往往要通过压力来间接测量,所以压力的检测在生产过程控制中具有特殊的地位。

3.2.1　压力的概念及检测方法

1. 压力的概念

压力是指垂直作用于单位面积上的力,用符号 P 表示。在国际单位制中,压力的单位是帕斯卡(简称帕,用符号 Pa 表示, $1Pa = 1N/m^2$),它也是我国压力的法定计量单位。目前在工程上,其他一些压力单位还在使用,如工程大气压、标准大气压、毫米汞柱和毫米水柱等。

由于参考点不同,在工程上又将压力表示为如下两种形式。

(1) 差压(又称压差,记为 ΔP),是指两个压力之间的相对差值。

(2) 绝对压差(记为 P_{abs}),是指相对于绝对真空所测得的压力,如大气压力(记为 P_{atm})就是环境绝对压力。

各种压力之间的关系如图 3-2-1 所示。

通常情况下,各种工艺设备和检测仪表均处于大气压力之下,因此工程上经常用表压 P_g 和真空度 P_V 来表示压力的大小,一般压力仪表所指示的压力即为表压或真空度。

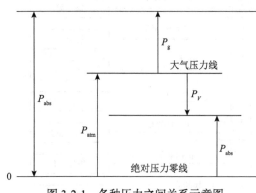

图 3-2-1　各种压力之间关系示意图

2. 工程上常用的压力及差压测量仪表

测量压力和差压的仪表类型很多,按其转换原理的不同,大致可分为以下四大类。

1) 液柱式压力计

这种压力计根据的是流体静力学原理,把被测压力转换成液柱的高度差,即以液柱的高度平衡测压力。因为它的价格低廉且在±1大气压范围内准确度较高,所以常用来测量低压、负压和差压。利用这种原理测量压力的仪表有 U 形管压力计、单管式压力计和斜管式微压计等。

2) 活塞式压力计

它是根据液体传送压力的原理,将被测压力与活塞上所加的砝码质量进行平衡来测量的。它的测量精度很高,允许误差可小到 0.05%～0.02%,但必须人工增减砝码,不能自动测量，一般作为标准型压力测量仪表来检验其他类型的压力计。

3) 弹性压力计

这种压力计是根据弹性元件在其弹性限度内，形变与所受压力成正比的关系制成的仪表。它结构简单、造价低廉、精度高，有较宽的测量范围(最低可测 0.98Pa，最高可测100MPa)，能远距离传送信号，因此，这是目前工业上应用最广泛的一种压力测量仪表。

4) 电气式压力计

电气式压力计将被测压力的变化转换为电阻、电感、电动势等各种电气量的变化，从而实现压力的间接测量。这种压力计反应迅速，易于远距离传送。在测量快速变化、脉动压力及高真空或超高压的场合下较为适用。

3.2.2　弹性式压力计

弹性式压力计是利用弹性元件受压时产生弹性变形的原理而制成的测压仪表，基本由机械元件构成，结构简单、使用可靠、价格低廉。若增加附加装置，如记录机构、电气变换装置、控制元件等，则可以实现压力的记录、远传、信号报警和自动控制等，它可以用来测量几百帕到数千兆帕范围内的压力，因此在工业上是应用最广泛的一种测压仪表。

1. 弹性元件

弹性元件是弹性式压力计的测压敏感元件。根据测压范围及被测介质的不同，弹性元件的材料及形状也不同。当被测压力 $P < 20\text{MPa}$ 时，弹性元件材料一般用磷铜；当被测压力 $P > 20\text{MPa}$ 时，弹性元件材料一般用合金钢；当被测介质具有腐蚀性时，弹性元件一般用不锈钢(耐腐蚀)材料制成。常用的几种弹性元件的形状如图 3-2-2 所示。

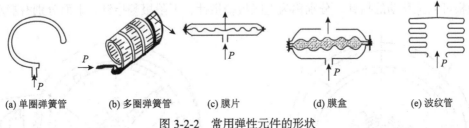

(a) 单圈弹簧管　　(b) 多圈弹簧管　　(c) 膜片　　(d) 膜盒　　(e) 波纹管

图 3-2-2　常用弹性元件的形状

图 3-2-2(a)为单圈弹簧管，是将扁圆形或椭圆形的金属空心管弯成圆弧形，一端封口作为自由端，另一端作为测量端通入被测压力 P 后，它的自由端就会产生位移。这种单圈弹簧管刚性较大，自由端位移较小，因此能测量较高的压力(最高可达1000MPa)。图 3-2-2(b)为多圈弹簧管，可以增加弹簧管自由端的位移。图 3-2-2(c)为膜片，有平膜片与波纹膜片(同心波纹状的圆形金属薄膜片)两种形式，它受到压力变形时，圆心纵向位移，可以测量较低的压力。图 3-2-2(d)为膜盒，将两张膜片沿周边对焊成一薄壁盒子，内充温度系数很小的液体(如硅油)，可以提高测压范围。图 3-2-2(e)为波纹管，是一个周围为波纹状的薄壁金属筒体。这种弹性元件易于变形，而且位移大，常用于微压与低压的测量(一般不超过1MPa)。

2. 弹簧管压力表

弹簧管压力表的测量范围极广，品种规格繁多。有单圈弹簧管压力表、多圈弹簧管压力表；有普通压力表，还有耐腐蚀的氨用压力表、禁油的氧气压力表等。它们的外形与结构基本上是相同的，只是所用的弹簧管形状或材料有所不同。单圈弹簧管压力表的结构原理如图 3-2-3 所示。

弹簧管 1 是压力表的测量元件，它是一根弯成 270° 圆弧的椭圆截面的空心金属管。管子的自由端 B 封闭，另一端固定在接头 9 上。当进入被测压力 P 后，由于椭圆形截面在压力 P 的作用下将趋于圆形，而弯成圆弧形的弹簧管也随之产生向外挺直的扩张变形。由于变形，弹簧管的自由端 B 产生位移。输入压力越大，产生的变形也越大。由于输入压力与弹簧管自由端 B 的位移成正比，所以只要测得 B 点的位移量，就能反映压力 P 的大小，这就是弹簧管压力表的基本测量原理。

弹簧管自由端 B 的位移量一般很小，直接显示有困难，所以必须通过放大机构才能显示出来。具体的放大过程如下：弹簧管自由端 B 的位移通过拉杆 2 使扇形齿轮 3 作逆时针偏转，于是指针 5 通过同轴的中心齿轮 4 的带动而作顺时针偏转，在面板 6 的刻度标尺上显示出被测压力 P 的数值。由于弹簧管自由端的位移与被测压力成正比，因此弹簧管压力表的刻度标尺是线性的。

游丝 7 用来压紧齿轮，以降低因扇形齿轮和中心齿轮间的传动间隙而产生的仪表变差。调整螺钉 8 的位置，可以改变机械传动的放大系数，实现压力表量程的调整。

在生产中，常常需要把压力控制在某一范围内，当压力低于或高于规定范围时，就会破坏正常工艺条件，甚至可能发生危险，这时就需要报警或启动安全措施。在普通弹簧管压力表内增加一些元器件，便可成为带有报警和接点控制功能的电接点信号压力表，它能在压力超出规定范围时及时发出声光报警信号，并通过中间继电器启动安全措施。

图 3-2-4 是电接点信号压力表的结构原理示意图。压力表测量指针上有动触点 2，表盘上另有两根可人工移动的指针，分别称为上限报警指针、下限报警指针，上面分别有静触点 4

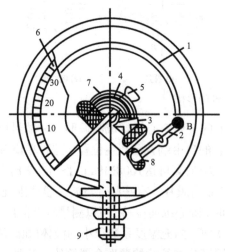

图 3-2-3　单圈弹簧管压力表的结构原理
1-弹簧管；2-拉杆；3-扇形齿轮；4-中心齿轮；5-指针；
6-面板；7-游丝；8-螺钉；9-接头

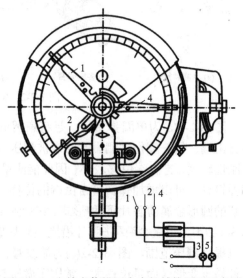

图 3-2-4　电接点信号压力表的结构原理示意图
1、4-静触点；2-动触点；3、5-信号灯

和 1。使用时按工艺要求，将上限报警指针设置在上限压力刻度值处、下限报警指针设置在下限压力刻度值处。当被测压力达到上限值时，测量指针与上限报警指针重合，动触点 2 和静触点 4 接触，红色信号灯 5 的电路接通、红灯亮。当被测压力低到下限值时，动触点 2 与静触点 1 接触，接通了绿色信号灯 3 的电路。红、绿信号灯电路中还可接入中间继电器、输出接点控制信号。

弹性式压力计在使用时，为保证测量精度和弹性元件的使用寿命，被测压力下限应不低于量程的 1/3；上限应不高于量程的 3/4(被测压力变化缓慢时)或 2/3(被测压力变化频繁时)。

3.2.3　电气式压力计

电气式压力计泛指各种能将压力转换成电信号进行传输及显示的仪表。这类仪表品种较多，各有特点。其由于可以远距离传送信号，所以广泛用于控制系统中。

电气式压力计一般由压力敏感元件、测量和信号处理电路组成。常用的信号处理电路有补偿电路、放大转换电路等，如图 3-2-5 所示。

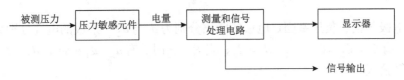

图 3-2-5　电气式压力计组成框图

压力敏感元件的作用是感受被测压力，将其转换成便于检测的物理量(位移量、电阻量、电容量等)，由测量电路检测转换成电压或电流信号，再经信号处理电路放大转换为标准信号输出或进行指示记录。

压力敏感元件配上测量电路就能将压力转换成常规电信号，一般称为传感器。不同的压力计主要是传感器不同，后级的信号处理电路基本相同。下面简单介绍电容式差压变送器，应变式、压阻式、压电式压力传感器，以及智能式差压变送器。

1. 电容式差压变送器

电容式差压变送器采用差动电容作为检测元件，无机械传动和调整装置，因而具有结构简单、精度高(可达 0.2 级)、稳定性好、可靠性高和抗震性强等特点。

电容式差压变送器由检测部件和转换放大电路组成，其构成框图如图 3-2-6 所示。

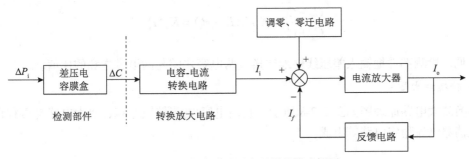

图 3-2-6　电容式差压变送器的构成框图

1) 检测部件

图 3-2-7 为检测部件结构示意图。它由感压元件，正、负压室和差动电容等组成。检测部件的作用是将输入差压 ΔP_i 转换成电容量的变化。

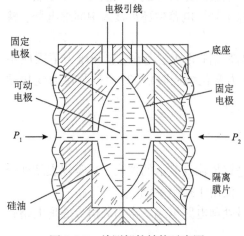

由图 3-2-7 可见，当压力 P_1、P_2 分别作用到隔离膜片时，通过硅油将其压力传递到中心感压膜片(为可动电极)。若差压 $\Delta P_i = P_1 - P_2 \neq 0$，可动电极将产生位移，并与正、负压室两个固定弧形电极之间的间距不等，形成差动电容。如果把 P_2 接大气，则所测差压即为 P_1 的表压。

设输入差压 ΔP_i 与可动电极的中心位移 Δd 的关系为

$$\Delta d = K_1(P_1 - P_2) = K_1 \Delta P_i \tag{3-2-1}$$

式中，K_1 为由膜片材料特性与结构参数确定的系数。

图 3-2-7　检测部件结构示意图

设可动电极与正、负压室固定电极的距离分别为 d_1 与 d_2，形成的电容分别为 C_1、C_2。当 $P_1 = P_2$ 时，有 $C_1 = C_2 = C_0$，$d_1 = d_2 = d_0$；当 $P_1 > P_2$ 时，有 $d_1 = d_0 + \Delta d$，$d_2 = d_0 - \Delta d$。根据理想电容计算公式，有

$$\begin{cases} C_1 = \dfrac{\varepsilon A}{d_0 + \Delta d} \\ C_2 = \dfrac{\varepsilon A}{d_0 - \Delta d} \end{cases} \tag{3-2-2}$$

式中，ε 为极板间介质的介电常数；A 为极板面积。此时，两电容之差与两电容之和的比值为

$$\frac{C_2 - C_1}{C_2 + C_1} = \frac{\varepsilon A\left(\dfrac{1}{d_0 - \Delta d} - \dfrac{1}{d_0 + \Delta d}\right)}{\varepsilon A\left(\dfrac{1}{d_0 - \Delta d} + \dfrac{1}{d_0 + \Delta d}\right)} = \frac{\Delta d}{d_0} = K_2 \Delta d \tag{3-2-3}$$

将式(3-2-2)代入式(3-2-3)，可得

$$\frac{C_2 - C_1}{C_2 + C_1} = K_1 K_2 (P_1 - P_2) = K_3 \Delta P_i \tag{3-2-4}$$

可见，检测部件把输入差压线性地转换成两电容之差与两电容之和的比值。

2) 转换放大器

转换放大电路原理图如图 3-2-8 所示。它由电容/电流转换电路、放大电路与量程调整环节、振荡器电流稳定电路等组成。

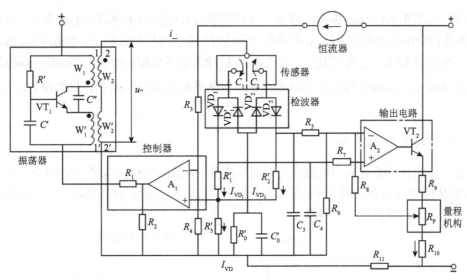

图 3-2-8　转换放大电路原理图

(1) 电容/电压转换电路图中，由振荡器提供的稳定高频电流先通过差动电容 C_1、C_2 进行分流，再经过二极管检波后分别为 I_{VD_1} 与 I_{VD_2}。它们又分别流经 R_1' 和 R_2'，汇合后的 I_{VD} 再流经 R_3'。由此可得如下关系：

$$\begin{cases} I_{VD} = I_{VD_1} + I_{VD_2} \\[2mm] I_{VD_1} = \dfrac{C_2}{C_1 + C_2} I_{VD} \\[2mm] I_{VD_2} = \dfrac{C_1}{C_1 + C_2} I_{VD} \\[2mm] I_{VD_1} - I_{VD_2} = \dfrac{C_2 - C_1}{C_1 + C_2} I_{VD} = K_3 \Delta P_i \cdot I_{VD} \end{cases} \tag{3-2-5}$$

令 $u_{R_1'} = I_{VD_1} R_1'$，$u_{R_2'} = I_{VD_2} R_2'$，$u_{R_3'} = I_{VD} R_3'$，并设 $R_1' = R_2' = R_3'$，则有

$$\frac{u_{R_1'} - u_{R_2'}}{u_{R_3'}} = \frac{C_2 - C_1}{C_2 + C_1} = K_3 \Delta P_1 \tag{3-2-6}$$

式中，K_3 为常量。若能使 I_{VD} 为常量，则有 $u_{R_3} = I_{AD} R_3$ 为常数。

由式(3-2-6)可见，电容/电压转换电路将差动电容(或压差)转换成差动电压，只要测出 $u_{R_1'} - u_{R_2'}$，就可得知差压 ΔP。

(2) 放大电路与量程调整环节。该电路将差动电压引入放大器 A_2 的输入端，经放大后由射极跟随器 VT_2 转换成 4～20mA DC 输出。改变电位器 R_P 的滑动抽头位置即可改变反馈强度从而改变量程。零点调整与迁移由外加电信号完成，这里从略。

(3) 振荡器电流稳定电路的作用是使 I_{VD} (或 i_∞)为常量，图中，振荡器为 LC 型振荡器。电路中绕组 W_1 和 W_1' 按图示同名端(以圆点 "·" 表示)配置，以满足振荡器起振的正反馈条件(如集电极电位下降时，通过变压器耦合使发射极电位也下降，从而加剧了集电极电位的进

一步下降；反义亦然)。稳幅振荡的建立与位移检测放大电路中振荡器的原理类似，这里不再重述。振荡器输出电流由放大器 A_1 的输出电压进行控制，其控制过程为：当电流 I_{VD} 或 i_∞ 因受到某种干扰而增大时，u_{R_3} 相应增大，放大器 A_1 的输出电压也相应增高，因而振荡器的基/射极的供电电压减小，基极电流也相应减小，导致振荡器的输出电流减小，最终使 I_{VD} 或 i_∞ 保持不变。

2. 应变式压力传感器

应变式压力传感器是利用电阻应变原理构成的。电阻应变片有金属应变片(金属丝或金属箔)和半导体应变片两类。图 3-2-9 所示为金属丝应变片的形状。将金属丝弯成栅状粘贴在绝缘基片上，上面再以绝缘基片覆盖。

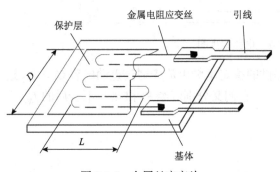

图 3-2-9　金属丝应变片

应变片电阻值为

$$R = \rho \frac{L}{S} \qquad (3\text{-}2\text{-}7)$$

式中，ρ 为电阻率；L 为电阻丝长度；S 为电阻丝截面积。当被测压力使应变片产生应变，金属丝被拉伸变形时，L 增大、S 减小，其电阻值增加。金属丝被压缩变形时，L 减小、S 增大，其电阻值减小。应变片阻值的变化通过桥式电路转换成相应的毫伏级电动势，再经过放大后输出。

图 3-2-10(a)是一种应变片式压力传感器的原理图。应变筒 1 的上端与外壳 2 固定在一起，下端与不锈钢密封膜片 3 紧密接触，两片康铜丝应变片 r_1 和 r_2 用特殊胶合剂(缩醛胶等)紧贴在应变筒的外壁上。r_1 沿应变筒轴向贴放，作为测量片；r_2 沿径向贴放，作为补偿片。应变片随应变筒变形并与之保持绝缘。当被测压力 P 作用于膜片而使应变筒轴向受压变形时，沿轴向贴放的应变片 r_1 也将产生轴向压缩应变 ε_1，于是 r_1 的阻值减小 Δr_1；而径向贴放的应变片 r_2 受到纵向拉伸应变 ε_2，于是 r_2 阻值增大，但是 ε_2 要比 ε_1 小，所以 $\Delta r_1 > \Delta r_2$。

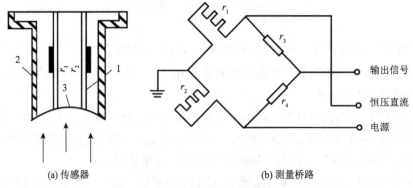

(a) 传感器　　　　　　　　　　　　　　　(b) 测量桥路

图 3-2-10　应变片式压力传感器原理图

1-应变筒；2-外壳；3-膜片

应变片 r_1 和 r_2 与两个固定电阻 r_3、r_4 组成测量桥路，如图 3-2-10(b)所示。r_1 和 r_2 为相邻臂，应变筒变形时，一个增大、一个减小，可维持桥路电流基本不变。

设被测压力为零时 $r_1 = r_2 = r_3 = r_4$，则被测压力大于零时，电桥输出的不平衡电压 U 为

$$U \approx -\frac{E}{2r_1} \Delta r_1 \qquad (3\text{-}2\text{-}8)$$

这种传感器的被测压力可达 25MPa。桥路供电最大为 10V DC，桥路最大输出电压为 5mV DC。传感器的固有频率在 25000Hz 以上，故有较好的动态性能，适用于快速变化的压力测量。

3. 压阻式压力传感器

压阻式压力传感器是根据半导体材料的压阻效应测压的。半导体材料受压时，电阻率发生变化，导致电阻发生变化。同样用电桥将电阻的变化转换成电压输出，就测出了电压。仪表的结构非常简单，工作可靠、频率响应宽。图 3-2-11 是一种扩散硅压力传感部件的结构示意图。

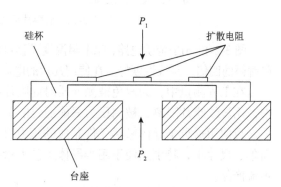

图 3-2-11　扩散硅压力传感部件结构示意图

在杯状单晶硅膜片的底面上，沿一定的晶轴方向扩散着四个等值的长条形电阻。当硅膜片受压力作用时，扩散电阻受到应力作用，晶体处于扭曲状态，晶格之间的距离发生变化，使禁带宽度以及载流子浓度和迁移率改变，导致扩散电阻的电阻率 ρ 发生强烈的变化，而使电阻发生变化，这种现象称为压阻效应。用 ΔR 表示扩散硅电阻的变化，它的变化率为

$$\frac{\Delta R}{R} = \left(\frac{\Delta \rho}{\rho} \right) d\sigma = k\sigma \qquad (3\text{-}2\text{-}9)$$

式中，d 为压阻系数；ρ 为电阻率；σ 为应力；k 为比例系数。可见半导体扩散电阻的电阻变化主要是电阻率 ρ 的变化造成的。其灵敏度比应变片电阻高约 100 倍。在图 3-2-11 中，硅杯被烧结在膨胀系数和自己相同的玻璃台座上，以保证温度变化时硅膜片不受到附加应力的作用。

当硅膜片受压时，不同区域受到的应力大小、方向并不相同。应力分布如图 3-2-12(a)所示。可见中心区与四周的应力方向是不同的。例如，当中心区受拉应力时，外围区域将受压应力，离中心为半径 63%左右的地方应力为零。为了减小半导体电阻随温度变化引起的误差和提高线性度，在膜片中心区和外围区的对称位置各扩散两个电阻，把 $R_1 \sim R_4$ 接成桥路，如图 3-2-12(b)所示。

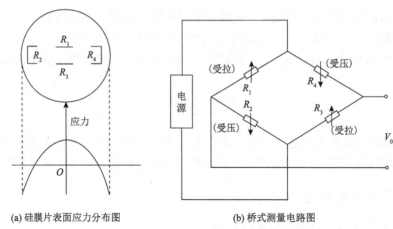

(a) 硅膜片表面应力分布图　　　　(b) 桥式测量电路图

图 3-2-12　硅膜片应力分布、桥式测量电路

图 3-2-12(b)是全桥电路，除电阻温度漂移可以得到很好的补偿外，桥路输出电压的敏感度是单臂桥的四倍，且线性度好。在使用几伏的电源电压时，桥路输出信号幅度可达几百毫伏。

在工程测量中，为避免被测介质对硅膜片的腐蚀或毒害，有的传感器将硅膜片置于硅油中，用波纹膜片隔离，被测压力只能通过隔离膜片传递给硅膜片。

目前用这种半导体敏感元件制成的压力仪表精度可达 0.25 级或更高。其主要优点是结构简单、尺寸小，特别是便于用半导体工艺大量生产，价格较低，因而逐渐成为压力传感器的主流产品。

4. 压电式压力传感器

压电式压力传感器是利用某些材料的压电效应原理制成的，具有这种效应的材料，如压电陶瓷、压电晶体，称为压电材料。

压电效应就是压电材料在一定方向受外力作用而产生形变时，内部将产生极化现象，同时在其表面上产生电荷，当去除外力时，又重新返回不带电的状态，这种机械能转变成电能的现象，称为压电现象，而压电材料上电荷量的大小与外力的大小成正比。

常见的压电材料是人工合成的。天然的压电晶体也有压电现象，但效率低，利用难度较大。压电陶瓷是人工烧结的一种多晶压电材料，烧结方便，容易成形，强度高，而且压电系数高，为天然单晶石英晶体的几百倍，而成本只有石英单晶的 1%，因此压电陶瓷被广泛用作高效压力传感器的材料。常用的压电陶瓷材料有钛酸钡($BaTiO_3$)、锆钛酸铅等。

压电陶瓷材料烧结后，材料内部有许多无规则排列的"电畴"，并不具有压电性。这些"电畴"在一定外界温度和强极化电场的作用下，按外电场的方向整齐排列，这就是极化过程。极化后的陶瓷材料，在撤去外界的极化电场后，其内部电畴的排列不变，具有很强的极化性，这时陶瓷材料才具有压电性。

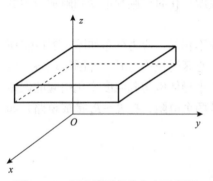

图 3-2-13　压电陶瓷极化方向示意图

如图 3-2-13 所示，压电陶瓷的极化方向为 z 轴方向，而在 z 轴方向上受外力作用，则垂直于 z 轴的 x、y 轴平

面上面和下面出现正负电荷。

　　若在材料 x 轴方向或 y 轴方向接受外力作用,同样在 x、y 轴平面的上、下面出现电荷的堆积,电量大小与受力的大小成正比,压电陶瓷受外力作用,在晶体上、下面出现感应电荷,相当于一个静电场,或是一个以压电材料为介质的电容器。电容量大小为

$$C = \varepsilon_0 \varepsilon_r \frac{A}{d} \tag{3-2-10}$$

式中,ε_0 为真空介电常数($8.85 \times 10^{-12}\,\mathrm{F/m}$);$\varepsilon_r$ 为压电材料相对介电常数;A 为极板面积(m^2);d 为压电材料厚度。

　　电容两端开端电压 $U = Q/C$,Q 为极板上电荷量,其大小取决于外力的大小。因为电量 Q 很小,因此感应出的电压也很小。为了能检测到 U 的变化量,要求陶瓷本身有极高的阻抗,同时前级放大器也应有极高的输入阻抗,通常检测电路的前级放大器使用场效应管。由于输入阻抗极高,所以极易窜入干扰信号,前级放大器应直接接在传感器的输出端,信号经放大后,输出一个高电平、低阻抗的检测信号。

5. 智能式差压变送器

　　目前实际应用的智能式差压变送器种类较多,结构各有差异,但总体结构相似,都分为硬件与软件两部分。现以 1151 智能式差压变送器为例介绍其构成原理。

　　1) 1151 智能式差压变送器的特点

　　1151 智能式差压变送器是在模拟的电容式差压变送器基础上开发的一种智能式变送器,它具有如下特点:

　　(1) 测量精度高,基本误差仅为 ±0.1%,而且性能稳定、可靠;

　　(2) 具有温度、静压补偿功能,以保证仪表精度;

　　(3) 具有数字、模拟两种输出形式,能够实现双向数据通信;

　　(4) 具有数字微调、数字阻尼、通信报警、工程单位换算和有关信息的存储等功能。

　　2) 硬件构成及其功能

　　1151 智能式差压变送器的硬件构成原理框图如图 3-2-14 所示。

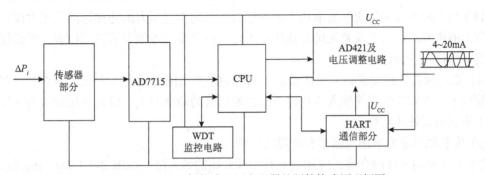

图 3-2-14　1151 智能式差压变送器的硬件构成原理框图

　　3) 软件构成

　　1151 智能式差压变送器的软件由两部分组成,即测控程序和通信程序。

测控程序包括 A/D 采样程序、非线性补偿程序、量程转换程序、线性或开方输出程序、阻尼程序以及 D/A 输出程序等。

通信程序是实现 HART 协议数据链路层和应用层的软件。

3.2.4　工业用压力表的选用与安装

正确地选用、校验和安装是保证压力表在生产过程中发挥应有作用的重要环节。

1. 压力表的选用

测压仪表的选用与被测压力的种类(压力、负压、绝对压力或差压等)，被测介质的物理、化学性质(湿度、黏度、腐蚀性与爆炸性等)、用途(标准、指示、记录或远传等)以及测量准确度、被测压力的变化范围等都有关系。

1) 量程选择

为保证弹性元件在其弹性形变的安全范围内工作，在选择弹性压力计量程时必须留有足够的余地。一般，在被测压力较稳定的情况下，最大压力值应不超过满量程的 3/4；在被测压力波动较大时，最大压力值应不超过满量程的 2/3；为保证测量精度，被测压力最小值应不低于全量程的 1/3。

2) 精度选择

一般工业压力表为1~4级，在科研及精密测量或作为校验时的标准压力表应在0.4级以上。

2. 压力表的校验

对压力表主要是校验其指示值误差、变差和线性度并对零点、满度和非线性进行调整。压力校验设备主要是活塞式压力计和精度在 0.4 级以上的标准压力表。

弹性压力表造成误差的原因主要是弹性元件的质量变化和传动——放大机构的摩擦、磨损、变形及间隙等。

3. 压力表的安装

测压仪表的组成包括直接测取压力的取压口、中间传递压力的连接管路和压力仪表。要做到压力的准确测量，不仅要正确地选用压力计，而且要合理地安装测压仪表。下面仅就常遇到的一些情况进行讨论。

(1) 测点的选择和安装必须保证仪表所测得的是介质的静压力。为此，测点要选在较长的直管段上；在安装时应使插入生产设备中的取压管的端面与生产设备连接处的内壁保持平齐，不应有突出物或毛刺。

(2) 安装地点应力求避免振动和高温的影响。

(3) 对于有腐蚀性的介质，应加装充有中性介质的隔离罐，如图 3-2-15(a)、(b)所示；如图 3-2-15(c)所示，在测量蒸汽压力时，应加装凝汽管，以防止高温蒸汽与测压元件直接接触；并且要针对被测介质的不同性质(高温、低温、腐蚀、脏污、结晶、黏稠等)，采取相应的防高温、防腐蚀、防冻、防堵等措施。

(4) 测点与压力计之间应加装切断阀门，以备检修压力计时使用。切断阀门应装在靠近测点的地方(图 3-2-15)。

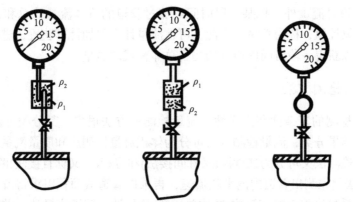

(a) 被测介质为有腐蚀性的轻液　(b) 被测介质为有腐蚀性的重液　(c) 被测介质为高温蒸汽

图 3-2-15　压力计安装示意图

ρ_1-中性介质密度；ρ_2-被测介质密度

(5) 在需要进行现场校验和经常冲洗引压导管的情况下，切断阀可改用三通开关。

(6) 引压导管不宜过长，以便减小压力指示的时延。引压导管的长度一般不大于 50m。如果超过 50m 应选用其他能远距离传送的压力计。

3.3　智能流量检测仪表

3.3.1　流量的基本概念及检测方法

1. 流量的基本概念

和温度、压力一样，流量也是过程控制中的重要参数。它是判断生产状况、衡量设备运行效率的重要指标。例如，在许多生产过程中，一方面用测量和控制流量来确定物料的配比与消耗，以实现生产过程自动化和最优控制；另一方面，还需要将介质流量作为生产操作和控制其他参数(如温度、压力、液位等)的重要依据。因此，对流量的测量与控制是实现生产过程自动化的一项重要任务。

在工程上，常把单位时间内流过工艺管道某截面的流体数量称为瞬时流量，而把某一段时间内流过工艺管道某截面的流体总量称为累积流量。

流量一般是指单位时间内流过管道某一截面的流体数量，即瞬时流量。流量可以用质量表示，也可以用体积表示。单位时间内流过的流体以质量表示时称为质量流量(常用符号 Q_m 表示)，以体积表示时称为体积流量(常用符号 Q_v 表示)。常用的计量单位为 kg/s(千克/秒)、t/h(吨/小时)、L/s(升/秒)、m^3/h(米^3/小时)。

体积流量与质量流量之间的关系是

$$Q_m = Q_v \rho \tag{3-3-1}$$

或
$$Q_v = \frac{Q_m}{\rho} \qquad (3\text{-}3\text{-}2)$$

除了上述瞬时流量外，把某一段时间内流过管道的流体流量的总和，即瞬时流量在某一段时间内的累计值，称为总量。为此，可在流量计上附加计算装置，进行瞬时流量对时间的积分运算，以获得一段时间内通过的物料总体积或总质量。

2. 流量的检测方法

由于流量检测的复杂性和多样性，流量检测的方法很多，其分类方法也多种多样。若按检测的最终结果分类，流量检测方法可分为体积流量检测法和质量流量检测法。

体积流量检测法又可分为速度法(又称间接法)和容积法(又称直接法)两种。

(1) 速度法是先测出管道内的平均流速，再乘以管道截面积以求得流量。目前常用的基于速度法的流量检测仪表有节流式(亦称差压式)流量计、转子流量计、漩涡式流量计、涡轮式流量计、电磁式流量计、靶式流量计和超声波流量计等。

(2) 容积法是以单位时间内排出流体的固定体积数来计算流量。基于容积法的流量检测仪表有椭圆齿轮式流量计、腰轮式流量计、螺杆式流量计、刮板式流量计、旋转活塞式流量计等。容积法测量流量受流体状态影响小，适用于测量高黏度流体，测量精度高。

3.3.2 速度式流量计

1. 差压式流量计

差压式(也称节流式)流量计是基于液体流动的节流原理，利用流体流经节流装置时产生的压力差而实现流量测量的。它是流量测量仪表中最成熟、最常用的仪表之一，通常是由能将被测流量转换成差压信号的节流装置和能将此差压转换成电信号的差压计两部分组成的。差压信号通过差压变送器转换成相应的标准信号，以供显示、记录或控制用。

图 3-3-1 所示的是最常见的使用孔板节流装置的例子。节流装置包括节流件和取压装置。节流件是使管道中的流体产生局部收缩的元件，应用最广泛的是孔板，其次是喷嘴、文丘里管等。下面以孔板为例说明节流现象。

具有一定能量的流体，才可能在管道中形成流动状态。流动流体的能量有两种形式，即静压能和动能。流体由于有压力而具有静压能，又由于流体有流动速度而具有动能。这两种形式的能量在一定条件下可以互相转化，但是，根据能量

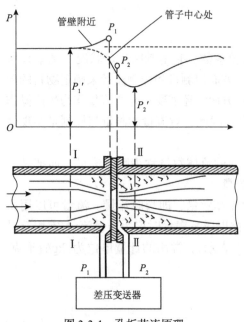

图 3-3-1 孔板节流原理

守恒定律，流体所具有的动能增加，静压能必然降低。在流束的截面积收缩到最小处，由于流速达到最大值，压力降至最低点。图 3-3-1 中，在管道中插入一片中心开孔的圆盘，当流体经过这一孔板时，流体流束截面缩小，流动速度加快。依据伯努利方程，在水平管道上，孔板前面稳定流动段Ⅰ-Ⅰ截面上的流体压力 P_1'、平均流速 v_1 与流束收缩到最小的截面Ⅱ-Ⅱ处的压力 P_2'、平均流速 v_2 间必然存在如下关系：

$$\frac{P_1'}{\rho_1 g} + \frac{v_1^2}{2g} = \frac{P_2'}{\rho_2 g} + \frac{v_2^2}{2g} + \xi \frac{v_2^2}{2g} \tag{3-3-3}$$

式中，ξ 为流体在截面Ⅰ-Ⅰ和Ⅱ-Ⅱ间的动能损失系数；g 为重力加速度；ρ_1、ρ_2 分别为流体在截面Ⅰ-Ⅰ和Ⅱ-Ⅱ处的密度，如果流体是不可压缩的，那么 $\rho_1 = \rho_2 = \rho$ 成立。

由流体流动的连续性方程可知，流过管道的流体体积流量为

$$Q_v = v_1 S_1 = v_2 S_2 \tag{3-3-4}$$

式中，S_1、S_2 分别为流体在截面Ⅰ-Ⅰ和Ⅱ-Ⅱ处的流束截面积，S_1 等于管道的截面积。

联立求解式(3-3-3)和式(3-3-4)可得出

$$v_2 = \frac{1}{\sqrt{1 - \left(\frac{S_2}{S_1}\right)^2 + \xi}} \sqrt{\frac{2}{\rho}\left(P_1' - P_2'\right)} \tag{3-3-5}$$

直接按式(3-3-5)计算流速是困难的。因为 P_2' 和 S_2 都要在流束截面收缩到最小的地方测量，而它的位置是随流速的不同而改变的。实际测量中只能用固定取压点测定的压差代替式中的 $P_1' - P_2'$。工程上常取紧挨孔板前后的管壁压差 $P_1 - P_2$ 代表 $P_1' - P_2'$，它们之间的关系可引用系数 φ 加以修正。

$$\varphi = \frac{P_1' - P_2'}{P_1 - P_2} \tag{3-3-6}$$

此外为简化算式，引入截面收缩系数 μ 和孔板口对管道的面积比系数 m：

$$\mu = \frac{S_2}{S_1}, \quad m = \frac{S_0}{S_1} \tag{3-3-7}$$

这里，S_0 是孔板的开孔面积。将这些关系代入式(3-3-5)，得

$$v_2 = \sqrt{\frac{\varphi}{1 - \mu^2 m^2 + \xi}} \sqrt{\frac{2}{\rho}(P_1 - P_2)} \tag{3-3-8}$$

代入体积流量式(3-3-4)中，得到

$$Q_v = v_2 S_2 = v_2 \mu S_2 = \mu S_0 \sqrt{\frac{\varphi}{1 - \mu^2 m^2 + \xi}} \sqrt{\frac{2}{\rho}(P_1 - P_2)} \tag{3-3-9}$$

令

$$\alpha = \mu \sqrt{\frac{\varphi}{1 - \mu^2 m^2 + \xi}} \tag{3-3-10}$$

式中，α 称为流量系数。这样，有

体积流量
$$Q_v = \alpha S_0 \sqrt{\frac{2}{\rho}(P_1 - P_2)} \tag{3-3-11}$$

质量流量
$$Q_m = \rho Q_v = \alpha S_0 \sqrt{2(P_1 - P_2)} \tag{3-3-12}$$

上面的分析说明，在一定的条件下，流体的流量与节流元件前后的压差平方根成正比。因此可使用差压变送器测量这一压差，经开方运算后得到流量信号。由于这种变送器需求量较大，单位组合仪表中生产了专门的品种，将开方器和差压变送器结合成一体，称为差压流量变送器，可直接和节流装置配合，输入差压信号，即可输出流量信号。

上述流量关系式中流量系数 α 和以下多个因素有关。

(1) 流量系数的大小与节流装置的形式、孔口对管道的面积比 m 及取压方式密切相关，因此节流元件和取压方式都必须标准化。目前常用的标准化节流元件除孔板外，还有压力损失较小的喷嘴和文丘里管。取压方式除图 3-3-1 所示的在孔板前后端面处取压的"角接取压法"外，还有在孔板前后各一英寸处的管壁上取压的"法兰取压法"等。

(2) 流量系数的大小与管壁的粗糙度、孔板边缘的尖锐度、流体的黏度、温度及可压缩性相关。

(3) 流量系数的大小与流体流动状态有关。流体力学中常用雷诺数 Re 反映流体流动的状态。

$$Re = \frac{vD\rho}{\eta} \tag{3-3-13}$$

式中，v 为流速；D 为管道内径；ρ 为流体密度；η 为流体动力黏度；Re 是一个无因次量。对于一般流体(水、油等)，$Re \leqslant 2320$ 时，流动状态为层流；当 $Re > 2320$ 时，流动状态为湍流。大量的试验表明，只有在流体达到充分湍流时，流量系数 α 才是与流动状态无关的常数。对于差压式流量计，流量系数 α 在雷诺数大于 10^5 时才保持常数。

由于有上述诸多因素的制约，使用差压式流量计时要查阅有关手册，按照规定的标准，设计、制造和安装节流装置便可使用标准的流量系数。

差压式流量计在测量条件较好的情况下测量误差为 $\pm(1\% \sim 2\%)$，由于雷诺数及流体温度、黏度、密度等的变化，以及孔板边缘的腐蚀和磨损，误差常低于 $\pm 2\%$。

2. 转子流量计

在工程中经常遇到小流量的测量，例如，流量只有每小时几升到几百升的场合，要求

测量仪表有较高的灵敏度。转子流量计特别适合于小管径(50mm以下)、小流量(几升/小时)的测量。其工作原理也是根据节流现象,但节流元件不是固定地安置在管道中,而是一个可以移动的转子。其基本结构如图 3-3-2 所示。

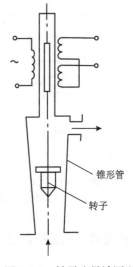

一个能上下浮动的转子被置于圆锥形的测量管中,当被测流体自下而上通过时,由于转子的节流作用,在转子前后出现压差 ΔP,此压差对转子产生一个向上的推力,当此向上的推力等于转子的重力时,转子便悬浮在测量管中,取得平衡位置。为了使转子在锥形管中移动时不碰到管壁,可以在转子侧面开几条斜形槽沟,流体流经转子时,作用在斜槽中的力使转子绕流速中心旋转,得以保证转子居中稳定,故称转子流量计。

锥形管

转子

转子平衡时,压差 Δp 产生的向上推力等于转子的重力与浮力差,平衡条件是

图 3-3-2　转子流量计原理

$$S\Delta p = (\rho_z - \rho_f)gV \tag{3-3-14}$$

式中,S 为转子的最大横截面积;ρ_z 为转子材料的密度;ρ_f 为被测流体的密度;g 为重力加速度;V 为转子的体积。这些参数在测量时均为常数,故转子平衡时 Δp 必为恒值。

$$\Delta p = \frac{(\rho_z - \rho_f)gV}{S} \tag{3-3-15}$$

转子也属于节流元件,因此流量的计算公式也符合流量关系式:

$$Q_v = \alpha S_0 \sqrt{\frac{2}{\rho_f}\Delta p} \tag{3-3-16}$$

式中,S_0 为圆锥形测量管的环形缝隙的流通面积。由于圆锥形测量管由下往上逐渐扩大,所以 S_0 与转子浮起的高度 H 有关:

$$S_0 = kH \tag{3-3-17}$$

将式(3-3-15)、式(3-3-16)代入式(3-3-17)中,有

$$Q_v = \alpha S_0 \sqrt{\frac{2}{\rho_f}\Delta p} = \alpha kH \sqrt{\frac{2(\rho_z - \rho_f)gV}{\rho_f S}} \tag{3-3-18}$$

可见流量 Q_v 与转子浮起的高度成正比。故可从转子的平衡位置高低直接读出流量的数值,或用转子带动铁心在差动变压器中移动,差动变压器将转子位置转换为电信号,放大后输出。

3. 靶式流量计

靶式流量计也用节流原理测流量。与差压式流量计不同的是,靶式流量计使用悬在管道中央的靶片作为节流元件,正面承受流体作用力 F,通过以硬性橡胶膜为支点的连杆传出,

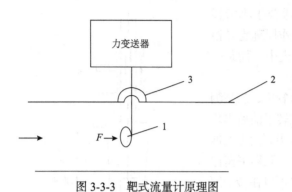

图 3-3-3　靶式流量计原理图
1-靶片；2-管道；3-弹性轴承

由力变送器转换成电信号，其原理如图 3-3-3 所示。

理论分析与试验表明，流体作用于靶上的推力 F 与流体流速 v 的平方成正比，即

$$F = kS_d \frac{\gamma}{2g} v^2 \tag{3-3-19}$$

式中，k 为靶的推力系数；S_d 为靶片面积；γ 为流体比重；g 为重力加速度；v 为靶与管壁间环形间隙中流体的平均流速。靶上的推力 F 由力变送器测出。

由此可写出通过管道的体积流量：

$$Q = S_0 v = S_0 \sqrt{\frac{2gF}{k\gamma S_d}} = \alpha S_0 \sqrt{\frac{2gF}{\gamma S_d}} \tag{3-3-20}$$

式中，S_0 为环形间隙的面积；$\alpha = \sqrt{1/k}$ 为流量系数，其大小也与很多参数有关。只有当雷诺数大于 10^4 时，α 才保持不变。

如上所述，靶式流量计与差压式流量计在原理上是相似的，两种流量计的流量与检测信号之间的关系都是非线性的，必须将差压或推力信号进行开方运算后，才能得到流量信号。所不同的是，由于结构上的差别，靶式流量计能应用于高黏度的流体，如重油、沥青等的流量测量。此外，由于靶悬于管道中央，污物不易积聚，且靶直接与力平衡变送器连接，不像差压变送器导压管易被堵塞及冻结，因此，它也适用于测量有悬浮物、沉淀物的流体流量。靶式流量计的测量精度为 2%～3%。

4. 电磁流量计

电磁流量计利用导电液体通过磁场时在两固定电极上感应出的电动势测量流速。电磁流量计的基本原理如图 3-3-4 所示。

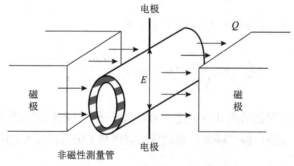

图 3-3-4　电磁流量计的基本原理

在一段不导磁的测量管两侧装上一对电磁铁，管壁上在与磁场垂直的方向上，有一对与液体接触的电极。被测液体由管内流过时，以流动的液体当作切割磁力线的导体，根据电

磁感应定律，与液体接触的两电极间产生的感应电动势为

$$E = BDv \tag{3-3-21}$$

式中，B 为管道内磁感应强度；D 为管道内径，也就是切割磁力线的导体的长度；v 为管内流体的平均流速。由产生的感应电动势测知管道内液体的流速，于是体积流量为

$$Q_v = \frac{\pi D^2}{4} v = \frac{\pi D}{4B} E = kE \tag{3-3-22}$$

式中，k 称为仪表常数。可见流量与感应电动势的大小成正比。实际的电磁流量计中，流量电动势只有几到几十毫伏。为避免电极在直流电流作用下发生极化作用，同时也为了避免接触电动势等直流干扰，管道外的磁铁都使用交流励磁。获得的流量电动势也是交变的，经过交流放大再转换成直流信号输出。

电磁流量计常用于测量导电液体流量，被测液体的电导率应大于水的电导率($100\mu\Omega/\mathrm{cm}$)，不能测量油类或气体的流量。电磁流量计的优点是在管道中不设任何节流元件，因此可以测量各种高黏度的导电液体，特别适合测量含有纤维和固定颗粒的流体，精度可达 0.5 级。

5. 超声波流量计

超声波流量计测量属于非接触式测量方法，它通过发射换能器发射超声波，穿过流动的流体，被接收换能器接收后，经过信号处理反映出流体的流速。根据流速便能算出流量。超声波的测量有多种不同的方式，如传播时间法、漩涡法和多普勒效应法等。

传播时间法是根据声波在流体中的传播速度顺流时会增大、逆流时会减小的原理测流速的。可以测量超声波在顺流、逆流时的传播时间差(时差法)，可以测量超声脉冲在顺流、逆流时的相位差(相位差法)，还可以测量超声脉冲在顺流和逆流时的重复频率(频差法)。图 3-3-5 为时差法的测量原理。

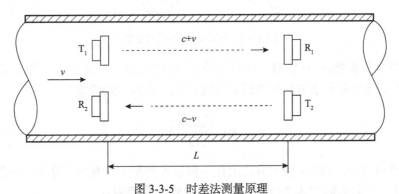

图 3-3-5　时差法测量原理

在管道中安装两对声波传播方向相反的超声波换能器，相互间的距离为 L。设超声波在静止流体中的传播速度为 c，流体的流速为 v，当超声波在流体中的传播方向和流体流动方向相同时，其传播速度为 $c+v$，超声波从发射器 T_1 到接收器 R_1 所需要的时间为

$$t_1 = \frac{L}{c+v} \tag{3-3-23}$$

当超声波在流体中的传播方向和流体流动方向相反时，其传播速度为 $c-v$ ，超声波从发射器 T_2 到接收器 R_2 所需要的时间为

$$t_2 = \frac{L}{c-v} \tag{3-3-24}$$

两者的时间差为

$$\Delta t = t_2 - t_1 = \frac{2Lv}{c^2-v^2} \approx \frac{2Lv}{c^2} \tag{3-3-25}$$

由于一般流体的流速 v 远远小于超声波在静止流体中的传播速度 c （>1000m/s），式(3-3-25)分母中的 v^2 可以忽略。由此可得流体的流速为

$$v \approx \frac{c^2}{2L}\Delta t \tag{3-3-26}$$

因此，在 c 、 L 已知的情况下，测出时间差 Δt ，便可以求出液体的流速 v 。

超声波换能器一般倾斜安装在管道外侧，如图3-3-6所示。

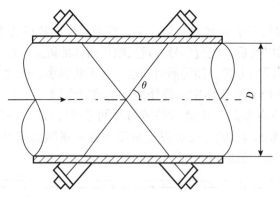

图3-3-6　超声波换能器的安装

可以用两对换能器(两只发射、两只接收)，也可以用一对换能器互为发射与接收。此时，超声波在流体中的传播方向与管道轴线成 θ 角，式(3-3-26)变为

$$v = \frac{c^2\tan\theta}{2D}\Delta t \tag{3-3-27}$$

式中， D 为管道直径，测出 v 便可算出流量。但这种测量方法有两个难点：一是声速 c 受温度影响会变化，二是时间差 Δt 数值很小(<1μs)，难以准确测量。

相位差法是连续发射频率为 f 的超声脉冲，在顺流和逆流发射时所接收到的信号之间存在相位差 $\Delta\varphi = 2\pi f\Delta t$ ，测出相位差便测出流速：

$$v = \frac{c^2\tan\theta}{4\pi fD}\Delta\varphi \tag{3-3-28}$$

相位差法和时差法相比，相位差数值比时差数值要大一些，但算式中仍然含有声速 c，仍然受温度影响。

频差法是根据超声脉冲在顺流、逆流时的重复频率差测量流速的。顺流发射的一组换能器和逆流发射的一组换能器各自组成发射-接收的闭环循环系统。测量时由发射换能器发射一个脉冲，经过流体传播，此信号被接收换能器接收放大后，再送至发射换能器发射第二个脉冲，如此循环，两组发射-接收的循环频率分别为

$$f_1 = \frac{c+v}{L} \tag{3-3-29}$$

$$f_2 = \frac{c-v}{L} \tag{3-3-30}$$

其差值为

$$\Delta f = \frac{2v}{L} \tag{3-3-31}$$

则流速为

$$v = \frac{L}{2}\Delta f \tag{3-3-32}$$

由此可见，频差法测量流速可以不受声速变化影响，因此频差法使用较多。只要测出一定时间内两组闭路循环系统的脉冲循环频率之差，就可测得流速，而流速乘以管道截面积则可测得流量。

超声波也可用于检测涡街流量计中的漩涡发生频率。可在有旋涡的管道区上下管壁外安装超声波发射-接收换能器。安装在一侧的发射换能器发出幅度恒定的超声波束穿透流体，到达另一侧的接收器。如果超声波经过的途径上没有旋涡，那么接收器收到的超声波强度也是恒定的；但若有旋涡进入超声波行进的路径，超声波束就会被旋涡散射而使接收器接收到的超声波强度减弱。因此，接收到的超声波强弱变化频率就等于旋涡发生的频率。

超声波流量计的非接触式测量方式不会影响被测流体的流动状况，被测物体也不会对流量计造成磨损或腐蚀伤害，因此使用范围广阔。测量液体流量精度可达 0.2 级，测量气体流量精度可达 0.5 级，量程范围可达 20∶1。要求流体清洁，以避免对流速的干扰，测量管前后也要有足够长的直管段，以保证流速均匀。

3.3.3　容积式流量计

椭圆齿轮流量计属于容积式流量计，其基本结构如图 3-3-7 所示。

在金属壳体内有一对啮合的椭圆形齿轮 A 和 B(齿较细，图中未画出)，椭圆齿轮与壳体之间形成测量室。当流体自左向右通过时，在输入压力的作用下产生力矩，驱动齿轮转动。在图 3-3-7(a)位置 1 时，A 轮左下侧压力大，右下侧压力小，产生的力矩使 A 轮作顺时针转动，它把 A 轮与壳体间半月形测量室内的液体排至出口，并带动 B 轮转动；在图 3-3-7(b)位

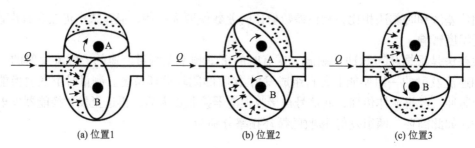

(a) 位置1　　　　　　　　(b) 位置2　　　　　　　　(c) 位置3

图 3-3-7　椭圆齿轮流量计结构图

置 2 时，A 和 B 两轮都有转动力矩，继续转动，并逐渐将 B 轮与壳体间的半月形测量室充满流体；到达图 3-3-7(c)位置 3 时，A 和 B 两轮都转动了 1/4 周期，排出了一个半月形容积的液体。此时，作用于 A 轮上的力矩为零，但 B 轮的左上侧压力大于右上侧，产生的力矩使 B 轮成为主动轮，带动 A 轮继续旋转，把 B 轮与壳体间半月形测量室内的液体排至出口。这样连续转动，椭圆齿轮每转一周，向出口排出四个半月形容积的液体。故通过椭圆齿轮流量计的体积流量为

$$Q_v = 4nV_0 \tag{3-3-33}$$

式中，n 为椭圆齿轮的转速；V_0 为半月形测量室的容积。可见，测量椭圆齿轮的转速便知道液体的体积流量，累计椭圆齿轮的转数，便可知道一段时间内液体流过的总量。

　　由于椭圆齿轮流量计是直接按照固定的容积来计量流体的，所以测量精度与流体的流动状态无关，被测液体的黏度越大，齿轮间隙中的泄漏量越小，测量误差越小，特别适宜于高黏度流体的测量。只要加工精确，配合紧密，便可得到极高的精度，一般可达 0.2%～0.5%，故常作为标准表及精密测量之用。但要求被测流体中不能有固定颗粒，否则很容易将齿轮卡住或引起严重磨损。此外，如果椭圆齿轮的工作温度超出规定的范围，也可能因热胀冷缩而发生齿轮卡死或增加测量误差。

3.3.4　智能流量计

　　智能流量计是采用先进的超低功耗单片微机技术研制的流量传感器与显示计算一体化的新型智能仪表。智能流量计广泛用于石油、化工、冶金、科研等领域的计量、控制系统。

　　以智能涡轮流量计为例，智能涡轮流量计采用涡轮进行测量，它先将流速转换为涡轮的转速，再将转速转换成与流量成正比的电信号。这种流量计用于检测瞬时流量和累积流量，其输出信号为频率，易于数字化。感应线圈和永久磁铁一起固定在壳体上。当铁磁性涡轮叶片经过磁铁时，磁路的磁阻发生变化，从而产生感应信号。信号经放大器放大和整形，送到计数器或频率计，显示流量值。

　　智能涡轮流量计的特点：

(1) 压力损失小，叶轮具有防腐功能；

(2) 采用先进的超低功耗单片微机技术，整机功能强、功耗低、性能优越；

(3) 具有非线性精度补偿功能的智能流量显示器，修正公式精度优于 ± 0.02%；

(4) 仪表系数可由按键在线设置，并可显示在液晶显示屏(Liquid Crystal Display，LCD)

上，LCD 直观清晰，可靠性强；

(5) 采用电擦可编程只读存储器(Electrically Erasable Programmable Read Only Memory，EEPROM)对累积流量、仪表系数掉电数据等进行保护，保护时间大于 10 年；

(6) 采用高性能微控制单元(Microcontroller Unit，MCU)中央处理器，完成数据采集处理和显示输出，累积流量和瞬时流量同屏显示，人机界面友好，以标准 485 形式进行数据传输；

(7) 有较强抗磁干扰和振动能力、性能可靠、寿命长；

(8) 下限流速低，测量范围宽；

(9) 现场显示型液晶屏显示清晰直观，功耗低，3V 锂电池供电可连续运行5年以上，耐腐蚀，适用于酸碱溶液。

3.4　物位检测及变送

3.4.1　物位的概念及检测方法

物位是指存放在容器或设备中物体的高度或位置，主要包括：①液位，指设备或容器中液体介质液面的高低；②料位，指设备或容器中固体粉末或颗粒状物质堆积的高度；③界位，指液体与固体之间分界面的高低。在工作过程中，经常需要对物位进行检测，其主要目的是监控生产的正常与安全运行，并保证物料之间的动态平衡。

物位检测的方法很多，这里仅介绍工业上常用的几种方法。

1. 静压式测量法

静压式又可分为压力式和差压式两种，其中压力式适用于敞口容器，差压式适用于闭口容器。根据流体静力学原理，装有液体的容器中某一点的静压力与液体上方自由空间的压力之差同该点上方液体的高度成正比。因此可通过压力或压差来测量液体的液位。基于这种方法的最大优点是可以直接采用任何一种测量压力或差压的仪表实现对液位的测量与变送。

2. 电气式测量法

将敏感元件置于被测介质中，当物位变化时其电气参数如电阻、电容、磁场等将产生相应变化。该方法既能测量液位，也能测量料位，其典型检测仪表有电容式液位计、电容式料位计等，它们的最大优点是可以与电容式差压变送器配合使用输出标准统一信号。

3. 声学式测量法

该方法的测量原理是利用特殊声波(如超声波)在介质中的传播速度及在不同相界面之间的反射特性来检测物位。它是一种非接触式测量方法，适用于液体、颗粒状与粉状物以及黏稠、有毒等介质的物位测量，并能实现安全防爆，但对声波吸收能力强的介质，则无法进行测量。

4. 核辐射式物位测量

利用核辐射线穿透物料时，物料对核辐射线的吸收特性进行测量，即核辐射线的透射强度随物质层的厚度而变化。目前应用较多的是穿透能力强的 γ 射线。

5. 光学式物料测量

用普通白炽灯光或激光等作为光源，利用光波在传播中可被不同的物质界面遮断和反射的原理测量物位。

6. 浮力式物位测量

利用浮子的高度随液位变化而改变，或浸沉于液体中的浮子(或称沉筒)所受的浮力随液位高度而变化的原理工作测量物位。

上述物位测量方法中，静压式、浮力式只适用于液位测量，其他方法既可测液位，也可测料位。下面介绍几种常用的物位测量仪表。

3.4.2 物位测量及仪表

1. 应用浮力原理测量液位

这是利用漂浮于液面上的浮标或浸沉于液位中的浮筒对液位进行测量。当液位变化时，前者产生相应的位移，而其所受到的浮力维持不变；后者则发生浮力的变化。因此，只要检测出浮标的位移或浮筒所受到的浮力变化，就可以知道液位的高低。这两种测量方法的示意图如图 3-4-1 所示。

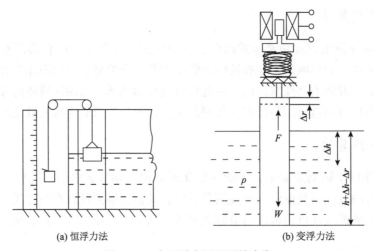

(a) 恒浮力法   (b) 变浮力法

图 3-4-1　应用浮力原理测量液位

2. 差压式液位变送器

根据流体静力学原理，静止液体内某一点的静压力与这一点之上的液柱高度成正比。利用压力或差压变送器可以很方便地测量液柱压力或差压，将其转换成标准信号输出。

图 3-4-2 所示为闭口容器液位测量示意图。

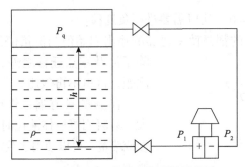

图 3-4-2   闭口容器液位测量示意图

设被测液体的密度为 ρ，容器顶部为气相介质，气相压力为 P_q (若是敞口容器，则 P_q 为大气压 P_{atm})。根据静力学原理有 $P_2 = P_q$、$P_1 = P_q + \rho gh$ (g 为重力加速度)，此时输入差压变送器正、负压室的压差为

$$\Delta P = P_1 - P_2 = \rho gh \tag{3-4-1}$$

由式(3-4-1)可见，当被测介质的密度一定时，其压差与液位高度成正比，测得压差即可测得液位。若采用 DDZ-Ⅲ 型差压变送器，则当 $h = 0$ 时，$\Delta P = 0$，变送器的输出为 4mA DC 信号，但在实际应用中，会出现两种情况：①差压变送器的取压口低于容器底部，如图 3-4-3 所示；②被测介质具有腐蚀性，差压变送器的正、负压室与取压口之间需要分别安装隔离罐，如图 3-4-4 所示。对于这两种情况，差压变送器的零点均需要迁移，现分别进行讨论。

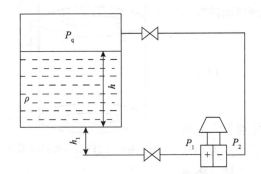

图 3-4-3   取压口低于容器底部的情况

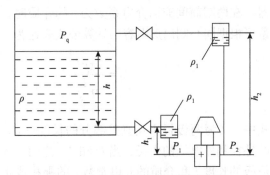

图 3-4-4   取压口装有隔离罐的情况

在图 3-4-3 中，输入变送器的差压为

$$\Delta P = P_1 - P_2 = \rho gh + \rho gh_1 \tag{3-4-2}$$

由式(3-4-2)可见，当 $h = 0$ 时，$\Delta P = \rho gh_1 \neq 0$，变送器的输出大于 4mA DC 信号。为了使 $h = 0$ 时变送器的输出仍为 4mA DC 信号，需要通过零点迁移达到上述目的，由于 $\rho gh_1 > 0$，所以称为正迁移。

在图 3-4-4 中，设隔离液的密度为 $\rho_1 > \rho$，则差压变送器测得的差压为

$$\Delta p = P_1 - P_2 = \rho gh + \rho_1 g(h_1 - h_2) \tag{3-4-3}$$

式(3-4-3)中，$\rho_1 g(h_1 - h_2) < 0$，所以需要进行负迁移。

上述两种迁移，其目的都是使变送器的输出起始值与测量值的起始值相对应。此外，除了涉及零点迁移之外，有时还会涉及量程调整问题，这里不再叙述。

在测量具有腐蚀性或含有结晶颗粒以及黏度大、易凝固等液体液位时，为了防止引压管线被腐蚀或堵塞，可以使用法兰式差压变送器，如图 3-4-5 所示。

用金属膜片作为敏感元件的法兰式测量头 1 经毛细管 3 与变送器 2 的测量室相通。在膜片、毛细管和测量室所组成的封闭系统内充有硅油，作为传压介质，法兰式测量头安装在容器的导压口处，使被测介质不进入毛细管与变送器，以免堵塞。法兰式差压变送器测液位可以省去隔离罐，简单易行。

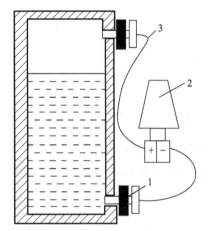

图 3-4-5　法兰式差压变送器测量液位示意图
1-法兰式测量头；2-变送器；3-毛细管

3. 电容式物位变送器

利用电容器的极板之间介质变化时电容量也相应变化的原理测物位，可测量液位、料位和两种不同液体的分界面。

图 3-4-6 是由两个同轴圆柱板作为内外电极构成的电容器。在两圆筒间充以介电系数为 ε 的介质时，两圆筒间的电容量可根据同心圆筒形电容的计算公式表达为

$$C = \frac{2\pi\varepsilon L}{\ln \dfrac{D}{d}} \qquad (3\text{-}4\text{-}4)$$

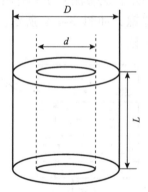

图 3-4-6　圆柱形电容器示意图

式中，L 为两极板相互遮盖部分的长度；d、D 分别为内电极的外径和外电极的内径，当 D 和 d 一定时，电容量 C 的大小与极板的长度 L 和介质的介电常数 ε 的乘积成正比。这样，将电容传感器(探头)插入被测物料中，电极浸入物料中的深度随物位高低变化，必然引起其电容量的变化，从而可检测出物位。

1) 液位的检测

对非导电介质液位测量的电容式液位变送器传感部件结构如图 3-4-7 所示。

它由同轴金属套筒作为内电极和外电极构成测量电容，外电极上开很多小孔，使介质能流进电极之间。当液位为零时，两极板间的介质为空气，其介电系数为 ε_0，电容的表达式为

$$C_0 = \frac{2\pi\varepsilon_0 L}{\ln \dfrac{D}{d}} \qquad (3\text{-}4\text{-}5)$$

当液位上升为 H 时，电容变为上下两个电容并联，上半截电容的介质是空气，下半截电容的介质是液体，设其介电常数为 ε，则并联电容量为

$$C = \frac{2\pi\varepsilon H}{\ln\dfrac{D}{d}} + \frac{2\pi\varepsilon_0(L-H)}{\ln\dfrac{D}{d}} = \frac{2\pi(\varepsilon-\varepsilon_0)H}{\ln\dfrac{D}{d}} + \frac{2\pi\varepsilon_0 L}{\ln\dfrac{D}{d}} \tag{3-4-6}$$

电容量的变化为

$$\Delta C = C - C_0 = \frac{2\pi(\varepsilon-\varepsilon_0)H}{\ln\dfrac{D}{d}} = kH \tag{3-4-7}$$

因此，电容量的变化与液位高度 H 成正比。式(3-4-7)中的 k 为比例系数，k 值越大，仪表越灵敏。从 k 值包含的参数看，被测介质的介电系数与空气的介电常数差别越大，k 值越大；电容器两极间的距离越小，即 D 与 d 越相近，k 值越大；不过要考虑 D 与 d 太接近时，黏滞液体对电极表面的黏附会造成虚假液位。

如果被测液体是导电的，那么电极的构造就更简单。可用铜或不锈钢棒料，外面套上塑料管或搪瓷绝缘层插在容器内，就成为内电极。若容器是金属制成的，那么外壳就可作为外电极，如图 3-4-8 所示。

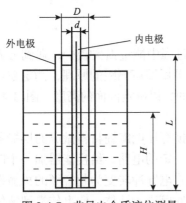

图 3-4-7　非导电介质液位测量

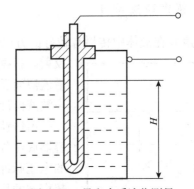

图 3-4-8　导电介质液位测量

当容器中没有液体时，内外电极之间的介质是空气和棒上的绝缘层，电容量很小。当导电的液体上升到高度 H 时，其充液部分由于液体的导电作用，相当于将外电极由容器壁移近到内电极的绝缘层上，电容量大大增加，仍然可以导出液位与电容的比例关系。

2) 料位的检测

用电容法测量固体颗粒及粉料的料位时，由于固体颗粒及粉料容易堵塞外电极的流通孔，造成"滞留"，所以一般不用双电极式电极。可用电极棒及容器壁组成电容器的两极来测量非导电固体料位。

电容物位计的传感部分结构简单、使用方便。电容变化量可用交流电桥测量，也可用测量充放电电流的方法测定。图 3-4-9 所示为充放电法测电容。

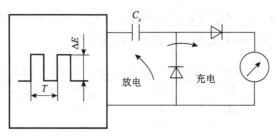

图 3-4-9　充放电法测电容

用振荡器给测量电容 C_x 加上幅度为 ΔE 和频率为 f 恒定的矩形波，若矩形波的周期 T 远大于充放电回路的时间常数，则每个周期都有电荷 $q = C_x\Delta E$ 对 C_x 充电及放电，用二极管将充电或放电电流检波，可得到平均电流：

$$I = \frac{C_x\Delta E}{T} = C_x\Delta Ef \tag{3-4-8}$$

这样，充电(或放电)的平均电流与物位电容成正比。

使用电容式物位计时，应注意介质浓度、温度变化时，其介电系数也要发生变化这一情况，以便及时调整仪表。另外，对黏稠的液体应注意其在电极上的黏附，以免影响仪表精度。

4. 超声波液位计

超声波在液体中传播有较好的方向性，且传播过程中能量损失较少，遇到分界面时能

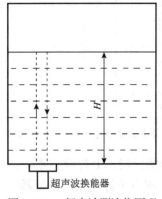

图 3-4-10　超声波测液位原理

反射。根据这一特性，可用回声测距的原理，测定超声波发射后遇液面反射回来的时间，以确定液面的高度。图 3-4-10 是超声波液位计的工作原理。

由锆钛酸铅或钛酸钡等压电陶瓷材料做成的换能器安装于容器底壁外侧，若通过一定的电路，给换能器加一个时间极短的电压脉冲，换能器便将电脉冲转变为超音频的机械振动，以超声波的形式穿过容器底壁进入液体，向上传播到液体表面处被反射后，向下返回换能器。换能器的作用是可逆的，在反射波回来时可起接收器的作用，将机械振动重新转换为电压脉冲。用计时电路测定超声波在液体中来回的时间 t，则液面高度为

$$H = \frac{1}{2}vt \tag{3-4-9}$$

式中，v 为超声波在液体中的传播速度。显然只要知道速度 v，便可由时间 t 直接算出液位高度 H。

超声波液位计的优点是检测元件可以不与被测液体接触，因而特别适合于强腐蚀性、高压、有毒、高黏度液体的测量。由于没有机械可动部件，其使用寿命很长，但被测液体中

不能有气泡和悬浮物，液面不能有很大的波浪，否则反射的超声波将很混乱，产生误差。此外，换能器怕热，也不宜用于高温液位的测量。

超声波液位计的测量精度主要受声速 v 随温度变化的影响。常温下声速在空气中的传播速度随温度每升高 1℃ 增加 0.18%；在水中，常温下每变化 1℃，声速变化 0.3%。要提高测量精度，必须采取措施消除声速变化的影响。

3.5　舰船检测仪表的检测与校验

现代船舶为了满足自动控制和监控的需求，装备了大量如温度、压力、流量、液位等测量仪表，每艘船舶也会相应配备自动化检测试验工具和仪器设备等。

1. 温度传感器的检测试验方法

(1) 普通开关量温度传感器可以采用模拟测试法和实效测试法。

① 模拟测试法：在温度传感器正常工作下，调高或调低温度报警设定值直到发出报警信号或者直接拨动传感器微动开关触发报警信号；该方法多用于在线调温难以实现的场合。

② 实效测试法：对于主机和副机安保系统温度传感器，需用电加热炉加热的方法对传感器的设定值进行校验和报警功能试验。

(2) 模拟量输出温度传感器，可以选择如下方法之一进行测试与校验。

① 通过比较机房温度表读数和监测计算机显示的温度值，判断温度传感器是否正常工作。

② 在温度传感器正常工作下，通过调整监测系统设定值进行报警功能试验。

③ 测量电阻的方法：根据传感器电阻与温度之间的对应关系，判断传感器测量值是否准确。

④ 用电加热炉加热的方法对温度传感器进行实效测试与校验。

⑤ 用标准电阻箱对报警模块通道进行校验。

2. 压力传感器的检测试验方法

(1) 普通开关量压力传感器可以采用模拟测试法和泵压测试法。

① 模拟测试法：在压力传感器正常工作下，调高或调低压力报警设定值直到发出报警信号或者直接拨动传感器微动开关触发报警信号。该方法多用于在线调压难以实现的场合。

② 泵压测试法也称实效测试法：使用高精度泵压工具按设定压力值对其实施加压或减压，直到触发传感器压力设定值动作并发出报警信号进行校验及报警功能试验。应记录该动作压力值并与设定值进行比较来确定传感器的准确性，若出现误差较大的情况，则应对传感器进行调试或更换。对于压差信号传感器一般也采用泵压测试法。首先在高低压管路之间连接一个平衡阀并打开它使压差为零；然后关闭平衡阀进行逐步泵压，直到压差传感器发生报警，切换动作来进行测试，并记录报警时的压差值。

(2) 模拟量输出(4～20mA) 压力传感器，可选择如下方法之一进行测试和校验。

① 通过比较机旁的压力表读数和监测计算机显示的压力值，判断传感器是否正常工作。

② 在压力传感器正常工作下，通过调整监测系统设定值进行报警功能试验。

③ 采用泵压测试法对压力传感器进行校验和报警功能试验。

④ 用标准电流信号发生器对报警模块通道进行校验，一般修理调试时，采用这种方法。

3. 转速传感器的检测试验方法

转速传感器的种类有接触式和磁电式两种，依据种类的不同采取不同的测试方法。

(1) 接触式转速传感器在机器运行过程中，通过将若干转速测试点与便携式转速表的测量值进行比较来作出测试判断。

(2) 磁电式转速传感器，可以用铁片在探头附近快速晃动，以观察传感器是否有输出脉冲来判断探头的工作是否正常。

4. 开关量传感器的检测试验方法

(1) 对于电动机过载报警，使用热继电器自带的"试验"按钮进行模拟试验。

(2) 对于电源故障类报警，关断设备供电电源开关做实效试验。

(3) 对于故障监视类报警，根据设备故障报警输出类型进行试验，试验时应特别注意对相关设备工况的影响。

5. 其他类型传感器的检测试验方法

(1) 对含盐量检测传感器，可将传感器探头直接插入含盐水样进行功能测试。

(2) 对油中含水量检测传感器，根据油、水对电容的介电常数不同，通过测量电容的变化来测量含水量。功效测试时，将一只手搭在传感器探针上，使被测电容发生变化，迫使系统发出报警信号。

(3) 对于油分浓度检测传感器，在油分浓度监控报警装置取样腔内注入清水，倒入测试液或用玻璃棒搅动，使得报警功能动作，按控制箱里的"报警测试"按钮试验报警功能。

(4) 对于流量检测传感器，流量传感器一般都安装在管路上，可采取直接改变流量的方法来进行测试。

(5) 对于油雾浓度探测器，调低报警设定值直至系统发出报警信号或慢车动作；主机停车后，可以将探测器测量管拆下，把油雾喷入进行试验。

思考题与习题

3-1　试述热电偶的测温原理，工业上常用的测温热电偶有哪几种？热电偶和仪表之间的接线为什么要用补偿导线？

3-2　用一支 K 型热电偶测某设备的温度，测得热电动势为 20.3mV，热电偶的冷端温度为 30℃，求设备温度？如果改用 S 型热电偶来测温，在相同的条件下，S 型热电偶测得的热电动势应为多少？

3-3　热电偶测温时为什么要进行冷端温度补偿？其补偿方法常采用哪几种？

3-4　用分度号为 K 的镍铬-镍硅热电偶测量温度，在无冷端温度补偿的情况下，显示仪表指示值为 600℃，此时冷端温度为 50℃。试问实际温度是多少？如果热端温度不变，冷端温度为 20℃时，显示仪表指示值应为多少？

3-5　用两只 K 型热电偶测量两点温差，其连接线路如题图 3-1 所示。已知 t_1=420℃，t_0=30℃，测得两点温差电动势为 15.24mA，试求两点温差为多少？后来发现，t_1 温度下的那只热电偶错用 E 型热电偶，其他都正确，试求两点的实际温度。

3-6　用分度号 Pt100 的热电阻测温，却错查了 Cu50 的分度表，得到的温度是 250℃。问实际温度是多少？

3-7　热电阻测温电桥电路中的三线制接法为什么能减小环境温度变化对测温精度的影响？

3-8　已知某负温度系数热敏电阻在温度为 298K 时阻值 $R(T_1) = 3144\Omega$；当温度为 303K 时阻值 $R(T_2) = 2772\Omega$。试求该热电阻的材料常数 B 和 298K 时的电阻温度系数 α。

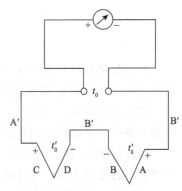

题图 3-1　两点温差检测

3-9　有一台 DDZ-Ⅲ型两线制差压变送器，已知其量程为 20～100kPa，当输入信号为 40kPa 和 80kPa 时，变送器的输出分别是什么？

3-10　设有某 DDZ-Ⅲ型毫伏输入变送器，其零点迁移值 $u_{min} = 6\text{mV DC}$，量程为 12mV DC。现已知变送器的输出电流为 12mA DC。试问被测信号为多少毫伏？

3-11　温度变送器接收直流毫伏信号、热电偶信号和热电阻信号时，其量程单元有哪些不同？

3-12　什么是压力？表压力、绝对压力、负压力之间有何关系？

3-13　电容式差压变送器的工作原理是什么？有何特点？

3-14　硅膜片压阻式压力变送器为什么用全桥电路转换测量信号？

3-15　什么是标准节流装置？试述差压式流量计测量流量的原理；并说明哪些因素对差压式流量计的流量测量有影响？

3-16　原来测量水的差压式流量计，现在用来测量相同测量范围的油的流量，读数是否正确？为什么？

3-17　为什么说转子流量计是定压式流量计，而差压式流量计是变压降式流量计？

3-18　体积流量、质量流量、瞬时流量和累积流量的含义各是什么？

3-19　用差压变送器与标准孔板配套测量管道介质流量。若差压变送器量程为 0～10^4Pa，对应输出信号为 4～20mA DC，相应流量为 0～320m³/h。求差压变送器输出信号为 8mA DC 时，对应的差压值及流量值各是多少？

第4章　智能执行器

4.1　概　　述

执行器是自动控制系统中的操作环节，其作用是根据控制器送来的控制信号改变所操作介质的大小，将被控变量维持在所要求的数值上。执行器按其操作介质的不同有多种形式，如自动调节阀、电磁阀、电压调整装置、电流控制器件和控制电机等。这里只介绍过程控制中使用最多的自动调节阀。

执行器由执行机构和调节机构(调节阀)两部分组成。在舰船过程控制系统中，它接收调节器输出的控制信号，并将其转换成直线位移或角位移来改变调节阀的流通截面积，以控制流入或流出被控过程的物料或能量，从而实现对过程参数的自动控制。

执行器安装在生产现场，直接与介质接触，通常在高温、高压、高黏度、强腐蚀、易结晶、易燃易爆和剧毒等场合下工作，如果选用不当，会直接影响过程控制系统的控制质量。

根据使用的能源不同，执行器可分为三大类：以压缩空气为能源的气动执行器(即气动调节阀)，以电气为能源的电动执行器(即电动调节阀)，以高压液体为能源的液动执行器(即液动调节阀)。在过程控制中，气动执行器应用最多，其次是电动执行器。气动执行器的输入信号为 20～100kPa，电动执行器的输入信号为 0～10mA DC(DDZ-Ⅱ型)或 4～20 mA DC(DDZ-Ⅲ型)。

气动执行器的结构简单、维修方便、价格便宜，并具有防火防爆特点，因此，广泛应用于石油、化工、冶金和轻工等工业部门，尤其适用于易燃易爆的生产过程。

电动执行器动作迅速，其信号便于远传，并便于与计算机配合使用，但不适用于防火防爆等生产场合。

近年来，智能执行器应用越来越广泛。智能执行器适应能力强，具有良好的机械、电机调节特性，先进的微处理技术及通信接口与 PC 或 DCS 连接，采用通用的 HART 或 Profibus 通信协议，接受模拟量或开关量信号控制，用户通过控制面板即可进行参数调整、功能设置、执行器动作设定、远程监控等组态势，以适应阀门的最佳控制特性。智能执行器作为未来过程控制的重要组成部分，已经成为提高舰船自动化水平的关键技术之一。它具有精度高、稳定性好、灵活性强、易于集成等特点，在舰船过程控制系统中的应用将会越来越广泛和深入。

本节介绍电动和气动执行器，重点介绍舰船自动化中最常用的气动执行器的结构原理、特性和选用等。应该指出，上述三种执行器除执行机构不同外，所用的调节机构(调节阀)都相同，所以本节介绍的气动调节阀的特性及其选用方法适用于其他类型。

4.2 气动调节阀

4.2.1 气动调节阀的结构与类型

气动调节阀由执行机构和调节机构(阀)两部分组装而成。

1. 执行机构

执行机构按调节器输出的控制信号,驱动调节机构动作。气动执行机构的输出方式有角行程输出和直行程输出两种。薄膜式和活塞式执行机构为直行程输出,其中,薄膜式执行机构最为常用,它可以用作一般控制阀的推动装置,组成气动薄膜调节阀;活塞式执行机构的推力较大,主要适用于大口径、高压降的控制阀的推动装置。长行程执行机构可以输出角行程,它的输出位移大、转矩大,适用于带动蝶阀、风门等转角控制的阀门。

薄膜式执行机构有正作用和反作用两种形式。当来自控制器或阀门定位器的信号压力增大时,阀杆向下移动的称为正作用执行机构;当信号压力增大时,阀杆向上移动的称为反作用执行机构。如图 4-2-1 所示,当压力信号从波纹膜片上方通入薄膜气室时,是正作用执行机构;当压力信号从波纹膜片下方通入薄膜气室时,是反作用执行机构。

薄膜式执行机构的输出位移与输入气压信号呈比例关系。当信号压力(0.02～0.1MPa)通入薄膜气室时,在薄膜上产生一个推力,使阀杆移动并压缩弹簧,直至弹簧的反作用力与推力相平衡,推杆稳定在一个新的位置。信号压力越大,阀杆的位移量也越大。阀杆的位移即为执行机构的直线输出位移,也称行程。行程规格有 10mm、16mm、25mm、40mm、60mm 和 100mm 等。

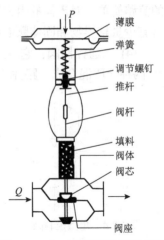

图 4-2-1 气动薄膜调节阀示意图

2. 调节机构

调节机构实际上就是阀门,是一个局部阻力可以改变的节流元件。阀门主要由阀体、阀座、阀芯、阀杆等部件组成。阀杆上部与执行机构相连,下部与阀芯相连。由于阀芯在阀体内移动,改变了阀芯与阀座之间的流通面积,被控介质的流量也就相应地改变,从而达到控制工艺参数的目的。

根据不同的使用要求,阀门有直通单座阀、直通双座阀、角型控制阀、三通控制阀、隔膜控制阀、蝶阀和球阀等。最常用的是直通单座阀和直通双座阀。

(1) 直通单座阀:阀体内只有一个阀芯,如图 4-2-2 所示。其特点是结构简单、泄漏量小,易于保证关闭,甚至完全切断,但是流体对阀芯上下作用的推力不平衡,当阀前后压差或阀芯尺寸大时,这种不平衡力可能相当大,会影响阀芯的准确定位,因此这种阀一般应用在小口径、低压差的场合。

(2) 直通双座阀：阀体内有两个阀芯和阀座，如图 4-2-3 所示。由于流体同时从上下两个阀座通过，流体对上下两个阀芯上的推力方向相反而大致抵消，因而双座阀的不平衡力小，对执行机构的驱动力要求低，适宜于大压差和大管径的场合，但是由于加工精度的限制，上下两个阀芯、阀座不易保证同时密闭，因此泄漏量较大。

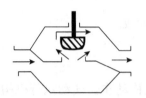 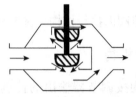

图 4-2-2　直通单座阀结构示意图　　　图 4-2-3　直通双座阀结构示意图

根据阀芯的安装方向不同，这两种阀都有正作用与反作用(或称正装与反装)两种形式。当阀杆下移时，阀芯与阀座间的面积减小的称为正作用式；如果阀芯倒装，则当阀杆下移时，阀芯与阀座间流通面积增大，称为反作用式。

(3) 角型控制阀：它的两个接管呈直角形，如图 4-2-4 所示，一般为底进侧出，这种阀的流路简单、对流体的阻力较小，适用于现场管道要求直角连接，介质为高黏度、高压差和含有少量悬浮物和固体颗粒状的场合。

(4) 三通控制阀：它有三个出入口与工艺管道连接，如图 4-2-5 所示。流通方式有合流型(两种介质混合成一路)和分流型(一种介质分成两路)两种，适用于配比控制与旁路控制。

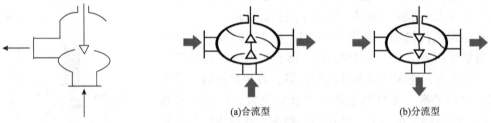

图 4-2-4　角型控制阀　　　　　　(a)合流型　　　　　(b)分流型

　　　　　　　　　　　　　　图 4-2-5　三通控制阀

(5) 隔膜控制阀：采用耐腐蚀材料作隔膜，将阀芯与流体隔开，如图 4-2-6 所示。隔膜控制阀结构简单且流阻小，流通能力比同口径的其他种类的阀要大。由于介质隔膜与外界隔离，故无填料，介质也不会泄漏。耐腐蚀能力强，适用于强酸强碱、强腐蚀性介质的控制，也能用于高黏度及悬浮颗粒状介质的控制。

(6) 蝶阀：又名翻板阀，如图 4-2-7 所示，结构简单、重量轻、流阻极小，但泄漏量大，适用于大口径、大流量、低压差的场合，也可以用于含少量纤维或悬浮颗粒状介质的控制。

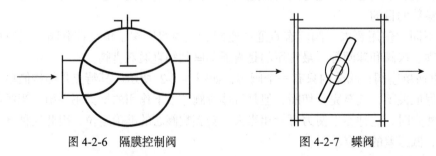

图 4-2-6　隔膜控制阀　　　　　　　图 4-2-7　蝶阀

(7) 球阀：阀芯与阀体都呈球形体，阀芯内开孔，如图 4-2-8 所示。转动阀芯使之与阀体处于不同的相对位置时，就有不同的流通面积，流量变化较快，可起控制和切断的作用，常用于双位式控制。

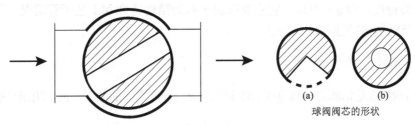

球阀阀芯的形状

图 4-2-8　球阀

(8) 笼式阀：内有一个圆柱形套筒(笼子)，如图 4-2-9 所示。套筒壁上有一个或几个不同形状的孔(窗口)，利用套筒导向，阀芯在套筒内上下移动，可改变阀的节流孔面积。笼式阀可调比大，不平衡力小，更换开孔不同的套筒，就可得到不同的流量特性，但不适于高黏度或带有悬浮物的介质流量控制。

(9) 凸轮挠曲阀：又名偏心旋转阀，如图 4-2-10 所示。其阀芯呈扇形球面状，由挠曲壁及轴套一起铸成，固定在转动轴上。阀芯球面与阀座密封圈紧密接触，密封性好。其适用于高黏度或带有悬浮物的介质流量控制。调节阀除了结构类型不同外，其他的主要技术参数是流量特性和口径。

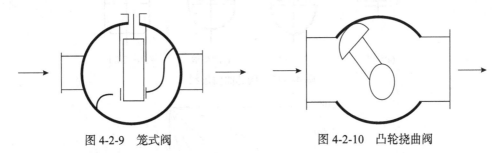

图 4-2-9　笼式阀　　　　　　图 4-2-10　凸轮挠曲阀

4.2.2　调节阀结构特性和流量特性

调节阀总是安装在工艺管道上，其信号联系如图 4-2-11 所示。

图 4-2-11　调节阀与管道连接框图

调节阀的静态特性 $K_v = \mathrm{d}q / \mathrm{d}u$，其中 u 是调节器输出的控制信号，q 是被调介质流过阀门的相对流量，其符号由调节阀的作用方式决定，气开式调节阀 K_v 为 "+"，气关式调节阀 K_v 为 "−"。

调节阀的动态特性 $G_v(s) = K_v / (T_v s + 1)$，其中，$T_v$ 为调节阀的时间常数，一般很小，可以忽略，但在如流量控制这样的快速过程中，T_v 有时不能忽略。

因为执行机构静态时输出 l(阀门的相对开度)与 u 呈比例关系，所以调节阀静态特性又称调节阀流量特性，即 $q = f(l)$。它主要取决于阀的结构特性和工艺配管情况。下面将分别详细论述调节阀结构特性和流量特性。

1. 调节阀的结构特性

调节阀结构特性是指阀芯与阀座间节流面积与阀门开度之间的关系，通常用相对量表示为

$$f = \varphi(l) \tag{4-2-1}$$

式中，$f = F / F_{100}$ 为相对节流面积，调节阀在某一开度下节流面积 F 与全开时节流面积 F_{100} 之比；$l = L / L_{100}$ 为相对开度，调节阀在某一开度下行程 L 与全开时行程 L_{100} 之比。

调节阀的结构特性取决于阀芯的形状，不同的阀芯曲面对应不同的结构特性，阀芯形状有快开、直线、抛物线和等百分比等四种，如图 4-2-12 所示，其对应的结构特性如图 4-2-13 所示。

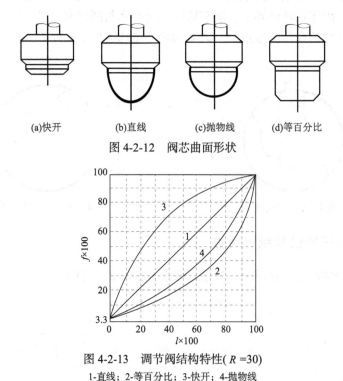

(a)快开　　　(b)直线　　　(c)抛物线　　　(d)等百分比

图 4-2-12　阀芯曲面形状

图 4-2-13　调节阀结构特性($R = 30$)

1-直线；2-等百分比；3-快开；4-抛物线

1) 直线结构特性

直线结构特性是指调节阀的节流面积与阀的开度呈直线关系，用相对量表示，即有

$$\frac{\mathrm{d}f}{\mathrm{d}l} = K_f \tag{4-2-2}$$

对式(4-2-2)积分可得

$$f = K_f l + C \tag{4-2-3}$$

式中，K_f、C 均为常数。若已知边界条件为：当 $L=0$ 时，$F = F_0$；当 $L = L_{100}$ 时，$F = F_{100}$。

把边界条件代入式(4-2-3)，可得

$$f = \frac{1}{R}[1 + (R-1)l] \tag{4-2-4}$$

式中，$R = F_{100} / F_0$ 称为调节阀可调范围。

如图 4-2-13 中直线 1 所示，这种结构特性的斜率在全行程范围内是一个常数。只要阀芯位移变化量相同，节流面积变化量也总是相同的。因此，对于同样大的阀芯位移，小开度时的节流面积相对变化量大；大开度时的节流面积相对变化小。这种结构特性的缺点是它在小开度时调节灵敏度过高，而在大开度时又不够灵敏。

例如，在不同的开度上，再分别增加 10%开度，如图 4-2-14 所示，相对节流面积的变化与相对开度的比值如下。

10%时：

$$[(20-10)/10] \times 100\% = 100\%$$

50%时：

$$[(60-50)/50] \times 100\% = 20\%$$

80%时：

$$[(90-80)/80] \times 100\% = 12.5\%$$

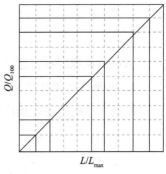

图 4-2-14 直线结构特性

2) 等百分比(对数)结构特性

等百分比(对数)结构特性是指，在任意开度下，单位行程变化所引起的节流面积变化都与该节流面积本身成正比，用相对量表示时即有

$$\frac{df}{dl} = K_f f \tag{4-2-5}$$

对式(4-2-5)积分并代入前述的边界条件，可得

$$f = R^{l-1} \tag{4-2-6}$$

可见，f 与 l 之间呈对数关系，在 f-l 的直角坐标图上是一条对数曲线，如图 4-2-13 中曲线 2，因此这种特性又称为对数特性。这种特性的调节阀，小开度时，节流面积变化平缓；大开度时，节流面积变化加快，可保证在各种开度下的调节灵敏度都一样。

等百分比结构在各流量点的放大系数不同，但对流量的控制力却是相同的。

同样以 10%、50%及 80%三点为例，分别增加 10%开度，如图 4-2-14 所示，相对节流面积变化与相对开度的比值如下。

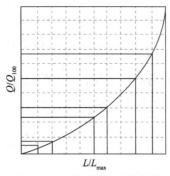

10%处：

$$(6.58\%-4.68\%)/4.68\% \approx 41\%$$

50%处：

$$(25.7\%-18.2\%)/18.2\% \approx 41\%$$

80%处：

$$(71.2\%-50.6\%)/50.6\% \approx 41\%$$

图 4-2-15　等百分比结构特性

3) 快开结构特性

这种结构特性的调节阀的特点是结构特别简单，阀芯的最大有效行程为 $d_g/4$ (d_g 为阀座直径)。其特性如图 4-2-13 中曲线 3 所示。特性方程为

$$f = 1 - \left(1 - \frac{1}{R}\right)(1-l)^2 \tag{4-2-7}$$

从调节灵敏度看，这种特性比直线结构还要差，因此很少用作调节阀。

4) 抛物线结构特性

抛物线结构特性是指阀的节流面积与开度关系呈抛物线关系。其特性方程为

$$f = \frac{1}{R}\left[1 + \left(R^{\frac{1}{2}} - 1\right)l\right]^2 \tag{4-2-8}$$

它的特性很接近等百分比特性，如图 4-2-13 曲线 4 所示。

2. 调节阀的流量特性

1) 调节阀流量系数

调节阀流量系数 C 用来表示调节阀在某些特定条件下，单位时间内通过的流体的体积或重量。为了使各类调节阀在比较时有共同的基础，我国规定的流量系数 C 的定义为：在给定行程下，阀两端压差为 100kPa，水的密度为 1000kg/m³ 时，流经调节阀的水的流量以 m³/h 表示。阀全开时的流量系数称为额定流量系数，以 C_{100} 表示，C_{100} 是表示阀流通能力的参数。它作为每种调节阀的基本参数，由阀门制造厂提供给用户，如表 4-2-1 所示。

表 4-2-1　调节阀流量系数 C_{100}

公称直径 D_g / mm		19.15						20				25
阀座直径 d_g / mm		3	4	5	6	7	8	10	12	15	20	25
额定流量系数 C_{100}	单座阀	0.08	0.12	0.20	0.32	0.50	0.80	1.2	2.0	3.2	5.0	8
	双座阀											10

续表

公称直径 D_g / mm		32	40	50	65	80	100	125	150	200	250	300
阀座直径 d_g / mm		32	40	50	60	80	100	125	150	200	250	300
额定流量 系数 C_{100}	单座阀	12	20	32	56	80	120	200	280	450		
	双座阀	16	25	40	63	100	160	250	400	630	1000	1600

例如，一台额定流量系数为 32 的调节阀，表示阀全开且其两端的电压差为 0.1 MPa 时，每小时最多能通过 32 m³ 的水量。

调节阀是一个局部阻力可变的节流元件。对于不可压缩流体，由能量守恒定律可知，调节阀上的压力损失为

$$h = \frac{P_1 - P_2}{\rho g} = \xi_v \frac{\omega^2}{2g} \tag{4-2-9}$$

式中，ξ_v 为调节阀阻力系数；g 为重力加速度；ρ 为流体密度；P_1、P_2 为调节阀前、后压力；ω 为流体平均速度。

因为

$$\omega = \frac{Q}{F} \tag{4-2-10}$$

式中，Q 为流体体积流量；F 为调节阀流通截面积。

由式(4-2-9)和式(4-2-10)可得调节阀流量方程为

$$Q = \frac{AF}{\sqrt{\xi_v}} \sqrt{\frac{2(P_1 - P_2)}{\rho}} \tag{4-2-11}$$

式中，A 是与单位制有关的常数。

式(4-2-11)表明，当 $(P_1 - P_2)/\rho$ 不变时，ξ_v 减小，流量 Q 增大；反之，ξ_v 增大，Q 减小。调节阀就是通过输入信号改变阀芯行程来改变阻力系数，从而达到调节流量的目的。

根据 C 的定义，流体为水，$\Delta P = P_1 - P_2 = 100 \text{kPa}$，$\rho = 1000 \text{km/m}^3$，$C$ 的单位是 m³/h，由式(4-2-11)可得

$$C = \frac{AF}{\sqrt{\xi_v}} \sqrt{\frac{2}{10}} \tag{4-2-12}$$

因此，对于其他的阀前、后压降和介质密度，式(4-2-12)与式(4-2-11)相除，则有

$$C = Q\sqrt{\frac{\rho}{10(P_1 - P_2)}} \tag{4-2-13}$$

注意，流量系数 C 不仅与流通截面积 F（或阀公称直径 D_g）有关，而且还与阻力系数 ξ_v

有关。同类结构的调节阀在相同开度下具有相近的阻力系数，因此口径越大，流量系数也随之越大，而口径相同、类型不同的调节阀，阻力系数不同，因而流量系数就各不一样。

由于采用的单位制有公制和英制之分，国际上通常用两种不同的流量系数 K_V 和 C_V。通过单位制变换，它们与 C 有如下关系：

$$K_V \approx C, \qquad C_V = 1.167C \tag{4-2-14}$$

调节阀的流量特性是指，流体流过阀门的流量与阀门开度之间的关系，可用相对量表示为

$$q = f(l) \tag{4-2-15}$$

式中，$q = Q/Q_{100}$ 为相对流量，即调节阀某一开度流量 Q 与全开流量 Q_{100} 之比。

值得注意的是，调节阀一旦制成以后，它的结构特性就确定不变了，但流过调节阀的流量不仅取决于阀的开度，也取决于阀前后的压差和它所在的整个管路系统的工作情况。下面为便于分析，先考虑阀前后压差固定情况下阀的流量特性，再讨论阀在管路中工作时的实际情况。

2) 理想流量特性

在调节阀前后压差固定(ΔP =常数)情况下得到的流量特性称为理想流量特性。

假设调节阀流量系数与阀节流面积呈线性关系，即

$$C = C_{100}f \tag{4-2-16}$$

式中，C、C_{100} 分别为调节阀流量系数和额定流量系数。

由式(4-2-12)可知，通过调节阀的流量为

$$Q = C\sqrt{\frac{10\Delta P}{\rho}} = C_{100}f\sqrt{\frac{10\Delta P}{\rho}} \tag{4-2-17}$$

调节阀全开时，$f = 1$，$Q = Q_{100}$，式(4-2-17)变为

$$Q_{100} = C_{100}\sqrt{\frac{10\Delta P}{\rho}} \tag{4-2-18}$$

当 ΔP =常数时，令式(4-2-17)除以式(4-2-18)得

$$q = f \tag{4-2-19}$$

式(4-2-19)表明，若调节阀流量系数与节流面积呈线性关系，那么调节阀结构特性就是理想流量特性。

应当指出，由于 C 与 f 的关系并不是严格线性的，因此调节阀结构特性近似等于理想流量特性。

3) 工作流量特性

在实际条件下，调节阀的流量与开度之间的关系称为调节阀工作流量特性。根据调节阀所在的管道情况，可以分串联管系和并联管系来讨论。

(1) 串联管系调节阀的工作流量特性。

图 4-2-16 表示调节阀与工艺设备串联工作时的情况，此时阀上的压降只是管道系统总压降的一部分。由于设备和管道上的压力损失 $\sum \Delta P_e$ 与通过的流量呈平方关系，当总压降 $\sum \Delta P$ 一定时，随着阀开度增大，管道流量增大，调节阀上压降 ΔP 将逐渐减小，如图 4-2-17 所示。这样，在相同的阀芯位移下，实际的流量要比调节阀上压降保持不变的理想情况小。

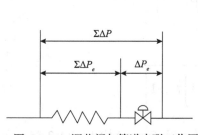

图 4-2-16　调节阀与管道串联工作图

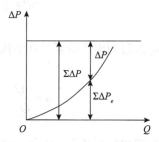

图 4-2-17　串联管系调节阀上压降变化

若以 S_{100} 表示调节阀全开时的压降 ΔP_{100} 与系统总压降 $\sum \Delta P$ 之比，则可称为阀阻比，即

$$S_{100} = \frac{\Delta P_{100}}{\sum \Delta P} = \frac{\Delta P_{100}}{\Delta P_{100} + \sum \Delta P_e} \tag{4-2-20}$$

式中，$\sum \Delta P_e$ 为管道系统中除调节阀外其余各部分压降之和。

阀阻比 S_{100} 是表示串联管系中配管状况的一个重要参数。

由式(4-2-17)可得

$$Q^2 = C_{100}^2 f^2 \frac{10\Delta P}{\rho} \tag{4-2-21}$$

与调节阀相类似，引入管道系统流量系数 C_e 的概念，它代表单位压降下通过管道的流体体积流量。考虑到管道流通面积固定($f_e = 1$)，则其上流量与压降间的关系为

$$Q^2 = C_e^2 \frac{10\sum \Delta P_e}{\rho} \tag{4-2-22}$$

根据式(4-2-21)和式(4-2-22)，并考虑到 $\sum \Delta P = \Delta P + \sum \Delta P_e$，可得

$$\Delta P = \sum \Delta P \left/ \left(\frac{C_{100}^2}{C_e^2} f^2 + 1 \right) \right. \tag{4-2-23}$$

当调节阀全开($f = 1$)时，其上压差为

$$\Delta P_{100} = \sum \Delta P \left/ \left(\frac{C_{100}^2}{C_e^2} + 1 \right) \right.$$

因此，

$$S_{100} = \frac{C_e^2}{C_{100}^2 + C_e^2} \tag{4-2-24}$$

这样就可得到调节阀上压降、相对节流面积与 S_{100} 之间的关系，即

$$\Delta P = \sum \Delta P \left/ \left[\left(\frac{1}{S_{100}} - 1 \right) f^2 + 1 \right] \right. \tag{4-2-25}$$

最后，可以得到串联管系中调节阀相对流量为

$$q = \frac{Q}{Q_{100}} = f \sqrt{1 \left/ \left[\left(\frac{1}{S_{100}} - 1 \right) f^2 + 1 \right] \right.} \tag{4-2-26}$$

式中，Q_{100} 为理想情况下 $\sum \Delta P_e = 0$ 且阀全开时的流量，以 $f = \varphi(l)$ 代入式(4-2-26)，可得如图 4-2-18 所示的以 Q_{100} 为参比值的调节阀工作流量特性。

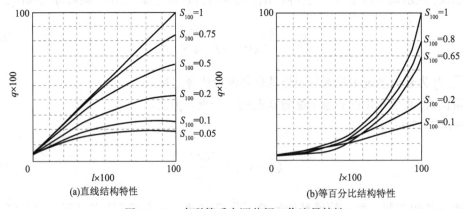

图 4-2-18　串联管系中调节阀工作流量特性

对于直线结构特性调节阀，由于串联管道阻力的影响，直线的理想流量特性畸变成一组斜率越来越小的曲线，如图 4-2-18(a)所示。随着 S_{100} 的减小，流量特性将畸变为快开特性，以致开度达到 50%～70%时，流量已接近其全开时的数值。对于等百分比结构特性调节阀，情况相似，见图 4-2-18(b)。随着 S_{100} 减小，流量特性将畸变为直线特性。在实际使用中，S_{100} 一般不希望低于 0.3 或 0.5。S_{100} 很小就意味着调节阀上的压降在整个管道系统总压降中所占比重甚小，无足轻重，所以它在较大开度下调节流量的作用也就很不灵敏。一些老的生产设备，其工艺管道上的调节阀往往尺寸过大，这时就会出现上述问题。

此外，串联管系中管道阻力的存在还会使调节阀的可调比变小。调节阀的理想可调比 R_i 是指阀压降恒定情况下，它所能控制的最大流量 Q_{100} 与最小流量 Q_0 之比，即

$$R_i = \frac{Q_{100}}{Q_0} \tag{4-2-27}$$

注意，Q_0 是指调节阀在压降恒定情况下可控制流量的下限值，通常是 Q_{100} 的 2%～4%。它不同于阀的泄漏量。泄漏量则是由阀不能真正关死造成的，一般为 Q_{100} 的 0.01%～

0.1%，难以控制。

在调节阀压降恒定情况下，有

$$R_i = \frac{Q_{100}}{Q_0} = \frac{C_{100}\sqrt{10\Delta P/\rho}}{C_0\sqrt{10\Delta P/\rho}} = \frac{C_{100}}{C_0} \tag{4-2-28}$$

式中，C_0 为阀全关时的流量系数。

由式(4-2-16)可得 $C_0 = C_{100}f_0 = C_{100}(F_0/F_{100})$，代入式(4-2-28)，有

$$R_i = \frac{F_{100}}{F_0} = R \tag{4-2-29}$$

R 即为调节阀的可调范围。由于最小节流面积 F_0 受阀芯结构设计和加工的限制，不可能做得太小。目前国产调节阀一般取 $R=30$。从结构特性可以看到，各种调节阀全关时的 f_0 均为 $1/R$，即 $1/30$。

在串联管系中（$S_{100}<1$），调节阀的实际可调比为

$$R_s = \frac{Q_{r100}}{Q_{r0}} \tag{4-2-30}$$

式中，Q_{r100}、Q_{r0} 分别为有管道阻力情况下阀全开、全关时的流量。

根据流量系数的定义可得

$$R_s = \frac{C_{100}}{C_0}\sqrt{\frac{\Delta P_{100}}{\Delta P_0}}$$

考虑到调节阀全关时其上压降 ΔP_0 近似为管道系统中的总压降 $\sum\Delta P$，根据式(4-2-25)，有

$$R_s \approx R_i\sqrt{S_{100}} \tag{4-2-31}$$

图 4-2-19 表示 R_s 和 S_{100} 之间的关系。可见，串联管系中调节阀实际可调比降低，当 S_{100} 越小，即串联管道的阻力损失越大时，实际可调比越小。

(2) 并联管系调节阀的工作流量特性。

在实际使用中，调节阀一般都装有旁路阀，以备手动操作和维护调节阀之用，生产量提高或其他原因使介质流量不能满足工艺生产要求时，可以把旁路打开，以供生产所需。图 4-2-20 表示并联管系中调节阀的工作情况。

令 S'_{100} 为并联管系中调节阀全开流量 Q_{100} 与总管最大流量 $Q_{\sum\max}$ 之比，称 S'_{100} 为阀全开流量比，即

$$S'_{100} = \frac{Q_{100}}{Q_{\sum\max}} = \frac{C_{100}}{C_{100}+C_e} \tag{4-2-32}$$

S'_{100} 是表征并联管系配管状况的一个重要参数。

显然，并联管路的总流量是调节阀流量与旁路流量之和，即

$$Q_\Sigma = Q + Q_e = C_{100} f \sqrt{10\Delta P / \rho} + C_e \sqrt{10\Delta P / \rho} \tag{4-2-33}$$

调节阀全开时，管路的总流量最大，有

$$Q_{\Sigma \max} = Q_{100} + Q_e = (C_{100} + C_e)\sqrt{10\Delta P / \rho} \tag{4-2-34}$$

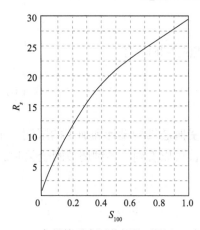

图 4-2-19　串联管系中调节阀的可调比 R_s 与 S_{100} 的关系

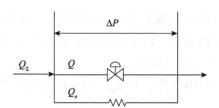

图 4-2-20　调节阀与管道并联工作

这样，并联管道工作流量特性为

$$\frac{Q_\Sigma}{Q_{\Sigma \max}} = S'_{100} f + (1 - S'_{100}) \tag{4-2-35}$$

以 $f = \varphi(l)$ 代入式(4-2-35)，可以得到如图 4-2-21 所示的在不同 S'_{100} 时，并联管道中调节阀的工作流量特性。

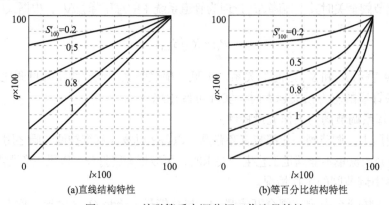

(a)直线结构特性　　　　　　　(b)等百分比结构特性

图 4-2-21　并联管系中调节阀工作流量特性

由图 4-2-21 可见，当 $S'_{100} = 1$ 时，旁路关闭，并联管道工作流量特性就是调节阀的理想流量特性。随着 S'_{100} 的减小，即旁路阀逐渐开大，尽管调节阀本身流量特性无变化，但管道系统的可调比却大大下降，这将使管系中可控的流量减小，严重时甚至会使并联管系中的调节阀失去控制作用。

与串联管系情况类似，并联管系的可调比 R_p 可定义为

$$R_p = \frac{Q_{\Sigma max}}{Q_0 + Q_e} \tag{4-2-36}$$

式中，Q_0 为调节阀所控制的最小流量。

同理，可推导出 R_p 的计算式如下：

$$R_p = \frac{R_i}{R_i - (R_i - 1)S'_{100}} \tag{4-2-37}$$

图 4-2-22 表示了 R_p 与 S'_{100} 之间的关系。由图可见，随 S'_{100} 减小，R_p 急剧下降，因此打开旁路，调节阀的控制效果很差。实际使用时，一般要求 $S'_{100}>0.8$。也就是说，旁路流量只占管道总流量的百分之十几。

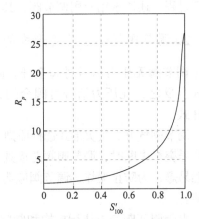

图 4-2-22 并联管系的可调比 R_p 与 S'_{100} 的关系

实际使用的调节阀既有旁路又有串联设备，因此它的理想流量特性畸变，管道系统可调比下降更严重，调节阀甚至起不了调节作用。表 4-2-2 对调节阀在串联管系和并联管系中的工作情况作了比较。

表 4-2-2 串联管系和并联管系中调节阀工作情况比较

调节阀使用场合	流量特性	可调比	最大流量	静态增益
串联管系	畸变严重	降低较小	减小	小开度时增大、大开度时减小
并联管系	畸变较轻	降低较大	增大	均减小

4.2.3 气动调节阀选型

调节阀是自动控制系统的终端控制元件之一。其选型正确与否与系统工作情况的好坏有很大关系。调节阀选型中，一般应考虑以下几点。

1. 调节阀结构形式的选择

不同结构的调节阀有各自的特点，适应不同的需要，在选用时，要注意：
(1) 工艺介质的种类，腐蚀性和黏性；
(2) 流体介质的温度、压力(入口和出口压力)、比重；
(3) 流经阀的最大、最小流量，正常流量以及正常流量时阀上的压降。

一般情况下，应优先选用直通单座阀和直通双座阀。直通单座阀一般适用于泄漏量要求小和阀前后压降较小的场合；直通双座阀适用于泄漏量要求不严和阀前后压降较大的场合，但不适合用于高黏度或含悬浮颗粒的流体。对于高黏度或含悬浮颗粒的流体，气-液混相或易闪蒸的液体，以及要求直角配管的场合，可选用角型阀。

对于浓浊浆液和含悬浮颗粒的流体以及在大口径、大流量和低压降的场合，可选择蝶阀。

三通控制阀既可用于混合两种流体，又可以将流体分为两股，多用于换热器的温度控制系统。

隔膜控制阀具有结构简单、流道阻力小、流体能力大、无外漏等优点，广泛用于高黏度、含悬浮颗粒、纤维及有毒的液体。

此外，根据需要还可选用波纹管密封阀、低噪声阀、自力式调节阀等。对于特殊工艺生产过程，还需选用专用调节阀，其他阀型及适用范围可参考相关文献。

2. 调节阀气开、气关形式的选择

调节阀无压力信号时阀全开，随着压力信号增大，阀门逐渐关小的气动调节阀为气关式。反之，无压力信号时阀全闭，随着压力信号增大，阀门逐渐开大的气动调节阀为气开式。

调节阀气开、气关形式选择原则主要从工艺生产的安全出发，当仪表供气系统故障或控制信号突然中断时，调节阀阀芯应处于使生产装置安全的状态。例如，进入工艺设备的流体易燃易爆，为防止爆炸，调节阀应选气开式。如果流体容易结晶，调节阀应选气关式，以防堵塞。

由于调节阀是由执行机构和阀门组装而成的，而执行机构有正、反作用两种，阀门(具有双导向阀芯的)也有正、反作用两种。因此组装而成的气动调节器有气开式与气关式两种形式，如图 4-2-23 所示。

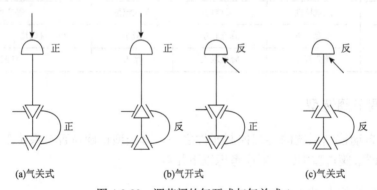

图 4-2-23　调节阀的气开式与气关式

3. 调节阀流量特性的选择

目前国产调节阀流量特性有直线、等百分比和快开三种。它们基本上能满足绝大多数控制系统的要求。快开特性适用于双位控制和程序控制系统。调节阀流量特性的选择实际上是指直线和等百分比特性的选择。

选择方法大致可归结为理论计算法和经验法两类，但是，这些方法都较复杂，工程设计多采用经验准则，即从控制系统特性、负荷变化和 S_{100} 三个方面综合考虑，选择调节阀流量特性。

1) 从提高控制系统控制质量考虑

线性控制回路的总增益在控制系统整个操作范围内应保持不变。通常，测量变送装置的转换系数和已整定好的调节器的增益是一个常数，但有的被控对象特性却往往具有非线性特性，例如，对象静态增益随操作条件、负荷大小而变化。因此，可以适当选择调节阀特性，以其放大系数的变化补偿对象增益的变化，使控制系统总增益恒定或近似不变，从而提高系统的控制质量。例如，对于负荷增大而增益变小的被控对象应选择放大系数随负荷增加而变大的调节阀特性。如果匹配得当，就可以得到总增益不随负荷变化的系统特性，如图 4-2-24 所示，等百分比特性调节阀正好满足上述要求，因而得到广泛应用。

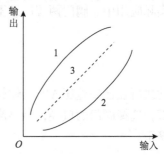

图 4-2-24　被控对象与调节阀特性的匹配
1-对象静态特性；2-调节阀流量特性；3-补偿后的特性

2) 从配管状况(S_{100})考虑

调节阀总是与设备、管道串联使用，其工作流量特性不同于调节阀理想流量特性，首先根据第 1 步选择希望的工作流量特性，然后考虑工艺配管状况，最后确定调节阀流量特性，表 4-2-3 可供选用时参考。

表 4-2-3　配管状况与阀工作流量特性的关系

配管状况	$S_{100}=0.6\sim1$		$S_{100}=0.3\sim0.6$		$S_{100}<0.3$
调节阀工作流量特性	直线	等百分比	直线	等百分比	不适合控制
调节阀理想流量特性	直线	等百分比	等百分比	等百分比	

由表 4-2-3 可以看出，当 $S_{100}=0.6\sim1$ 时，调节阀理想流量特性与希望的工作流量特性基本一致，但在 $S_{100}=0.3\sim0.6$ 时，如果希望的工作流量特性为直线型，则考虑配管状况(S_{100})后，应选择理想流量特性为等百分比特性的调节阀。

对于被控对象特性尚不十分清楚的情况，建议参考表 4-2-4 的选择原则，确定调节阀流量特性。

表 4-2-4　调节阀理想流量特性选择原则

S 值特性	调节阀特性	
	直线特性	等百分比特性
$S_n=\dfrac{\Delta P_n}{\sum\Delta P}>0.75$	(1) 液位定值控制系统； (2) 主要扰动为设定值的流量温度控制系统	(1) 流量、压力、温度定值控制系统； (2) 主要扰动为设定值的压力控制系统
$S_n=\dfrac{\Delta P_n}{\sum\Delta P}\leqslant0.75$		各种控制系统

注：ΔP_n 为正常流量时的阀压降；$\sum\Delta P$ 为管道系统总压降；S_n 为正常阀阻比。

3) 调节阀口径的选择

在控制系统中，为保证工艺操作的正常进行，必须根据工艺要求，准确计算阀门的流通能力，合理选择调节阀的尺寸。如果调节阀的口径选得太大，将使阀门经常工作在小开度位置，造成调节质量不好。如果口径选得太小，阀门完全打开也不能满足最大流量的需要，就难以保证生产的正常进行。

实际应用中，阀门两端压差不一定是100kPa。流经阀的也不一定是水，因此必须换算。

$$C = Q\sqrt{\frac{\rho}{10\Delta P}} \tag{4-2-38}$$

此式可在已知差压 ΔP、流体密度 ρ 及需要的最大流量 Q 的情况下，确定调节阀的流通能力 C，选择阀门的口径，但当流体是气体、蒸汽或二相流时，以上的计算公式必须进行相应的修正。

4.2.4　电/气转换器

气动调节阀由于能用于易燃易爆现场的优点，还不能被电动调节阀所取代。为了使气动调节阀能够接收电动调节器的输出信号，必须使用电/气转换器把调节器输出的标准电流信号转换为 20～100kPa 的标准气压信号。因此，电/气转换器的作用就是将电信号转换为气信号。图 4-2-25 是一种力平衡式电/气转换器的原理图。

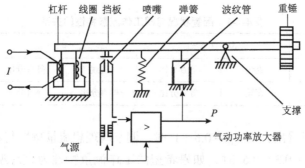

图 4-2-25　力平衡式电/气转换器的原理图

力平衡式电/气转换器在杠杆的最左端安装了一个线圈，该线圈能在永久磁铁的气隙中自由地上下运动，由电动调节器送来的电流 I 通入线圈。当输入电流 I 增大时，线圈与磁铁间产生的吸力增大，使杠杆左端下移，并带动安装在杠杆上的挡板靠近喷嘴，改变喷嘴和挡板之间的间隙。

喷嘴挡板机构是气动仪表中最基本的变换和放大环节，能将挡板对于喷嘴的微小位移灵敏地变换为气压信号，其结构如图 4-2-26 所示。

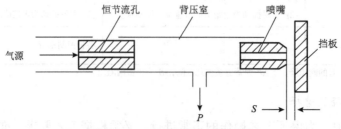

图 4-2-26　喷嘴挡板机构原理图

喷嘴挡板机构是一种很好的位移检测元件，由恒节流孔、背压室及喷嘴挡板三部分组成。恒节流孔是一段狭窄细长的管道，压力为 140kPa 的压缩空气由气源经恒节流孔进入背压室，再由喷嘴挡板间的缝隙排出。当挡板靠近喷嘴时，气阻增大，背压室压力增大，则输出压力 P 增大。当恒节流孔与喷嘴的尺寸配合适当时，这种简单的机构能得到极高的灵敏度，挡板只要有几丝米(百分之几毫米)的位移，输出压力 P 就可发生满幅度的变化。

背压室的输出压力 P 功率很小，需经过气动功率放大器的放大后，才能输出 $20\sim100$kPa 的气压信号 P 去推动阀门。同时，输入压力 P 也作用于波纹管，对杠杆产生向上的反馈力。它对支点 O 形成的力矩与电磁力矩相平衡，构成负反馈闭环系统，使输入电流信号 I 能精准地按比例转换成气压信号 P。

如图 4-2-25 所示，弹簧用于调整输出零点。量程调整时，粗调可左右移动波纹管的安装位置，细调可以调节永久磁场的磁分路螺丝。重锤用来平衡杠杆的重量，支点采用十字簧片弹性支撑。这种转换器的精度一般为 0.5 级，气源压力为(140 ± 14)kPa，输出气压信号为 $20\sim100$kPa，可作较远距离的传送，直接推动气动执行机构。

4.2.5　阀门定位器

在图 4-2-25 的气动调节阀中，阀杆的位移是由薄膜上的气压推力与弹簧反作用力平衡来确定的。实际上，气压推力受到的阻力还有阀杆和阀体密封处的填料对阀杆的摩擦力及阀门内流体对阀芯的作用力，这些附加力的大小不确定，会影响执行机构与输入信号之间的定位关系，使执行机构产生回环特性，严重时造成调节系统振荡。因此，在执行机构工作条件差或调节质量要求高的场合，都在调节阀上加装阀门定位器。将阀杆的位移负反馈到输入端，和输入信号进行比较调节，使调节阀能按输入信号精确地确定开度。阀门定位器负反馈系统原理如图 4-2-27 所示。

图 4-2-27　阀门定位器负反馈系统原理

气动阀门定位器与执行机构配合使用的原理如图 4-2-28 所示。气动放大器的放大气路是由两个变节流孔串联组成的，其中一个是用球阀变节流，另一个是用锥阀变节流。球阀用来控制气源的进气量，只要使圆球有很小的位移，便可引起进气量的很大变化。锥阀是用来控制排入大气的气量的，这两个阀由阀杆互相连接成为一体。当挡板移进喷嘴时，由调节器来的气压信号 P_i 作用于波纹管，推动托板靠近喷嘴，使其背压室(气动放大器中气室 A)内压力上升时，就推动膜片使锥阀关小，球阀开大。这样，气源的压缩空气就较难排入大气，而较易从 D 室进入 C 室，使 C 室的压力 P 上升。C 室的压力 P 也就是阀门定位器的输出气压，此压力送往执行机构，通过薄膜产生推力，使推杆移动。推杆的位移量通过反馈杆带动凸轮转动而使托板离开喷嘴(成正比)，从而使气动放大器输出压力减小，最后达到平衡位置。

在这一位移负反馈系统中，由于气动放大器的放大倍数很高，喷嘴与挡板之间距离的很小变化便可引起输出气压 P 的很大变化。根据负反馈原理，可推知执行机构行程必与输入信号气压 P_i 呈精确的比例关系。因此，使用阀门定位器能保证阀门的精确定位。

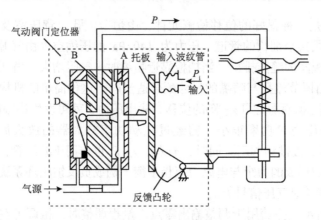

图 4-2-28　气动阀门定位器与执行机构的配合

图 4-2-28 中的气动放大器是一种典型的功率放大器，其气压放大倍数为 10～20 倍，它的输出气量很大，具有很强的负载能力，因而也能提高调节阀的动态性能，加快执行机构的动作速度。

4.2.6　电/气阀门定位器

如果同时需要电/气转换和阀门定位两个功能，可以把上述的电/气转换器和阀门定位器结合成一体，组成电/气阀门定位器，即直接将正比于输入电流信号的电磁力矩与正比于阀杆行程的反馈力矩进行比较，建立力矩平衡关系，实现输入电流对阀杆位移的直接转换。这种装置的结构原理如图 4-2-29 所示。

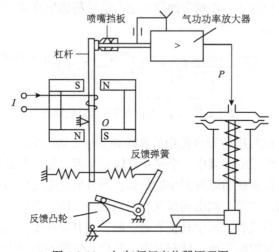

图 4-2-29　电/气阀门定位器原理图

图 4-2-29 中，在杠杆上绕有力线圈，并置于磁场之中。当输入电流 I 增大时，力线圈产生的磁场与永久磁铁相互作用，使杠杆绕支点 O 顺时针转动，带动挡板靠近喷嘴，使其背压增大，经气动功率放大器放大后，推动薄膜执行机构使阀杆移动。在阀杆移动时，通过连杆及反馈凸轮拉动反馈弹簧。弹簧的拉力与阀杆位移成正比，在反馈力矩等于电磁力矩时，杠杆平衡。这时，阀杆的位置必定精确地由输入电流 I 确定。

电/气阀门定位器是安装在阀门上现场使用的，故应采取安全防爆措施。除了将调节器输出的电流信号用安全栅隔离外，输入电路中的力线圈是储能元件，需用环氧树脂浇注固封，再加以双重续流保护，如图 4-2-30 所示。

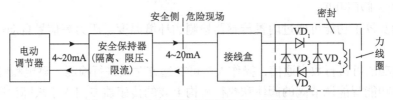

图 4-2-30　电气阀门定位器的安全防爆措施

正常工作时，保护二极管 VD_1、VD_2 导通，VD_3、VD_4 是截止的。当信号回路发生断线故障时，存储在力线圈中的电能可以使 VD_3、VD_4 正向导通，续流释放，从而限制断线处的火花能量在安全火花的范围内。另外，这些保护二极管都布置在力线圈附近，和力线圈一起用硅橡胶进行二次灌封，这是密封隔爆措施。因而电/气阀门定位器属于安全火花和隔爆复合型防爆结构。

4.3　电动调节阀

电动调节阀接收来自调节器的电流信号，将其转换为阀门开度。电动调节阀有别于电磁阀。电磁阀是利用电磁铁的吸合和释放，对阀门进行通、断两种状态的控制，而电动调节阀是用电动机对阀门开度作连续的调节。

电动调节阀也由执行机构和阀门两部分组成，其中阀门部分和气动调节阀是相同的，不同的只是执行机构部分。因此，这里只介绍电动执行机构。

电动执行机构根据配用的阀门的不同要求，有直行程、角行程和多转式三种输出方式。

电动执行机构一般采用随动系统的方案，如图 4-3-1 所示。

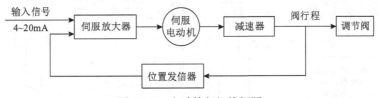

图 4-3-1　电动执行机构框图

从调节器来的信号通过伺服放大器驱动伺服电动机，经减速器带动调节阀，同时经位置发信器将阀行程反馈给伺服放大器，组成位置随动系统。依靠位置负反馈，保证输入信号准确地转换为阀杆的行程。

4.4　智能调节阀

随着电子技术的迅速发展，微处理器也被引入调节阀中，出现了智能式调节阀。它集控制功能和执行功能于一体，可直接接收变送器来的检测信号，自行控制计算并转换为阀门开度。智能调节阀的主要功能如下。

(1) 控制及执行功能可接收变送器来的检测信号，按预定程序进行控制运算，并将运算结果直接转变为阀门开度。

(2) 补偿及校正功能可通过内置传感器检测的环境温度、压力等信号自动进行补偿及校正运算。

(3) 通信功能可进行数字通信，操作人员可在远方对其进行检测、整定和修改参数。

(4) 诊断功能智能调节阀的阀体和执行机构上装的传感器专门用于故障诊断，电路上也设置了各种监测功能，微处理器在运行中连续地对整个装置进行监视，发现问题立即执行预先设定的保护程序，自动采取措施并报警。

(5)无论电源、机械部件、控制信号、通信或其他方面出现故障，保护功能都会自动采取保护措施，以保证本身及生产过程安全可靠；还具有掉电保护功能，当外电源掉电时能自动用备用电池驱动执行机构，使阀位处于预先设定的安全位置。

例如，Valtek 公司于 20 世纪 90 年代末推出的 STARPAC 型智能调节阀，其基本结构和功能如图 4-4-1 所示。

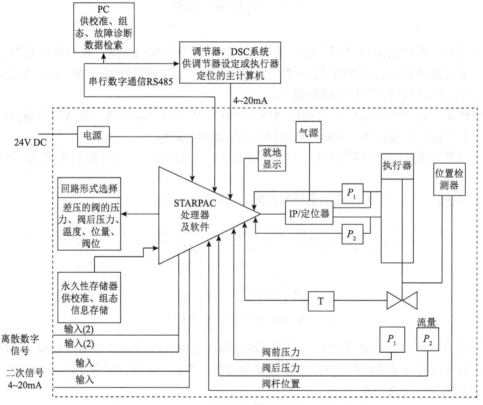

图 4-4-1　STARPAC 型智能调节阀基本结构和功能

STARPAC 型智能调节阀的主要特点如下。

(1) 阀体的进出口部位和内部有压力、温度检测器，阀体内安装阀位检测器。汽缸执行机构进出口安装空气压力检测器。这些检测器的输出信号都送到微处理器。

(2) 能进行压力、温度、流量的测量和自动控制。流量测量是根据阀门开度所对应流量系数及阀门前后压差由微处理器进行计算,还可以对此流量进行温度补偿,也可构成串级控制回路。

(3) 调节阀在运行过程中,随时根据汽缸进出口压力、阀位的变化及温度、压差、流量变化等工艺参数,分析调节阀的动态工作状态,包括流量特性的变化,实时进行故障诊断,进行必要的调整和校准。

(4) 具有事故预测、监控、报警及事故切断的程序,实现安全运行。

(5) 与上位机控制系统(DCS、主计算机系统)的连接用 4~20mA 模拟信号或 RS485 串级数字信号的通信方式,两者可任选。采用数字通信方式进行组态、校准、数据检索与故障诊断等信息传输。

4.5　舰船过程控制系统设计中的调节阀选型

调节阀是船舶自动化控制系统中十分重要且不可或缺的组成部分,正确选择和使用调节阀,直接关系到系统安全。

调节阀的选型是指在选用调节阀时,通过对流经阀门介质的参数进行计算,确定阀门的流通能力,选择正确的阀门形式、规格等参数。

1. 调节阀口径的确定

首先选定调节阀的类型和特性,并进一步确定其尺寸。调节阀口径的选择和确定主要依据阀的流通能力,即 C。通常需要进行以下步骤。

(1) 流量的确定。根据现有的生产能力、设备负荷及介质状况来计算最大流量 $Q_{\max}$。在计算 C 时应按最大流量来考虑,最大流量考虑过多的余量时,使调节阀口径偏大;这不但造成经济上的浪费,同时使调节阀经常工作在小开度,可调比减小,调节性能变差。

(2) 压差的确定。选择调节阀压差主要是根据其管路、设备等组成系统的总压降大小及变化情况来选择,其步骤如下。

① 选择系统的两个恒压点,把离调节阀前后最近且压力基本稳定的两个设备作为系统的计算范围。

② 计算系统内各项局部阻力(除调节阀外)所引起的压力损失的总和 $\sum \Delta P_e$,按最大流量分别进行计算,并求出总和。

调节阀压差 ΔP 等于系统总压差 $\sum \Delta P$ 减去系统内除调节阀之外的压力损失 $\sum \Delta P_e$。

③ 流通能力的计算。选择合适的计算方法,根据已确定的计算流量和计算压差,求 C。

④ 流通能力 C 的选用。根据已求得的 C,在所选用的产品型号标准系列中选取额定 C 及与之相对应的阀门口径。

⑤ 调节阀开度验算。一般要求最大计算流量时的开度不大于 95%,最小计算流量时的开度不小于 10%。

⑥ 调节阀可调比的验算。调节阀的可调比就是调节阀所控制的最大流量与最小流量之比,也称为可调范围。

由于在选择调节阀口径时，额定 C 大于计算值，特别是在使用时对最大开度和最小开度的限制，都会使可调比下降。

2. 调节阀流量特性的选择

直线特性调节阀在小开度时流量相对变化值大，过于灵敏容易引起振荡，阀芯、阀座极易受到破坏，在阀阻比小，负荷变化大的场合不宜采用。对数调节阀的放大系数随调节阀行程增加而增加，流量相对变化值是恒定不变的，因此它对负荷波动有较强的适应性，无论在满负荷或半负荷生产时，都能很好地调节，从制造角度来看也并不困难，因此在生产过程中对数特性是应用最广泛的一种。

3. 舰船电动调节阀应用选型

随着工业控制技术的提高，船舶动力装置的过程控制系统在不断发展、完善，电动调节阀得到了广泛的应用。电动调节阀选型时需要注意以下几点。

(1) 根据阀门种类合理选择电动执行机构。

角行程电动执行机构：执行机构输出轴转动带动阀门启闭，适用于蝶阀、球阀、旋塞阀等。

直行程电动执行机构：输出轴的运动为直线运动式，适用于直通单座阀、直通双座阀等。

(2) 根据阀门所需确定电动执行机构的输出扭力，以确定其他规格。

(3) 所选电动执行机构的电气参数应与控制系统要求相匹配，根据现有应用条件和使用环境，船舶过程控制系统选用的基本为带伺服反馈、闭环控制的电动执行机构。

(4) 选择外壳防护等级、防爆等级。与陆地使用相比，舰船上电动执行机构的布置位置差，使用环境条件恶劣，易受到潮湿、盐雾、振动等的影响；同时，由于空间狭小，检修困难，故要求电动执行机构具有更高的可靠性，能够在船舶复杂条件下长期正常工作。

舰船电动执行机构应满足如下的基本技术性能。

输入控制信号：4～20mA DC 或 1～5V DC；负载能力：不小于 500Ω；有阀位上、下限位开关量输出信号；死区可调，范围为 0.3%～3%；基本误差 ≤±1%；行程及运行时间可调。

几种典型的电动执行机构性能指标如表 4-5-1 所示。

表 4-5-1   典型电动执行机构性能指标比较

参数	DDZ 系列国产	ZSB/ZHB 引进技术	ROTORK IQM(IQT*)	ROTORKAQ	PSL/PSQ	PS-AMS	BIFFI-F02
型号种类	DKZ 直行程 DKJ 角行程	直行程 角行程	直行程 角行程	角行程	直行程 角行程	角行程	角行程
反馈信号/mA	0～10 4～20	4～20	4～20	4～20	4～20	4～20	4～20
输入信号	220V 交流	4～20 mA	4～20 mA	4～20 mA	4～20 mA	0～20 mA 0～10V	4～20 mA
工作环境/℃	−10～55	−25～70	−30～70	−30～70	−20～70	−20～70	−30～70
负载能力/Ω	250	820	750	500	350	350	350

续表

参数	DDZ 系列国产	ZSB/ZHB 引进技术	ROTORK IQM(IQT*)	ROTORKAQ	PSL/PSQ	PS-AMS	BIFFI-F02
防护等级	IP55	按 IP65 设计	IP68(水密式)	IP65	IP67	IP67	IP68
密封	—	密封	输入和输出均有 O 形密封圈	密封圈	密封圈	O 形密封圈	O 形密封圈
电机及传动	移相电机	移相电机	三相感应电动机	三相感应电动机	CNC 小齿隙密封齿轮，直流电机	CNC 小齿隙密封齿轮，直流电机	特殊电机
行程	固定	固定	可调	可调	固定	固定	可调
行程时间	固定	固定	可调	可调	固定	固定	独立可调
推力	中	中	大		小	小	—
扭矩	中	中	大	大	—	—	小
反馈	差动变压器	差动变压器	霍尔脉冲	电位器	电位器	电位器	脉冲
参数设置	固定	固定	可调	固定	固定	在控板上调整	开盖或遥控器调整
保护	欠缺	自诊断、过载保护	断信号保护，自动相位校正，缺相、卡阀保护，自诊断	断信号保护，缺相、卡阀保护	限位保护、力矩保护	自诊断、卡阀保护、力矩保护	电机过热保护
体积	中	偏大	偏大	偏大	较小	较小	较小
智能化	—	是	是	—	—	是	蓝牙、诊断功能
外壳	铝合金、铸铁	铝合金、铸铁	铝合金，表面涂漆	铝合金，表面涂漆	铝合金，表面涂漆	铝合金，表面涂漆	阳极化铸铝合金

思考题与习题

4-1 气动调节阀主要由哪两部分组成？各起什么作用？

4-2 试问调节阀的结构有哪些主要类型？各使用在什么场合？

4-3 为什么说双座阀产生的不平衡力比单座阀的小？

4-4 试说明气动阀门定位器的工作原理及其适用场合。

4-5 调节阀流量系数 C_{100} 是什么含义？如何根据流量选择调节阀口径？

4-6 气动调节阀的执行机构的正、反作用形式是如何定义的？在结构上有何不同？

4-7 调节阀的气开、气关形式是如何实现的？在使用时应根据什么原则选择？

4-8 换热器温度控制系统如题图 4-1 所示。试选择该系统中调节阀的气开、气关形式。

(1) 如果被加热流体出口温度过高会引起分解、自聚或结焦；

(2) 被加热流体出口温度过低会引起结晶、凝固等现象；

(3) 如果调节阀是调节冷却水，该地区冬季最低气温为 0℃ 以下。

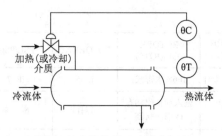

题图 4-1　换热器温度控制系统

4-9　如题图 4-2 所示，锅炉控制系统中，试确定：

(1) 汽包液位控制系统中给水调节阀气开、气关形式；

(2) 汽包压力控制系统中蒸汽调节气开、气关形式。

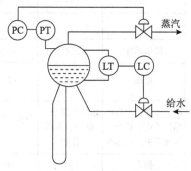

题图 4-2　锅炉控制系统

4-10　什么是调节阀的结构特性、理想流量特性和工作流量特性？如何选择调节阀的流量特性？

4-11　为什么说等百分比特性又称对数特性？与直线特性比较起来有什么特点？

4-12　什么是调节阀的可调范围？在串联管道中可调范围为什么会变化？

4-13　什么是串联管道的阀阻比 S_{100}？S_{100} 的变化为什么会使理想流量特性发生畸变？

4-14　某过程控制系统中调节阀与工艺管道串联使用，其全开阀阻比 $S_{100}=0.5$，试确定调节阀的流量特性。

4-15　什么是调节阀的可调比？串联管系的 S_{100}、并联管系的 S'_{100} 对调节阀的可调比有何影响？

第5章 智能控制仪表

5.1 概　　述

控制仪表又称控制器或调节器，在过程控制系统中，参数检测仪表将被控量转换成电流(电压)信号或气压信号，一方面通过显示仪表对其进行显示和记录，另一方面将其送往调节器与给定信号进行比较产生偏差，并按照一定的调节规律产生调节作用去控制执行器，以改变控制介质的流量从而使被控量符合生产工艺要求。

智能控制仪表是计算机技术与测试技术相结合的产物，是含有微计算机或微处理器的控制仪器，它具有对数据的存储、运算、逻辑判断及自动化操作等功能，有的还具有自校正、自诊断、自适应、自学习的功能，具有一定智能的作用。

目前，船舶自动监控系统所采用的多为集散型监控系统。系统体现了集中管理、分散控制的思想，提高了数字集中监控系统仪表的处理能力和可靠性。智能控制仪表在船舶过程控制中的广泛应用，不仅提高了机舱复杂系统控制的精度和可靠性，而且控制策略先进，也提高了数字集中监控系统仪表的处理能力，具有较高的应用价值。

一般控制仪表除了对偏差信号进行各种控制运算外，还需要具备如下功能。

(1) 偏差显示。调节器的输入电路接收测量信号和给定信号，两者相减后的偏差信号由偏差显示仪表显示其大小和正负。

(2) 输出显示。调节器输出信号的大小由输出显示仪表显示，习惯上显示仪表也称阀位表。阀位表不仅显示调节阀的开度，而且通过它还可以观察到控制系统受干扰影响后的调节过程。

(3) 内、外给定的选择。当调节器用于定值控制时，给定信号常由调节器内部提供，称为内给定；而在随动控制系统中，调节器的给定信号往往来自调节器的外部，则称为外给定。内、外给定信号由内、外给定开关进行选择或由软件实现。

(4) 正、反作用的选择。工程上，通常将调节器的输出随反馈输入的增大而增大，称为正作用调节器；而将调节器的输出随反馈输入的增大而减小，称为反作用调节器。为了构成一个负反馈控制系统，必须正确地确定调节器的正、反作用，否则整个控制系统将无法正常运行。调节器的正、反作用，可通过正、反作用开关进行选择或由软件实现。

(5) 手动切换操作。调节器的手动操作功能是必不可少的。在控制系统投入运行时，往往先进行手动操作来改变调节器的输出，待系统基本稳定后再切换到自动运行状态；当自动控制时的工况不正常或调节器失灵时，必须切换到手动状态以防止系统失控。通过调节器的手动/自动双向切换开关，可以对调节器进行手动/自动切换，而在切换的过程中，又希望操作不会给控制系统带来扰动，即要求无扰动切换。

(6) 其他功能。除了上述功能外，有的调节器还有一些附加功能，如抗积分饱和、输出限幅、输入越限报警、偏差报警、软手动抗漂移、停电对策等，所有这些附加功能都是为了进一步提高调节器的控制功能。

本章重点介绍比例积分微分(PID)控制、数字式控制器。

5.2　比例积分微分控制及调节过程

5.2.1　比例控制

在比例(P)调节中，调节器的输出信号 u 与偏差信号 e 成比例，即

$$u = K_c e \tag{5-2-1}$$

式中，K_c 为比例增益(视情况可设置为正或负)。$e = r - x$ 或 $e = x - r$，r 为参考给定值，x 为反馈输入值。

需要注意的是，式(5-2-1)中的调节器输出 u 实际上是对其起始值 u_0 的增量。因此，当偏差 e 为零而 $u = 0$ 时，并不意味着调节器没有输出，它只说明此时有 $u = u_0$。u_0 的大小是可以通过调整调节器的工作点加以改变的。

在实际的比例控制器中，习惯上使用比例度 δ 来表示比例控制作用的强弱。比例度就是指控制器输入偏差的相对变化值与相应的输出相对变化值之比，用百分数表示。

$$\delta = \frac{\Delta e}{x_{\max} - x_{\min}} \bigg/ \frac{\Delta u}{u_{\max} - u_{\min}} \tag{5-2-2}$$

式中，$x_{\max} - x_{\min}$ 为调节器输入量程；$u_{\max} - u_{\min}$ 为调节器输出量程。现在标准仪表输入量程和输出量程相等，所以

$$u = \frac{1}{\delta} e \tag{5-2-3}$$

即

$$K_c = \frac{1}{\delta} \tag{5-2-4}$$

δ 等于增益的倒数。比例度 δ 的另一物理意义是，它代表调节器的有效作用范围，如果 u 直接代表调节阀开度的变化量，那么从式(5-2-3)可以看出，δ 就代表使调节阀开度改变 100%，即从全关到全开时所需要的被调量的变化范围。只有当被调量处在这个范围以内时，调节阀的开度(变化)才与偏差成比例。超出这个"比例度"以外，调节阀已处于全关或全开的状态，此时调节器的输入与输出已不再保持比例关系，而调节器暂时失去其控制作用。

例如，DDZ-Ⅲ型比例控制器，当比例度为 50%时，说明只要偏差变化占仪表输入全量程的 50%时，控制器输出就可以达到满量程，偏差变化大于 50%时，输出不再变化。

根据 P 调节器的输入、输出测试数据，很容易确定它的比例度的大小。比例调节的显著特点就是有差调节。

舰船在运行中经常会发生负荷变化。负荷是指物料流或能量流的大小。处于自动控制下

的被控过程在进入稳态后，流入量与流出量之间总是平衡的。因此人们常常根据调节阀的开度来衡量负荷的大小。

如果采用比例调节，则在负荷扰动下的调节过程结束后，被调量不可能与设定值准确相等，它们之间有一定残差。下面举例说明，图 5-2-1 是一个水加热器的出口水温控制系统。在这个控制系统中，热水温度 θ 是由传感器 θT 获取信号并送到调节器 θC 的，调节器控制加热蒸汽的调节阀开度以保持出口水温恒定，加热器的热负荷既决定热水流量 Q，也决定热水温度 θ，假定现在采用比例调节器，并将调节阀开度 μ 直接视为调节器的输出。图 5-2-2 中的直线 1 是比例调节器的静特性，即调节阀开度随水温变化的情况。水温越高，调节器应把调节阀开得越小，因此它在图中是左高右低的直线，比例度越大，则直线的斜率越大。图中曲线 2 和曲线 3 分别代表加热器在不同的热水流量下的静特性。它们表示加热器在没有调节器控制时，在不同的热水流量下的稳态出口水温与调节阀开度之间的关系，可以通过单独对加热器进行一系列试验得到。直线 1 和曲线 2 的交点 O 代表在热水流量为 Q_o，已投入自动控制并假定控制系统是稳定的情况下，最终要达到的稳态运行点，那时的出口水温为 θ_o，调节阀开度为 μ_o。如果假定 θ_o 就是水温的设定值(这可以通过调整调节器的工作点实现)，从这个运行点开始，如果热水流量减小为 Q_1，那么在调节过程结束后，新的稳态运行点将移到直线 1 与曲线 3 的交点 A。这就出现了被调量残差 $\theta_A - \theta_o$，它就是比例调节规律所决定的。不难看出，残差随着流量变化幅度及比例度的加大而加大。

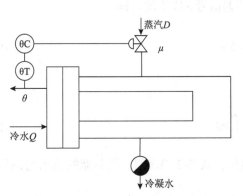

图 5-2-1　加热器出口水温控制系统图

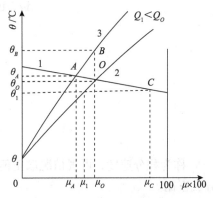

图 5-2-2　比例调节是有差调节

比例调节虽然不能准确保持被调量恒定，但效果还是比不加自动控制好。在图 5-2-2 中可见，从运行点 O 开始，如果不进行自动控制，那么热水流量减小为 Q_1 后，水温将根据其自平衡特性一直上升到 θ_B 为止。

前面已经证明，比例调节的残差随着比例度的加大而加大。从这一方面考虑，人们希望尽量减小比例度。然而，减小比例度就等于加大调节系统的开环增益，其后果是导致系统激烈振荡甚至不稳定。稳定性是任何闭环控制系统的首要要求，比例度的设置必须保证系统具有一定的稳定裕度。此时，如果残差过大，则需要通过其他的途径来解决。对于典型的工作过程，δ 对于调节过程的影响如图 5-2-3 所示。δ 很大意味着调节阀的动作幅度很小，因此被调量的变化比较平稳，甚至可以没有超调，但残差很大，调节时间也很长。减小 δ 就加大了调节阀的动作幅度，引起被调量的来回波动，但系统仍可能是稳定的，残差相应减小。δ 具有一个临界值，此时系统处于稳定边界，进一步减小 δ，系统将不再稳定。δ 的临界值 δ_{cr} 可

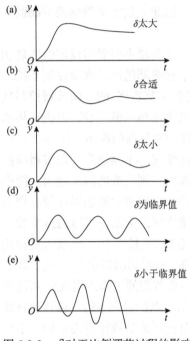

图 5-2-3　δ 对于比例调节过程的影响

以通过试验测定；如果被调对象的数学模型已知，则 δ_{cr} 不难根据控制理论计算出来。

由于 P 调节器只是一个简单的比例环节，因此不难理解 δ_{cr} 的大小只取决于被控对象的动态特性。根据奈奎斯特稳定准则可知，在稳定边界上有

$$\frac{1}{\delta_{cr}}K_{cr}=1,\ \text{即}\ \delta_{cr}=K_{cr} \tag{5-2-5}$$

式中，K_{cr} 为广义被控对象在临界频率下的增益。P 调节器的相角为零，因此被控对象在临界频率 ω_{cr} 下必须提供 $-180°$ 相角，由此可以计算出临界频率。δ_{cr} 和 ω_{cr} 可认为是被控对象动态特性的频域指标。

5.2.2　比例积分控制

1. 积分调节

在积分 (I) 调节中，调节器的输出信号的变化速度 $\mathrm{d}u/\mathrm{d}t$ 与偏差信号 e 成正比，即

$$\frac{\mathrm{d}u}{\mathrm{d}t}=S_0 e \tag{5-2-6}$$

或

$$u=S_0\int_0^t e\,\mathrm{d}t \tag{5-2-7}$$

式中，S_0 称为积分速度，可视情况取正值或负值。式(5-2-7)表明，调节器的输出与偏差信号的积分成正比。

I 调节的特点是无差调节，与 P 调节的有差调节形成鲜明对比。式(5-2-6)表明，只有当被调量偏差 e 为零时，I 调节器的输出才会保持不变。然而与此同时，调节器的输出却可以停在任何数值上。这意味着被控对象在负荷扰动下的调节过程结束后，被调量没有残差，而调节阀则可以停在新的负荷所要求的开度上。

对于同一个被控对象，采用 I 调节时，其调节过程的进行总比 P 调节时缓慢，积分作用输出信号的变化速度与偏差 e 及 S_0 成正比，但其控制作用是随着时间积累才逐渐增强的，控制动作缓慢，控制不及时，因此积分作用一般不单独使用。

2. 比例积分调节

比例积分 (PI) 调节就是综合 P、I 两种调节的优点，利用 P 调节快速抵消干扰的影响，同时利用 I 调节消除残差。它的调节规律为

$$u = K_c e + S_0 \int_0^t e \mathrm{d}t \tag{5-2-8}$$

或

$$u = \frac{1}{\delta}\left(e + \frac{1}{T_I} \int_0^t e \mathrm{d}t \right) \tag{5-2-9}$$

式中，δ 为比例度，可视情况取正值或负值；$S_0 = 1/(\delta T_I)$，T_I 为积分时间。δ 和 T_I 是 PI 调节器的两个重要参数。图 5-2-4 是 PI 调节器的阶跃响应，它是由比例动作和积分动作两部分组成的。在施加阶跃输入的瞬间，调节器立即输出一个幅值为 $\Delta e/\delta$ 的阶跃，然后以固定速度 $\Delta e/(\delta T_I)$ 变化。当 $t = T_I$ 时，输出的积分部分正好等于比例部分。由此可见，T_I 可以衡量积分部分在总输出中所占的比重；T_I 越小，积分部分所占的比重越大。

现在仍以图 5-2-1 中的热水加热器为例，分析 PI 调节过程的情况。图 5-2-5 给出了热水流量阶跃减小后的调节过程，它显示出各个量之间的相互关系。现在可从出口水温 θ 开始观察，假定它的变化曲线如图 5-2-5 所示。μ_P 是 PI 调节器阀位输出中的比例部分，它与 θ 曲线呈镜面对称，因为调节器应置于反作用方式下。μ_I 是调节器阀位输出的积分部分，它是 θ 曲线的积分曲线。调节器阀位总输出 μ_{PI} 是 μ_P 和 μ_I 的叠加。Q_{h1} 是蒸汽带入的热流入量，其变化情况取决于 μ_{PI}，并可假定它们之间成正比关系。Q_{h2} 是热水带走的热流出量，其变化情况取决于水流量和热水温度。在水流量阶跃变化后，Q_{h2} 与 θ 成正比。Q_{h1} 和 Q_{h2} 又反过来决定水温 θ 的变化过程。由于加热盘管的金属壁也是一个热容积，因此水温的变化速度 $\mathrm{d}\theta/\mathrm{d}t$ 并不反映当时 Q_{h1} 与 Q_{h2} 的差额，这中间存在着容积延迟。例如，在 t_1 瞬间，Q_{h1} 与 Q_{h2} 已取得平衡，但 $\mathrm{d}\theta/\mathrm{d}t$ 却要等到 t_2 瞬间才等于零。

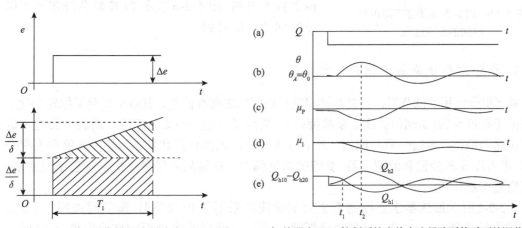

图 5-2-4　PI 调节器的阶跃响应　　图 5-2-5　加热器水温 PI 控制系统在热水流量阶跃扰动下的调节过程

特别值得注意的是，从图 5-2-5 中可以看出，残差的消除是 PI 调节器积分动作的结果。正是积分部分的阀位输出使调节开度最终得以到达抵消扰动所需的位置。比例部分的阀位输出 μ_P 在调节过程的初始阶段起较大的作用，但调节过程结束后又返回到扰动发生前的数值。

此外，假定以 $\Delta\mu$ 代表调节过程结束后阀门开度的变化量如图 5-2-5 所示，那么根据以上分析可知：

$$\Delta\mu = \frac{1}{\delta T_{\mathrm{I}}} \int_0^\infty e\mathrm{d}t \qquad (5\text{-}2\text{-}10)$$

或

$$\int_0^\infty e\mathrm{d}t = \delta T_{\mathrm{I}} \Delta\mu \qquad (5\text{-}2\text{-}11)$$

在式(5-2-11)中，$\Delta\mu$ 可视为被控对象负荷变化的幅度，而等式左侧则是评价调节过程品质的积分指标 IE。式(5-2-11)表明，IE 除与负荷变化幅度成正比之外，还与 PI 调节器参数的乘积 δT_{I} 成正比。这使 IE 成为非常易于计算的评价指标。

应当指出，PI 调节引入积分动作带来消除系统残差的好处的同时，却降低了原有系统的稳定性。为保持控制系统原来的衰减率，PI 调节器比例度必须适当加大，所以 PI 调节是牺牲控制系统的动态品质以换取较好的稳态性能。

在比例度不变的情况下，缩短积分时间 T_{I}，将使控制系统稳定性降低、振荡加剧、调节过程加快、振荡频率升高。图 5-2-6 表示 PI 控制系统在不同积分时间的响应过程。

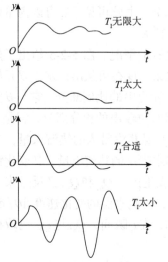

图 5-2-6　PI 控制系统在不同积分时间的响应过程

3. 积分饱和现象与抗积分饱和措施

具有积分作用的调节器，只要是被调量与设定值之间有偏差，其输出就会不停地变化。如果由于某种原因(如阀门关闭、泵故障等)，被调量偏差一时无法消除，而调节器还是试图校正这个偏差，经过一段时间后，调节器输出将进入深度饱和状态，这种现象称为积分饱和。进入深度积分饱和的调节器，要等被调量偏差反向以后才慢慢从饱和状态中退出来，重新恢复控制作用。

图 5-2-1 所示加热器水温控制系统为消除残差采用了 PI 调节器，调节阀选用气开式，调节器为反作用方式。设 t_0 时刻加热器投入使用，此时水温尚低，离设定值 θ_r 较远，正偏差较大，调节器输出逐渐增大。如果采用气动调节器，其输出最后可达 0.14MPa(气源压力)，称为进入深度饱和，见图 5-2-7 中的 $t_0 \sim t_1$ 部分。在 $t_1 \sim t_2$ 阶段，水温上升但仍低于设定值，调节器输出不会下降。从 t_2 时刻以后，偏差反向，调节器输出减小，但因为输出气压大于 0.10MPa，调节阀仍处于全开状态。直到 t_3 时刻过后，调节阀才开始

关小，这就是积分饱和现象。其结果可使水温大大超出设定值，控制品质变坏，甚至引起危险。

积分饱和现象常出现在自动启动间歇过程的控制系统、串级系统中的主调节器以及选择性控制这样的复杂控制系统中，后者积分饱和的危害性也许更为严重。

简单地限制 PI 调节器的输出在规定范围内，虽然能缓和积分饱和的影响，但并不能真正解决问题，反而在正常操作中不能消除系统的残差。根本的解决办法还得从比例积分动作规律中去找。如前所述，PI 调节器积分部分的输出在偏差长期存在时会超过输出额定值，从而引起积分饱和。因此，必须在调节器内部限制这部分的输出，使得偏差为零时 PI 调节器的输出在额定值以内。

办法之一是接入外部积分反馈。如图 5-2-8 所示，气动调节器的积分动作是通过一阶惯性环节的正反馈实现的。调节器的输出为

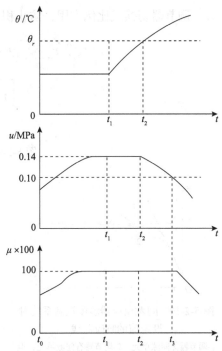

图 5-2-7 温度比例积分控制系统积分饱和

$$U(s) = K_c E(s) + \frac{1}{T_{\mathrm{I}}s + 1} F(s) \tag{5-2-12}$$

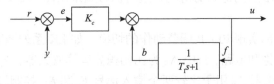

图 5-2-8 积分动作由调节器输出通过惯性环节正反馈实现

正常情况下，$f = u$，则式(5-2-12)为

$$U(s) = K_c \frac{T_{\mathrm{I}}s + 1}{T_{\mathrm{I}}s} E(s) = K_c \left(1 + \frac{1}{T_{\mathrm{I}}s}\right) E(s) \tag{5-2-13}$$

这就是比例积分调节规律。

如果在正反馈回路中加入一个间隙单元，如图 5-2-9 所示。在正常操作时，u 低于输出高限值 u_h，在这种情况下，放大器 K 的输出 u_a 增大，经低值选择器 LS 在 u 和 u_a 中优先选择较低的 u 信号，正反馈信号 $f = u$，这就是正常的积分动作。一旦出现积分饱和，调节器输出 u 达到高限值 u_h 时，高增益放大器 K 输出 u_a 减小，低值选择器 LS 优先接收较低的 u_a 信号，从而使得正反馈信号 $f = u_a$，调节器的输出、输入关系将成为

$$U(s) = K_c E(s) + \frac{1}{T_{\mathrm{I}}s + 1} U_a(s) \tag{5-2-14}$$

调节器切换成比例作用，防止积分饱和现象的出现。

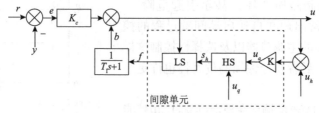

图 5-2-9　利用间隙单元抗积分饱和

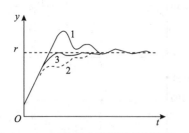

图 5-2-10　间歇反应器温度控制系统对
设定值的响应曲线

1-调节器无间隙单元；2-调节器有间隙单元，但
u_q 为零；3-调节器有间隙单元，但 u_q 不为零

以上分析是在预置负荷 $u_q = 0$，即无高值选择器 HS 的情况下进行的。在这种情况下，当调节器出现很大偏差时，u_a 会相当小，间隙单元可能把 f 一直驱动到饱和的低限，但不能使调节器的输出保持在高限值 u_h 上。因而，当偏差 e 减小时，u 值很小且持续很长的一段时间，其结果正好与积分饱和相反，使得被调量极其缓慢地趋向设定值。为避免这种情况出现，可以限制间隙单元中低值选择器 LS 的输入 S_h，使 S_h 不致低于 u_q，其中 u_q 的值应为比例调节器的工作点。此时，如果偏差 e 回到零，调节器的输出 u 就等于 u_q。图 5-2-10 中，对调节器无间隙单元、有间隙单元但 u_q 为零及有间隙单元但 u_q 不为零三种情况下间歇反应器的温度控制进行比较。

当然，也会出现低限达到饱和的情况，这时仍可以采用图 5-2-9 所示的形式，但两个选择器的作用应反过来。

办法是由调节器内部实现 PI→P 调节动作的切换，如 EK 系列调节器。图 5-2-11 给出这类调节器附加的抗积分饱和电路，其中 A_R 为比例积分运算放大器，R_1、C_2 起积分作用，C_1、C_2 起比例作用。比较放大器 A_h 用于比较两个输入信号 E_o 和 E_h，控制场效应管开关 S 的通断，此处 E_h 值可由电位器设置。

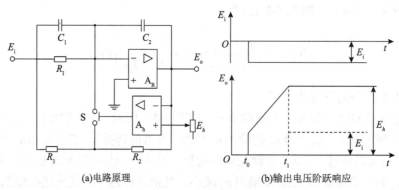

(a)电路原理　　　　　　(b)输出电压阶跃响应

图 5-2-11　EK 调节器抗积分饱和电路

开关 S 断开时，电路进行正常的比例积分运算。如果输入一个负的阶跃电压 $-E_i$，输出电压 E_o 的变化如图 5-2-11(b)实线所示。当 E_o 增大到 E_h 以后，比较放大器 A_h 的输出使开关 S

闭合。此时，R_1 和 R_1、C_1 并联，R_2 与 C_2 并联。由于 R_1、R_2 阻值很小，且 $R_1=R_2$，所以电路称为 1∶1 的反相器。这时，输出 E_o 立刻减小到与 E_i 相等的数值，如图 5-2-11(b) 中虚线所示。一旦输出降低到 E_h 以下，开关 S 重新断开，积分作用又将使 E_o 增大，如此反复交替。宏观看来，E_o 维持在 E_h 不变。

5.2.3　比例积分微分控制

1. 微分调节的特点

以上讨论的比例调节和积分调节都是根据当时偏差的方向和大小进行调节的，不管那时被控对象中流入量与流出量之间的不平衡程度如何，这个不平衡决定着此后被调量变化的趋势。由于被调量的变化速度(包括其大小和方向)可以反映当时或稍前一段时间流入量、流出量的不平衡情况，因此，如果调节器能够根据被调量的变化速度来移动调节阀，而不要等到被调量已经出现较大偏差后才开始动作，那么调节的效果将会更好，等于赋予调节器某种程度的预见性，这种调节动作称为微分调节。此时调节器的输出与被调量或其偏差对于时间的导数成正比，即

$$u = S_2 \frac{\mathrm{d}e}{\mathrm{d}t} \tag{5-2-15}$$

然而，单纯按上述规律动作的调节器是不能工作的。这是因为实际的调节器都有一定的失灵区，如果被控对象的被调量只以调节器不能察觉的速度缓慢变化，调节器并不会动作，但是经过相当长时间以后，被调量偏差却可以积累到相当大的数值而得不到校正。这种情况当然是不能允许的。因此微分调节只能起辅助的调节作用，它可以与其他调节动作结合成 PD 和 PID 调节动作。

2. 比例微分调节规律

PD 调节器的动作规律是

$$u = K_c e + S_2 \frac{\mathrm{d}e}{\mathrm{d}t} \tag{5-2-16}$$

或

$$u = \frac{1}{\delta}\left(e + T_\mathrm{D} \frac{\mathrm{d}e}{\mathrm{d}t}\right) \tag{5-2-17}$$

式中，δ 为比例度，可视情况取正值或负值；T_D 为微分时间。

按照式(5-2-17)，PD 调节器的传递函数应为

$$G_c(s) = \frac{1}{\delta}(1 + T_\mathrm{D} s) \tag{5-2-18}$$

但严格按式(5-2-16)动作调节器在物理上是不可能实现的。工业上实际采用的 PD 调节器的传递函数是

$$G_c(s) = \frac{1}{\delta} \frac{T_D s + 1}{\frac{T_D}{K_D} s + 1} \tag{5-2-19}$$

式中，K_D 称为微分增益。工业调节器的微分增益一般为 5～10。与式(5-2-19)相对应的单位阶跃响应为

$$u = \frac{1}{\delta} + \frac{1}{\delta}(K_D - 1)\exp\left(-\frac{t}{T_D / K_D}\right) \tag{5-2-20}$$

图 5-2-12 中给出了相应的响应曲线。式(5-2-19)中共有 δ、K_D、T_D 三个参数，它们都可以由图 5-2-12 中的阶跃响应确定。

根据 PD 调节器的斜坡响应也可以单独测定它的微分时间 T_D，如图 5-2-13 所示，如果 $T_D = 0$，即没有微分动作，那么输出 u 将按虚线变化。可见，微分动作的引入使输出的变化提前一段时间发生，而这段时间就等于 T_D。因此也可以说，PD 调节器有超前作用，其超前时间即微分时间 T_D。

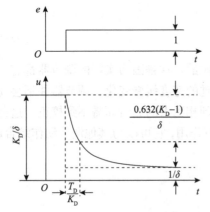

图 5-2-12　PD 调节器的单位阶跃响应

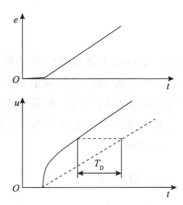

图 5-2-13　PD 调节器的斜坡响应

最后可以指出，虽然 PD 调节器的传递函数严格来说应该是式(5-2-19)，但由于微分增益 K_D 数值较大，该式分母中的时间常数实际上很小。因此为简单计算，在分析控制系统的性能时，通常都忽略较小的时间常数，直接取式(5-2-18)为 PD 调节器的传递函数。

在稳态下，$de/dt = 0$，PD 调节器的微分部分输出为零，因此 PD 调节也是有差调节，与 P 调节相同。

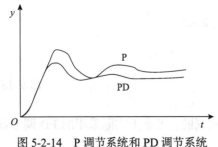

图 5-2-14　P 调节系统和 PD 调节系统
调节过程的比较

式(5-2-15)表明，微分调节动作总是力图抑制被调量的振荡。适度引入微分动作可以允许稍微减小比例度，同时保持衰减率不变。图 5-2-14 表示同一被控对象分别采用 P 调节器和 PD 调节器并整定到相同的衰减率时，两者阶跃响应的比较。从图中可以看到，适度引入微分动作后，由于可以采用较小的比例度，结果不但减小了残差，而且也减小了短期最大偏差和提高了振荡频率。

　　微分调节动作也有一些不利之处。首先，微分动作太强容易导致调节阀开度向两端饱和，因此在 PD 调节中总是以比例动作为主，微分动作只能起辅助调节作用。其次，PD 调节器的抗干扰能力很差，只能应用于被调量的变化非常平稳的过程，一般不用于流量和液位控制系统。最后，微分调节动作对于纯延迟过程是无效的。

　　应当特别指出，引入微分动作要适度。这是因为大多数 PD 控制系统随着微分时间 T_D 增大，其稳定性提高，但某些特殊系统也有例外，当 T_D 超出某一上限值后，系统反而变得不稳定。图 5-2-15 表示控制系统在不同微分时间的响应过程。

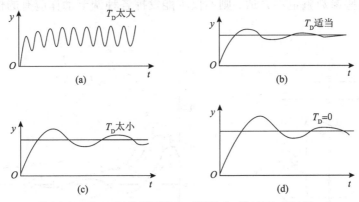

图 5-2-15　PD 控制系统在不同微分时间的响应过程

3. 比例积分微分调节规律

PID 调节器的动作规律是

$$u = K_c e + S_0 \int_0^t e\,\mathrm{d}t + S_2 \frac{\mathrm{d}e}{\mathrm{d}t} \tag{5-2-21}$$

或

$$u = \frac{1}{\delta}\left(e + \frac{1}{T_I}\int_0^t e\,\mathrm{d}t + T_D \frac{\mathrm{d}e}{\mathrm{d}t} \right) \tag{5-2-22}$$

式中，δ、T_I 和 T_D 参数的意义与 PI、PD 调节器相同。

　　PID 调节器的传递函数为

$$G_c(s) = \frac{1}{\delta}\left(1 + \frac{1}{T_I s} + T_D s \right) \tag{5-2-23}$$

　　不难看出，由式(5-2-21)表示的调节器动作规律在物理上是不能实现的。实际采用的 PID 调节器如 DDZ 型调节器，其传递函数为

$$G_c(s) = K_c^* \frac{1 + \dfrac{1}{T_I^* s} + T_D^* s}{1 + \dfrac{1}{K_I T_I} s + \dfrac{T_D}{K_D} s} \tag{5-2-24}$$

式中，$K_c^* = FK_c$；$T_I^* = FT_I$；$T_D^* = \dfrac{T_D}{F}$。带"*"的量为调节器参数的实际值，不带"*"的为参数的刻度值。F 为相互干扰系数；K_I 为积分增益。

图 5-2-16 给出 PID 调节器的响应曲线，其中阴影部分的面积代表微分作用的强弱。

此外，为了对各种动作规律进行比较，图 5-2-17 表示了同一对象在相同阶跃扰动下，采用不同调节动作时具有同样衰减率的响应过程。显然，PID 调节时控制效果最佳，但这并不意味着，在任何情况下采用 PID 调节都是合理的。因为 PID 调节器有 3 个需要整定的参数，如果这些参数整定不合适，则不仅不能发挥各种调节动作应有的作用，反而适得其反。

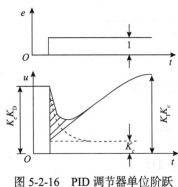

图 5-2-16　PID 调节器单位阶跃
响应过程

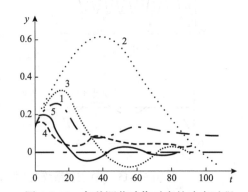

图 5-2-17　各种调节动作对应的响应过程
1-比例调节；2-积分调节；3-比例积分调节；4-比例微分调节；5-比例积分微分调节

事实上，选择哪种动作规律的调节器与具体对象相匹配，是一个比较复杂的问题，需要综合考虑多种因素方能获得合理解决方案。

通常，选择调节器动作规律时应根据对象的特性、负荷变化、主要扰动和系统控制要求等具体情况，同时还应考虑系统的经济性以及系统投入是否方便等。

广义对象控制通道时间常数较大或容积延迟较大时，应引入微分动作。若工艺容许有残差，则可选用比例微分动作；若工艺要求无残差，则选用比例积分微分动作，如温度、成分、pH 值控制等。

当广义对象控制通道时间常数较小，负荷变化也不大，而且工艺要求无残差时，可选择比例积分动作，如管道压力和流量的控制。

广义对象控制通道时间常数较小，负荷变化较小，工艺要求不高时，可选择比例动作，如储罐压力、液位的控制。

当广义对象控制通道时间常数或容积延迟很大、负荷变化也很大时，简单控制系统已不能满足要求，应设计复杂控制系统。

如果被控对象传递函数可用 $G_p(s) = \dfrac{Ke^{-\tau s}}{Ts + 1}$ 近似，则可根据对象的可控比 τ/T 选择调节器的动作规律。当 $\tau/T < 0.2$ 时，选择比例或比例积分动作；当 $0.2 \leqslant \tau/T \leqslant 1.0$ 时，选择比例微分或比例积分微分动作；当 $\tau/T > 1.0$ 时，采用简单控制系统往往不能满足控制要求，应选用如串级、前馈等复杂控制系统。

5.3　数字式控制器

数字式控制器是以微处理器为基础的多功能控制仪表,可接收多路模拟量及开关输入信号,能实现复杂的运算控制,并具有通信及故障诊断功能,是自动控制、计算机及通信技术(合称 3C,即 Control,Computer,Communication)发展的产物。

可编程序调节器是一种新型的数字式控制仪表。近年来,从国外引进或组装的产品有:DK 系列的 KMM 数字式调节器、YS-80 系列的 SLPC 调节器、FC 系列的 PMK 调节器和VI 系列的 V187MA-E 调节器等。由于上述产品均控制一个回路,所以习惯上又称为单回路调节器。

DK 系列仪表包括 KMM 数字式调节器、KMS 固定程序调节器、KMB 型批量混合调节器、KMP 型可编程运算器、KMM100 型程序装入器、KMF 型指示器、KMR 型记录仪、KMH型手动操作器、KMA 型辅助仪表等。本节以 KMM 数字式调节器为例介绍数字式控制仪表的特点、组成、功能和应用方法等。

5.3.1　数字调节器软硬件构成

1. 概述

数字调节器以 KMM 数字式调节器为例进行说明。KMM 数字式调节器与模拟式调节器相比有以下主要特点。

1) 实现与模拟仪表的兼容性

在 KMM 数字式调节器中引入微处理器,这不仅充分发挥了计算机的特点,而且能大大提高该仪表的性能价格比。同时,该数字式调节器的外形结构、电源、接线端子、操作方式等均保留了模拟调节器的特征,易于被操作人员掌握,有利于使用并推广。

2) 丰富的运算、控制及通信功能

KMM 数字式调节器具有 30 个运算单元(运算模块)和 45 种标准运算公式(即 45 种子程序)。只要根据实际生产过程的需要,将这些模块进行组态,即可实现多种运算处理和各种过程控制。除 PID 控制外,能实现前馈控制、采样控制、选择性控制、时延控制、自适应控制等。

数字式调节器具有标准的通信接口,可以很方便地与显示操作站连接,实现监视和操作。同时还可与上位机连接,实现多级、集散控制。

3) 通用性强、可靠性高、使用维护方便

数字式调节器与 DDZ-Ⅲ型模拟调节器一样,其输入、输出采用国际统一标准信号(4~20mA DC,1~5V DC),应用时只要将相应接线端子对换,即可由模拟控制转换成数字控制。同时,用户采用面向问题语言(Problem Orientel Language,POL)编制程序,即使不懂计算机语言的人,稍加培训也可掌握编程方法,便于技术改造。

数字式调节器采用了大规模集成电路;使用了主电源和备用电源;通信、接口、电源等均采用双重化结构;仪表本身具有自诊断功能;印刷电路板均通过接插件连接。以上种种都有利于使用维护，大大提高了仪表使用安全可靠性。

4) 软件开发方便

在实际生产过程中，被控过程千变万化、十分复杂。为了实现生产过程自动控制，可充分利用数字调节器丰富的运算和控制功能、高度的扩展性和灵活方便的可修改性的特点，开发适应被控过程的各种控制软件。

5) 系统设计简便

与应用模拟调节器设计过程控制系统相类似，应用数字式调节器设计过程控制系统时，只要根据系统控制流程图进行组态，然后用 POL 编程即可，十分简便。

2. KMM 可编程调节器的硬件结构和软件构成

KMM 调节器由硬件和软件两部分组成。

1) 硬件系统

如图 5-3-1 所示，为 KMM 调节器的原理框图。它由 CPU、随机存储器(Random Access Memory，RAM)、只读存储器(Read-Only Memory，ROM)、输入输出(Input-Output，I/O)接口、正面板和侧面板等硬件组成。

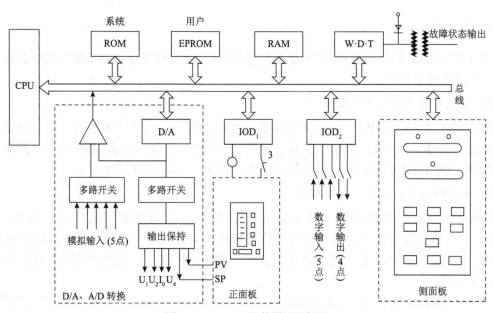

图 5-3-1　KMM 调节器原理框图

(1) CPU。

中央处理单元 CPU，是该仪表的核心。它接收指令，完成信息的运算、传送和控制三种功能。它通过总线与其他部分连在一起构成一个系统。

(2) 系统 ROM。

它是系统软件存储区，10KB，存放系统程序，它是制造厂家编制好的，用来管理用户程序、通信、子程序、人机接口等程序或文件。用户是无法改变的。

（3）用户 EPROM。

它是用户程序区，2KB，存放用户的程序。

（4）RAM。

它是随机数据存储区，1KB，存放通信数据、显示数据、运算时的中间数据等。

（5）A/D、D/A 转换。

在 CPU 的管理下，A/D 转换器把模拟量的输入信号转换成相应的数字量信号，KMM 调节器的 A/D 转换是靠软件实现的；D/A 转换器则把处理后的数字信号转换成模拟信号。

（6）IOD_1。

调节器正面板操作开关量的输入、输出接口。CPU 从 IOD_1 读取操作状态，然后作相应处理，以改变运行状态。

（7）IOD_2。

KMM 调节器外部数字量输入和数字量输出的接口。CPU 从 IOD_2 读取来自过程的数字量，又给 IOD_2 输出数字量。

（8）W·D·T。

它是监视定时器，由软件设置，是 KMM 调节器的一项重要措施。它随时监视 CPU 的工作状态，若出现异常，则使调节器从自动工作状态转入手动操作状态。

2）软件系统

KMM 调节器的软件系统包括系统软件和应用软件。

（1）系统软件。

系统软件是仪表生产厂家为用户使用和维护仪表方便、扩充仪表功能和提高其使用效率等而提出来的。它包括基本程序、输入处理程序、算式程序、输出处理程序、自诊断程序等，并固化于 ROM 中。

基本程序又称为基本文件，它由控制类型、运算周期、通信功能等一系列子程序构成。

输入处理程序包括温度压力补偿、数字滤波处理、折线处理和开平方处理等子程序；算式程序包括算术运算、逻辑运算、PID 运算等 45 种子程序，并固化于 ROM 中，用户根据需要可从中调用。

（2）应用软件。

应用软件是用户自行编制的，它又称为控制文件，是用户根据需要调用系统软件中的某些子程序进行组态，以实现其运算和控制等功能。KMM 调节器用 POL 中的表格式组态语言编写程序。这种语言的语句实际上是一些起连接作用的控制数据，一系列控制文件就构成了应用软件。

5.3.2　数字 PID 控制算法

1. PID 控制算式

在模拟控制系统中，PID 控制规律的表达式为

$$u(t) = K_c \left[e(t) + \frac{1}{T_I} \int_0^t e(t) \mathrm{d}t + T_D \frac{\mathrm{d}e(t)}{\mathrm{d}t} \right] \tag{5-3-1}$$

式中，K_c、T_I、T_D分别为模拟调节器的比例增益、积分时间、微分时间。

计算机 DDC 系统对多个控制回路进行断续控制，是时间离散控制系统。要实现式(5-3-1)的控制，就要对其离散化，令

$$\begin{cases} \int_0^t e(t)\mathrm{d}t \approx T_0 \sum_{i=0}^{k} e(i) \\ \dfrac{\mathrm{d}e(t)}{\mathrm{d}t} \approx \dfrac{e(k)-e(k-1)}{T_0} \end{cases} \tag{5-3-2}$$

式中，T_0为采样周期。

由式(5-3-1)和式(5-3-2)可得位置型 PID 控制算式为

$$u(k) = K_c \left\{ e(k) + \frac{T_0}{T_I} \sum_{i=0}^{k} e(i) + \frac{T_D}{T_0} \left[e(k) - e(k-1) \right] \right\} \tag{5-3-3}$$

或

$$u(k) = K_c e(k) + K_I \sum_{i=0}^{k} e(i) + K_D \left[e(k) - e(k-1) \right] \tag{5-3-4}$$

式中，$u(k)$为第k次采样时刻计算机的输出；$K_I = \dfrac{K_c T_0}{T_I}$为积分系数；$K_D = \dfrac{K_c T_D}{T_0}$为微分系数。

由式(5-3-3)、式(5-3-4)可以看出，$\sum_{i=0}^{k} e(i)$项不仅使计算烦琐，而且占用很大内存，使用也不方便。目前增量型 PID 控制算式有比较广泛的应用，在这种情况下计算机的输出是增量$\Delta u(k)$。

$$\begin{aligned} \Delta u(k) &= u(k) - u(k-1) \\ &= K_c \left\{ \left[e(k) - e(k-1) \right] + \frac{T_0}{T_I} e(k) + \frac{T_D}{T_0} \left[e(k) - 2e(k-1) + e(k-2) \right] \right\} \end{aligned} \tag{5-3-5}$$

或

$$\Delta u(k) = K_c \left[e(k) - e(k-1) \right] + K_I e(k) + K_D \left[e(k) - 2e(k-1) + e(k-2) \right] \tag{5-3-6}$$

除了上述两种控制算式外，还有一种速度型 PID 控制算式。令增量算式除以采样周期即得

$$\begin{aligned} v(k) &= \frac{\Delta u(k)}{T_0} \\ &= K_c \left\{ \frac{1}{T_0} \left[e(k) - e(k-1) \right] + \frac{1}{T_I} e(k) + \frac{T_D}{T_0^2} \left[e(k) - 2e(k-1) + e(k-2) \right] \right\} \end{aligned} \tag{5-3-7}$$

以上位置、增量、速度型 PID 算式的一个共同点是比例、积分和微分作用彼此独立，互不相关。这就便于操作人员直观理解和检查各参数(K_c、T_I和T_D)对控制效果的影响。为编程方便，人们通常更愿意采用简单的控制算式。只要将式(5-3-6)改写为

$$\Delta u(k) = (K_c + K_I + K_D) e(k) - (K_c + 2K_D) e(k-1) + K_D e(k-2) \tag{5-3-8}$$

并令 $A = K_c + K_I + K_D$ ； $B = K_c + 2K_D$ ； $C = K_D$ ，则

$$\Delta u(k) = Ae(k) - Be(k-1) + Ce(k-2) \tag{5-3-9}$$

此时 A、B 和 C 三个动态参数为中间变量。式(5-3-8)已看不出比例、积分和微分作用，它只反映各次采样偏差对控制作用的影响。为此，有人把它称为偏差系数控制算式。

究竟选择哪一种控制算式，一方面要考虑执行器形式，另一方面要考虑应用时的方便。

从执行器形式看，采用位置型控制算式的计算机输出可直接与数字式调节阀连接，其他形式的调节阀必须经过 D/A 转换，将输出转化为模拟量，并通过保持电路将其保持到下一采样周期输出信号的到来。增量型控制算式计算机系统采用步进电机或多圈电位器进行控制。速度控制算式的输出必须采用积分式执行器。

从应用方面考虑，增量型控制算式因为输出是增量，手动/自动切换使冲击比较小。另外，即使偏差长期存在，输出 $\Delta u(k)$ 一次次积累，最终可使执行器到达极限位置，但只要偏差 $e(k)$ 换向，$\Delta u(k)$ 也立即变号，从而使输出脱离饱和状态，这就消除了发生积分饱和的危险。

此外，增量型控制算式只输出增量，计算机误动作时造成的影响比较小。由于以上这些优点，增量型 PID 控制算式在 DDC 系统中获得最广泛的应用。

2. PID 控制算法的改进

为适应不同被控对象和系统的要求，改善系统控制品质，可在 DDC 标准 PID 控制算式基础上作某些改进，形成非标准的 PID 控制算式，如不完全微分 PID 算式、带不灵敏区的 PID 算式、积分分离的 PID 算式、微分先行 PID 算式、比例微分先行 PID 算式及带可变型设定值滤波器的 PID 算式等。下面分别予以说明。

1) 不完全微分 PID 算式

上述标准的 PID 算式的缺点是：对具有高频扰动的生产过程，微分作用响应过于灵敏，容易引起控制过程振荡，降低调节品质。尤其在 DDC 系统中，计算机对每个控制回路输出时间是短暂的，而驱动执行器动作又需要一定时间。如果输出较大，在短时间内执行器达不到应有的开度，会使输出失真。为弥补这一弱点，同时又要使微分作用有效，可以参照模拟调节器，在 PID 调节器输出串联一阶惯性环节，如图 5-3-2 所示。这就是不完全微分调节器，其中

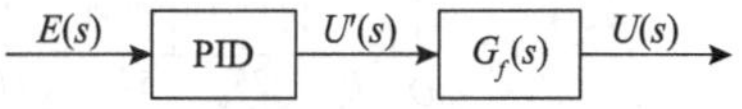

图 5-3-2　不完全微分 PID 调节器

$$G_f(s) = \frac{1}{T_f s + 1} \tag{5-3-10}$$

$$u'(t) = K_c \left[e(t) + \frac{1}{T_I} \int_0^t e(t) \mathrm{d}t + T_D \frac{\mathrm{d}e(t)}{\mathrm{d}t} \right] \tag{5-3-11}$$

$$T_f \frac{\mathrm{d}u(t)}{\mathrm{d}t} + u(t) = u'(t) \tag{5-3-12}$$

所以

$$T_f \frac{\mathrm{d}u(t)}{\mathrm{d}t} + u(t) = K_c \left[e(t) + \frac{1}{T_I} \int_0^t e(t) \mathrm{d}t + T_D \frac{\mathrm{d}e(t)}{\mathrm{d}t} \right] \tag{5-3-13}$$

式(5-3-13)离散化，可得不完全微分位置型控制算式：

$$u(k) = au(k-1) + (1-a)u'(k) \tag{5-3-14}$$

式中

$$a = T_f / (T_0 + T_f)$$

$$u'(k) = K_c \left\{ e(k) + \frac{T_0}{T_I} \sum_{i=0}^{k} e(i) + \frac{T_D}{T_0} [e(k) - e(k-1)] \right\}$$

$$\Delta u(k) = a\Delta u(k-1) + (1-a)\Delta u'(k) \tag{5-3-15}$$

式中

$$\Delta u'(k) = K_c \left\{ \Delta e(k) + \frac{T_0}{T_I} e(k) + \frac{T_D}{T_0} [\Delta e(k) - \Delta e(k-1)] \right\}$$

相应的不完全微分速度型控制算式为

$$v(k) = av(k-1) + (1-a)v'(k) \tag{5-3-16}$$

式中

$$v'(k) = K_c \left\{ \frac{1}{T_0} \Delta e(k) + \frac{1}{T_I} e(k) + \frac{T_D}{T_0^2} [\Delta e(k) - \Delta e(k-1)] \right\} \tag{5-3-17}$$

图 5-3-3 分别表示标准 PID 算式和不完全微分 PID 算式在单位阶跃输入时，输出的控制作用。由图可见，标准 PID 算式中的微分作用只在第一个采样周期里起作用，而且作用很强。反之，不完全微分算式的输出在较长时间内保持微分作用，因而可获得较好的控制效果。

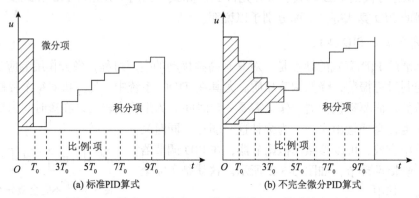

(a) 标准PID算式　　　　　　　　　(b) 不完全微分PID算式

图 5-3-3　标准 PID 算式、不完全微分 PID 算式输出响应

2) 带不灵敏区的 PID 算式

某些过程控制系统，如液位系统，并不要求液位准确控制在给定值，允许在规定范围内变化。在这种情况下，为避免调节阀频繁动作及因此所引起的系统振荡，可采用带不灵敏区的 PID 算式，即

$$\Delta u(k) = \begin{cases} \Delta u(k), & |e(k)| > B \\ 0, & |e(k)| \leqslant B \end{cases} \tag{5-3-18}$$

式中，B 为不灵敏区宽度，其数值根据被控对象由试验确定。B 值太小，调节阀动作频繁；B

值太大，系统迟缓。$B=0$ 则为标准 PID 算式。

3) 积分分离的 PID 算式

采用标准 PID 算式的 DDC 系统，当开工、停工或给定值大幅度升降时，由于短时间内出现的大偏差，加上系统本身的延迟，在积分项作用下，将引起系统过量的超调和不停的振荡。为此，可采取积分分离对策，也就是在被调量开始跟踪、系统偏差较大时，暂时取消积分作用，一旦被调量接近新给定值，偏差小于某一设定值 A，就再投入积分作用。积分分离的控制算式为

$$|e(k)|\begin{cases} > A, & \text{取消积分作用} \\ \leqslant A, & \text{引入积分作用} \end{cases} \tag{5-3-19}$$

值得注意的是，为保证引入积分作用后系统的稳定性不变，在投入积分作用的同时，比例增益 K_c 应作相应变化(K_c 应减小)，这可以在 PID 算式编程时予以考虑。图 5-3-4 表示具有积分分离 PID 算式的阶跃响应(曲线 1)，图中同时给出标准 PID 算式响应曲线 2，以供比较。

4) 微分先行 PID 算式

为了避免给定值升降给控制系统带来的冲击(超调量过大，调节阀动作剧烈)，可采用如图 5-3-5 所示的微分先行的 PID 控制方案。它和标准 PID 控制的不同之处在于：只对被调量 $y(t)$ 微分，不对偏差微分，也就是说，对给定值 $r(t)$ 无微分作用。

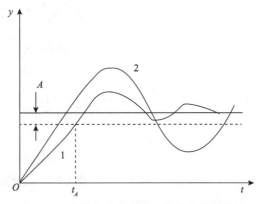

图 5-3-4　具有积分分离 PID 算式的控制效果

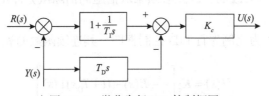

图 5-3-5　微分先行 PID 控制框图

因为偏差 $e(k)$ 是给定值 $r(k)$ 与被调量 $y(k)$ 之差，所以

$$e(k) = r(k) - y(k) \tag{5-3-20}$$

因此，增量型 PID 控制算式的微分动作项为

$$\begin{aligned} &K_D\left[e(k) - 2e(k-1) + e(k-2)\right] \\ &= K_D\left[r(k) - 2r(k-1) + r(k-2)\right] - K_D\left[y(k) - 2y(k-1) + y(k-2)\right] \end{aligned} \tag{5-3-21}$$

其由给定值变化及被调量变化组成。如果只对被调量进行微分，那么式(5-3-8)的增量型 PID 算式变为

$$\Delta u(k) = K_c\left[e(k) - e(k-1)\right] + K_I e(k) + K_D\left[y(k) - 2y(k-1) + y(k-2)\right] \tag{5-3-22}$$

微分先行 PID 与基本 PID 对比如图 5-3-6 所示，微分先行 PID 算式，相当于在图 5-3-6(a) 的给定值中增加了一个时间常数为 T_D 的一阶滤波器，从而大大缓和了给定值的快速变化对调节器输出产生微分冲击的影响。

$$U(s) = K_c \left[(1 + \frac{1}{T_I s}) E(s) - T_D s Y(s) \right] \tag{5-3-23}$$

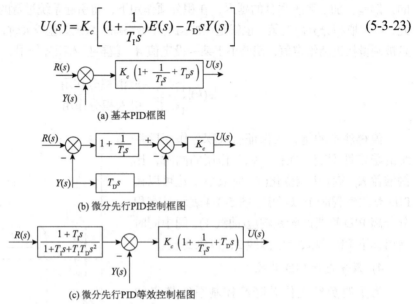

(a) 基本PID框图

(b) 微分先行PID控制框图

(c) 微分先行PID等效控制框图

图 5-3-6   微分先行 PID 与基本 PID 对比

5) 比例微分先行 PID 算式

由以上分析得到启示，如果对比例动作也做同样的变换，则可消除比例冲击。在数字式仪表中，给定值是用键盘修改的，因此必须采取措施同消除微分冲击一样消除比例冲击对调节器输出的影响。

如图 5-3-7(a)所示，为比例先行 PID 控制框图，其连续函数的表达式为

$$U(s) = K_c \left[\frac{1}{T_I s} E(s) - (1 + T_D s) Y(s) \right] \tag{5-3-24}$$

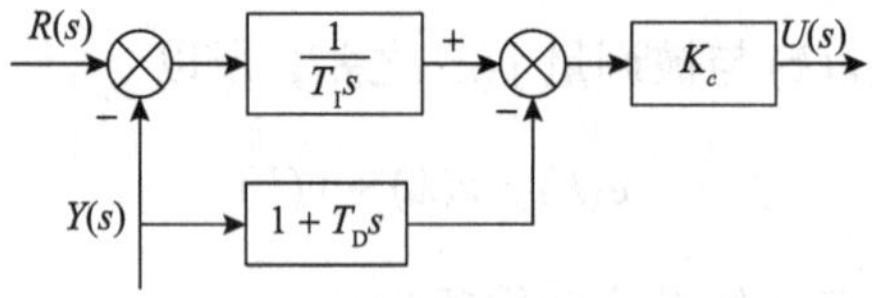

(a) 比例微分先行PID控制框图

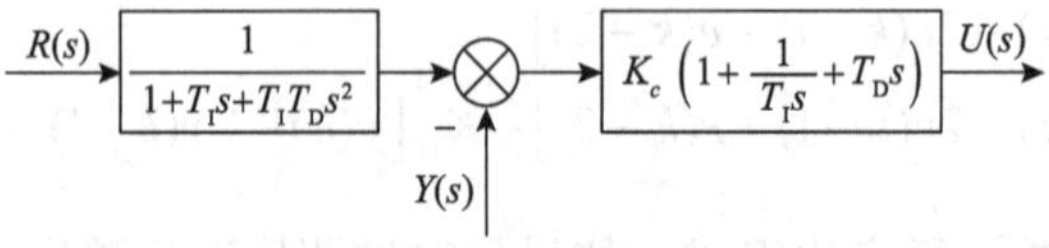

(b) 比例微分先行PID等效控制框图

图 5-3-7   比例微分先行 PID 控制及其等效控制

同上分析，将图 5-3-7(a)等效变换为图 5-3-7(b)即可看出，对测量值来说，比例微分先行

PID 控制与基本 PID 控制具有相同的控制效果，但对给定值通道增加了一个二阶滤波器。

6）带可变型设定值滤波器的 PID 算式

微分先行 PID 算式相当于在设定值输入通道上加了一个一阶滤波环节，比例微分先行 PID 算式相当于在设定值输入通道上加了一个二阶滤波环节。把两者结合在一起，针对不同的对象特性和控制要求，可以进行柔性调整，实现最佳控制。带可变型设定值滤波器的 PID 算法正是根据这一思路设计而成的，如图 5-3-8 所示。

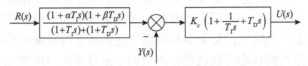

图 5-3-8 带可变型设定值滤波器的 PID 控制框图

在设定值通道中设置一个二阶滤波器，其中：

α、β 为调节器设定值通道整定参数，α、$\beta = 0 \sim 1$；

当 $\alpha = 0$，$\beta = 0$ 时，为比例微分先行 PID 算式；

当 $\alpha = 1$，$\beta = 0$ 时，为微分先行 PID 算式；

当 α、β 在 $0 \sim 1$ 任意取值时，可得到由 PI-D 到 I-PD 连续的相应变化，因而有可能实现二维的最佳整定。

5.4 智能控制器

智能控制器是一种集成了智能算法和控制技术的设备，能够实现自动化控制、数据处理和决策支持等功能。智能控制器可以通过传感器获取实时数据，并通过预先设定的算法进行分析和处理，从而实现对系统参数的自动调节和优化，以实现系统的自动化和智能化控制。智能控制器具有高度的集成性和可编程性，能够快速适应不同的控制需求，提高生产效率和设备利用率。

5.4.1 智能控制算法

智能控制器由微处理器处理输入信号、执行控制算法和输出控制信号。微处理器的不断发展，使得智能控制器具有更高的运算速度和更强的数据处理功能。常见的微处理器类型包括单片机、数字信号处理器和现场可编程门阵列。

控制算法是智能控制器的核心，用于根据输入信号和预设的控制逻辑计算输出信号。控制算法的优劣直接影响到智能控制器的性能和稳定性。常见的智能控制算法如下。

（1）模糊控制：模糊控制的主要特点是把人对被控对象的操控经验以"模糊规则"的方式传授给处理器，让处理器能代替人完成操作。采用这种独特的方式控制被控对象，不仅可以消除对控制系统数学模型的依赖，而且能够做到仅凭由操作经验产生的控制规则就可以实现智能控制。为了使处理器能够按照所给定的规则进行相应的操作，模糊理论提供了一种把人类语言描述的内容以数学方式来表现的方法。如 XMT92X 智能 PID 调节器，结合最新人工智能领域的发展趋势，引入 PID 智能模糊控制，模拟人工智能思维的 PID 参数自整定，可以根据受控对象和传感器响应速度，自动找到 PID 参数，无需人工整定，温度控制精度可达到±0.2℃以内。

(2) 神经网络控制：神经网络是模拟人脑思维方式的数学模型。神经网络是在现代生物学研究人脑组织成果的基础上提出的，用来模拟人类大脑神经网络的结构和行为。神经网络反映了人脑功能的基本特征，如并行信息处理、学习、联想、模式分类和记忆等。神经网络控制为解决复杂的非线性、不确定、未知系统的控制问题开辟了新途径。

(3) 专家控制：专家系统是一类具有专门知识和经验的智能计算机程序系统，通过对人类专家的问题求解能力的建模，采用人工智能中的知识表示和知识推理技术来解决一般需要行业领域内的顶尖专家才能解决的复杂疑难问题，达到具有与专家同等的解决问题能力的水平。智能控制器专家系统的核心问题就是如何根据专家总结出的推理规则，基于已知条件，从初始状态经过一系列的操作到达目标状态，寻求从初始状态到达目标状态的可行解。因此，基于专家知识的控制方法，可以实现系统的自适应和自组织控制。

智能控制技术的发展趋势包括通过深度学习与强化学习技术，提高智能控制系统的自主性和智能化；通过物联网技术，实现智能控制系统与设备之间的互联互通，提高系统协同工作能力等。

5.4.2　智能控制器应用实例

目前，船舶自动监控系统所采用的多为集散型监控系统，这种系统结构存在一些不足之处，如网络设备互换性差、系统现场连线多、网络结构不灵活及信息流通安全程度不高等。现场总线控制系统应用于生产现场，在现场设备之间、现场设备和控制装置之间采用双向、串行、多节点的数字通信技术分布式系统。控制局域网(Controller Area Network，CAN)属于现场总线的范畴，是一种有效支持分布式控制的串行通信网络。它具有很高的网络安全性、通信可靠性、开放性和实时性，而且简单实用、网络成本低，特别适用于温度变化大、电磁辐射强、振动强度高的船舶控制系统环境。运用 CAN 现场总线将采用智能算法的设备监控仪表与监测主机连接起来，形成仪表网络；可在机舱集控室和设备现场，实现对机舱设备的精确、可靠监测和控制。

船用智能监控仪表网络由监控主机、CAN 子站(即智能监控仪表)、CAN 总线组成，如图 5-3-9 所示。监控主机放置在集控室，负责监测与控制 CAN 子站，CAN 子站分布在机舱内，负责监测和控制机舱内主机、辅机、电站、泵等各种参数，监控主机与 CAN 子站、CAN 子站之间均可通过 CAN 总线交换数据。其工作原理如下：当 CAN 总线上的一个站点发送数据时，它以报文形式发送给网络中所有节点。由于 CAN 总线是一种面向内容的编址方案，因此很容易建立高效控制系统并灵活地进行配置，同时可以很容易地在 CAN 总线中加进一些新站，而无须在硬件或软件上进行修改。

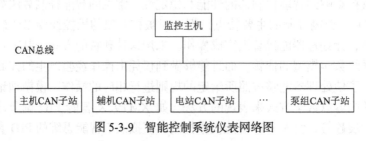

图 5-3-9　智能控制系统仪表网络图

　　智能控制系统的子站采用智能型监控仪表，其硬件结构按功能分为 CAN 总线通信和数据采集运算两部分。CAN 总线通信部分主要是通信接口电路，负责该子站向 CAN 总线接收和发送数据。数据采集运算部分主要实现信号采集和机舱复杂系统参数的控制运算。智能监控仪表主要由主控制器、CAN 总线及接口部分、驱动电动机等部件组成。其工作原理为：仪表的输入信号和位置反馈信号进入单片机，在内部完成放大、A/D 转换、综合运算处理后，输出相应的控制信号，驱动马达正反转，从而驱动输出轴，实现生产过程自动控制，并可根据需要从 CAN 总线接收命令和控制参数，把采集计算结果传输到 CAN 总线上，达到集中监控、分散处理的目的。

　　船舶机舱设备控制系统多为集水(油)、电、机为一体的复杂的非线性系统，参数具有时变性、滞后性和不确性，故控制较为复杂，但是，目前船舶调节系统通常采用的是 PID 调节方式，而且比例系数、积分时间和微分时间确定后不再改变。这种控制方式在实际过程中存在一些问题，如积分饱和等，而采用专家控制方法等先进控制方法可以较好地解决上述问题。

　　基于 CAN 总线的智能控制仪表不仅能提高机舱复杂系统控制的精度和可靠性，而且控制策略先进，不需要更换零部件，在机舱集控室，通过相应设置就能改变仪表的输出特性，在船舶辅机过程控制系统中具有良好的应用前景。

思考题与习题

　　5-1　某电动比例调节器的测量范围为 $100\sim200℃$，其输出为 $4\sim20\text{mA}$，当温度从 $140℃$ 变化到 $160℃$ 时，测得调节器的输出从 7mA 变化到 11mA。试求该调节器比例度。

　　5-2　某混合器出口温度控制系统如题图 5-1(a)所示，系统框图如题图 5-1(b)所示。其中，$K_1=5.4$，$K_2=1$，$K_D=0.8/5.4$，$T_1=5\text{min}$，$T_2=2.5\text{min}$，调节器比例增益 K_c：

　　(1) 当 $\Delta D=10$ 阶跃扰动，K_c 分别为 2.4 和 0.48 时，求系统输出响应 $\theta(t)$；

　　(2) 当 $\Delta r=2$ 阶跃扰动时，求设定值阶跃响应 $\theta(t)$；

　　(3) 分析调节器比例增益 K_c 对设定值阶跃响应、扰动阶跃响应的影响。

　　提示：

　　(1) 利用典型二阶系统公式计算响应过程的特征点，将特征点连成光滑曲线；

　　(2) 编制系统数字仿真程序，由计算机直接输出结果。

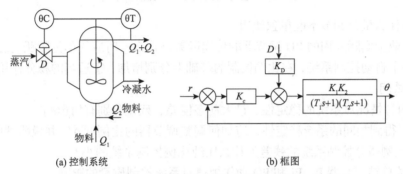

(a) 控制系统　　　　　　　　　　　　　(b) 框图

题图 5-1　混合器温度控制系统及框图

　　5-3　为什么积分调节能消除余差？

5-4 被控对象传递函数 $G(s) = \dfrac{K}{s(Ts+1)}$，如采用积分调节器，证明积分速度 s_0 无论为何值，系统均不能稳定。

5-5 某温度控制系统框图如题图 5-2 所示，其中 $K_1 = 5.4$，$K_D = 0.8/5.4$，$T_1 = 5\,\text{min}$。

(1) 当积分速度 s_0 分别为 0.21 和 0.95 时，求 $\Delta D = 10$ 的系统阶跃响应 $\theta(t)$；

(2) 当 $\Delta r = 2$ 时，求系统阶跃响应；

(3) 分析调节器积分速度 s_0 对设定值阶跃响应和扰动阶跃响应的影响；

(4) 比较比例控制系统、积分控制系统各自的特点。

提示：可用计算或系统数字仿真求解。

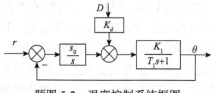

题图 5-2 温度控制系统框图

5-6 已知比例积分调节器阶跃响应如题图 5-3 所示，在图上标出 δ 和 T_1 的数值。若同时把 δ 放大四倍，T_1 缩小到原来的 1/2，其输出 u 的阶跃响应作何变化？把 $u(t)\text{-}t$ 曲线画在同一坐标系中，并标出新的 δ' 和 T_1' 值；指出此时调节器的比例作用、积分作用是增强还是减弱？说明 PI 调节器中影响比例作用、积分作用强弱的因素。

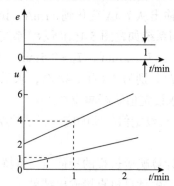

题图 5-3 温度比例积分调节器阶跃响应

5-7 为什么微分调节不能单独使用？

5-8 工业上实际采用的 PD 调节器的传递函数是什么？对应的单位阶跃响应是什么？

5-9 一个自动控制系统，在比例控制的基础上分别增加：①适当的积分作用；②适当的微分作用。试问：

(1) 这两种情况对系统的稳定性、最大动态偏差、残差分别有何影响？

(2) 为了得到相同的系统稳定性，应如何调整调节器的比例度 δ？并说明理由。

5-10 比例微分控制系统的残差为什么比纯比例控制系统的小？

5-11 试总结调节器 P、PI 和 PD 动作规律对系统控制质量的影响。

5-12 如何区分由于比例度过小、积分时间过短或微分时间过长所引起的振荡过程？

5-13 何谓积分分离 PID 算式？什么情况下需要采用积分分离 PID 算式？

5-14　何谓不完全微分 PID 算式？什么情况下需要采用不完全微分 PID 算式？

5-15　位置型 PID 算式和增量型 PID 算式有什么区别？增量型 PID 算式有何优点？

5-16　已知模拟调节器的传递函数 $G_0(s) = \dfrac{1+0.17s}{0.08s}$，采用数字 PID 算式实现，试分别写出相应的位置型 PID 算式和增量型 PID 算式，设采样周期 $T = 0.2\text{s}$。

5-17　在 PID 调节器中，比例度 δ、积分时间常数 T_I、微分时间常数 T_D 分别具有什么含义？在调节器动作过程中分别产生什么影响，若将 T_I 取∞、T_D 取 0，分别代表调节器处于什么状态？

5-18　什么是调节器的正/反作用？在电路中是如何实现的？

5-19　以微处理器为基础的数字控制仪表与模拟仪表相比有哪些突出的优点？

5-20　给出实用的 PID 数字表达式，数字仪表中常有哪些改进型 PID 算法？

5-21　试述 KMM 可编程调节器的主要特点及硬件系统与软件系统的构成。

5-22　KMM 可编程调节器有哪些主要功能？软件设计包括哪些步骤？

第 6 章　舰船单回路控制系统设计

6.1　单回路控制系统设计概述

1. 单回路控制系统组成

过程控制的对象复杂多样，控制方案和系统结构种类较多。简单控制系统，是指由一个测量单元及变送器、一个控制(调节)器、一个调节阀和一个被控过程(调节对象)组成，并只对一个被控参数(被控量)进行控制的单闭环反馈控制系统。

图 6-1-1 所示的水箱液位控制系统和图 6-1-2 所示的热交换器温度控制系统都是简单控制系统的例子。

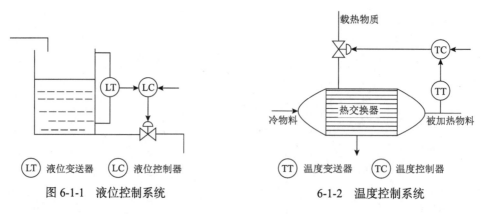

图 6-1-1　液位控制系统　　　　6-1-2　温度控制系统

在图 6-1-1 所示的水箱液位控制系统中，液位是被控参数，液位变送器 LT 将反映液位高低的检测信号送往液位控制器 LC；控制器根据实际检测值与液位设定值的偏差情况，输出控制信号给执行器(调节阀)，改变调节阀的开度，调节水箱输出流量以维持液位稳定。

在图 6-1-2 所示的热交换器温度控制系统中，被加热物料出口温度是被控参数，温度变送器 TT 将出口的温度信号送入温度控制器 TC，控制器通过控制调节阀开度，调节进入热交换器的载热介质流量，将物料出口温度控制在规定的范围。

图 6-1-3 是简单控制系统的典型框图。由图可知，简单控制系统由被控过程(被控对象)、测量变送装置、控制器、执行器四个基本环节组成，四个部分的传递函数分别为 $G_o(s)$、$G_m(s)$、$G_c(s)$、$G_v(s)$。不同目的的控制系统的被控过程、被控参数不同，所采用的检测装置、控制介质也不一样，但都可以用图 6-1-3 所示的框图表示。由图 6-1-3 可以看出，简单控制系统只有一个反馈控制回路，因此也称为单回路控制系统。

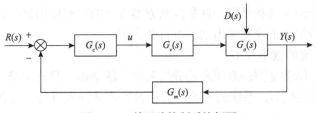

图 6-1-3　单回路控制系统框图

单回路控制系统由于结构简单、投资少，易于调整、投运，又能满足一般生产过程的工艺要求，所以即使在微机控制获得迅速发展的今天，这类系统通常仍占控制回路的 85% 以上，应用十分广泛，尤其适用于被控过程的纯滞后与惯性不大、负荷与干扰变化比较平稳或者工艺要求不太高的场合。

在图 6-1-1 和图 6-1-2 中，变送器和控制器都用一个内部标有数字的圆圈表示。国家标准规定，在过程控制系统工程施工图中，检测和控制仪表用直径 12mm 或 10mm 的细实线圆圈表示，圆圈上半部的字母代号(一般用英文单词的缩写)表示仪表的类型，第 1 位字母表示被测变量，后续字母表示仪表的功能；下半部的数字为仪表位号(一般用阿拉伯数字和英文字母)，前面 1(或 2)位数字表示工段号，后续2 位或 3 位数字表示顺序号。中间有分隔直线的表示控制室(架装、盘装)仪表，中间无分隔直线的为现场仪表，如图 6-1-4 所示。关于图形符号字母的含义及其他装置(如执行器)的表示符号可查阅国家有关标准。

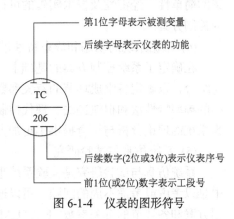

图 6-1-4　仪表的图形符号

2. 系统设计的主要内容和步骤

如何根据实际生产过程及其对控制的性能指标要求应用自动控制理论和控制技术，设计一个理想的过程控制系统呢?首先应该对过程作一全面了解,同时对于工艺过程设备等作一比较深入的分析，然后应用自动控制理论和控制技术，拟定一个合理的控制方案，从而达到保证产品质量、提高产品产量、降低消耗、实现安全运行、节能、改善劳动条件、保护环境卫生和提高管理水平等目的。

对于一个过程控制系统的设计来说，应包括系统的方案设计、工程设计、工程安装与仪表调校以及调节器参数整定等主要内容。而控制方案设计和调节器参数值的确定则是系统设计中的两个核心内容。如果控制方案设计不正确，仅凭调节器参数的整定，不可能获得好的控制质量；反之，若控制方案设计正确，但是调节器参数整定不合适，也不能发挥控制系统的作用，不能使其运行在最佳状态。

控制方案设计的基本原则包括合理选择被控参数和控制参数，被控参数的获取与变送，调节器正、反作用方式的确定及其控制规律的选取，调节阀的选择等。

系统设计的步骤如下。

(1) 熟悉控制系统的技术要求或性能指标。

控制系统的技术要求或性能指标通常是用户或被控过程的设计制造单位提出的。控制系统设计者对此必须全面了解和掌握，这是控制方案设计的主要依据之一。技术要求或性能指标必须切合实际，否则就很难制定出切实可行的方案。

(2) 建立控制系统的数学模型。

控制系统的数学模型是控制系统理论分析和设计的基础。只有用符合实际的数学模型来描述系统(尤其是被控过程)，系统的理论分析和设计才能深入进行。因此，建立数学模型的工作就显得十分重要，必须给予足够的重视。从某种意义上讲，系统控制方案确定得合理与否在很大程度上取决于系统数学模型的精度。模型的精度越高，越符合被控过程的实际，方案设计就越合理；反之亦然。

(3) 确定控制方案。

系统的控制方案包括系统的构成、控制方式和控制规律的确定，这是控制系统设计的关键。控制方案的确定不仅要依据被控过程的特性、技术指标和控制任务的要求，还要考虑方案的简单性、经济性及技术实施的可行性等，并进行反复研究与比较，才能制定出比较合理的控制方案。

(4) 根据系统的动态和静态特性进行分析与综合。

在确定了系统控制方案的基础上，根据要求的技术指标和系统的动、静态特性进行分析与综合，以确定各组成环节的有关参数。系统理论分析与综合的方法很多，如经典控制理论中的频率特性法和根轨迹法、现代控制理论中的优化设计法等，而计算机仿真或试验研究则为系统的理论分析与综合提供了更加方便、快捷的手段，应尽可能采用。

(5) 系统仿真与试验研究。

系统仿真与试验研究是检验系统理论分析与综合正确与否的重要步骤。许多在理论设计中难以考虑或考虑不周的问题，可以通过仿真与试验研究加以解决，以便最终确定系统的控制方案和各环节的有关参数。MATLAB 语言是进行系统仿真的有效工具之一，应尽可能地加以熟练应用。

(6) 工程设计。

工程设计是在合理设计控制方案、各环节的有关参数已经确定的基础上进行的。它涉及的主要内容包括测量方式与测量点的确定、仪器仪表的选型与订购、控制室及仪表盘的设计、仪表供电与供气系统的设计、信号连锁与安全保护系统的设计、电缆的敷设以及保证系统正常运行的有关软件的设计等。在此基础上，要绘制出具体的施工图。

(7) 工程安装。

工程安装是依据施工图对控制系统的具体实施。系统安装前后，均要对每个检测和控制仪表进行调校及对整个控制回路进行联调，以确保系统能够正常运行。

(8) 控制器的参数整定。

控制器的参数整定是在控制方案设计合理、仪器仪表工作正常、系统安装正确无误的前提下，使系统运行在最佳状态的重要步骤，也是系统设计的重要内容之一。

单回路控制系统的设计原则适用于其他复杂过程控制系统的设计。因此学会了单回路控制系统的设计方法，了解了组成系统各环节对控制质量的影响，又掌握了系统设计的一般原则，就能设计其他更为复杂的过程控制系统。

本章将介绍单回路控制系统的方案设计和调节器参数整定这两个问题。

6.2　单回路控制系统方案设计

6.2.1　选择被控参数和控制参数

1. 选择被控参数

根据生产工艺要求选择被控参数是系统设计中的一个至关重要的问题,它对于稳定生产、提高产品产量和质量、改善劳动条件等都有重要意义。若被控参数选择不当,则不论组成什么样的过程控制系统、选用多么先进的过程检测控制仪表,均不能达到良好的控制成果。

对于一个生产过程来说,影响正常操作的因素是很多的,但是,并非对所有影响因素皆需加以控制。因此,必须根据工艺要求,深入分析工艺过程,找出对产品的产量和质量、安全生产、经济运行、节能和环境保护等具有决定性作用并且可以测量的工艺参数作为被控参数(直接参数)。例如,可选蒸汽锅炉水位作为其水位控制系统的直接参数,因为水位过高或过低均会造成严重事故,直接与锅炉安全运行有关。

当选择直接参数有困难(如缺少获取变量信息的仪表,或者测量滞后过大)、无法满足控制质量的要求时,可以选用间接参数作为被控参数,但它必须与直接参数有单值一一对应关系。例如,在化工生产中常用的精馏塔成分控制,成分是压力和温度的函数,如果保持压力一定,则成分与温度就呈单值函数关系,所以选择温度为被控参数。此外,所选择的被控参数对控制作用的反应具有足够的灵敏度,同时还应考虑工艺生产的合理性和仪表的供应情况。

2. 选择控制参数

在控制系统中,把用来消除干扰对被控参数的影响以实现控制作用的变量称为控制变量(也称操纵变量)。在过程控制中最常见的控制变量是介质的流量。在有些生产过程中,控制变量是很明显的,如图 6-1-1 所示的液位控制系统,其控制变量是出口流体的流量;在图 6-1-2 所示的温度控制系统中,控制变量是载热介质的流量,但在有些生产过程中,影响被控参数的外部变量有几个,这些输入变量中,有些允许控制,有些则不允许控制。从理论上讲,所有允许控制的变量都可作为控制变量,但在单输入单输出(SISO)系统中只能有一个控制变量。原则上,在考虑生产过程特点和产品特点的情况下,要从所有允许控制的变量中尽可能地选择一个对被控参数影响显著、控制性能好的输入变量作为控制变量。

从控制原理的观点来看,从所有允许控制的变量中选出一个作为控制变量,需要分析、比较不同的控制通道(控制变量对被控参数作用的通道,如图 6-1-3 中 $u \rightarrow Y$ 通道)和不同的扰动通道(扰动量对被控参数的作用通道,如图 6-1-3 中的 $D \rightarrow Y$ 通道)对系统特性和控制品质的影响,作出合理的选择。选择控制变量也是选择正确的控制通道。当控制变量选定以后,其他所有未被选中的变量均视为系统的干扰。

控制变量与干扰都作用于被控过程,都会引起被控参数的变化,其关系可用图 6-2-1 表示。干扰变量通过干扰通道作用于被控过程,使被控参数偏离设定值,对控制质量起着破坏作用;控制变量通过控制通道作用于被控过程,使被控参数回复到设定值,起着校正作用。控制变量和干扰变量对被控参数的影响都与过程的特性密切相关。因此,要认真分析被控过程的特性，选择合适的控制变量，提高系统的控制品质。

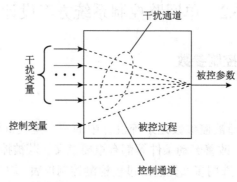

图 6-2-1　被控参数、控制变量、干扰及控制通道关系示意图

下面通过分析过程特性对控制品质的影响，讨论控制变量选择的方法。

1) 过程(通道)静态特性对控制品质的影响

在图 6-2-2 所示的单回路控制系统框图中，$G_c(s)$ 为控制器的传递函数，$G_o(s)$ 为广义控制通道(包括执行器和变送器)的传递函数，$G_d(s)$ 为扰动通道的传递函数，并设

$$G_o(s) = \frac{K_0}{T_0 s + 1}$$

$$G_c(s) = K_c \tag{6-2-1}$$

$$G_d(s) = \frac{K_d}{T_d s + 1}$$

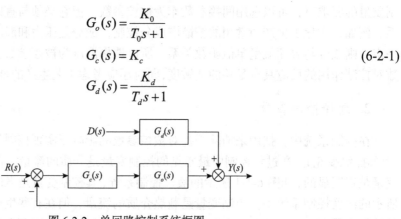

图 6-2-2　单回路控制系统框图

被控参数 $y(t)$ 受到设定信号 $r(t)$ 和干扰信号 $d(t)$ 的共同影响，其拉氏变换 $Y(s)$ 可表示为

$$Y(s) = \frac{G_c(s)G_o(s)}{1 + G_c(s)G_o(s)} R(s) + \frac{G_d(s)}{1 + G_c(s)G_o(s)} D(s) \tag{6-2-2}$$

系统偏差 $e(t) = r(t) - y(t)$，其拉式变换为

$$E(s) = R(s) - Y(s) \tag{6-2-3}$$

将式(6-2-2)代入式(6-2-3)可得

$$E(s) = \frac{1}{1 + G_c(s)G_o(s)} R(s) - \frac{G_d(s)}{1 + G_c(s)G_o(s)} D(s) = E_r(s) + E_d(s) \tag{6-2-4}$$

式中

$$E_r(s) = \frac{1}{1 + G_c(s)G_o(s)} R(s) = \frac{T_0 s + 1}{T_0 s + 1 + K_c K_0} R(s) \tag{6-2-5}$$

$$E_d(s) = -\frac{G_d(s)}{1 + G_c(s)G_o(s)} D(s) = -\frac{K_d(T_0 s + 1)}{(T_0 s + 1)(T_d s + 1) + K_c K_0(T_d s + 1)} D(s) \tag{6-2-6}$$

下面分析在系统稳定的条件下，当 $t \to \infty$ 时，设定值 $r(t)$ 和干扰 $d(t)$ 对系统稳态偏差 $e(\infty)$ 的影响。

(1) 当 $d(t) = 0$、$r(t)$ 作单位阶跃变化时，有

$$E(s) = E_r(s) = \frac{T_0 s + 1}{T_0 s + 1 + K_c K_0} \frac{1}{s} \tag{6-2-7}$$

$$e(\infty) = \lim_{t \to \infty} e(t) = \lim_{s \to 0} s E(s) = \lim_{s \to 0} s \frac{T_0 s + 1}{T_0 s + 1 + K_c K_0} \frac{1}{s} = \frac{1}{1 + K_c K_0} \tag{6-2-8}$$

从式(6-2-8)可知，设定值 $r(t)$ 作阶跃变化时，控制通道的静态放大系数 K_0 越大，控制系统的稳态偏差越小，控制精度越高。

(2) 当 $r(t) = 0$、$d(t)$ 为单位阶跃扰动时，有

$$E(s) = E_d(s) = -\frac{K_d(T_0 s + 1)}{(T_0 s + 1)(T_d s + 1) + K_c K_0(T_d s + 1)} \frac{1}{s} \tag{6-2-9}$$

$$e(\infty) = \lim_{t \to \infty} e(t) = \lim_{s \to 0} s E_d(s) = \lim_{s \to 0} s \frac{K_d(T_0 s + 1)}{(T_0 s + 1)(T_d s + 1) + K_c K_0(T_d s + 1)} \frac{1}{s} = \frac{K_d}{1 + K_c K_0} \tag{6-2-10}$$

通过前面的分析可知，控制通道的静态放大系数 K_0 越大，系统的静态偏差越小，表明控制作用越灵敏，克服扰动的能力越强，控制效果越好。干扰通道的静态放大系数 K_d 越大，外部扰动对被控参数的影响程度越大；反之，干扰通道的静态放大系数 K_d 越小，表明外部扰动对被控参数的影响越小。选择控制变量时，控制通道的静态放大系数 K_0 越大越好；干扰通道的静态放大系数 K_d 越小越好。

2) 过程(通道)动态特性对控制品质的影响

(1) 干扰通道动态特性对控制品质的影响。

① 干扰通道的时间常数 T_d 对控制品质的影响。对如图 6-2-2 所示的闭环系统，干扰 $d(t)$ 对被控参数 $y(t)$ 的影响 $y_d(t)$ 可用下面的传递函数表示：

$$\frac{Y_d(s)}{D(s)} = \frac{G_d(s)}{1 + G_c(s)G_o(s)} \tag{6-2-11}$$

若干扰通道为单容过程，干扰通道传递函数可用一阶惯性环节表示：

$$G_d(s) = \frac{K_d}{T_d s + 1} \tag{6-2-12}$$

将式(6-2-12)代入式(6-2-11)并整理得

$$\frac{Y_d(s)}{D(s)} = \frac{G_d(s)}{1 + G_c(s)G_o(s)} = \frac{K_d}{T_d} \frac{1}{s + \frac{1}{T_d}} \frac{1}{1 + G_c(s)G_o(s)} \tag{6-2-13}$$

由式(6-2-13)可知，由于一阶惯性环节的滤波作用，干扰通道时间常数 T_d 使干扰 $d(t)$ 对 $y(t)$ 影响的动态分量减小，由 $d(t)$ 产生的最大动态偏差随着 T_d 的增大而减小，系统控制品质提高。因此，干扰通道的容积或惯性环节越多，时间常数 T_d 越大，外部干扰 $d(t)$ 对被控参数 $y(t)$ 的影响越小，系统的控制品质越好。

② 干扰通道纯滞后 τ_d 对控制品质的影响。如图 6-2-2 所示的系统，如果干扰通道在一阶惯性环节的基础上增加纯滞后，则传递函数如下：

$$G_d'(s) = \frac{K_d}{T_d s + 1} \mathrm{e}^{-\tau_d s} = G_d(s) \mathrm{e}^{-\tau_d s} \tag{6-2-14}$$

同理可得干扰 $d(t)$ 对被控参数 $y(t)$ 的影响 $y_{d\tau}(t)$ 可用下面的传递函数表示：

$$\frac{Y_{d\tau}(s)}{D(s)} = \frac{G_d'(s)}{1 + G_c(s)G_o(s)} = \frac{G_d(s)}{1 + G_c(s)G_o(s)} \mathrm{e}^{-\tau_d s} = \frac{Y_d(s)}{D(s)} \mathrm{e}^{-\tau_d s} \tag{6-2-15}$$

由式(6-2-15)可得

$$Y_{d\tau}(s) = Y_d(s) \mathrm{e}^{-\tau_d s} \tag{6-2-16}$$

由式(6-2-16)，并根据拉氏变化的时移性质，在干扰 $d(t)$ 的作用下，被控参数的响应 $y_d(t)$ 与 $y_{d\tau}(t)$ 之间的关系为

$$y_{d\tau}(t) = y_d(t - \tau_d) \tag{6-2-17}$$

由此可见，干扰通道存在纯滞后并不影响系统控制品质，仅仅使被控参数对干扰的响应在时间上推迟了 τ_d。

③ 扰动作用点位置的影响。

扰动进入系统的位置不同，则对被控参数的影响也不同。如图 6-2-3 所示，三只水箱串联工作。为了实现 3# 水箱水位不变，故设计图示系统。扰动 d_1、d_2、d_3 由三个不同位置分别引入系统。为了能更清楚地看出扰动作用点位置不同对系统控制质量的影响，根据控制流程图 6-2-3(a)，画出其框图 6-2-3(b)。设三只水箱均为一阶惯性环节。由前所述，它对扰动 d 起滤波作用。因此，当引入系统的扰动的位置离被控参数 $Y(s)$ 越近时，扰动对 $Y(s)$ 影响越大；反之，当扰动离被控参数越远(即离调节阀越近)时，扰动对其影响越小。因此，在系统设计时，应使扰动作用点位置远离被控参数。

(2) 控制通道动态特性对控制品质的影响。

在一个过程控制系统中，克服扰动对被控参数的影响毕竟要通过控制通道来实现，所以，分析控制通道的动态特性对控制质量的影响是十分重要的。

① 可控性指标。在设计过程控制系统时，对同一个被控参数，工艺上往往存在几个可供选择的变量作为控制参数。由于选择的变量不同，构成的过程特性也不同，因而控制难易

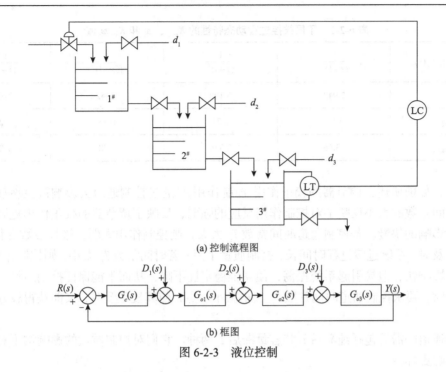

(a) 控制流程图

(b) 框图

图 6-2-3　液位控制

程度也不同。选择控制参数的目的是要得到一个好的控制通道。

在过程控制中有各种简单、复杂的控制方案，除了控制精度要求不同外，主要是由"过程可控性"的差异引起的不同。为了比较不同过程的可控件，通常采用相同模式的调节器，并分别将调节器参数整定到最佳，然后在相同扰动作用下，比较它们的工作性能。

由第 1 章可知系统的各项质量指标。系统余差与 K 成反比。另外，一个稳定的过程控制系统的过渡过程快慢与其自激振荡频率成正比。由此看来，决定系统控制过程情况的因素大体可归结为系统增益 K 和振荡频率 ω，即 K 越大，余差越小；而 ω 越大，过渡过程进行得越快。对于同一个被控过程，如果采用不同类型的调节器，在最佳整定的情况下，K 和 ω 是不同的，但是它们的大小主要取决于该系统的最大增益 K_{max} 和临界频率 ω_c (即在纯比例作用时，系统处于稳定边界下的增益和振荡频率)。K_{max} 和 ω_c 反映了过程的动态特性，在一定程度上代表了被控过程的控制性能，所以 K_{max}、ω_c 称为衡量过程进行控制的难易程度的指标，即可控性指标。

由自动控制理论可见，产生临界振荡需要两个条件：

a. 系统开环频率特性的振幅比为 1。

b. 系统开环相频特性的相角为 $-180°$。

据此，若已加广义被控过程的频率特性，就可求得该过程可控性的 K_{max}、ω_c 值。

② 控制通道的影响。

根据被控过程的可控性指标，研究过程控制通道动态特性(即时间常数和滞后时间)对系统控制质量的影响就很方便，只要确定过程的 K_{max}、ω_c，就可以判断它对系统的影响。现在利用对数频率特性方法，求出表 6-2-1 所示的不同被控过程动态特性的可控性指标。由表可见，控制通道中时间常数大、阶数高，有纯滞后的环节都将使过程的可控性指标大为减小。因此可得出如下结论：在选择控制参数时，应选择时间常数较小、反应灵敏、纯滞后时间小的通道作为控制通道。

表 6-2-1　不同被控过程动态特性的 $K_{\max}$、ω_c 和 $K_{\max}\omega_c$ 值

被控过程 $\omega_0(s)$	$\dfrac{1}{(s+1)^3}$	$\dfrac{1}{(s+1)^5}$	$\dfrac{1}{(5s+1)^3}$	$\dfrac{\mathrm{e}^{-s}}{(s+1)^3}$
$K_{\max}$	7.942	3.198	7.942	2.512
ω_c	1.72	0.73	0.35	0.9
$K_{\max}\omega_c$	13.66	2.334	2.78	2.26

另外，如前所述，调节器的校正作用(控制作用)是通过控制通道去影响被控参数的。控制通道时间常数的大小反映了对控制作用反应的强弱，反映了调节器的校正作用克服扰动对被控参数影响的快慢。若控制通道时间常数 T_0 太大，则控制作用太弱，被控参数变化缓慢，控制不够及时，系统过渡过程时间长，控制质量下降；若时间常数 T_0 太小，则控制作用太强，克服扰动影响快，但易引起系统振荡，使系统稳定性下降，从而不能保证控制质量。因此在系统设计时，要求控制通道时间常数 T_0 应稍微小一点，使其校正及时，又能获得较好的控制质量。

控制通道的滞后包括纯滞后 τ_0 和容量滞后 τ_c 两种。它们对控制质量的影响均不利，尤其是 τ_0 的影响更坏。

在图 6-2-4 所示的系统中，设 $G_c(s) = K_c$，$G_o(s) = \dfrac{K_0}{T_0 s + 1}$ (即被控过程纯滞后时间 $\tau_0 = 0$ 时)，则系统开环传递函数为 $G(s) = \dfrac{K_c K_0}{T_0 s + 1}$。

根据奈奎斯特稳定判据(简称奈氏判据)，无论系统开环放大系数 $K_c K_0$ 为多大，闭环系统总是稳定的。其频率特性可由图 6-2-5 中点 A、B、C 所在的曲线表示。

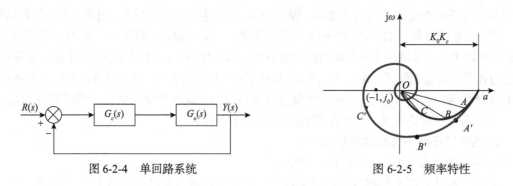

图 6-2-4　单回路系统　　　　　　　　　　图 6-2-5　频率特性

若上述系统中

$$G_c(s) = K_c, \quad G_o(s) = \frac{K_0}{T_0 s + 1}\mathrm{e}^{-\tau_0 s} \tag{6-2-18}$$

当纯滞后时间 $\tau_0 \neq 0$ 时，系统开环传递函数为

$$G(s) = \frac{K_c K_0}{T_0 s + 1}\mathrm{e}^{-\tau_0 s} \tag{6-2-19}$$

由于存在 τ_0，(幅值不变)仅使相角滞后增加了 $\omega\tau_0$ 弧度。其频率特性求法如下：在 $\tau_0 = 0$ 时的 $G(j\omega)$ 曲线上取 ω_1，ω_2，…各点，如点 A 处，频率为 ω_1，取 $G(j\omega_1)$ 的幅值，但相角滞后增加了 $\omega_1\tau_0$ 弧度，从而定出新的 $G'(j\omega)$ 点 A'。同理可得出 ω_2，ω_3，…时各相应点 B'，C'，…，将 A'，B'，C'，…各点连接起来即为 $G'(j\omega)$ 的幅相频率特性。由此曲线可见，当 $\tau_0 \neq 0$ 时，随着 K_cK_0 的增大，$G'(j\omega)$ 有可能包围 $(-1, j0)$ 点。τ_0 值越大，这种可能性将越大。可见，纯滞后时间 τ_0 的存在将严重影响系统的稳定性。

当控制通道存在纯滞后 τ_0 时，调节器的校正作用将滞后一个纯滞后时间 τ_0，从而使超调量增加，使被控参数的最大偏差增大，引起系统动态指标下降。

控制通道的容量滞后 τ_c 同样会造成控制作用不及时，使控制质量下降，但是 τ_c 的影响比滞后 τ_0 对系统的影响更缓和。另外，若引入微分作用，对于克服 τ_c 对控制质量的影响有显著的效果。特别是低阶容量滞后也是如此。

③ 过程的时间常数匹配。

在实际生产过程中，许多被控过程可看作由多个一阶环节串联组成的。设广义过程的函数为

$$G_o(s) = \frac{1}{(T_1s+1)(T_2s+1)(T_3s+1)} \tag{6-2-20}$$

时间常数 $T_1 > T_2 > T_3$。并设 $T_1 = 10$，$T_2 = 5$，$T_3 = 2$。每次改变其中一个或两个时间常数，可求得一组 K_{max}、ω_c、$K_{max}\omega_c$ 值。其结果如表 6-2-2 所示。

表 6-2-2 不同时间常数对控制质量的影响

变化情况	参数					
	T_1	T_2	T_3	K_{max}	ω_c	$K_{max}\omega_c$
原始数据	10	5	2	12.6	0.41	5.2
减小 T_1	5	5	2	9.8	0.49	4.8
减小 T_2	10	2.5	2	13.5	0.54	7.3
减小 T_3	10	5	1	19.8	0.57	11.2
增大 T_1	20	5	2	19.2	0.37	7.1
减小 T_2、T_3	10	2.5	1	19.3	0.74	14.2

从表 6-2-2 中的数值变化可以看出：

a. 减小过程中最大的时间常数 T_1，不但无益，反而使 $K_{max}\omega_c$ 的数值比原来小，引起控制质量下降。

b. 减小 T_2 或 T_3 都能提高控制性能指标，若同时减小 T_2、T_3，则提高性能指标的效果最好，$K_{max}\omega_c$ 值达到 14.2。

c. 增大最大时间常数 T_1，ω_c 略有下降，但 K_{max} 增大，有助于提高控制质量。

因此，在选择控制通道时，使广义过程特性中的几个时间常数错开，减小中间的时间常数，可提高系统的工作频率，减小过渡过程时间和最大偏差等，以提高可控性指标，提高控制质量。

在实际生产过程中，若过程存在多个时间常数，则最大的时间常数往往涉及生产工艺设备的核心，其通常取决于产品生产规模，不能轻易改动，但是减小第二个和第三个时间常数是比较容易实现的。例如，在温度控制系统中，广义过程包括测温元件的时间常数，有时它处于第二位、第三位，采用快速热电偶，可以减小这个时间常数，提高控制质量。因此，将几个时间常数错开，原则上可以指导选择过程的广义控制通道。

(3) 根据过程特性选择控制参数的一般原则。

通过上述分析，设计单回路控制系统时，选择控制变量的原则可归纳为以下几条。

① 控制变量应是可控的，即工艺上允许调节的变量。

② 控制变量一般应比其他干扰对被控参数的影响灵敏。为此，应通过合理选择控制变量，使控制通道的放大系数 K_0 大、时间常数 T_0 小、纯滞后时间 τ_0 越小越好。

③ 为减小其他干扰对被控参数的影响，应使干扰通道的放大系数 K_d 尽可能小、时间常数 T_d 尽可能大。扰动引入系统(控制通道)的位置要远离被控参数，尽可能靠近调节阀(控制器)。

④ 被控过程存在多个时间常数，在选择设备及控制参数时，应尽量使时间常数错开，使其中一个时间常数比其他时间常数大很多，同时注意减小其他时间常数。这一原则同样适用于控制器、调节阀和测量变送器时间常数的选择。控制器、调节阀和测量变送器(三者均为系统控制通道中的环节)的时间常数应远小于被控过程中最大的时间常数(这个时间常数一般难以改变)。

⑤ 在选择控制变量时，除了从提高控制品质的角度考虑外，还要考虑工艺的合理性与生产效率及生产过程的经济性。一般不宜选择生产负荷作为控制变量，因为生产负荷直接关系到产品的产量或者用户的需求，不允许控制。另外，从经济性考虑，应尽可能地降低物料与能量的消耗。

6.2.2　系统设计中的测量变送问题

在工程上，测量和变送是解决信息获取和传送的问题。信息的测量和变送必须迅速可靠地反映被控参数的实际变化情况，为系统设计提供准确的控制依据。一个控制系统，如果不能正确、及时地获取被控参数的变化信息，并将它及时地传送给调节器，就不可能有效、及时地克服扰动对被控参数的影响，不能使其稳定在工艺要求的范围内。

1. 检测变送环节的性能

1) 检测变送环节的传递函数

检测变送环节的作用是将生产过程的参数(流量、压力、温度、物位、成分等)经检测、变送单元转换为标准信号。在 DDZ-Ⅲ模拟仪表中，标准信号通常采用 4~20mA、1~5V、电流或电压信号，20~100kPa 气压信号；在现场总线仪表中，标准信号是数字信号。图 6-2-6 是检测变送环节的工作原理。

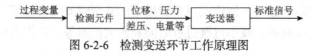

图 6-2-6　检测变送环节工作原理图

检测单元和变送器的基本要求是准确、迅速和可靠。准确指检测元件和变送器能正确反映被控或被测变量，误差应小；迅速指应能及时反映被控或被测变量的变化；可靠是检测元件和变送器的基本要求，它应能在环境工况下长期稳定运行。

检测元件和变送器的类型繁多，现场总线仪表的出现使检测变送器呈现模拟和数字仪表并存的状态，但它们都可用带时滞的一阶环节近似，其传递函数为

$$G_m(s) = \frac{K_m}{T_m s + 1} e^{-\tau_m s} \tag{6-2-21}$$

式中，K_m、T_m 和 τ_m 分别为检测变送环节的增益、时间常数和时滞。

2) 检测变送环节的选择

检测变送环节的选择原则如下。

(1) 环境适应性。检测元件直接与被测或被控介质接触，选择检测元件时应首要考虑该元件是否适应生产过程中的高低温、高压、腐蚀性、粉尘和爆炸性环境，能否长期稳定运行。

(2) 检测元件的精确度和响应的快速性。仪表的精确度影响检测变送环节的准确性，应合理选择仪表的精确度。检测变送仪表的量程应满足读数误差的精确度要求，选择合适的测量范围可改变检测变送环节的增益，以满足工艺检测和控制要求为原则。

(3) 选用线性特性。检测元件和变送器增益 K_m 的线性度与整个闭环控制系统输入输出的线性度有关，当控制回路的前向增益足够大时，整个闭环控制系统输入输出的增益是 K_m 的倒数。例如，采用孔板和差压变送器检测变送流体的流量时，差压与流量之间的非线性造成流量控制回路呈现非线性，并使整个控制系统开环增益呈现非线性。

绝大多数检测变送环节的增益是正值，但如图 6-2-7 所示，不作迁移的液位差压检测变送系统中，该增益成为负值。

(4) 时间常数的影响。相对于过程时间常数，多数检测变送环节的时间常数较小，但成分检测变送环节的时间常数和时滞会很大；气动仪表的时间常数较电动仪表要大；采用保护套管温度计检测温度要比直接与被测介质接触检测温度有更大的时间常数。应考虑时间常数随过程运行而变化的影响，例如，保护套管结垢造成时间常数增大，保护套管磨

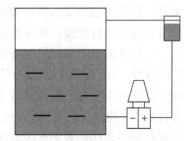

图 6-2-7　液位检测变送(不作迁移)

损造成时间常数减小等。对检测变送环节时间常数的考虑主要应根据检测变送、被控对象和执行器三者时间常数的匹配，即增大最大时间常数与次大时间常数的比值。

减小时间常数的措施包括检测点位置的合理选择、选用小惯性检测元件、缩短气动管线长度、减小管径、正确使用微分单元、选用继动器和放大元件等。为了增大最大时间常数与次大时间常数之间的比值，对于快速响应的被控对象，如流量、压力等，有时需要增大检测变送环节的时间常数，常用的措施有合理选用微分单元(反微分)、并联大容量的电容或气容和串联阻容滤波环节等。

(5) 时滞的影响。检测变送环节中产生时滞的原因是检测点与检测变送仪表之间有传输距离 l，而传输速度 v 有制约，因此，产生的时滞为

$$\tau_m = l / v \tag{6-2-22}$$

传输速度 v 并非被测介质的流体流速，例如，孔板检测流量时，流体流速是流体在管道中的流动速度，而检测元件孔板检测的信号是孔板两端的压差，因此，检测变送环节的传输速度是差压信号的传输速度。对不可压缩的流体，该信号的传输速度极快，但对于成分检测变送，因存在较大传输距离 l 和较低传输速度 ω，时滞 τ_m 较大。

减小时滞的措施包括选择合适的检测点位置、减小传输距离 l，选用增压泵或抽气泵等装置提高传输速度 v 等。在考虑时滞影响时，应考虑时滞与时间常数之比，而不应只考虑时滞的大小，即减少时滞 τ_m 与时间常数 T_m 的比值。

2. 检测变送信号的处理

检测变送信号的数据处理主要包括下列内容。

(1) 信号补偿。热电偶检测温度时，由于产生的热电势与热端温度和冷端温度有关，因此需要进行冷端温度补偿。热电阻到检测变送仪表之间的距离不同，所用连接导线的类型、规格和线路电阻也不同，因此需要进行线路电阻补偿。气体流量检测时，由于检测点温度、压力与设计值不一致，因此需要进行温度和压力的补偿等。

(2) 线性化。检测变送环节是根据有关的物理、化学规律检测被控和被测变量的，它们存在非线性，如热电势与温度、差压与流量等，这些非线性会造成控制系统的非线性，因此，应对检测变送信号进行线性化处理。从操作和应用看，线性化有利于操作员的观测和读数。从控制看，线性化有利于控制系统的稳定。线性化采用硬件或软件组成的非线性环节实现。

(3) 信号滤波。由于存在环境噪声，如泵出口压力的脉动、储罐液位的波动、计算机误码等，它们使检测变送信号波动并影响控制系统的稳定运行，因此，需要对信号进行滤波。信号滤波有硬件滤波和软件滤波，有高频滤波、低频滤波、带通滤波、带阻滤波等。

硬件滤波通常采用阻容滤波环节，可以用电阻和电容组成低通滤波器，也可用气阻和气容组成滤波环节，可以组成有源滤波器，也可组成无源滤波器等。由于需要硬件投资，因此，硬件滤波成本较高。软件滤波采用计算方法，用程序编制各种数字滤波器实现信号滤波，具有投资少、应用灵活等特点，受到用户欢迎。在智能仪表、DCS 等装置中通常采用软件滤波。过程控制中常用的数字滤波方法见表 6-2-3。

表 6-2-3　数字滤波

类型	计算公式	功能描述
一阶低通滤波	$\bar{y}(k) = (1-\beta)\bar{y}(k-1) + \beta y(k)$	用于去除信号中的高频噪声。β 越小，高频衰减越大，通过滤波器信号的上限频率越低。该滤波器等价于传递函数 $\dfrac{1}{Ts+1}$。$\beta = \dfrac{T_s}{T}$，T_s 是采样周期，T 是滤波器时间常数
一阶高通滤波	$\bar{y}(k) = (1-\beta)\bar{y}(k-1) + \beta\left[y(k) - y(k-1)\right]$ $\bar{y}(k) = \alpha\bar{y}(k-1) + \left[y(k) - y(k-1)\right]$	用于去除信号中夹带的低频噪声，如零漂、直流分量等。两个公式分别等价于传递函数 $\dfrac{\bar{Y}(z)}{Y(z)} = \dfrac{\beta(1-z^{-1})}{1-(1-\beta)z^{-1}}$ 和 $\dfrac{\bar{Y}(z)}{Y(z)} = \dfrac{1-z^{-1}}{1-\alpha z^{-1}}$
递推平均滤波	$\bar{y}(k) = \bar{y}(k-1) + \dfrac{y(k) - y(k-m+1)}{m}$	根据越早的信息对输出影响越小的原则，不断剔除旧信息，添加新信息

续表

类型	计算公式	功能描述
递推加权平均滤波	$\bar{y}(k)=\sum\limits_{i=0}^{m-1}c_i y(k-i)$，其中，$\sum\limits_{i=0}^{m-1}c_i=1$，$0\leqslant c_i\leqslant 1$	c_i 按新信息的加权系数大的原则，即按 $c_0:c_1:c_2:\cdots:c_{m-1}=\dfrac{T}{\tau}:\dfrac{T}{\tau+T_s}:\dfrac{T}{\tau+2T_s}:\cdots:\dfrac{T}{\tau+(m-1)T_s}$ 设置，采样个数 m 根据被测和被控对象的不同选取：流量($m=11$)、液位和压力($m=3$)、温度($m=1$)
程序判别滤波	$\begin{cases} \left\lvert y(k)-y(k-1)\right\rvert\leqslant b,\quad \bar{y}(k)=y(k)\\ \left\lvert y(k)-y(k-1)\right\rvert> b,\quad \bar{y}(k)=y(k-1) \end{cases}$	常用于剔除跳变或尖峰干扰的误码。b 是规定的阈值。当相邻两次采样之差大于该阈值时，表明有尖峰干扰，因此，滤波器输出保持上次的采样值不变。当相邻两次采样值之差小于该阈值时，滤波器输出等于输入信号

注：$\bar{y}(k)$ 和 $y(k)$ 分别是滤波器的第 k 次输出和输入信号。

(4) 数学运算。当检测信号与被控变量之间有函数关系时，需要进行数学运算获得实际的被控变量数值。例如，节流装置差压的开方与流量是线性关系，因此，测得的差压数据应进行开方运算等。有时，对检测的信号要进行一些复合的数学运算，例如，对气体流量的温度和压力补偿运算就包含加、乘和除的运算。

(5) 数字变换。信号的数字变换也常常被应用于检测变送信号的处理，如快速傅里叶变换、小波变换等。除了数字变换外，在计算机控制系统中，经常使用模数转换和数模转换。

(6) 信号报警处理。如果检测变送信号超出工艺过程的允许范围，就要进行信号报警和连锁处理。同样，在计算机控制系统中，如果检测到检测元件处于坏状态时，也需要为操作人员提供相关报警信息。因此，对检测变送信号的报警处理也是十分重要的功能。

(7) 功能安全。为保证检测变送环节的功能安全性，除了选用功能安全的产品外，还需要检测该环节中有关部件的安全性。一旦发生故障，应及时将故障状态记录并传递到下游模块，防止故障的扩大。例如，对热电阻的短路、热电偶的断偶等都应设置有关的坏状态信号，并将坏状态的信号传递到下游模块。

6.2.3　调节阀(执行器)的选择

调节阀是组成过程控制系统的一个重要环节，其特性好坏对控制质量的影响很大。在过程控制系统中，它接收调节器输出的控制信号，相应改变输出的角位移或直线位移，并通过调节机构改变其开度，调节流过调节阀的控制变量(流量)，实现控制作用。过程控制系统的运行实践证明，系统不能正常运行的原因之一往往是调节阀选用不当。调节阀选得过大或过小、安装不符合要求等均会降低控制品质或造成系统失灵。在过程控制系统设计中，调节阀的选择，目前仍采用经验准则。

调节阀的选择，主要是流量特性、流通能力，气开、气关形式和结构的选择。在具体选用时，应根据过程特性、负荷变化情况和生产工艺的要求，确定所需的形式和尺寸。

执行器的具体选用可参阅第 4 章的有关内容。这里仅就一些需要注意的问题再作一些补充说明。

1. 执行器的选型

在过程控制中，使用最多的是气动执行器，其次是电动执行器。究竟选用何种执行器，应根据生产过程的特点、对执行器推力的需求以及被控介质的具体情况(如高温、高压、易燃易爆、剧毒、易结晶、强腐蚀、高黏度等)和保证安全等因素加以确定。

2. 调节阀流量特性的选择

调节阀流量特性的选择一般分两步进行。首先根据过程控制系统的要求,确定工作流量特性;然后根据流量特性曲线的畸变程度,确定理想流量特性,以作为向生产厂家订货的内容。

在系统的工程设计中,既要解决理想流量特性的选取,也要考虑阀阻比 S 值的选取。

在具体选择调节阀的流量特性时,根据被控过程特性来选择调节阀的工作流量特性,其目的是使广义过程特性总的放大系数为定值。若过程特性为线性时,可选用线性流量特性的调节阀;若过程特性为非线性时,应选用对数流量特性的调节阀。

同时,考虑工艺配管情况,当阀阻比 S 确定后,可以从所需的工作流量特性出发,决定理想流量特性。当 $S = 0.6 \sim 1$ 时,理想流量特性与工作流量特性几乎相同;当 $S = 0.3 \sim 0.6$ 时,调节阀工作流量特性无论是线性的还是对数的,均应选择对数的理想流量特性;当 $S < 0.3$ 时,一般已不宜用于自动控制。

3. 调节阀尺寸的选择

调节阀的尺寸主要指调节阀的开度和口径,它们的选择对系统的正常运行影响很大。若调节阀口径选择过小,当系统受到较大干扰时,调节阀即使运行在全开状态,也会使系统出现暂时失控现象;若口径选择过大,则在运行中阀门会经常处于小开度状态,容易造成流体对阀芯和阀座的频繁冲蚀,使阀门灵敏度降低,工作特性变差,甚至产生振荡或调节阀失灵情况。因此,调节阀的口径和开度的选择应该给予充分重视。在正常工况下一般要求调节阀开度应为 15% ~ 85%,具体应根据实际需要的流通能力进行选择。

4. 调节阀气开、气关形式的选择

调节阀气开、气关形式的选择主要是考虑在不同工艺条件下安全生产的需要。

在具体选用调节阀的气开、气关形式时,应考虑以下情况。

1) 考虑事故状态时人身、工艺设备的安全

当过程控制系统发生故障(如气源中断、调节器损坏或调节阀损坏)时,调节阀所处的状态不致影响人身和工艺设备的安全。例如,锅炉供水调节阀一般采用气关式,一旦发生事故,可保证事故状态下调节阀处于全开位置,使锅炉不致因供水中断而烧干,甚至引起爆炸危险。又如,进加热炉的燃料气或燃料油的调节阀应采用气开式,一旦发生事故,调节阀处于全关状态,切断进炉燃料,避免炉温继续升高,烧坏炉管,造成设备事故。

2) 考虑在事故状态下减少经济损失,保证产品质量

精馏塔是工业生产中的重要设备之一,其进料调节阀一般选用气开式,这样,在事故状态下调节阀关闭,停止进料,以减少原料损耗;而回流量调节阀一般选用气关式,在事故状态下调节阀全开,保证回流量,以防止不合格产品的蒸出。

3) 考虑介质的性质

在某生产装置内，装有易结晶、易凝固的物料时，蒸汽流量调节阀需要选用气关式。一旦发生事故，使其处于全开状态，以防止物料结晶、凝固和堵塞给重新开工带来麻烦，甚至损坏设备。

6.2.4　调节器的选择

在设计过程控制系统时，选择调节器的控制规律是为了使调节器的特性与广义过程的特性能很好地配合，以满足生产工艺要求，所以选择控制规律时应根据过程特性、负荷变化与工艺要求等不同情况，进行具体分析，同时还应考虑经济性和系统投运方便等。

由控制理论可知，为了使系统正常运行，必须保证系统是负反馈。在过程控制系统设计时，负反馈的实现是靠确定调节器的正、反作用来保证的。下面就此作一介绍。

1. 选择调节器的控制规律

1) 根据 τ_0/T_0 来选择调节器的控制规律

当已知过程的数学模型并可用 $G_0(s) = \dfrac{K_0}{T_0 s + 1} \mathrm{e}^{-\tau_0 s}$ 近似描述时，则可根据纯滞后时间 τ_0 与时间常数 T_0 的比值 τ_0/T_0 来选取调节器的控制规律，即当 $\tau_0/T_0 < 0.2$ 时，选用比例或比例积分控制规律；当 $0.2 \leqslant \tau_0/T_0 \leqslant 1.0$ 时，选用比例积分或比例积分微分控制规律；当 $\tau_0/T_0 > 1.0$ 时，采用单回路控制系统往往已不能满足工艺要求，应根据具体情况采用其他控制方式，如串级、前馈、采样等控制方式。

2) 根据过程特性来选择调节器的控制规律

当未知过程的数学模型时，可按以下原则选择调节器的控制规律。

(1) 比例(P)控制规律。

比例控制规律是最基本的控制规律。它能较快地克服扰动的影响，使系统稳定下来，但有余差。它适用于控制通道滞后较小、负荷变化不大、控制要求不高、被控参数允许在一定范围内有余差的场合，如储槽液位控制、压缩机储气罐的压力控制等。

(2) 比例积分(PI)控制规律。

在工程上，比例积分控制规律是应用最广泛的一种控制规律。积分能消除余差，它适用于控制通道滞后较小、负荷变化不大、被控参数不允许有余差的场合，如某些流量、液位要求无余差的控制系统。

(3) 比例微分(PD)控制规律。

微分具有超前作用，对于具有容量滞后的过程控制通道，引入微分控制规律(微分时间设置得当)对于改善系统的动态性能指标，有显著的效果。因此，对于控制通道的时间常数或容量滞后较大的场合，为了提高系统的稳定性、减小动态偏差等可选用比例微分控制规律，如温度或成分控制。但对于纯滞后较大，测量信号有噪声或周期性扰动的系统，则不宜采用微分作用。

(4) 比例积分微分(PID)控制规律。

PID 控制规律是一种最理想的控制规律，它在比例的基础上引入积分，可以消除余差，再加入微分作用，又能提高系统的稳定性。它适用于过程控制通道时间常数或容量滞后较大、控制要求较高的场合，如温度控制、成分控制等。

应该强调，调节器 PID 控制规律是要根据过程特性和工艺要求来选取的，绝不是说 PID 控制规律具有较好的控制性能，不分场合均选用，如果这样，则会给其他工作增加复杂性，并带来困难(如参数整定)。

2. 确定调节器的正、反作用

由前所述，调节器有正作用调节器和反作用调节器两种。调节器正、反作用的选择同被控过程的特性及调节阀的气开、气关形式有关。

对于调节器的正、反作用的定义为：当设定值不变时，随着测量值的增加，调节器的输出也增加，称为正作用方式。反之，如果测量值增加或设定值减小时，调节器输出减小，则称为反作用方式。

被控过程的特性分析也分正、反作用两种，即当被控过程的输入量(通过调节阀的物料或能量)增加(或减小)时，其输出(被控参数)也增加(或减小)，此时称此被控过程为正作用；反之，当被控过程的输入量增加时，其输出却减小，称此过程为反作用。调节阀按其作用方式也有气开、气关两种类型。

调节器正、反作用方式的选择是在调节阀气开、气关方式确定之后进行的，其确定原则是使整个单回路构成负反馈系统。

下面通过两个例子说明调节器正、反作用方式的选择。

图 6-2-8 是加热炉温度控制系统。在这个系统中，加热炉是被控对象(过程)，被加热物料出口温度是被控参数，燃料流量是控制变量。当控制变量——燃料流量增大时，被控参数(物料出口温度)升高；随着(被控参数)温度升高，温度传感器输出信号增大。从安全角度出发，为避免系统发生故障时，燃料调节阀(失控)开启烧坏加热炉，应选择气开(失控时关闭)式调节阀。为了确保由被控对象、执行器及调节器所组成的系统是负反馈系统，调节器就应该选为反作用方式。这样才能在炉温升高、被控参数出现偏差时，使测量变送器输出信号增大、调节器 TC(反作用)输出减小、燃料调节阀关小(当输入信号减小时，气开调节阀开度减小)，使炉温下降。

图 6-2-9 是一液位控制系统，执行器选用气开式调节阀，一旦系统故障或气源断气时，调节阀自动关闭，以免物料全部流走。当储液槽物料液位上升、被控参数出现偏差时，应增加调节阀开度使液位下降，调节器 LC 因为正作用方式，才能在储液槽液位升高时，使输出信号增大，接着调节阀开度增大，物料流出量增加，液位下降。

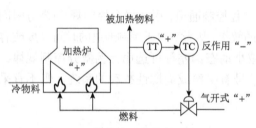

图 6-2-8　加热炉温度控制系统

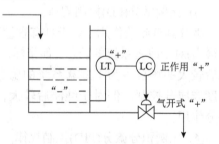

图 6-2-9　液位控制系统

如果图 6-2-9 所示液位控制系统的安全条件改变为物料不能溢出储液罐，则执行器应选用气关式调节阀。显然，这种条件下的调节器 LC 必须为反作用方式。

若对控制系统中各个环节按照其工作特性，定义一个表示其性质的正(+)、负(–)符号，则可根据组成控制系统各个环节的正(+)、负(–)符号及回路构成负反馈的根本要求，得出调节器正、反作用的选择公式。

控制系统中各环节的正、负符号规定如下。

调节阀：气开式取"+"，气关式取"–"。

被控对象：若控制变量(通过控制阀的物料或能量)增加时，被控参数随之增加取"+"，反之取"–"。

变送器：输出信号随被测变量增加而增加取"+"，反之取"–"。

调节器：测量输入增加，调节器输出增大(正作用)时取"+"；测量输入增加，调节器输出减小(反作用)时取"–"。

符号的乘法运算规则与代数运算中符号的运算规则相同。在传感器、被控过程、执行器(调节器)的符号已确定的条件下，为了保证单回路控制系统构成负反馈系统，调节器的符号(正、反作用)选择应满足单回路各环节符号的乘积必须为"–"，即

调节器符号("+"或"–")×执行器符号("+"或"–")×变送器符号("+"或"–")×被控过程符号("+"或"–") = "–"

若执行器符号("+"或"–")、变送器符号("+"或"–")、被控过程符号("+"或"–")已知时，可根据上式求出调节器的符号。根据所求得的调节器的符号可确定其正、反作用形式。

一般情况下，过程控制系统中变送器的符号都认为是"+"(变送器的输出信号随被测量的增加而增大)，则上式可简化为

调节器符号("+"或"–")×执行器符号("+"或"–")×被控过程符号("+"或"–") = "–"

即调节器符号为被控过程的符号与执行器(调节阀)符号乘积的相反值。由此可知，当控制阀与被控过程符号相同时，控制器应选择"反作用"方式；反之，则选择"正作用"方式。如图 6-2-8 所示的加热炉温度控制系统，由于被控过程的符号为"+"——控制变量(燃料流量)增大，被控参数(被加热物料出口温度)增大；执行器(调节阀)符号也为"+"(气开式调节阀)，按照上面的公式可知调节器应选反作用。对于图 6-2-9 所示液位控制系统，由于被控过程的符号为"–"——控制变量(流出物料流量)增大，被控参数(储液槽液位)降低；执行器(调节阀)符号也为"+"(气开式调节阀)，可知调节应选"正作用"。用判别公式得出的结论与前面通过分析得出的结论完全一致。

这一判别公式虽然是针对简单控制系统调节器正、反作用的选择提出来的，但它也适用于复杂控制系统中子回路(如串级系统中的副回路)调节器正、反作用方式的选择。

确定调节器正、反作用的次序一般为：首先根据生产工艺安全等原则确定调节阀的气开、气关形式；然后按被控过程特性，确定其正、反作用；最后根据构成负反馈的原则来确定调节器的正、反作用方式。

在工程上怎样实现调节器的正、反作用？对于电动调节器来说，可以通过其正、反作用选择开关来实现。对于气动调节器来说，可以调节换接板来改变调节器的工作极性。

6.3　调节器参数整定

过程控制系统的控制质量取决于组成该系统的各个环节的特性和系统的结构。一个系统通常由广义过程和调节器两部分组成，如果控制方案已经确定，则过程各通道的静态和动态特性就已确定，这样，系统的控制质量就取决于调节器各个参数值的设置。

调节器参数整定，是指决定调节器的比例度 δ、积分时间 T_I 和微分时间 T_D 的具体数值。整定的实质是通过改变调节器的参数、使其特性和过程特性相匹配，以改善系统的动态和静态指标，取得最佳的控制效果。

由控制理论可知，在过程控制中，通常以瞬时响应的衰减率 $\psi = 0.75 \sim 0.9$ 作为系统性能的主要指标，以保证系统具有一定的稳定性储备。一般在满足 ψ 的条件下，还要尽量减小稳态偏差(余差)、最大偏差和过渡过程时间。对于大多数过程控制系统来说，系统过渡过程曲线达到 4∶1 状态时，则为最佳的过程曲线。另外还需要注意，不同的生产过程对于控制过程的品质要求也不是完全一样的。因此，也可以使用系统响应的 ISE、IAE、ITAE 极小的方法来整定调节器参数。

调节器参数整定只有在控制方案设计正确、仪表选型合理、安装无误和调校后才有意义。因为若控制方案设计不正确，单凭整定调节器参数是不可能满足生产工艺要求的；相反，控制方案设计正确，若调节器参数整定不当，则系统的控制效果也是不会令人满意的。

整定调节器参数的方法有很多，归纳起来可分为两大类，即理论计算整定法和工程整定法。

理论计算整定法有对数频率特性法、根轨迹法等。这类整定方法要求已知过程的数学模型。由前所述，生产过程特性往往较复杂，不论是理论推导还是过程辨识(试验测定)，所得数学模型多近似。由于理论计算整定法计算烦琐，工作量大、可靠性不高，因此在现场使用中，尚需要反复修正，但是，这样可以减少整定工作中的盲目性，较快整定到最优状态，尤其在较复杂的过程控制系统中，理论计算整定法更是不可缺少的，通常用于科研中作为方案比较。

工程整定法有经验法、衰减曲线法、临界比例度法和响应曲线法等。这类方法不需要事先知道过程的数学模型，直接在过程控制系统中进行现场整定。其方法简单，计算简便，易于掌握。虽然这也是一种近似方法，所得整定参数不一定为最佳，但却相当实用，在工程上得到了十分广泛的应用。下面介绍几种常用的工程整定方法。

表 6-3-1 为常见过程控制系统的被控过程特点和调节器参数情况，可供工程整定法参考。

表 6-3-1　过程特点与调节器参数

条件	过程参数				
	流量、液体压力	气体压力	液位	温度及蒸汽压	成分
滞后	无	无	无	变动	恒定
容量数	多容量	单容量	单容量	3~6	1~100
周期	1~10s	0	1~10s	min~h	min~h
噪声	有	无	有	无	往往存在

续表

条件	过程参数				
	流量、液体压力	气体压力	液位	温度及蒸汽压	成分
比例度 δ	100%~500% 50%~200%	0%~5%	5%~50%	10%~100%	100%~1000%
积分作用	重要	不必要	少用	用	重要
微分作用	不用	不必要	不用	重要	可用

1. 现场凑试法

先将调节器的整定参数根据经验(表 6-3-1)设置在某一数值上,然后在闭环系统中加扰动,观察过渡过程的曲线形状。若曲线不够理想,则以调节器 P、I、D 参数对系统过渡过程的影响为理论依据,按照先比例(P)、后积分(I)、最后微分(D)的顺序,将调节器参数逐个进行反复测试,直到获得满意的控制质量。

具体整定步骤如下。

(1) 置调节器积分时间 $T_I = \infty$,微分时间 $T_D = 0$,在比例度 δ 按经验设置的初值条件下,将系统投入运行,整定比例度 δ。若曲线振荡频繁,则加大比例度 δ;若曲线超调量大,且趋于非周期过程,则减小 δ,求得满意的 4:1 过渡过程曲线。

(2) 引入积分作用(此时应将上述比例度 δ 加大 1.2 倍)。将 T_I 由大到小进行整定。若曲线波动较大,则应增加积分时间 T_I;若曲线偏离给定值后长时间回不来,则需要减小 T_I,以求得较好的过渡过程曲线。

(3) 若需要引入微分作用,则将 T_D 按经验值或按 $T_D = (1/4 \sim 1/3) T_I$ 设置,并由小到大加入。若曲线超调量大而衰减慢,则需增大 T_D;若曲线振荡幅度较大,则应减小 T_D。观察曲线,再适当调节 δ 和 T_I,反复调试直到求得满意的过渡过程曲线为止。

需要指出,比例度 δ 与积分时间 T_I 可以在一定范围内匹配,若减小 δ,可以用增大 T_I 来补偿,若需要引入微分作用,可按以上所述进行调整,将调节器参数逐个进行反复测试。

2. 临界比例度法

临界比例度法是目前工程上应用较广泛的一种调节器参数的整定方法。在闭合的控制系统里,将调节器置于纯比例作用下,从大到小逐渐改变调节器的比例度,得到等幅振荡的过渡过程。此时的比例度称为临界比例度 δ_K,相邻两个波峰间的时间间隔称为临界振荡周期 T_K,通过计算即可求得调节器的整定参数。

具体整定步骤如下。

(1) 将调节器的积分时间 T_I 置于最大($T_I = \infty$),微分时间 T_D 置零($T_D = 0$),比例度 δ 适当,平稳操作一段时间,把系统投入自动运行。

(2) 将比例度 δ 逐渐减小,得到图 6-3-1 所示等幅振荡过程,记下临界比例度 δ_K 和临界振荡周期 T_K。

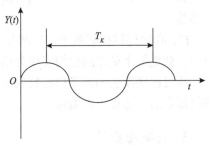

图 6-3-1　等幅振荡过程

(3) 根据 δ_K 和 T_K 值，采用表 6-3-2 中的经验公式，计算出调节器各个参数，即 δ、T_I 和 T_D 的值。

表 6-3-2　临界振荡整定计算公式

控制规律	调节器参数		
	$\delta / \%$	T_I/min	T_D/min
P	$2\delta_K$	—	—
PI	$2.2\delta_K$	$T_K/1.2$	—
PID	$1.6\delta_K$	$0.5T_K$	$0.25T_I$

(4) 按"先 P 后 I 最后 D"的操作顺序将调节器整定参数调到计算值上，然后观察其运行曲线，若还不够满意，可再作进一步调整。

例 6-3-1　用临界比例度法整定某过程控制系统所得的临界比例度 $\delta_K = 20\%$，临界振荡周期 $T_K = 1\mathrm{min}$，当调节器分别采用比例作用、比例积分作用、比例积分微分作用时，求其最佳整定参数值。

解　应用表 6-3-2 的经验公式，计算如下。

(1) 比例调节器：

$$\delta = 2\delta_K = 2 \times 20\% = 40\%$$

(2) 比例积分调节器：

$$\delta = 2.2\delta_K = 2.2 \times 20\% = 44\%$$
$$T_I = T_K / 1.2 = 1/1.2 \approx 0.83(\mathrm{min})$$

(3) 比例积分微分调节器：

$$\delta = 1.6\delta_K = 1.6 \times 20\% = 32\%$$
$$T_I = 0.5T_K = 0.5 \times 1 = 0.5(\mathrm{min})$$
$$T_D = 0.25T_I = 0.25 \times 0.5 = 0.125(\mathrm{min})$$

应用临界比例度法整定调节器参数时，需注意以下事项。

(1) 对于有的过程控制系统，由于临界比例度很小，系统接近二位式控制，调节阀不是全关就是全开，对工作过程不利。例如，燃油加热炉温度控制系统就不能用此法来整定调节器参数。

(2) 有的过程控制系统，当调节器比例度 δ 调到最小刻度值时，系统仍不产生等幅振荡，对此，就把最小刻度的比例度作为临界比例度 δ_K 进行调节器参数整定。

临界比例度法不是操作经验的简单总结，而是符合控制理论中的边界稳定条件的，是有理论依据的，这里不再赘述。

3. 衰减曲线法

衰减曲线法是在总结临界比例度法的基础上，经过反复试验提出来的。

对于要求系统过渡过程达到 $4:1(\psi=0.75)$ 衰减的整定步骤如下。

(1) 先把过程控制系统中调节器的参数置成纯比例作用($T_{\mathrm{I}}=\infty$, $T_{\mathrm{D}}=0$),使系统投入运行。再把比例度 δ 从大逐渐调小,直到出现如图 6-3-2 所示的 $4:1$ 衰减过程曲线。此时的比例度为 $4:1$,衰减比例度为 δ_S,两个相邻波峰间的时间间隔称为 $4:1$ 衰减振荡周期 T_S。

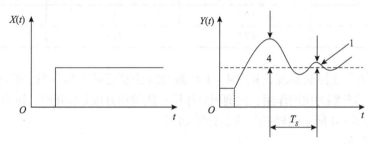

图 6-3-2　$4:1$ 衰减过程曲线

(2) 根据 δ_S 和 T_S,使用表 6-3-3 所示公式,即可计算出调节器的各个整定参数值。

表 6-3-3　$4:1$ 衰减曲线整定计算公式

控制规律	调节器参数		
	δ / %	T_{I}/min	T_{D}/min
P	δ_S	—	—
PI	$1.2\delta_S$	$0.5T_S$	—
PID	$0.8\delta_S$	$0.3T_S$	$0.1T_S$

(3) 按“先 P 后 I 最后 D”的操作顺序,将求得的整定参数设置在调节器上,再观察运行曲线,若不太理想,还可作适当调整。

应用 $4:1$ 衰减曲线法整定调节器参数时,需注意以下情况。

(1) 对于反应较快的流量、管道压力及小容量的液位控制系统,要在记录曲线上认定 $4:1$ 衰减曲线和读出 T_S 比较困难,此时,可用记录指针来回摆动两次就达到稳定作为 $4:1$ 衰减过程。

(2) 在生产过程中,负荷变化会影响过程特性,因而会影响 $4:1$ 衰减法的整定参数值。当负荷变化较大时,必须重新整定调节器参数值。

(3) 如上所述,对于多数过程控制系统,$4:1$ 衰减过程认为是最佳过程,但是,如热电厂的锅炉燃烧控制系统,却认为 $4:1$ 衰减太慢,宜应用 $10:1$ 衰减过程,如图 6-3-3 所示,为 $10:1$ 衰减曲线。

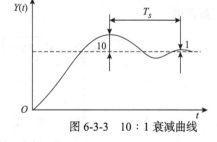

图 6-3-3　$10:1$ 衰减曲线

对于 $10:1$ 衰减曲线法整定调节器参数的步骤与上述完全相同,仅仅采用的计算公式有些不同,如表 6-3-4 所示,表中 δ_S' 为衰减比例度,t_r 为达到第一个波峰时的响应时间。

表 6-3-4　10：1 衰减曲线整定计算公式

控制规律	调节器参数		
	$\delta / \%$	T_1 / min	T_D / min
P	δ_S'	—	—
PI	$1.2\delta_S'$	$2t_r$	—
PID	$0.8\delta_S'$	$1.2t_r$	$0.4t_r$

例 6-3-2　某温度控制系统，采用 4：1 衰减曲线法整定调节器参数，得 $\delta_S = 20\%$；$T_S = 10$ min。当调节器分别为比例作用、比例积分作用、比例积分微分作用时，试求其整定参数值。

解　应用表 6-3-4 所示的经验公式，计算如下。

(1) 比例调节器：

$$\delta = \delta_S = 20\%$$

(2) 比例积分调节器：

$$\delta = 1.2\delta_S = 1.2 \times 20\% = 24\%$$

$$T_I = 0.5T_S = 0.5 \times 10 = 5 \ (\text{min})$$

(3) 比例积分微分调节器：

$$\delta = 0.8\delta_S = 0.8 \times 20\% = 16\%$$

$$T_I = 0.3T_S = 0.3 \times 10 = 3 \ (\text{min})$$

$$T_D = 0.1T_S = 1 \ (\text{min})$$

4. 响应曲线法

响应曲线法就是根据系统开环广义过程阶跃响应曲线进行近似计算的方法。如图 6-3-4 所示，在调节阀 $G_v(s)$ 的输入端加一幅值为 A 的阶跃信号，记录测量变送器 $G_m(s)$ 的输出响应曲线。根据该曲线求出广义过程的动态特性参数，然后分别应用以下公式计算出调节器的整定参数值。

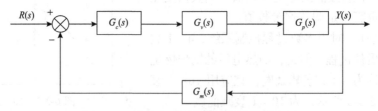

图 6-3-4　求广义过程阶跃响应曲线示意图

当广义过程无自平衡能力时，其阶跃响应曲线如图 6-3-5(a)所示，可用表 6-3-5 中的整定计算公式。广义过程：

$$G_o(s) = G_v(s)G_p(s)G_m(s)$$

近似传递函数为

$$G_o(s) = \frac{\varepsilon}{s\left(1+\dfrac{\tau}{n}s\right)} \quad (n > 3) \tag{6-3-1}$$

或

$$G_o(s) = \frac{\varepsilon}{s}e^{-\tau s} \tag{6-3-2}$$

当广义过程有自平衡能力时，其阶跃响应曲线如图 6-3-5(b)所示，可用表 6-3-6 中的整定计算公式。

近似传递函数为

$$G_o(s) = \frac{K_0}{(T_0 s+1)^n} \quad (n \geqslant 3) \tag{6-3-3}$$

当有明显纯滞后(包括 $\dfrac{\tau}{T_0} \leqslant 0.2$)时，

$$G_o(s) = \frac{K_0}{T_0 s+1}e^{-\tau s} \tag{6-3-4}$$

广义过程的放大系数 K_0 可用下式求取：

$$K_0 = \frac{z(\infty)}{A} \tag{6-3-5}$$

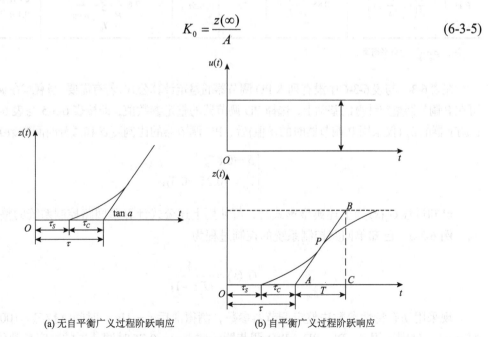

(a) 无自平衡广义过程阶跃响应 (b) 自平衡广义过程阶跃响应

图 6-3-5 响应曲线及其近似处理

表 6-3-5　过程无自平衡能力时的整定计算公式($\psi = 0.75$)

调节规律	过程参数			
	$G_o(s)$	δ	T_{I}	T_{D}
P	$\dfrac{1}{\delta}$	$\varepsilon\tau$	—	—
PI	$\dfrac{1}{\delta}\left(1+\dfrac{1}{T_{\mathrm{I}}s}\right)$	$1.1\varepsilon\tau$	3.3τ	—
PID	$\dfrac{1}{\delta}\left(1+\dfrac{1}{T_{\mathrm{I}}s}+T_{\mathrm{D}}s\right)$	$0.85\varepsilon\tau$	2τ	0.5τ

表 6-3-6　过程有自平衡能力时的整定计算公式($\psi = 0.75$)

调节规律	过程参数						
	$G_o(s)$	$\dfrac{\tau}{T_0}<0.2$			$0.2 \leqslant \dfrac{\tau}{T_0} \leqslant 1.5$		
		δ	T_{I}	T_{D}	δ	T_{I}	T_{D}
P	$\dfrac{1}{\delta}\left(1+\dfrac{1}{T_{\mathrm{I}}s}T_{\mathrm{D}}s\right)$	$\dfrac{1}{\rho}\cdot\dfrac{\tau}{T_0}$	—	—	$2.6\cdot\dfrac{1}{\rho}\cdot\dfrac{\dfrac{\tau}{T_0}-0.08}{\dfrac{\tau}{T_0}+0.7}$	—	—
PI	$\dfrac{1}{\delta}\left(1+\dfrac{1}{T_{\mathrm{I}}s}\right)$	$1.1\cdot\dfrac{1}{\rho}\cdot\dfrac{\tau}{T_0}$	3.3τ	—	$2.6\cdot\dfrac{1}{\rho}\cdot\dfrac{\dfrac{\tau}{T_0}-0.08}{\dfrac{\tau}{T_0}+0.6}$	$0.8T_0$	—
PID	$\dfrac{1}{\delta}\left(1+\dfrac{1}{T_{\mathrm{I}}s}T_{\mathrm{D}}s\right)$	$0.85\cdot\dfrac{1}{\rho}\cdot\dfrac{\tau}{T_0}$	2τ	0.5τ	$2.6\cdot\dfrac{1}{\rho}\cdot\dfrac{\dfrac{\tau}{T_0}-0.15}{\dfrac{\tau}{T_0}+0.88}$	$0.81T_0+$ 0.19τ	$0.25T_{\mathrm{I}}$

注：$\rho = \dfrac{1}{K_0}$ 为自平衡率。

在表 6-3-5 与表 6-3-6 中没有列入 PD 调节器的整定计算公式，若有需要，当衰减在 $\psi = 0.75$ 时，可在 P 调节器整定计算的基础上，选择 PD 调节器的整定参数值，即按表 6-3-5 与表 6-3-6 计算出 P 调节器的 δ_{P} (仅采用 P 调节器时的 δ 值)后，PD 调节器的比例度 δ 和微分时间常数 T_{D} 的值为

$$\begin{cases} \delta = 0.8\delta_{\mathrm{P}} \\ T_{\mathrm{D}} = (0.25\sim0.3)\tau \end{cases} \tag{6-3-6}$$

已知过程 $G_o(s)$ 为上述典型形式时，可使用上述公式计算单回路控制系统的整定参数值。

例 6-3-3　已知单回路控制系统的控制过程为

$$G_o(s) = \dfrac{1}{(T_0s+1)^3} \tag{6-3-7}$$

现采用动态特性参数法整定调节器参数，测得滞后 $\tau = 21\text{s}$，时间常数 $T_0 = 100\text{s}$，自平衡率 $\rho = 1$，分别采用 P、PI、PD、PID 调节器，试求 $\psi = 0.75$ 时调节器的整定参数值。

解　由于 $\tau/T_0 = 0.21$，故应用表 6-3-6 中的公式计算如下。

(1) 比例调节器：

$$\delta = 2.6 \cdot \frac{1}{\rho} \cdot \frac{\dfrac{\tau}{T_0} - 0.08}{\dfrac{\tau}{T_0} + 0.7} = 2.6 \times \frac{0.21 - 0.08}{0.21 + 0.7} = 0.37$$

(2) 比例积分调节器：

$$\delta = 2.6 \cdot \frac{1}{\rho} \cdot \frac{\dfrac{\tau}{T_0} - 0.08}{\dfrac{\tau}{T_0} + 0.6} = 2.6 \times \frac{0.21 - 0.08}{0.21 + 0.6} = 0.42$$

$$T_I = 0.8T_0 = 0.8 \times 100\text{s} = 80\text{s}$$

(3) 比例微分调节器：在比例调节器中已求得 $\delta_P = 0.37$，所以比例微分调节器的整定参数为

$$\delta = 0.8\delta_P = 0.8 \times 0.37 = 0.296$$
$$T_D = (0.25 \colon 0.3)\tau = (0.25 \colon 0.3) \times 21\text{s} = (5.25 \colon 6.3)\text{s}$$

(4) 比例积分微分调节器：

$$\delta = 2.6 \cdot \frac{1}{\rho} \cdot \frac{\dfrac{\tau}{T_0} - 0.15}{\dfrac{\tau}{T_0} + 0.88} = 2.6 \times \frac{0.21 - 0.15}{0.21 + 0.88} = 0.14$$

$$T_I = 0.81T_0 + 0.19\tau = 0.81 \times 100\text{s} + 0.19 \times 21\text{s} = 84.99\text{s}$$
$$T_D = 0.25T_I = 0.25 \times 84.99\text{s} = 21.25\text{s}$$

利用响应曲线的调节器参数整定方法对于在不确切知道广义过程动态特性的阶数或参数值的情况下特别具有吸引力，因为其响应曲线揭示了全部动态环节(被控过程、测量变送器和调节阀)，并能提供广义过程的试验近似模型。

5. 基于积分性能指标的最佳整定法

随着计算机仿真技术的开发和应用，根据广义过程的特性参数 K_0、T_0、τ，以 IAE、ISE 或 ITAE 值最小为准则，求得调节器整定参数的最优值。

对于定值控制系统，调节器参数整定公式为

$$Y = A(\tau/T_0)^B \tag{6-3-8}$$

对于不同的控制作用，Y 是有所不同的，即

比例作用：
$$Y = K_0 K_v \tag{6-3-9}$$

积分作用：$\qquad Y = T_0 / T_{\mathrm{I}}$ $\qquad$ (6-3-10)

微分作用：$\qquad Y = T_{\mathrm{D}} / T_0$ $\qquad$ (6-3-11)

计算机仿真就是按整定公式(6-3-8)，再考虑不同的控制作用，同时应用表 6-3-7 即可求得调节器整定参数 $K_{\tau}(=1/\delta)$、T_{I}、T_{D}。A 和 B 的数值如表 6-3-7 所示。

表 6-3-7　定值系统按最小积分整定的 A、B 值

判据	控制规律	控制作用	A	B
IAE	P	P	0.902	−0.985
ISE	P	P	1.414	−0.917
ITAE	P	P	0.904	−1.084
IAE	PI	P	0.984	−0.986
		I	0.608	−0.707
ISE	PI	P	1.305	−0.959
		I	0.492	−0.739
ITAE	PI	P	0.859	−0.977
		I	0.674	−0.680
IAE	PID	P	1.435	−0.921
		I	0.878	−0.749
		D	0.482	1.137
ISE	PID	P	1.495	−0.945
		I	1.101	−0.771
		D	0.560	1.006
ITAE	PID	P	1.357	−0.947
		I	0.482	−0.738
		D	0.381	0.995

对于随动系统，参数整定公式一般仍为 $Y = A(\tau / T_0)^B$，但对表 6-3-8 中标有符号 "*" 的参数，其参数整定公式为

$$Y = A + B(\tau / T_0) \qquad (6-3-12)$$

A 和 B 的数据如表 6-3-8 所示。

表 6-3-8　随动系统按最小积分整定的 A、B 值

判据	控制规律	控制作用	A	B
IAE	PI	P	0.758	−0.861
		I	1.02	−0.323
ITAE	PI	P	0.586	−0.916
		I	1.03	−0.165

续表

判据	控制规律	控制作用	A	B
IAE	PID	P	1.086	−0.869
		I	0.740	−0.130
		D	0.348	0.914
ITAE	PID	P	0.965	−0.855
		I	0.796	−0.147
		D	0.308	0.929

6. 几种工程整定方法的比较

前面介绍了常用的工程整定方法，对多数简单控制系统来说，这样的整定结果能满足工艺要求。在应用中究竟采用哪一种方法，需要在了解各种方法的特点及适用条件的基础上，根据生产过程的具体情况进行选择。下面对几种方法进行简单比较。

响应曲线法通过开环试验测得广义对象的阶跃响应曲线，根据求出的 τ_0、T_0 和 K_0 进行参数整定。测试试验时，要求加入的扰动幅度足够大，使被控参数产生足够大的变化，保证测试的准确性，但这在一些生产过程中是不允许的。因此，响应曲线法只适用于允许被控参数变化范围较大的生产过程。响应曲线法的优点是试验方法比临界比例度法和衰减曲线法的试验容易掌握，试验所需时间比其他方法短。

临界比例度法在做试验时，调节器已投入运行，被控过程处在调节器控制之下，被控参数一般能保持在工艺允许的范围内。当系统运行在稳定边界时，调节器的比例度较小，动作很快，被控参数的波动幅度很小，一般生产过程是允许的。临界比例度法适用于一般的流量、压力、液位和温度控制系统，但不适用于比例度特别小的过程。因为在比例度很小的系统中，调节器动作速度很快，调节阀全开或全关，影响生产的正常操作。对于 τ_0 和 T_0 都很大的控制对象，调节过程很慢，被控参数波动一次需要很长时间，进行一次试验必须测试若干个完整周期，整个试验过程很浪费时间。对于单容或双容对象，无论比例度多么小，调节过程都是稳定的，达不到稳定边界，不适用此法。

衰减曲线法也是在调节器投入运行的情况下进行的，不需要系统在稳定边界(临界状态)运行，比较安全，而且容易掌握，能适用于各类控制系统。从反应时间较长的温度控制系统到反应时间短到几秒的流量控制系统，都可以应用衰减曲线法。对于时间常数很大的系统，过渡过程时间很长，要经过多次试验才能达到 4∶1 衰减比，整个试验很费时间；另外，对于过渡过程比较快的系统，衰减比和振荡周期难以准确检测也是它的缺点。

经验法的优点是不需要进行专门的试验、对生产过程影响小；缺点是没有相应的计算公式可借鉴，初始参数的选择完全依赖经验，有一定的盲目性。

6.4　舰船单回路控制系统设计应用举例

如前所述，在现代工业生产过程自动化中，单回路控制系统获得了十分广泛的应用。有人曾作了统计，在一个现代化的、年产量为 30 万吨合成氨的大型装置中，有 85%的过程控制系统是单回路控制系统。因此，掌握单回路控制系统的设计原则，对于实现生产过程自动化有着十分重要的意义。下面通过一个舰船工业过程设计实例，全面介绍工业过程控制系统设计的过程和步骤。

1. 生产工艺简况

图 6-4-1 所示为舰船蒸汽动力装置增压锅炉压力控制系统，通过炉膛内燃油燃烧产生热

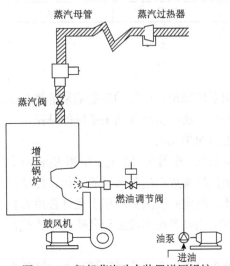

图 6-4-1　舰船蒸汽动力装置增压锅炉
蒸汽压力控制系统

量，加热增压锅炉内给水产生蒸汽，蒸汽进入汽轮机做功，为保证汽轮机的正常工作，按照船舶蒸汽动力要求，船用增压锅炉需要为汽轮机提供充足的蒸汽，同时为保证锅炉的安全运行，增压锅炉蒸汽压力要保持在规定的范围内。在该系统中，影响增压锅炉蒸汽压力的因素包括经由蒸汽阀的蒸汽流量和经由燃油调节阀的燃油流量。

2. 系统设计

1) 被控参数与控制参数选择

(1) 被控参数选择。

根据上述生产工艺情况，增压锅炉蒸汽压力对船舶蒸汽动力装置的安全性至关重要，因此选取增压锅炉蒸汽压力作为被控参数。

(2) 控制参数选择。

若知道被控过程的数学模型，则可用上述分析方法来选取可控性良好的量为控制参数。在未掌握过程的数学模型情况下，仅就图 6-4-1 所示装置进行分析。影响增压锅炉蒸汽压力的因素有蒸汽流量 $d_1(t)$、燃油流量 $d_2(t)$。选其中任一变量作为控制参数，均可构成压力控制系统。图中用调节阀位置代表两种控制方案。其框图分别如图 6-4-2 和图 6-4-3 所示。

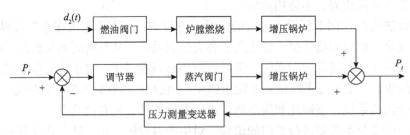

图 6-4-2　蒸汽流量为控制参数时的系统框图

由图 6-4-2 分析可知，蒸汽通过蒸汽阀门直接进入蒸汽母管，滞后最小，对增压锅炉蒸汽的校正作用最灵敏，而且干扰进入位置最靠近蒸汽阀，似乎控制方案最佳，但是，蒸汽在汽轮机内做功，蒸汽流量是生产负荷，一般要求能保证汽轮机正常运行，若作为控制参数，则在工艺上不合理，所以蒸汽流量不宜选作控制参数，该控制方案不能成立。

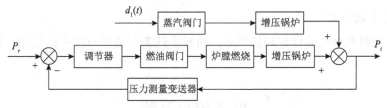

图 6-4-3　燃油流量为控制参数时的系统框图

再按图 6-4-3 所示进行分析，由图可知，燃油流量进入炉膛，与空气混合后燃烧，首先使炉膛温度升高，热传递后使锅炉加热，锅炉内的水蒸发产生蒸汽，与图 6-4-2 所示的方案相比，由于燃烧加热属于多容过程，存在较大的容量滞后，故控制通道时间滞后较大，对增压锅炉蒸汽压力校正作用的灵敏度要差些。综合考虑，选择燃油流量为控制参数的方案最佳。

2) 过程检测控制仪表的选用

根据生产工艺和用户要求，选用电动单元组合(DDZ)仪表。

(1) 测温元件及变送器。

增压锅炉蒸汽压力较高，选用带电接点的隔膜高压表，并配用压力变送器。

(2) 调节阀。

根据生产工艺安全原则及被控介质的特点，选择气开形式的调节阀。

根据过程特性与控制要求选用对数流量特性的调节阀。

根据被控介质流量选择调节阀公称直径和阀芯直径的尺寸。

(3) 调节器。

根据过程特性与工艺要求，可选用 PI 或 PID 控制规律。

根据构成系统负反馈的原则，确定调节器正、反作用方向。

由于示例中选用的调节阀为气开式，为正作用；对于 K_0，由上所述，当其输入燃油流量增加时，其输出增压锅炉压力也增加，故被控对象为正作用；一般测量变送器为正作用。为使系统具有奇数个反作用环节，则调节器选用反作用调节器。

3) 画图

画出如图 6-4-4 和图 6-4-5 所示的增压锅炉蒸汽压力控制系统工艺流程图及其控制原理框图。

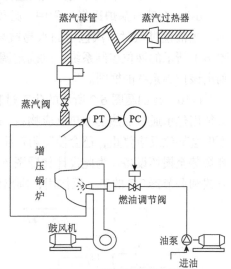

图 6-4-4　增压锅炉蒸汽压力控制系统工艺流程图

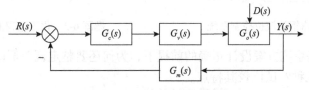

图 6-4-5　压力控制原理框图

4) 调节器参数整定

为使压力控制系统能运行在最佳状态，可按上述工程整定方法中的任意一种进行调节器参数的整定。

思考题与习题

6-1　说明单回路控制系统的构成、主要特点及其应用场合。

6-2　选择被控参数应遵循哪些基本原则？什么是直接参数？什么是间接参数？两者有何关系？

6-3　选择控制变量时，为什么要分析被控过程的特性？为什么希望控制通道放大系数 K_0 要大、时间常数 T_0 小、纯滞后时间 τ_0 越小越好，而干扰通道的放大系数 K_d 尽可能小、时间常数 T_d 尽可能大？

6-4　当被控过程存在多个时间常数时，为什么应尽量使时间常数错开？

6-5　选择检测变送装置时要注意哪些问题？怎样克服或减小纯滞后？

6-6　调节阀口径选择不当，过大或过小会带来什么问题？正常工况下，调节阀的开度在什么范围比较合适？

6-7　选择调节阀气开、气关方式的首要原则是什么？

6-8　调节器正、反作用方式的选择依据是什么？

6-9　在蒸汽锅炉运行过程中，必须满足汽-水平衡关系，汽包水位是一个十分重要的指标。当液位过低时，汽包中的水易被烧干引发生产事故，甚至会发生爆炸，为此设计如题图 6-1 所示的液位控制系统。试确定调节阀的气开、气关方式和调节器 LC 的正、反作用；画出该控制系统的框图。

6-10　在如题图 6-2 所示的化工过程中，化学反应为吸热反应。为使化学反应持续进行，必须用热水通过加热套加热反应物料，以保证化学反应在规定的温度下进行。如果温度太低，不但会导致反应停止，还会使物料产生聚合凝固，导致设备堵塞，为生产过程再次运行造成麻烦甚至损坏设备。为此设计如题图 6-2 所示的温度控制系统。试确定调节阀的气开、气关方式和调节器 TC 的正、反作用；画出该控制系统的框图。

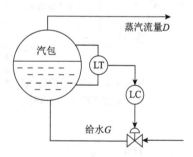

题图 6-1　蒸汽锅炉液位控制系统

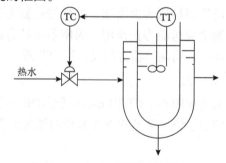

题图 6-2　化工过程温度控制系统

6-11　在单回路系统方案设计正确的前提下，为何还要整定调节器的参数？目前常用的工程整定方法有哪几种？试比较其特点。

6-12　题图 6-3 为储气罐压力单回路控制系统，其中 P、P_m、P_{sp} 分别为储罐压力、储罐压力测量值与设定值，K_{V1}、K_{V2} 分别为自动调节阀和手动出口阀。试指出该系统中的被控对象、被控变量、操纵变量和扰动变量，画出该系统的框图，并指出该系统的控制目标。

6-13　某热交换器如题图 6-4 所示，用蒸汽将进入其中的冷水加热至一定温度，生产工艺要求热水温度保持定值 $(t \pm 1)$ ℃，试设计一个单回路控制系统。

题图 6-3　储气罐压力单回路控制系统　　　　题图 6-4　热交换器系统

6-14　题图 6-5 为加热炉的温度控制器，原料油在炉中被加热。试问：

(1) 该系统的被控对象、被控变量、操作变量以及可能出现的干扰是什么？

(2) 画出系统的框图。

(3) 若原料油不允许过热，控制阀应选用气开型还是气关型？控制器应选择正作用的还是反作用的？

6-15　题图 6-6 为锅炉锅筒液位控制系统，要求锅炉不能烧干。试画出该系统的框图，判断阀的气开、气关形式，确定控制器的正、反作用，并简述当加热室温度升高导致蒸汽蒸发量增加时，该控制系统是如何克服干扰的？

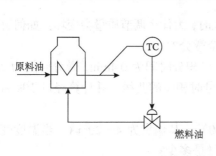
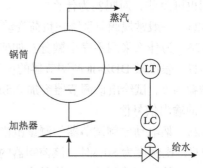

题图 6-5　加热炉温度控制系统　　　　题图 6-6　锅炉锅筒液位控制系统

6-16　试确定题图 6-7 所示的两个系统中执行器的正、反作用及控制器的正、反作用。题图 6-7(a) 为加热器出口物料温度控制系统，要求物料温度不能过高，否则容易分解；题图 6-7(b) 为冷却器出口物料温度控制系统，要求物料温度不能太低，否则容易结晶。

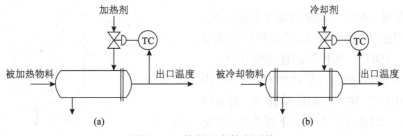

题图 6-7　物料温度控制系统

6-17　题图 6-8 为液体储槽，需要对液位进行自动控制，为安全起见，储槽内液体严格禁止溢出，试在下述两种情况下，分别确定控制阀的气开、气关形式及控制器的正、反作用。

（1）选择流入量 Q_1 为操纵变量；

（2）选择流出量 Q_2 为操纵变量。

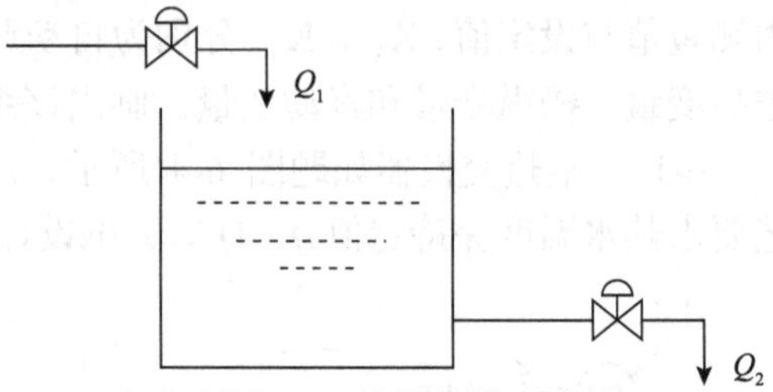

6-18　有一台 PI 调节器，比例度 $\delta = 50\%$，$T_I = 1\text{min}$，若将 δ 改为 $\delta = 100\%$，问：

（1）调节系统稳定程度提高还是降低？为什么？

（2）动差增大还是减小？为什么？

（3）静差能不能消除？为什么？

（4）调节时间延长还是缩短？为什么？

6-19　常用控制器的控制规律有哪些？各有何特点？适用于什么场合？

6-20　在什么场合下选用比例(P)、比例积分(PI)、比例积分微分(PID)控制规律？

6-21　为什么压力、流量的调节一般不采用微分规律，温度、成分调节多采用微分规律？

6-22　若已知过程的数学模型，怎样选择 PID 控制规律？

6-23　某流量调节系统，调节阀是对数特性，在满负荷生产时测量曲线平直，改为半负荷生产时曲线漂浮，不容易回到给定值，是什么原因？怎样才能使曲线在给定值上稳定下来？

6-24　调节炉出口温度时，适当引入微分作用后，有人说比例度可以比微分时小些，积分时间也可短些，对吗？为什么？

6-25　一般常规调节系统在负荷变动或变动较大时，为什么调节质量会变坏？如何解决？

6-26　为什么采用不完全微分？如何实现不完全微分？

6-27　假设某 DDZ-Ⅲ型调节器的比例度为 40%，积分时间为 0.4min，微分时间为 2min，微分增益为 8。试绘出该调节器突加 0.5mA 阶跃信号时相应的曲线，并计算经过 10s 后，该调节器的输出信号值。

6-28　某电动比例调节器的测量范围是 0~1000℃，其输出为 4~20mA。当温度变化量为 100℃，比例度为 80% 时，该控制器的输出变化量是多少？

6-29　某比例控制器输入信号为 4~20mA，输出信号为 1~5V，当比例度为 60%，输入变化 6mA 时，所引起的输出变化量是多少？

6-30　某模拟调节器，初始输出 V_o 为 4.5V DC，当 V_i 加入 0.1V 的阶跃输入时，V_i 为 2V，随后 V_o 线性上升，经 5min 后 V_o 为 4.5V，则该调节器的比例增益、积分时间和微分时间分别是多少？

6-31　题图 6-9 为一加热器温度控制系统，其正常操作温度为 200℃。温度控制器的测量范围是 150~250℃，当控制器输出变化1%，蒸汽量将改变 3%，而蒸汽量增加1%时，槽内温度将上升 0.2℃。在正常操作情况下，若液体流量增加1%，则槽内温度将会下降 1℃。假定所采用的是纯比例控制器，其比例度为100%，

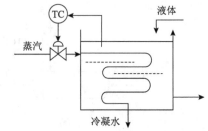

题图 6-9　某加热器温度控制系统

题图 6-8　液体储槽工艺图

试求当设定值由 200℃提高到 220℃时，待系统稳定后，槽内温度应是多少？

6-32 某混合器出口温度控制系统如题图 6-10(a)所示，系统框图如题图 6-10(b)所示，其中，$K_1 = 5.4$，$K_2 = 1$，$K_d = 0.8/5.4$，$T_1 = 5\text{min}$，$T_2 = 2.5\text{min}$，调节器比例增益为 K_c。

(1) 当 $\Delta F = 10$ 阶跃扰动，K_c 分别为 2.4 和 0.48 时，求系统的输出响应 T。

(2) 当设定值 $\Delta T_r = 2$ 时，求系统输出响应 T。

(3) 分析调节器比例增益 K_c 对设定值阶跃响应、扰动阶跃响应的影响。

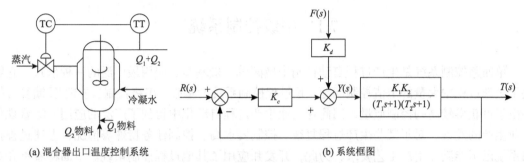

(a) 混合器出口温度控制系统　　　　　　　　　(b) 系统框图

题图 6-10　某混合器出口温度控制系统及其框图

6-33 常用的 PID 参数的工程整定方法有哪些？各有何优缺点？

6-34 比例积分控制时，整定值 K_c 与纯比例控制时 K_c 的整定值大致上是什么定量关系？

6-35 PID 控制时，K_c 的整定值与纯比例控制时 K_c 的整定值大致上是什么定量关系？

6-36 某控制系统用稳定边界法整定参数，已测得 $\delta_s = 20\%$，$T_s = 4\text{min}$。试分别确定 P、PI、PID 的控制参数。

6-37 某控制系统用 4∶1 衰减曲线法整定控制器参数。已测得 $\delta_s = 40\%$，$T_s = 6\text{min}$。试确定 P、PI、PID 作用时控制器的参数。

6-38 已知对象传递函数 $G_o(s) = \dfrac{8\mathrm{e}^{-\tau_0 s}}{T_0 s + 1}$，其中 $\tau_0 = 3\text{s}$，$T_0 = 6\text{s}$，调节器采用 PI 控制规律，试用稳定边界法整定调节器的参数。

第7章 高级过程控制系统设计

7.1 串级控制系统

单回路控制系统是生产过程自动控制中最简单、最基本、应用最广泛的一种形式。它解决了生产过程中大量的定值控制问题，是过程控制系统的基础。串级控制、前馈-反馈复合控制由于可获得较高的控制质量，因此在工业生产过程自动化中得到了广泛的应用。随着现代工业生产的发展，对于某些生产过程复杂、控制要求高、控制任务特殊等情况，上述过程控制系统已不能满足生产工艺要求，为此，开发和应用了其他过程控制系统。下面将着重介绍其中最常用的几种控制方案，借以了解其设计方法与工业应用。

7.1.1 串级控制系统的结构与工作原理

串级控制系统是在简单控制系统的基础上发展起来的。当被控过程的滞后较大，干扰比较剧烈、频繁时，采用简单控制系统控制品质较差，满足不了工艺控制精度要求，在这种情况下可考虑采用串级控制系统。下面以管式加热炉为例，分析串级控制系统基本原理。

例 7-1-1 管式加热炉温度控制。

管式加热炉是石油工业中重要的装置之一，它的任务是把原油或重油加热到一定温度，以保证下一道工序(分馏或裂解)的顺利进行。管式加热炉出口温度单回路控制系统如图 7-1-1 所示。燃料油经过蒸汽雾化后在炉膛中燃烧，被加热油料流过炉膛四周的排管后，就被加热到出口温度 θ_1。在燃料油管道上装设一个调节阀，用它来控制燃料油量以达到调节温度 θ_1 的目的。

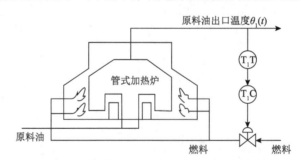

图 7-1-1 管式加热炉出口温度单回路控制系统

引起温度 θ_1 改变的扰动因素很多，主要有原料油流量 $d_1(t)$、原料油入口温度 $d_2(t)$、燃料压力 $d_3(t)$、燃料热值 $d_4(t)$ 等。该系统根据原料油出口温度 $\theta_1(t)$ 的变化来控制燃料阀门开度，通过改变燃料流量将原料油出口温度控制在规定的数值上，是一个简单控制系统。系统框图如图 7-1-2 所示。

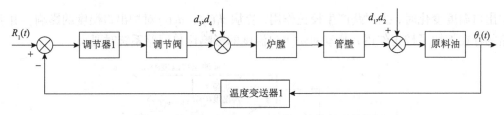

图 7-1-2　管式加热炉出口温度单回路控制系统框图

　　从调节阀动作到温度 θ_1 改变，这中间需要相继通过炉膛、管壁和被加热油料所代表的热容积，因而反应很缓慢。工艺上对出口温度 θ_1 要求很高，一般希望波动范围为 ±1%～2%。实践证明，采用简单的控制系统是达不到这个要求的。

　　燃料在炉膛燃烧后，首先引起炉膛温度 $\theta_2(t)$ 变化，再通过炉膛与原料油的温差将热量传给原料油，中间还要经过原料油管道管壁。显然，燃料量变化或燃料热值变化，首先使炉膛温度发生变化。如果以炉膛温度作为被控参数组成单回路控制系统，会使控制通道容量滞后减少，对来自燃料的干扰 $d_3(t)$、$d_4(t)$ 的控制作用比较及时。控制系统如图 7-1-3 所示，系统框图如图 7-1-4 所示。问题是炉膛温度 $\theta_2(t)$ 毕竟不能真正代表原料油出口温度 $\theta_1(t)$，即使炉膛温度恒定，原料油本身的流量或入口温度变化仍会影响原料油出口温度，这是因为来自原料油的干扰 $d_1(t)$、$d_2(t)$ 并没有包含在图 7-1-4 所示的控制系统(反馈回路)之内，控制系统不能克服 $d_1(t)$、$d_2(t)$ 对原料油出口温度的影响，控制效果仍达不到生产工艺要求。

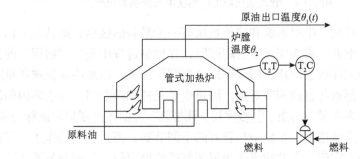

图 7-1-3　管式加热炉炉膛温度控制系统

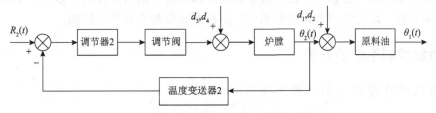

图 7-1-4　管式加热炉炉膛温度控制系统框图

　　采用串级控制系统可以大大提高调节品质。在这个控制系统中，用炉膛温度 $\theta_2(t)$ 来控制调节阀(图 7-1-5)，然后用出口燃料油 $\theta_1(t)$ 来修正炉膛温度的给定值 $R_2(t)$。控制系统的框图如图 7-1-6 所示。调节对象包括炉膛、管壁和油料等三个热容积。而扰动 $d_1(t)$、$d_2(t)$、$d_3(t)$ 和 $d_4(t)$ 则作用于不同地点。由于热容积之间有相互作用，严格说来，这个画法是不准确的，但是可以近似地说明问题的主流方面。由图 7-1-6 可见，扰动因素 $d_3(t)$ 和 $d_4(t)$ 包括在副环之内，因此可以大大减小这些扰动对于出口油温 $\theta_1(t)$ 的影响，对于被加热油料方面，扰动 $d_1(t)$、$d_2(t)$

使炉出口温度变化时，主回路产生校正作用，克服 $d_1(t)$、$d_2(t)$ 对炉出口温度的影响。由于副回路的存在加快了校正作用，扰动对炉出口温度的影响比单回路系统时要小。

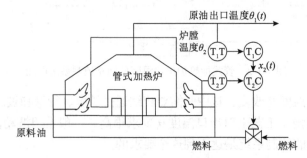

图 7-1-5　管式加热炉出口温度串级控制系统

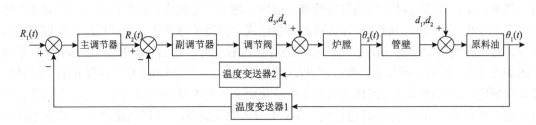

图 7-1-6　管式加热炉出口温度串级控制系统框图

从图 7-1-6 可以看到，串级系统和简单系统有一个显著的区别，即其在结构上形成了两个闭环。一个闭环在里面，称为副环或者副回路，在控制过程中起着"粗调"的作用；另一个闭环在外面，称为主环或主回路，用来完成"细调"任务，以最终保证被调量满足工艺要求。无论主环或副环都有各自的调节对象、测量变送元件和调节器。在主环内的调节对象、被测参数和调节器称为主调节对象、主参数和主调节器。在副环内则相应地称为副调节对象、副参数和副调节器。应该指出，系统中尽管有两个调节器，但是它们的作用各不相同。主调节器具有自己独立的设定值，它的输出作为副调节器的设定值，而副调节器的输出信号则是送到调节阀去控制生产过程。比较串级系统和简单系统，前者只比后者多了一个测量变送元件和一个调节器，增加的仪表投资并不多，但控制效果却有显著的提高。

7.1.2　串级控制系统的分析

1. 能迅速克服进入副回路的干扰

在分析串级控制系统之前，先把扰动以其作用位置的不同分为两类。一般把包括在副回路内的扰动称为二次扰动，而把作用于副回路之外的扰动称为一次扰动(参见图 7-1-6)。这两类扰动对串级控制效果有本质的差别。

串级控制系统只是在结构上增加了一个副回路，为什么会有如此明显的效果呢？

首先，副环具有快速作用，它能够有效地克服二次扰动的影响。可以说，串级系统主要是用来克服进入副回路的二次干扰的。现在对图 7-1-7 所示框图进行分析，可进一步揭示问题的本质。图中，$G_{c1}(s)$、$G_{c2}(s)$ 是主、副调节器传递函数；$G_{o1}(s)$、$G_{o2}(s)$ 是主、副对象传递函数；$G_{m1}(s)$、$G_{m2}(s)$ 是主、副变送器传递函数；$G_v(s)$ 是调节阀传递函数；$G_{d2}(s)$ 是二次干扰通道的传递函数。

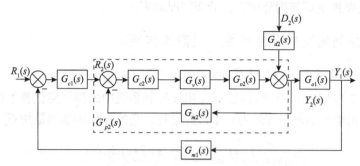

图 7-1-7　串级控制系统的框图

当二次干扰经过干扰通道环节 $G_{d2}(s)$ 后，进入副环，首先影响副参数 $Y_2(s)$，于是副调节器立即动作，力图削弱干扰对 $Y_2(s)$ 的影响。显然，干扰经过副环的抑制后再进入主环，对 $Y_1(s)$ 的影响将有较大的削弱。按图 7-1-7 所示串级系统，可以写出二次干扰 $D_2(s)$ 至主参数 $Y_1(s)$ 的传递函数是

$$\frac{Y_1(s)}{D_2(s)} = \frac{\dfrac{G_{d2}(s)G_{o1}(s)}{1+G_{c2}(s)G_v(s)G_{o2}(s)G_{m2}(s)}}{1+G_{c1}(s)G_{o1}(s)G_{m1}(s)\dfrac{G_{c2}(s)G_v(s)G_{o2}(s)}{1+G_{c2}(s)G_v(s)G_{o2}(s)G_{m2}(s)}}$$

$$= \frac{G_{d2}(s)G_{o1}(s)}{1+G_{c2}(s)G_v(s)G_{o2}(s)G_{m2}(s)+G_{c1}(s)G_{o1}(s)G_{m1}(s)G_{c2}(s)G_v(s)G_{o2}(s)} \tag{7-1-1}$$

为了与一个简单回路控制系统相比较，由图 7-1-8 可以很容易地得到单回路控制下 $D_2(s)$ 至 $Y_1(s)$ 的传递函数为

$$\frac{Y_1(s)}{D_2(s)} = \frac{G_{d2}(s)G_{o1}(s)}{1+G_c(s)G_v(s)G_{o1}(s)G_{o2}(s)G_m(s)} \tag{7-1-2}$$

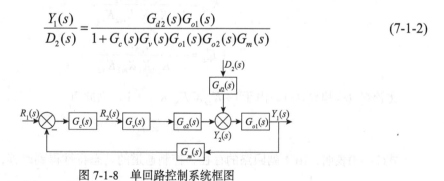

图 7-1-8　单回路控制系统框图

比较式(7-1-1)和式(7-1-2)。先假定 $G_c(s)=G_{c1}(s)$，且注意到单回路系统中的 $G_m(s)$ 就是串级系统中的 $G_{m1}(s)$。可以看到，串级系统中 $Y_1(s)/D_2(s)$ 的分母中多了一项，即 $G_{c2}(s)G_v(s)G_{o2}(s)G_{m2}(s)$。在主环工作频率下，这项乘积的数值一般是比较大的，而且随着副调节器比例增益的增大而加大；另外，式(7-1-1)的分母中第三项比式(7-1-2)分母中第二项多了一个 $G_{c2}(s)$。一般情况下，副调节器的比例增益是大于1的。因此可以说，串级控制系统

的结构使二次干扰 $D_2(s)$ 对主参数 $Y_1(s)$ 这一通道的动态增益明显减小。当二次干扰出现时，很快就被副调节器所克服。与单回路控制系统相比，被调量受二次干扰的影响往往可以减小 10%～100%，这要视主环与副环中容积分布情况而定。

2. 能改善控制通道的动态特性，提高工作频率

1) 等效时间常数减小，响应速度加快

分析比较图 7-1-7 和图 7-1-8 可以发现，串级控制系统中的副回路代替了单回路系统中的一部分过程，若把整个副回路等效为一个被控过程，它的等效传递函数用 $G'_{o2}(s)$ 表示，则有

$$G'_{o2}(s) = \frac{Y_2(s)}{R_2(s)} = \frac{G_{c2}(s)G_v(s)G_{o2}(s)}{1 + G_{c2}(s)G_v(s)G_{o2}(s)G_{m2}(s)}$$
$$= G_{c2}(s)G_v(s)G^*_{o2}(s) \tag{7-1-3}$$

假设副回路中各环节的传递函数分别为

$$G_{o2}(s) = \frac{K_{o2}}{T_{o2}+1}, \quad G_{c2}(s) = K_{c2}, \quad G_v(s) = K_v, \quad G_{m2}(s) = K_{m2} \tag{7-1-4}$$

式(7-1-3)变为

$$G'_{o2} = \frac{\dfrac{K_{c2}K_vK_{o2}}{1+K_{c2}K_vK_{o2}K_{m2}}}{1+\dfrac{T_{o2}}{K_{c2}K_vK_{o2}K_{m2}}} = \frac{K'_{o2}}{T'_{o2}+1} \tag{7-1-5}$$

式中，K'_{o2} 和 T'_{o2} 分别为等效过程的放大系数与时间常数。

$$K'_{o2} = \frac{K_{c2}K_vK_{o2}}{1+K_{c2}K_vK_{m2}K_{o2}} \tag{7-1-6}$$

$$T'_{o2} = \frac{T_{o2}}{1+K_{c2}K_vK_{m2}K_{o2}} \tag{7-1-7}$$

比较 $G_{o2}(s)$ 和 $G'_{o2}(s)$，由于 $1+K_{c2}K_vK_{m2}K_{o2} \gg 1$，因此有

$$T'_{o2} \ll T_{o2} \tag{7-1-8}$$

式(7-1-8)表明，由于副回路的存在，控制通道的动态特性得到改善，等效过程的时间常数为原来的 $\dfrac{1}{1+K_{c2}K_vK_{m2}K_{o2}}$，而且副调节器比例增益越大，等效过程的时间常数将越小。通常情况下，副被控过程大多为单容过程或者双容过程，因而副调节器的比例增益可以取得较大，等效时间常数可以减小到很小的数值，从而加快了副回路的响应速度。

2) 提高了系统的工作频率

串级控制系统的工作频率可以依据闭环系统的特征方程进行计算。串级控制系统的特征

方程为

$$1 + G_{c1}(s)G'_{o2}(s)G_{o1}(s)G_{m1}(s) = 0 \tag{7-1-9}$$

假设 $G_{o1}(s) = \dfrac{K_{o1}}{T_{o1}+1}$，$G_{c1}(s) = K_{c1}$，$G_{m1}(s) = K_{m1}G'_{o2}(s)$，$G_{o1}(s) = \dfrac{K_{o1}}{T_{o1}+1}$，如式(7-1-5)所示，则式(7-1-8)变为

$$1 + \frac{K_{c1}K'_{o2}K_{o1}K_{m1}}{(T'_{o2}s+1)(T_{o1}s+1)} = 0 \tag{7-1-10}$$

经整理后为

$$s^2 + \frac{T_{o1}+T'_{o2}}{T_{o1}T'_{o2}}s + \frac{1+K_{c1}K'_{o2}K_{o1}K_{m1}}{T_{o1}T'_{o2}} = 0 \tag{7-1-11}$$

若令

$$\begin{cases} 2\xi\omega_0 = \dfrac{T_{o1}+T'_{o2}}{T_{o1}T'_{o2}} \\[2mm] \omega_0^2 = \dfrac{1+K_{c1}K'_{o2}K_{o1}K_{m1}}{T_{o1}T'_{o2}} \end{cases} \tag{7-1-12}$$

式(7-1-11)可写成如下标准形式，即

$$s^2 + 2\xi\omega_0 s + \omega_0^2 = 0 \tag{7-1-13}$$

式中，ξ 为串级控制系统的阻尼系数；ω_0 为串级控制系统的自然频率。

由反馈控制理论可知，串级控制系统的工作频率为

$$\omega_{串} = \omega_0\sqrt{1-\xi^2} = \frac{\sqrt{1-\xi^2}}{2\xi}\frac{T_{o1}+T'_{o2}}{T_{o1}T'_{o2}} \tag{7-1-14}$$

对于同一被控过程，如果采用单回路控制方案，由式(7-1-2)可得系统的特征方程为

$$1 + G_c(s)G_v(s)G_{o1}(s)G_{o2}(s)G_{m1}(s) = 0 \tag{7-1-15}$$

设备环节的传递函数为 $G_{o1}(s) = \dfrac{K_{o1}}{T_{o1}+1}$，$G_{c1}(s) = K_{c1}$，$G_{m1}(s) = K_{m1}$，$G_{o2}(s) = \dfrac{K_{o2}}{T_{o2}+1}$，$G_{c2}(s) = K_{c2}$，$G_v(s) = K_v$，$G_{m2}(s) = K_{m2}$。

式(7-1-15)变为

$$s^2 + \frac{T_{o1}+T_{o2}}{T_{o1}T_{o2}}s + \frac{1+K_cK_{o2}K_vK_{o1}K_{m1}}{T_{o1}T_{o2}} = 0 \tag{7-1-16}$$

若令

$$\begin{cases} 2\xi'\omega_0' = \dfrac{T_{o1} + T_{o2}}{T_{o1}T_{o2}'} \\ \omega_0'^2 = \dfrac{1 + K_c K_v K_{o2} K_{o1} K_{m1}}{T_{o1}T_{o2}} \end{cases} \tag{7-1-17}$$

式中，ξ' 为单回路控制系统的阻尼系数；ω_0' 为单回路控制系统的自然频率。可得单回路控制系统的工作频率为

$$\omega_{单} = \omega_0'\sqrt{1 - \xi'^2} = \frac{\sqrt{1 - \xi'^2}}{2\xi^2}\frac{T_{o1} + T_{o2}}{T_{o1}T_{o2}} \tag{7-1-18}$$

如果使串级控制系统和单回路控制系统的阻尼系数相同 $(\xi = \xi')$，则有

$$\frac{\omega_{串}}{\omega_{单}} = \frac{\dfrac{T_{o1} + T_{o2}'}{T_{o1}T_{o2}'}}{\dfrac{T_{o1} + T_{o2}}{T_{o1}T_{o2}}} = \frac{1 + \dfrac{T_{o1}}{T_{o2}'}}{1 + \dfrac{T_{o1}}{T_{o2}}} \tag{7-1-19}$$

因为

$$\frac{T_{o1}}{T_{o2}'} \gg \frac{T_{o1}}{T_{o2}} \tag{7-1-20}$$

所以有

$$\omega_{串} \gg \omega_{单} \tag{7-1-21}$$

　　研究表明，若将主、副被控过程推广到一般情况，主、副调节器推广到一般的 PID 调节规律，则上述结论依然成立。由此可知，串级控制系统由于副回路的存在，改善了被控过程的动态特性，提高了整个系统的工作频率。进一步研究表明，当主、副被控过程的时间常数 T_{o1} 和 T_{o2} 的比值一定时，副调节器的比例放大系数 K_{c2} 越大，串级控制系统的工作频率就越高；而当副调节器的比例放大系数 K_{c2} 一定时，T_{o1} 和 T_{o2} 的比值越大，串级控制系统的工作频率也越高。

　　与单回路控制系统相比，串级控制系统工作频率的提高，使系统的振荡周期缩短，因而提高了整个系统的控制质量。

3. 能适应负荷和操作条件的剧烈变化

　　众所周知，实际的生产过程往往包括一些非线性因素。对于非线性过程，若采用单回路控制，则在负荷变化不大的情况下，广义被控过程的放大系数通常认为是近似不变的，此时按一定控制质量指标整定的调节器参数也近似不变。但如果负荷变化过大，由于非线性因素的影响，广义被控过程的放大系数会随负荷的变化而变化，此时若不重新整定调节器参数，则控制质量就难以得到保证。在串级控制系统中，一般情况下，$K_{c2}K_v K_{p2}K_{m2} \gg 1$，因此副回路的等效放大系数为

$$K'_{o2} = \frac{K_{c2}K_v K_{o2}}{1 + K_{c2}K_v K_{m2}K_{o2}} \approx \frac{1}{K_{m2}} \tag{7-1-22}$$

一方面,如果副对象增益或调节阀的特性随负荷变化,对等效增益 K'_{o2} 的影响不大,因而在不改变调节器整定参数的情况下,系统的副回路能自动地克服非线性因素的影响,保持或接近原有的控制质量;另一方面,由于副回路通常是一个流量随动系统,当系统操作条件或负荷改变时,主调节器将改变其输出值,副回路能快速跟踪且及时而又精确地控制流量,从而保证系统的控制品质。从上述两个方面看,串级控制系统对负荷的变化有一定自适应能力。

综上所述,可以将串级控制系统具有较好的控制性能的原因归纳如下:

(1) 对二次干扰有很强的克服能力;

(2) 改善了对象的动态特性,提高了系统的工作频率;

(3) 对负荷或操作条件的变化有一定自适应能力。

为了对串级控制系统的控制效果有一定量的概念,下面用频率法来估算一个实例。

例 7-1-2 设串级系统的框图如图 7-1-9 所示,其中主、副对象的传递函数分别为

$$G_{o1}(s) = \frac{1}{(30s+1)(3s+1)} \tag{7-1-23}$$

$$G_{o2}(s) = \frac{1}{(10s+1)(s+1)^2} \tag{7-1-24}$$

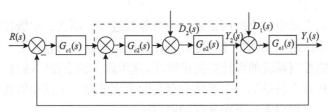

图 7-1-9 串级控制系统实例框图

主、副调节器的传递函数分别为

$$G_{c1}(s) = K_{c1}\left(1 + \frac{1}{T_1 s}\right) \tag{7-1-25}$$

$$G_{c2}(s) = K_{c2} \tag{7-1-26}$$

估算结果如表 7-1-1 所示。

表 7-1-1 串级控制的效果

控制品质指标	简单控制系统	串级控制系统
	$K_{c1} = 3.7$	$K_{c2} = 10$
		$K_{c1} = 8.4$
	$T_1 = 38$	$T_1 = 12.8$
衰减率	0.75	0.75

续表

控制品质指标	简单控制系统	串级控制系统
	$K_{c1} = 3.7$ $T_1 = 38$	$K_{c2} = 10$ $K_{c1} = 8.4$ $T_1 = 12.8$
残偏差	0	0
系统工作频率	0.087	0.23
二次扰动下的短期最大偏差	0.24	0.011
一次扰动下的短期最大偏差	0.3	0.11

从表 7-1-1 中可以看到，由于采用了串级控制，系统工作频率由单回路的 0.087 增加到 0.23，大约是原来的 2.6 倍；二次扰动下的短期最大偏差由单回路控制时的 0.24 减小到 0.011，大约减小了 95.42%；即使在一次扰动下，短期最大偏差也由单回路控制时的 0.3 减小到 0.11，大约减小了 63%。可见串级系统对控制效果的改善是十分明显的，但是必须指出，上述估算结果没有考虑非线性因素的影响。实际上，由于串级系统的副调节器增益往往很大，调节阀的动作幅度也相应增大，有时可能处于饱和状态，因此串级控制系统的实际效果要比表 7-1-1 中估算的结果略为差一些。

7.1.3 串级控制系统的设计

如果把串级控制系统中整个副回路看成一个等效过程，那么，串级控制系统与一般单回路控制系统没有什么区别，无须特殊讨论其设计问题。正是因为它多了一个副回路，所以它的设计比一般单回路控制系统的设计要复杂得多。这里涉及的主要问题有：副参数如何选择？主、副回路之间存在什么联系？一个系统中存在两个调节器，应该如何选择各自的调节规律以及如何确定其正、反作用等？下面分别加以讨论。

1. 副回路的设计与副参数的选择

由串级控制的控制效果分析可知，它的种种特点都是由于存在副回路。因而副回路设计得好坏是关系到能否发挥串级控制系统特点的关键所在。从结构上看，副回路是一个单回路。如何从整个被控过程中选取其一部分作为副被控过程组成这个单回路，其关键所在是如何选择副参数。从控制理论的角度，副参数的选择必须遵循以下几个原则。

(1) 副参数要物理可测、副对象的时间常数要小、纯滞后时间应尽可能短。为了构成副回路，副参数为物理可测是必要条件；为了提高副回路的快速反应能力、缩短调节时间，副被控过程时间常数不能太大，纯滞后时间也应尽可能小。例如，如图 7-1-5 所示的加热炉温度串级控制方案，以炉膛温度为副参数组成副回路，对燃料压力、燃料成分以及烟囱抽力的变化等诸多干扰能够迅速予以克服，其选择也是有效的。总之，为了充分发挥副回路的快速调节作用，必须选择物理上可测、对干扰作用能迅速做出反应的工艺参数作为副参数是必须遵循的原则之一。

(2) 副回路应尽可能多地包含变化频繁、幅度大的干扰。为了充分发挥串级控制对进入副回路的干扰有较强的抑制能力这一作用，在选择副参数时，一定要把尽可能多的干扰包含在副回路中，尤其要将严重影响主参数、变化剧烈而又频繁的干扰包含在副回路中。但需要注意的是，随着副回路包含干扰的增多，其调节通道的惯性滞后必然会增大，会使副回路迅速克服干扰的能力降低，反而不利于提高控制质量。因此，副回路包含的干扰也不能越多越好。图 7-1-10 所示为炼油厂管式加热炉原油出口温度两种不同的串级控制方案流程图。其一是针对燃料油压力为主要干扰而设计的原料油出口温度与燃料油的阀后压力串级控制方案流程图，如图 7-1-10(a)所示；其二是针对燃料油的黏度、成分、处理量和燃料油热值为主要干扰而设计的原料油出口温度与炉膛温度串级控制方案流程图，如图 7-1-10(b)所示。由此可见，即使同一被控过程，由于主要干扰不同，采用的串级控制方案也会有所不同，但无论什么情况，副参数的选择必须使副回路包含其主要干扰，这是必须遵循的原则之二。

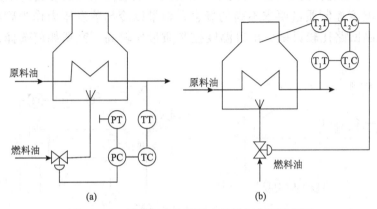

图 7-1-10　管式加热炉两种串级控制方案流程图

(3) 主、副被控过程的时间常数要适当匹配，当主、副被控过程均用一阶惯性环节来描述且使串级控制系统与单回路控制系统的阻尼系数相同时，由式(7-1-14)可知其工作频率之比为

$$\frac{\omega_{串}}{\omega_{单}} = \frac{1 + T_{o1}/T'_{o2}}{1 + T_{o1}/T_{o2}} = \frac{1 + (1 + K_{c2}K_vK_{o2}K_{m2})T_{o1}/T_{o2}}{1 + T_{o1}/T_{o2}} \tag{7-1-27}$$

根据式(7-1-7)，假设 $1 + K_{c2}K_vK_{o2}K_{m2}$ 为常量，作出如图 7-1-11 所示曲线。

由图 7-1-11 可见，串级控制的工作频率与单回路控制的工作频率之比 $\omega_{串}/\omega_{单}$，在主、副被控过程的时间常数之比 T_{o1}/T_{o2} 较小时增长较快，而随着 T_{o1}/T_{o2} 的增加，$\omega_{串}/\omega_{单}$ 的增长速度明显变慢。由副参数的选择原则之一可知，为了使副回路的调节速度尽可能快，而不应使副被控过程的时间常数太大。但从图 7-1-11 可知，如果过分减小副被控过程的惯性时间常数，一方面，对进一步提高整个系统的工作频率不

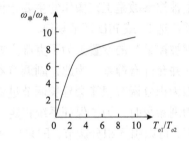

图 7-1-11　$1 + K_{c2}K_vK_{o2}K_{m2}$ 为常量时的
$\omega_{串}/\omega_{单}$ 与 T_{o1}/T_{o2} 关系曲线

利，另一方面，副被控过程的时间常数太小，会使副回路所包含的干扰较少，又不利于确保主被控量的控制质量，由图 7-1-11 可知，T_{o1}/T_{o2} 应小于 10；相反，当主、副被控过程的时间常数之比较小时，副回路包含的干扰又会增多，其结果导致因副回路反应迟钝而不能及时克服进入副回路的干扰。综上所述，主、副被控过程的时间常数的比值既不能太大也不能太小，应适当匹配，这是必须遵循的原则之三。究竟如何匹配才算适当？由控制理论可知，当主、副回路的工作频率 $\omega_{主}$ 和 $\omega_{副}$ 相互接近时，容易引起系统共振，为此必须使 $\omega_{主}/\omega_{副} > 3$；相应地，要求主、副被控过程的时间常数之比 T_{o1}/T_{o2} 至少应大于 3，所以，通常选择 T_{o1}/T_{o2} 为 3~10 为宜。

(4) 应综合考虑控制质量和经济性要求。在选择副参数时常会出现较多可供选择的方案，在这种情况下，可根据对主参数控制质量的要求及经济性原则综合考虑。如图 7-1-12 所示为相同冷却器构成的两种不同串级控制流程图，它们均以被冷却物料的出口温度作为主被控参数，而可供选择的副参数有两个。如果以冷剂液位作为副参数，则该方案投资少，适用于对出口温度控制质量要求不高的场合；如果以冷剂蒸发压力作为副参数，则该方案投资多，但副回路比较灵敏，出口温度控制质量比较高。究竟如何选择，需视具体情况而定。

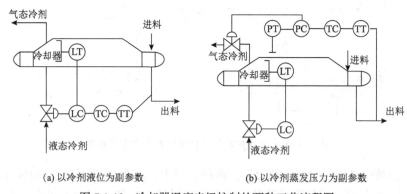

(a) 以冷剂液位为副参数　　　　　　　　(b) 以冷剂蒸发压力为副参数

图 7-1-12　冷却器温度串级控制的两种工艺流程图

2. 主、副调节器调节规律的选择

在串级控制系统中，主、副调节器所起的作用是不同的。主调节器起定值控制作用，副调节器起随动控制作用，这是选择调节规律的基本出发点。

主被控参数是工艺操作的主要指标，允许波动的范围很小，一般要求无静差，因此，主调节器应选 PI 或 PID 调节规律。

副被控参数的设置是为了克服主要干扰对主参数的影响，因而它可以允许在一定范围内变化，并允许有静差。为此，副调节器只需要选择 P 调节规律，一般不引入积分调节规律，这是因为积分调节规律会延长调节过程，削弱副回路的快速作用。但需要注意的是，当选择流量为副参数时，为了保证系统稳定，比例度必须选得较大，即比例调节作用较弱，在这种情况下，可以引入积分调节，即采用 PI 调节规律，以增强控制作用。副调节器一般不引入微分调节规律，否则会使调节阀动作过大或过于频繁，对控制不利。

3. 主、副调节器正、反作用方式的选择

串级控制系统中，主、副调节器的正、反作用方式选择的方法是：首先根据工艺要求决定调节阀的气开、气关形式，并决定副调节器的正、反作用；然后依据主过程的正、反形式确定主调节器的正、反作用方式。

由控制理论的知识可知，要使一个控制系统能够正常稳定运行，必须采用负反馈，即保证系统总的开环放大系数为正。对串级控制系统而言，主、副调节器正、反作用方式的选择结果同样要使整个系统为负反馈，主、副调节器正、反作用方式的确定与第 6 章单回路控制系统设计中的方法完全相同，这里不再重复。现以图 7-1-5 所示管式加热炉出口温度串级控制系统为例，说明主、副调节器正、反作用方式的确定过程。

从生产过程的安全性出发，燃料油调节阀选用气开式为正作用(+)，这是因为控制系统一旦出现故障，调节阀必须全关，以便切断进入加热炉的燃料油，确保其设备安全；由工艺可知，当调节阀开度增大时，炉膛温度升高，故副被控过程为正(+)，副变送器为正(+)，为保证副回路为负反馈，则副调节器为反作用(−)，当炉膛温度升高时，加热炉出口温度也随之升高，故主过程也为正(+)，副回路为正(+)，主变送器为正(+)，为保证主回路为负反馈，则主调节器为反作用(−)。

7.1.4　串级控制系统调节器参数整定

串级控制系统的参数整定比单回路控制系统要复杂一些，这是因为两个调节器同串在一个系统中工作，不可避免地会产生相互影响。系统在运行过程中，主回路和副回路的工作频率是不同的。一般情况是副环的频率较高，主环的频率较低。工作频率的高低主要取决于被控过程的动态特性，但也与主、副调节器的整定参数有关。在整定时应尽量加大副调节器的增益以提高副回路的工作频率，从而使主、副回路的工作频率尽可能错开，以减少相互间的影响。

串级控制系统调节器的参数整定，目前采用如下几种方法。

1. 逐步逼近整定法

逐步逼近整定法的步骤如下。

(1) 在主回路开环、副回路闭环的情况下，先整定副调节器参数，即采用第 6 章中任意一种单回路调节器参数整定方法，求得副调节器的参数，记为 $[G_{c2}(s)]^1$。

(2) 将副回路等效成一个环节，并将主回路闭环，用相同的整定方法求得主调节器的参数，记为 $[G_{c1}(s)]^1$。

(3) 按以上两步所得结果，观察系统在 $[G_{c1}(s)]^1$、$[G_{c2}(s)]^1$ 作用下的过渡过程曲线，若已满足工艺要求，则 $[G_{c1}(s)]^1$、$[G_{c2}(s)]^1$ 即为所求的调节器参数；否则，在主回路闭合的情况下，再整定副调节器的参数，记为 $[G_{c2}(s)]^2$，观察系统在 $[G_{c1}(s)]^1$、$[G_{c2}(s)]^2$ 作用下的过渡过程曲线，如此反复进行，直到获得符合控制质量指标的调节器参数为止。该方法适用于主、副过程的时间常数相差不大，主、副回路的动态联系比较密切的情况，需要反复进行整定、逐步逼近，因而费时较多。

2. 两步整定法

当主、副过程时间常数相差较大时，可采用两步整定法。两步整定法的步骤如下。

(1) 在主、副回路闭合的情况下，主调节器为比例调节，其比例度为 $\delta = 100\%$；先用 $4:1$ 衰减曲线法整定副调节器的参数，求得副回路在 $4:1$ 衰减过程下的比例度 δ_2 和操作周期 T_2。

(2) 把副回路等效成一个环节，用相同的整定方法调整主调节器参数，求得主回路在 $4:1$ 衰减过程下的比例度 δ_1 和操作周期 T_1。根据 δ_2、T_2、δ_1、T_1，按第 6 章中的有关经验公式求出主、副调节器的其他参数，如积分时间和微分时间等，然后按照先副后主、先比例后积分再微分的次序将系统投入运行，并观察过渡过程曲线。必要时再进行适当的调整，直到系统的控制质量指标符合要求为止。该方法适用于主、副过程的时间常数之比 T_{01}/T_{02} 为 $3 \sim 10$ 的过程。由于主、副过程的时间常数相差较大，主、副回路的工作频率和操作周期差异也大，其动态联系小。因此，在副调节器参数整定后，可将副回路等效为主回路的一个环节，直接按单回路控制系统的整定方法整定主调节器的参数，而无须再去考虑主调节器的整定参数对副回路的影响。

3. 一步整定法

一步整定法的思路是：先根据副过程的特性或经验确定副调节器的参数，然后按单回路控制系统的整定方法一步完成主调节器的参数整定。

理论研究表明，在过程特性不变的条件下，主、副调节器的放大系数在一定范围内可以任意匹配，即在 $0 < K_{c1}K_{c2} \leqslant 0.5$ 的条件下，当主、副过程特性一定时，$K_{c1}K_{c2}$ 为一常数。一步整定法是该理论成果在主、副调节器参数整定中的应用。

一步整定法的具体步骤如下。

(1) 当控制系统的主、副调节器均在比例作用下时，先根据 $K_{c1}K_{c2} \leqslant 0.5$ 的约束条件或由经验确定 K_{c2}，并将其设置在副调节器上。

(2) 将副回路等效为一个环节，按照单回路控制系统的衰减曲线整定法，整定主调节器的参数。

(3) 观察控制过程，根据 K_{c1} 与 K_{c2} 在 $K_{c1}K_{c2} \leqslant 0.5$ 的条件下可任意匹配的原则，适当调整主、副调节器的参数，使控制指标满足工艺要求。

4. 应用举例

在硝酸生产过程中，氧化炉是主要的生产设备。其中，炉温为被控参数，工艺要求较高，单回路控制不能满足要求，宜采用串级控制。根据工艺情况，可选择氨气流量为副参数，并允许在一定范围内变化。主调节器采用 PI 调节，副调节器则采用 P 调节。由于主、副过程动态联系较小，因而采用两步整定法整定主、副调节器的参数。具体整定步骤如下。

(1) 将主、副调节器均置于比例作用，主调节器的比例度 δ_1 为100%，用 $4:1$ 衰减曲线法整定副调节器参数，得 $\delta_{2s} = 32\%$，$T_{2s} = 15\mathrm{s}$。

(2) 将副调节器的比例度置为32%，用相同的整定方法，将主调节器的比例度由大到小逐渐调节，得主调节器的 $\delta_{1s} = 50\%$，$T_{1s} = 7\mathrm{min}$。

(3) 根据上述求得的参数，运用第 6 章中 $4:1$ 衰减曲线法的计算公式，计算出主、副调节器的整定参数如下。

主调节器(温度调节器)的比例度为

$$\delta_1 = 1.2\delta_{1s} = 1.2 \times 50\% = 60\%$$

积分时间为

$$T_1 = 0.5T_{1s} = 3.5\,\mathrm{min}$$

副调节器(流量调节器)的比例度为

$$\delta_2 = \delta_{2s} = 32\%$$

7.1.5　串级控制系统的工业应用

由上所述，串级控制系统与单回路控制系统相比具有许多特点，其控制质量较高，但是所用仪表较多，投资较高，调节器参数整定较复杂，所以在工业应用中，凡用单回路控制系统能满足生产要求的，就不要用串级控制系统。串级控制有时效果显著，有时效果并不一定理想，并不是任何场合都适用的。下面列举其工业应用场合与示例。

1. 用于克服被控过程较大的容量滞后

在现代工业生产过程中，一些以温度等为被控参数的过程，往往其容量滞后较大，控制要求又较高，若采用单回路控制系统，其控制质量不能满足生产要求。因此，可以选用串级控制系统，以充分利用其改善过程的动态特性、提高工作频率的特点。为此，可选择一个滞后较小的副参数，组成一个快速动作的副回路，以减小等效过程的时间常数，加快响应速度，从而取得较好的控制质量，但是，在设计和应用串级控制系统时要注意：副回路时间常数不宜过小，以防止包括的扰动太少，但也不宜过大，以防止产生共振。

例如，图 7-1-5 所示的加热炉，由于主过程时间常数为 15min，扰动因素多，为了提高控制质量，选择时间常数和滞后较小的炉膛温度为副参数，构成炉出口温度对炉膛温度的串级控制系统，运用等效过程时间减小和副回路的快速作用，有效地提高控制质量，满足了生产工艺要求。

2. 用于克服被控过程的纯滞后

当工业过程纯滞后时间较长时，可应用串级控制系统来提高其控制质量。即在离调节阀较近、纯滞后较小的地方，选择一个副参数，构成一个纯滞后较小的副回路，把主要扰动包括在副回路中。在其影响主参数前，由副回路实现对主要扰动的及时控制，从而提高控制质量。下面举例说明。

例 7-1-3　网前箱温度串级控制。

造纸厂网前箱的温度控制系统，如图 7-1-13 所示。纸浆用泵从储槽送至混合器，在混合器内用蒸汽加热至 72℃左右，经过立筛、圆筛除去杂质后送到网前箱，再用去铜网脱水。为了保证纸张质量，工艺要求网前箱温度保持为 61℃左右。允许偏差不得超过 1℃。

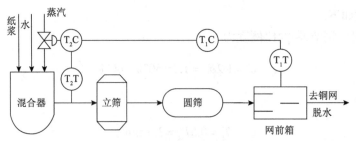

图 7-1-13　网前箱温度串级控制

若用单回路控制系统,由于从混合器到网前箱纯滞后达 90s,当纸浆流量波动为 35kg/min 时,温度最大偏差达 8.5℃,过渡过程时间达 450s。控制质量差,不能满足工艺要求。

为了克服这个 90s 的纯滞后,在调节阀较近处选择混合器温度为副参数,网前箱出口温度为主参数,构成串级控制系统,把纸浆流量波动为 35kg/min 的主要扰动包括在副回路中。当其波动时,网前箱温度最大偏差未超过 1℃,过渡过程时间为 200s,完全满足工艺要求。

例 7-1-4　沸腾焙烧炉炉温串级控制。

如图 7-1-14 所示的系统,冶金生产过程中现场使用的锌精矿由圆盘给料机送至皮带,经

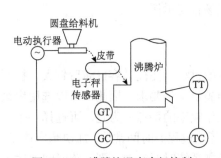

图 7-1-14　沸腾炉温度串级控制

加料皮带将料送入炉内。锌精矿经燃烧后送至炉膛进行流态化焙烧,焙砂由排料口排出。加料量的改变通过电动执行器来实现。整个生产过程是连续进行的。

影响沸腾炉正常生产的因素较多,其中以焙烧温度对焙砂质量和生产的影响最大。在实际操作中,常令鼓风量、鼓风压力、排烟量、循环冷却水量以及锌精矿成分等为定值,以稳定或调整加料量来控制焙烧温度。

根据生产工艺要求,焙烧温度应保持为(870±10)℃。由于大型沸腾炉从圆盘给料机到沸腾炉的纯滞后时间和时间常数都比较大,当采用单回路控制系统时,温度波动大,而且持续时间长,不能满足工艺要求。为此,以加料量为副参数和沸腾炉排料口温度(主参数)构成串级控制系统。当圆盘给料机下料量的变化为主要扰动时,利用串级副回路的快速作用的特点,迅速调整圆盘给料机的转速,以改变下料量,使扰动在影响排料口温度之前,已基本被抑制,剩余的再由主回路来进行调节。实践证明,这种串级控制系统的控制质量能够满足工艺生产的要求。

3. 用于抑制变化剧烈而且幅度大的扰动

由前所述,串级控制系统的副回路对于进入其中的扰动具有较强的抑制能力,所以在工业应用中只要将变化剧烈而且幅度大的扰动包括在串级系统副回路之中,就可以大大减小其对主参数的影响。

例 7-1-5　某厂精馏塔塔釜温度的串级控制。

精馏塔是石油、化工生产过程中的主要工艺设备。对于由多组分组成的混合物,利用其各组分不同的挥发度,通过精馏操作,可以将其分离成较纯组分的产品。由于塔釜温度是保证产品分离纯度的重要工艺指标,所以需对其实现自动控制。生产工艺要求塔釜温度控制误

差为 ±1.5℃。在实际生产过程中,蒸汽压力变化剧烈,而且幅度大,有时从 0.5MPa 突然降到 0.3MPa,压力变化了 40%。对于如此大的扰动作用,若采用单回路控制系统,调节器的比例放大系数调到 1.3,塔釜温度最大偏差为 10℃,不能满足生产工艺要求。

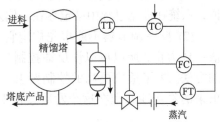

图 7-1-15 温度与流量串级控制

若采用图 7-1-15 所示的以蒸汽流量为副参数、塔釜温度为主参数的串级控制系统,把蒸汽压力变化这个主要扰动包括在副回路中,充分运用对于进入串级副回路的扰动具有较强抑制能力的特点,将副调节器的比例放大系数调到 5。实际运行表明,塔釜温度的最大偏差未超过 1.5℃,完全满足生产工艺要求。

4. 用于克服被控过程的非线性

在过程控制中,一般工业过程特性都有一定的非线性,当负荷变化时,过程特性发生变化,会引起工作点的移动。这种特性的变化通常可通过选用调节阀的特性来补偿,使广义过程的特性在整个工作范围内保持不变,然而这个补偿的局限性很大,不可能完全补偿,过程仍然有较大的非线性,此时单回路系统往往不能满足生产工艺要求,如果采用串级控制系统,由于它能适应负荷和操作条件的变化,自动调整副调节器的给定值,从而改变调节阀的开度,使系统运行在新的工作点上。当然,这里会使副回路的衰减率有所变化,但是对整个系统的稳定性影响很小。

例如,如图 7-1-16 所示,为醋酸乙炔合成反应器,其中部温度是保证合成气质量的重要参数,工艺要求对其进行严格控制。由于在它的控制通道中包含两个换热器和一个合成反应器,具有明显的非线性,整个过程特性随着负荷的变化而变化,具有较大的非线性。如果选取反应器温度为主参数,换热器出口温度为副参数构成串级控制系统,把随负荷变化的那一部分非线性过程特性包含在副回路里,由于串级系统对于负荷变化具有一定的自适应能力,

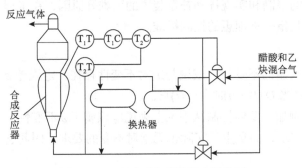

图 7-1-16 合成反应器温度串级控制

从而提高了控制质量。实践证明,系统的衰减率基本保持不变,主参数保持平稳,达到了工艺要求。

7.2 前馈控制系统

生产过程的强化和设备的大型化,对自动控制提出越来越高的要求,虽然反馈控制能满足大多数控制对象的要求,但是在对象特性呈现大滞后(包括容积滞后和纯滞后)、多干扰等

难以控制的特性而又希望得到较好的过程响应时，反馈控制系统往往会令人失望，原因可归纳如下。

(1) 反馈控制存在一个偏差，其用以产生控制作用，从而达到闭环控制的目的。这就是说，系统在控制过程中必定存在着偏差，因此不能得到完善的控制效果。

(2) 反馈调节器不能事先规定它的输出值，而只是改变它的输出值直到被调量与设定值一致为止，所以可以说反馈控制是依靠尝试法来进行控制的。显然，这是一种原始的控制方法。为了适应更高的控制要求，各种特殊调节规律和措施便应运而生。控制理论中提出来的不变性原理在这个发展过程中得到较充分的应用。不变性原理就是指控制系统的被调量与扰动量绝对无关或者在一定准确度下无关，也即被调量完全独立或基本独立。设被控对象受到干扰 $D_i(t)$ 的作用如图 7-2-1 所示，图中 $D_i(s)$、$Y(s)$、$U(s)$分别是 $D_i(t)$、$y(t)$ 和 $U(t)$的拉斯变换，则被调量 $y(t)$ 的不变性可表示如下：当 $D_i(t) \neq 0$ 时，$y(t) = 0$ $(i = 1,2,\cdots,n)$，即被调量 $y(t)$ 与干扰 $D_i(t)$ 独立无关。

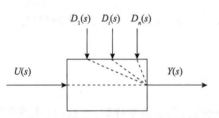

图 7-2-1　被控对象中的基本扰动与外部扰动

在应用不变性原理时，由于各种原因，不可能完全实现上式所规定的 $y(t)$ 与 $D_i(t)$ 独立无关，因此就被调量与干扰量之间的不变性程度，提出了几种不变性。

1) 绝对不变性

绝对不变性是指对象在扰动 $D_i(t)$ 作用下，被调量 $y(t)$ 在整个过渡过程中始终保持不变，即调节过程的动态偏差和稳态偏差均为零。

由于对被控对象的动态特性描述精度的限制和实现扰动补偿装置的困难等原因，在工程上实现绝对不变性是非常困难的。它往往是指一种理想的控制标准。

2) 误差不变性

误差不变性实际上是指准确度有一定限制的不变性，或说与绝对不变性存在一定误差 ε 的不变性，又称为 ε 不变性，可表示如下：当 $D_i(t) \neq 0$ 时，$|y(t)| < \varepsilon$。

误差不变性在工程上具有现实意义，例如，反馈控制从理论上来说应该属于 ε 不变性。由于它允许存在一定的误差，工程上容易实现，而且生产实际也无绝对不变的要求，因此它得到广泛的应用。

3) 稳态不变性

它是指被调量在稳态工况下与扰动量无关，即在干扰 $D_i(t)$ 作用下，被调量的动态偏差不等于零，而其稳态偏差为零。在一般控制要求不是特别高的场合，往往实现稳态不变性就能满足要求。

4) 选择不变性

被调量往往受到若干个干扰的作用，若系统采用了被调量对其中几个主要的干扰实现不变性就称为选择不变性。这种方法既能减少补偿装置、节省投资，又能达到对主要干扰的不变性，是一种有发展前途的方法。

　　基于不变性原理组成的自动控制系统称为前馈控制系统，它实现了系统对全部干扰或部分干扰的不变性，实质上是一种按照扰动进行补偿的开环系统。这种补偿原理不仅仅用于对扰动的补偿，还可以推广应用于改善对象的动态特性。例如，被控对象存在着大滞后环节或者非线性环节，常规 PID 调节往往难以驾驭，解决的办法之一就是采用补偿原理。如果预先测出对象的动态特性，按照希望的即易控的对象特性设计出一个补偿器，调节器将把难控对象和补偿器看作一个新的对象进行控制。对于具有大滞后环节的对象来说，经过改造后的对象将会把被调量超前反映到调节器，从而克服了大滞后环节的影响，使控制系统的品质得到很大的改善，达到满意的效果。

　　本章将就补偿原理在过程控制中应用的两种系统——前馈控制系统和非线性增益补偿系统，进行比较详细的讨论。

7.2.1　前馈控制系统的结构形式

　　前馈控制器的设计依据是不变性原理。作为一个前馈控制系统，在扰动发生后，必将经过过程的扰动通道引起被控量的变化，与此同时，前馈控制器根据扰动的性质及大小对过程的控制通道施加控制，使被控量发生与前者相反的变化，以抵消扰动对被控量的影响。前馈控制系统框图如图 7-2-2 所示。其余补偿过程见图 7-2-3。图中，$G_b(s)$ 为前馈控制器；$G_d(s)$ 为过程扰动通道传递函数；$G_o(s)$ 为过程控制通道传递函数；$d(t)$ 为系统可测不可控扰动，$D(s)$ 为 $d(t)$ 的拉斯变换；$y(t)$ 为被控参数。

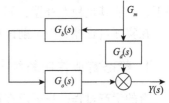

图 7-2-2　前馈控制系统框图

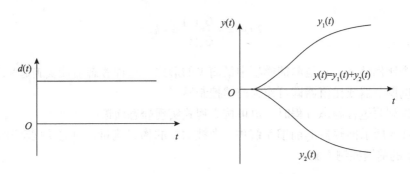

图 7-2-3　前馈控制的绝对不变性补偿作用示意图

　　由图 7-2-2 可知：

$$Y(s) = G_d(s)D(s) + G_b(s)G_o(s)D(s) \tag{7-2-1}$$

故

$$\frac{Y(s)}{D(s)} = G_d(s) + G_b(s)G_o(s) \tag{7-2-2}$$

　　据绝对不变性原理，应有

$$\frac{Y(s)}{D(s)} = 0 \tag{7-2-3}$$

从而可知，前馈模型为

$$G_b(s) = -\frac{G_d(s)}{G_o(s)} \tag{7-2-4}$$

分析式(7-2-4)可得如下结论。

(1) 由绝对不变性原理决定的动态前馈控制器，是由被控过程扰动通道与控制通道特性之比决定的。式(7-2-4)中的负号，表示前馈控制作用对被控量影响的方向与扰动对被控量影响的方向相反。

(2) 因为式(7-2-4)是在 $Y(s)/D(s) = 0$ 的前提下得到的，所以此时被控量 $y(t)$ 与扰动量 $d(t)$ 是完全无关的，因而实现了完全补偿，达到了被控量不受扰动影响的控制效果。

(3) 由于式(7-2-4)所示动态前馈模型的结构有时比较复杂，甚至难以实现(如 $G_b(s)$ 中含有 $e^{\tau s}$ 超前因子)，故工程上有时只按稳态不变性原理设计静态前馈补偿模型。当然，在静态前馈下，只能满足稳态补偿，而动态过程却得不到补偿。

在实际过程控制中，前馈控制系统有多种结构形式，下面仅介绍几种典型方案。

1. 静态前馈控制系统

有的生产过程，只要求在稳态时实现对扰动的补偿，此时可根据稳态不变性原理设计静态前馈模型。忽略过程扰动通道及控制通道特性中的动态因子，得

$$G_b(s) = -\frac{G_d(s)}{G_o(s)} = -k_b \tag{7-2-5}$$

这是一个比例环节，它是前馈模型中最简单的形式。这种静态前馈实施起来十分方便，用一般的比例调节器或比值器即可作为前馈控制器。

在有条件列写过程静态方程时，也可按方程式实现静态前馈。

在图 7-2-4 所示换热器的前馈系统中，当被加热的物料流量 q 为主要扰动时，可采用如图 7-2-4 所示的前馈控制方案。

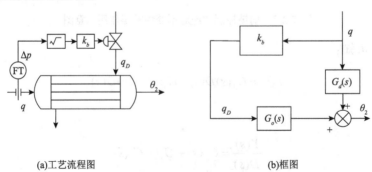

(a)工艺流程图　　　　　　　　　　　　　　　　(b)框图

图 7-2-4　换热器静态前馈控制系统

当物料流量 q 及进入换热器的物料温度 θ_1 均为系统的主要扰动时，其静态前馈控制可以

按照热量平衡关系列出式(7-2-7)所示的静态前馈控制方程。此时即可按照方程来实现静态前馈控制。

在稳态条件及忽略热损失情况下，换热器的热量平衡关系为：被加热物料在单位时间内所带走的热量等于加热用蒸汽单位时间内所放出的汽化潜热，即

$$qC_p(\theta_2 - \theta_1) = q_D H_s \tag{7-2-6}$$

式中，q 为被加热物料的流量(kg/s)；C_p 为被加热物料的比热容(J/(kg·K))；H_s 为蒸汽的汽化潜热((kJ)/kg)；θ_2 为加热后物料温度(℃)；θ_1 为加热前物料温度(℃)；q_D 为加热器单位时间内所消耗的蒸汽量(kg/s)。

换热器的静态前馈控制方程为

$$q_D = \frac{C_p}{H_s} q(\theta_2 - \theta_1) \tag{7-2-7}$$

取 $q_{D0} = (C_p q / H_s)(\theta_{20} - \theta_1)$ 为加热用蒸汽流量控制器的给定值，此时控制方案如图 7-2-5 所示。图中没有专用的前馈控制器，仅用常规控制仪表(QDZ 或 DDZ 系列)即可实现。

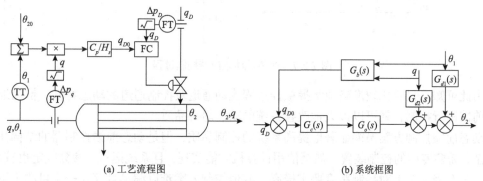

(a) 工艺流程图　　　　　　　　　　　　　　(b) 系统框图

图 7-2-5　按控制方程进行静态前馈的换热器温度控制系统

将图 7-2-5 所示的静态前馈控制方案与换热器温度单回路反馈控制方案作一比较。当负荷 q 作为 40%阶跃扰动时，相应的过渡过程曲线示于图 7-2-6。比较图 7-2-6(a)和(b)可见，应用了静态前馈控制后，显著地减小了温度的偏差，有效地改善了系统的控制品质。

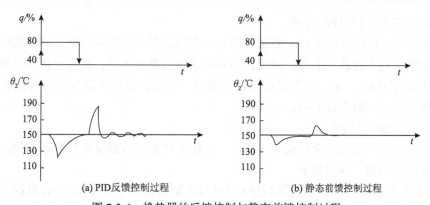

(a) PID反馈控制过程　　　　　　　　　　　(b) 静态前馈控制过程

图 7-2-6　换热器的反馈控制与静态前馈控制过程

2. 动态前馈控制系统

静态前馈控制系统虽然结构简单、易于实现、在一定程度上可改善过程品质，但在扰动作用下控制过程的动态偏差依然存在。而在动态精度要求比较高的生产过程中，此种静态前馈往往不能满足工艺上的要求，这时应采用动态前馈方案。

动态前馈的实现基于绝对不变性原理。此时前馈控制模型如式(7-2-4)所示，由过程的扰动通道及控制通道特性共同决定。

对比式(7-2-4)与式(7-2-5)可见，静态前馈是动态前馈的一种特殊情况。

采用动态前馈后，由于它几乎每时每刻都在校正扰动对被控量的影响，故能极大地提高控制过程的动态品质，是改善控制系统品质的有效手段。

图 7-2-7 给出了换热器的动态前馈控制过程。

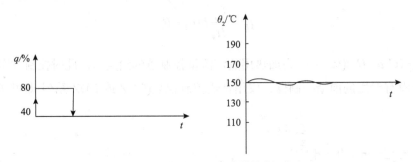

图 7-2-7 换热器动态前馈控制过程

由此可知，只要比较准确地掌握被控过程扰动通道及控制通道的动态特性，恰当地运用动态前馈进行控制，就可以极大地改善系统的动、静态品质。

动态前馈控制方案虽能显著地提高系统的控制品质，但是动态前馈控制器的结构往往比较复杂，需要专门的控制装置，甚至使用计算机才能实现，且系统运行、参数整定也较复杂。因此，只有当工艺上对控制精度要求极高、其他控制方案难以满足且存在一个可测不可控的主要扰动时，才考虑使用动态前馈方案。

3. 前馈-反馈复合控制系统

1) 前馈控制的局限性

(1) 前馈控制属开环控制方式。

在开环控制下被控量的偏差不能进行检验。在前面所讨论的换热器温度前馈控制的例子中，被控温度 θ_2 是不存在反馈的，因此，如果前馈控制效果不佳，或其他扰动出现，被控温度 θ_2 将偏离给定值 θ_{20}，由于前馈系统无法获得这一偏差信息而不能作进一步的校正。故单纯的前馈控制方案一般不宜采用。

(2) 完全补偿难以满足。

前馈控制只有在实现完全补偿的前提下，才能使得系统得到良好的动态品质，但完全补偿几乎是难以做到的，原因如下。

① 要准确地掌握过程扰动通道特性 $G_d(s)$ 及控制通道特性 $G_o(s)$ 是不容易的，故而前馈模型 $G_b(s)$ 难以准确描述；被控对象常含有非线性特性，在不同的运行工况下其动态特性参

数将产生明显的变化，原有的前馈模型此时就不能适应了，因此无法实现动态上的完全补偿。

② 即使前馈模型 $G_b(s)$ 能准确求出，有时工程上也难以实现。

例如，船舶锅炉汽包水位控制系统。扰动通道特性为如图 7-2-8 所示的反向特性。其扰动通道传递函数为

$$G_d(s) = \frac{H(s)}{Q_D(s)} = \frac{H_1(s)}{Q_D(s)} - \frac{H_2(s)}{Q_D(s)} = \frac{K_2}{1+T_2 s} - \frac{\varepsilon}{s} \tag{7-2-8}$$

式中，$Q_D(s)$ 为蒸汽负荷变化量；$H(s)$ 为水位变化量；ε 为水位响应速度。

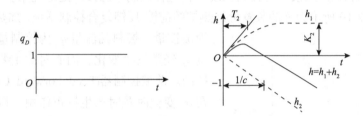

图 7-2-8　锅炉汽包水位扰动通道阶跃响应曲线

h_1 -水面下气泡容积变化引起的水位变化；h_2 -给水量与蒸发量不平衡引起的水位变化

控制通道特性为图 7-2-9 所示的无自平衡特性。

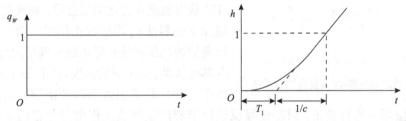

图 7-2-9　汽包锅炉水位控制通道阶跃响应曲线

控制通道传递函数为

$$G_o(s) = \frac{H(s)}{Q_W(s)} = \frac{\varepsilon}{s(1+T_1 s)} \tag{7-2-9}$$

式中，$Q_W(s)$ 为给水流量变化量。

由式(7-2-4)可知，动态前馈模型应为

$$G_b(s) = -\frac{G_d(s)}{G_o(s)}$$
$$= -\frac{(1+T_1 s)[K_2 s - \varepsilon(1+T_2 s)]}{\varepsilon(1+T_2 s)} \tag{7-2-10}$$

可见，式(7-2-10)所示的前馈规律除使用计算机控制外，是难以用模拟自动化仪表来实现的。

③ 实际的生产过程中，往往同时存在若干个扰动。例如，上述换热器温度系统中，物料流量 q、物料入口温度 θ_1、蒸汽压力 p_D 等的变化均将引起出口温度 θ_2 的变化。如果要对每一种扰动都实行前馈控制，就是对每一个扰动至少使用一套测量变送仪表和一个前馈控制器，

这将会使控制系统庞大而复杂，从而将增加大量自动化设备的投资；另外，尚有一些扰动量至今无法对其实现在线测量。若仅对某些可测扰动进行前馈控制，则无法消除其他扰动量对被控参数的影响。这些因素均限制了前馈控制的应用范围。

2）复合控制

为了解决前馈控制的上述局限性，工程上将前馈、反馈两者结合起来。这样，既发挥了前馈作用可及时避免主要扰动对被控量影响的作用，又保持了反馈控制能避免多个扰动的影响和可对被控量实行偏差检验的长处，同时也将降低系统对前馈补偿器的要求，使其在工程上更易实现。这种前馈-反馈复合控制系统，在过程控制中已被广泛地应用。

例如，图 7-2-10 所示为炼油装置上加热炉的前馈-反馈复合控制系统。加热炉出口温度 θ

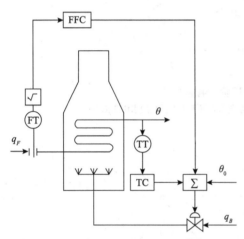

为被控量，燃料油流量 q_B 为控制量。由于进料流量 q_F 经常发生变化，因而对此主要扰动进行前馈控制。前馈控制器(Feed Forward Control，FFC)将在 q_F 变化时及时产生校正作用，以补偿其对出口温度 θ 的影响。此时的校正作用并不是为了稳定前馈控制器的输入量(因进料流量 q_F 是一个完全不受控制的独立变量)，而是通过改变燃料油来消除进料流量对加热炉出口温度的影响，当温度调节器(TC)获得温度 θ 变化的信息后，将按照一定的控制规律对燃料油 q_B 产生校正作用。两个通道校正作用叠加的结果将使 θ 尽快地回到给定值。在系统出现其他扰动，如进料的温度、燃料油压力等变化时，由于这些信息未引入前馈补偿器，故对于这些扰

图 7-2-10　加热炉的前馈-反馈复合控制系统

动，前馈补偿器不进行校正，只能依靠反馈调节器产生的校正作用避免它们对被控温度的影响。

单回路前馈-反馈复合控制系统框图，如图 7-2-11 所示。它是由一个反馈回路和一个开环补偿回路叠加而成的复合系统。

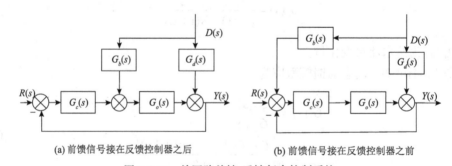

(a) 前馈信号接在反馈控制器之后　　　　　(b) 前馈信号接在反馈控制器之前

图 7-2-11　单回路前馈-反馈复合控制系统

由图 7-2-11(a)可知，在扰动 $D(s)$ 作用下，系统输出为

$$Y(s) = G_d(s)D(s) + G_b(s)G_o(s)D(s) - G_c(s)G_o(s)Y(s) \tag{7-2-11}$$

式中，等号右边第一项是扰动量 $d(t)$ 对被控量 $y(t)$ 的影响；第二项是前馈校正作用；第三项是反馈校正作用。

图 7-2-11(a)所示单回路前馈-反馈复合控制系统的闭环传递函数为

$$\frac{Y(s)}{D(s)} = \frac{G_d(s) + G_b(s)G_o(s)}{1 + G_c(s)G_o(s)} \tag{7-2-12}$$

可以看出，前馈-反馈复合控制系统有如下主要特点。

(1) 在单纯前馈控制下，扰动对被控量的影响如式(7-2-2)所示。

而在前馈-反馈复合控制下，扰动对被控量的影响，如式(7-2-12)所示。对比式(7-2-2)及式(7-2-12)可见，采用了前馈-反馈复合控制后，扰动对被控量的影响为原来的 $1/[1 + G_c(s)G_o(s)]$。这就证明了由于反馈回路的存在，不仅可以降低对前馈补偿器精度的要求，还为前馈补偿器的工程实现提供了有力的理论依据；同时，对于工况变动时所引起对象非线性特性参数的变化也具有一定的自适应能力。

(2) 在前馈-反馈复合控制系统中，为实现前馈作用的完全补偿，根据不变性原理可知，前馈模型应由式(7-2-12)在 $Y(s)/D(s) = 0$ 的条件下求得，即

$$G_b(s) = -\frac{G_d(s)}{G_o(s)}$$

这与在单纯前馈的开环控制下所得动态前馈模型 $G_b(s)$ 的形式完全相同。

对于图 7-2-11(b)所示系统结构的情况，系统输出为

$$Y(s) = G_d(s)D(s) + G_c(s)G_o(s)D(s) - G_c(s)G_o(s)Y(s) \tag{7-2-13}$$

故图 7-2-11(b)所示系统闭环传递函数为

$$\frac{Y(s)}{D(s)} = \frac{G_d(s) + G_c(s)G_o(s)G_b(s)}{1 + G_c(s)G_o(s)} \tag{7-2-14}$$

在完全补偿条件下，前馈模型即为

$$G_b(s) = -\frac{G_d(s)}{G_c(s)G_o(s)} \tag{7-2-15}$$

可见，此时前馈控制器的特性不但取决于过程扰动通道及控制通道特性，还与反馈控制器 $G_c(s)$ 的控制规律有关。

(3) 在反馈系统中，提高过渡过程的稳态精度与其动态稳定性方面往往存在着矛盾。为了保证系统的动态稳定性，常以牺牲稳态精度作为代价。前馈-反馈复合控制系统在一定程度上解决了控制精度与稳定性的矛盾，因它兼有前馈及反馈控制的优点，故它能显著地改善控制系统的品质。

工程上所有前馈控制器常是一般的自动化仪表，甚至就使用比例作用调节器实现静态前馈，再由反馈控制作进一步的校正。

4. 前馈-串级复合控制系统

在过程控制中，有的生产过程常受到多个变化频繁而又剧烈的扰动量影响，而生产过程对被控参数的控制精度和稳定性要求又很高，这时可考虑采用前馈-串级复合控制系统。

由串级系统分析可知，系统对进入副回路扰动的影响有较强的抑制能力。因此，前馈-串级复合控制系统能同时克服进入主回路的系统的主要扰动，以及进入副回路的扰动对被控参数的影响。另外，由于前馈控制器的输出不直接加在调节阀门上，而是作为副调节器的给定值，因而可降低对调节阀门特性的要求，实践证明，这种复合控制系统的动、静态品质指标均较高。

如图 7-2-12 所示，为加热炉出口温度的前馈-串级复合控制系统。系统中副调节器为流量调节器(FC)，前馈控制器(FFC)采用动态前馈模型。

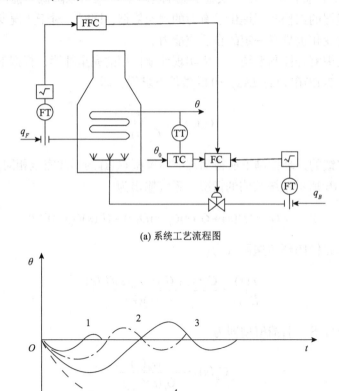

(a) 系统工艺流程图

(b) 温度阶跃响应曲线

图 7-2-12　加热炉出口温度前馈-串级复合控制系统

1-动态前馈-串级复合控制系统响应曲线；2-静态前馈系统响应曲线；
3-单回路反馈系统响应曲线；4-加热炉动态特性(无控制时)曲线

由图 7-2-12(b)可清楚地看出，采用动态前馈-串级复合控制方案的控制效果最理想。前馈-串级复合控制系统的框图如图 7-2-13 所示。

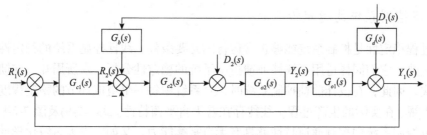

图 7-2-13　前馈-串级复合控制系统框图

由串级系统理论可知，副回路的等效传递函数为

$$G_2(s) = \frac{Y_2(s)}{R_2(s)} = \frac{G_{c2}(s)G_{o2}(s)}{1 + G_{c2}(s)G_{o2}(s)} \tag{7-2-16}$$

由此可知，图 7-2-13 可简化为图 7-2-14。

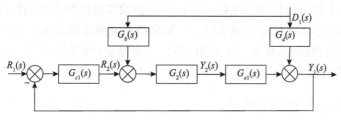

图 7-2-14　等效简化框图

由图 7-2-14 可得

$$\frac{Y_1(s)}{D_1(s)} = \frac{G_d(s) + G_2(s)G_{o1}(s)G_b(s)}{1 + G_{c1}(s)G_{o1}(s)G_2(s)} \tag{7-2-17}$$

根据绝对不变性原理，若要对 $D_1(t)$ 的影响进行完全补偿，则 $Y_1(s)/D_1(s) = 0$。将此关系代入式(7-2-16)可得

$$G_b(s) = -\frac{G_d(s)}{G_2(s)G_{o1}(s)} \tag{7-2-18}$$

当副回路的工作频率远大于主回路工作频率时，副回路是一个快速随动系统，其闭环传递函数为

$$G_2(s) \approx 1 \tag{7-2-19}$$

将式(7-2-19)代入式(7-2-18)得

$$G_b(s) = -\frac{G_d(s)}{G_{o1}(s)} \tag{7-2-20}$$

可见，在前馈-串级复合控制系统中，前馈补偿器的数学模型由系统扰动通道及主过程特性之比决定。

5. 前馈控制系统的稳定性

动态过程稳定性是控制系统能够正常运行的必要条件。线性控制系统的稳定性理论已经发展得很成熟，它们同样适用于线性前馈控制系统的稳定性分析。众所周知，前馈控制属开环控制方式，因此，在设计前馈控制系统时，对系统中每一个组成环节的稳定程度都必须予以足够的重视。在实际的生产过程中往往存在着无自平衡特性。式(7-2-9)及图 7-2-8 所示的汽包锅炉水位控制系统中控制通道特性就具有无自平衡能力。又如，在大多数化学反应过程中常伴有放热反应。而放热反应的速度随着温度的升高而加剧，致使放热量也随之增加，其结果又使温度升高，显然这也是无自平衡能力的过程。例如，合成橡胶过程中，单体的聚合反应就是一个放热反应过程，温度每上升 10℃，其放热速度将加快一倍，因此，这类具有温度正反馈性质的化学反应器(聚合釜)自身无自平衡能力。

对于无自平衡能力的生产过程，通常不能单独使用前馈控制方案，但可以通过调节器的合理整定，使其组成的闭环系统在一定范围内稳定。事实上，由式(7-2-14)和式(7-2-17)知道前馈-反馈或前馈-串级复合控制系统特征方程与反馈或串级控制系统的特征方程相同，所以对于前馈-反馈或前馈-串级复合控制系统，只要反馈系统或串级系统是稳定的，相应的前馈-反馈或前馈-串级复合控制系统也一定是稳定的。这也是复合控制系统在工业应用中取代单纯前馈控制的重要原因之一。

6. 前馈控制系统的选用原则

随着生产过程的大型化、连续化以及工艺设备的不断更新，在工业生产中，对控制精度的要求不断提高，以致在某些场合，应用常规 PID 控制规律的反馈控制系统往往难以满足工艺指标的要求。以不变性原理为基础的前馈控制方案，在工业锅炉、精馏塔、换热设备、化学反应器等生产过程中已经获得了较为广泛的应用。下面介绍在一般情况下，前馈及其复合控制方案的选用原则。

(1) 实现前馈控制的必要条件是扰动量的可测及不可控性。

可测：扰动量可以通过测量变送器，在线地将其转换为前馈补偿器所能接收的信号。有些参数，如某些物料的化学组成、物理性质等，至今尚无工业自动化仪表能将其在线地进行测量，对这类扰动无法实现前馈控制。

不可控：这些扰动量难以通过专门的控制回路予以控制，以达到抑制或减小其发生的目的。例如，汽包锅炉水位控制系统中，蒸汽流量是经常发生变化的主要扰动，但它是生产中的负荷，应由蒸汽用户决定其值的大小，不能人为地将其固定不变，故它是锅炉水位控制系统中的一个不可控的扰动量。应考虑对其进行前馈控制。

(2) 扰动量变化频繁且幅值较大。

如图 7-2-15 所示的单回路反馈控制系统，在扰动量 $d(t)$ 作用下，其被控量的变化如下：

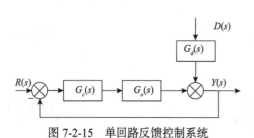

图 7-2-15　单回路反馈控制系统

$$y(t) = L^{-1} \left[\frac{G_d(s)}{1 + G_c(s)G_o(s)} D(s) \right] \tag{7-2-21}$$

由式(7-2-21)可知，被控量的偏差 $e(t)$ ($e(t) = r(t) - y(t)$)不仅取决于过程动态特性 $G_o(s)$、$G_d(s)$ 以及调节器的调节规律 $G_c(s)$，而且与系统的扰动量 $D(s)$ 有密切的关系。扰动量幅值越大，被控量的偏差也越大。当扰动量的幅值相当大时，单靠反馈的校正作用，可能会出现不能允许的动态偏差。因此，对幅值变化大的扰动应考虑进行前馈控制。

7.2.2　前馈控制系统的工程整定

生产过程中的前馈控制一般均采用前馈-反馈或前馈-串级复合控制系统。复合控制系统中的参数整定要分别进行。先按第 6 章、第 7 章所述原则，整定好单回路反馈系统或串级系统参数。本节主要讨论前馈控制器参数的整定方法。

由不变性原理出发的前馈补偿模型，应由过程扰动通道及控制通道特性的比值决定，但因过程特性的测试精度不高，不能准确地掌握扰动通道模型 $G_d(s)$ 及控制通道模型 $G_o(s)$，故前馈模型的理论整定难以进行，目前广泛采用的是工程整定法。

实践证明，相当数量的化工、热工、冶金等工业过程的特性都是非周期、过阻尼的。因此，为了便于进行前馈模型的工程整定，同时又能满足工程上一定的精度要求，常将被控过程的控制通道及扰动通道处理成含有一阶或二阶容量环节，必要时再加一个纯滞后的形式，即

$$G_o(s) = \frac{K_1}{T_1 s + 1} e^{-\tau_1 s} \tag{7-2-22}$$

$$G_d(s) = \frac{K_2}{T_2 s + 1} e^{-\tau_2 s} \tag{7-2-23}$$

将式(7-2-22)、式(7-2-23)代入式(7-2-4)得

$$G_b(s) = -\frac{\dfrac{K_2}{T_2 s + 1} e^{-\tau_2 s}}{\dfrac{K_1}{T_1 s + 1} e^{-\tau_1 s}} = -K_b \frac{T_1 s + 1}{T_2 s + 1} e^{-\tau s} \tag{7-2-24}$$

式中，K_b 为静态前馈系数，$K_b = K_2/K_1$；T_1、T_2 分别为控制通道及扰动通道时间常数；τ 为扰动通道与控制通道纯滞后时间之差，$\tau = \tau_2 - \tau_1$。

工程整定法是在具体分析前馈模型参数对过渡过程影响的基础上，通过闭环试验来确定前馈控制器参数的。

1. 静态参数 K_b 的确定

K_b 是前馈控制器中的一个重要参数。

在图 7-2-16 所示的静态前馈-反馈复合控制系统中，在整定好闭环 PID 控制系统的基础上，闭合开关 S，得到闭环试验过程曲线，如图 7-2-17 所示。对比图 7-2-17(a)和(b)可见，当 K_b 过小时，不能显著地改善系统的品质，此时为欠补

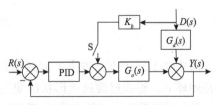

图 7-2-16　K_b 闭环整定法框图

偿过程。反之，当 K_b 过大时，虽然可以明显地降低控制过程的第一个峰值，但由于 K_b 过大造成的静态前馈输出过大，相当于对反馈控制系统又施加了一个不小的扰动，这只有依靠 PID 调节器来加以克服，因而造成被控量下半周期的严重过调，过渡过程长时间不能恢复，故 K_b 过大也会降低过渡过程的品质，如图 7-2-17(c)和(d)所示，此时称为过补偿过程。只有当 K_b 取得恰当时，过程品质才能得到明显的改善，如图 7-2-17(e)所示，即取此 K_b 为整定值。

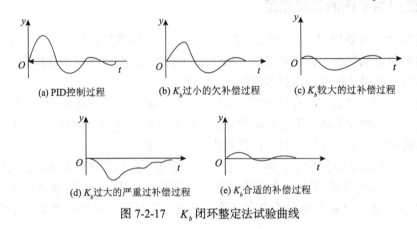

(a) PID 控制过程　　(b) K_b 过小的欠补偿过程　　(c) K_b 较大的过补偿过程

(d) K_b 过大的严重过补偿过程　　(e) K_b 合适的补偿过程

图 7-2-17　K_b 闭环整定法试验曲线

　　这种整定法是在闭环下进行的，因此在整定过程中，对生产的正常运行影响较小，是工程上较普遍采用的一种静态参数 K_b 的整定方法。

2. 过程时滞 τ 的影响

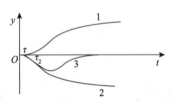

图 7-2-18　τ 对前馈控制过程的影响

1-扰动对被控量的影响；2-前馈补偿作用；3-系统的控制过程

　　τ 是过程扰动通道及控制通道纯滞后时间的差值。它反映前馈补偿作用提前于扰动对被控参数影响的程度。当扰动通道与控制通道纯滞后时间相近时，相当于提前了前馈作用，增强了前馈的补偿效果，而过于提前的前馈作用又易引起控制过程发生反向过调的现象，如图 7-2-18 所示。

3. 动态参数 T_1、T_2 的确定

　　在讨论前馈控制器动态参数整定时，前馈控制器的数学模型可取式(7-2-24)忽略 τ 的形式，即

$$G_b(s) = -K_b \frac{T_1 s + 1}{T_2 s + 1} \tag{7-2-25}$$

　　由式(7-2-25)可见，增大 T_1 或减小 T_2 均会增强前馈补偿的作用。前馈动态参数的工程整定是在闭环下，根据过渡过程形状的变化决定 T_1、T_2 的值。

　　首先，使系统处于静态前馈-反馈复合控制方案下运行，分别整定好反馈控制下的 PID 参数及静态前馈参数 K_b，然后闭合动态前馈-反馈复合控制系统，如图 7-2-19 所示。先使前馈

控制器中的动态参数 $T_1 = T_2$，在 $f(t)$ 的阶跃扰动下，由被控量 $y(t)$ 的变化形状判断 T_1、T_2 应调整的方向。如图 7-2-20 所示，给出了选取 T_1、T_2 的试验过程曲线。图 7-2-20 中的曲线，分别表示反馈及动态前馈-反馈复合控制过程。曲线 1 为单回路反馈控制下被控参数的变化，曲线 2 及曲线 3 均为动态前馈-反馈复合控制过程。其中，曲线 2 表示采用动态前馈-反馈复合控制时被控参数的超调与采用反馈时的方向相同，这说明此时为欠补偿过程。因此应继续加强前馈补偿作用，即前馈控制器参数 T_1 应继续加大(或减小 T_2)；当出现曲线 3 的情况时，说明已达到过补偿的控制过程，此时应减小前馈控制器参数 T_1 (或加大 T_2)，以免使过渡过程的反向超调进一步扩大。

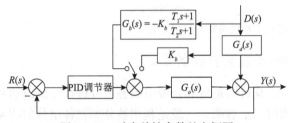 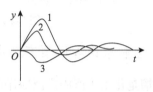

图 7-2-19　动态前馈参数整定框图　　　　　　图 7-2-20　选取 T_1、T_2 的试验过程

　　如前所述，动态前馈控制器的参数整定是在系统闭环下进行的，先从过程为欠补偿情况开始，逐步强化前馈补偿作用(增大 T_1 或减小 T_2)，直到出现过补偿的趋势时，再稍微削弱一点前馈补偿作用，即适当地减小 T_1 或增大 T_2，以得到补偿效果满意的过渡过程，此时的 T_1、T_2 即为前馈控制器的动态整定参数。

7.2.3　前馈控制系统的工业应用

　　前馈控制可以用来解决单回路反馈控制及串级控制所不易解决的某些控制问题，因而在石油、化工、冶金、发电厂等过程控制中得到了广泛的应用。随着目前微型计算机的发展，动态前馈控制也取得了较大进展。目前，前馈-反馈、前馈-串级等复合控制已成为改善控制品质的重要过程控制方案。

　　下面介绍几个较成熟的工业应用示例。

　　1. 冷凝器温度前馈-反馈复合控制系统

　　许多生产过程中都有冷凝设备，它的作用是把中间产品冷凝成液体，再送往下一个工段继续加工。这类冷凝设备的主要被控量是冷凝液的温度，控制量则为冷却水的流量。如图 7-2-21 所示，为发电厂冷凝器的控制方案。其工作原理是：从低压汽轮机出来的乏蒸汽经冷凝器以后，变成温水，再由循环泵送至除氧器，经除氧处理后的温水，可继续作为发电锅炉的给水。本系统采用前馈-反馈复合控制方案，利用乏蒸汽被冷凝后的温水温度信号控制冷却水的阀门开度，即由温度变送器(TT)、PI 调节器(TC)、冷却水阀门及过程控制通道构成反馈控制系统。乏蒸汽流量是一个可测不可控且经常变化的扰动因素，故对乏蒸汽流量进行前馈控制，使冷却水流量跟随乏蒸汽流量的变化而提前变化，以维持温水的水温达到指定的范围。

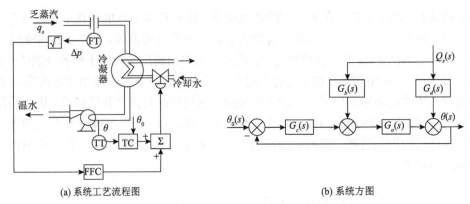

(a) 系统工艺流程图　　　　　　　　　　　　(b) 系统方图

图 7-2-21　冷凝器温度前馈-反馈复合控制方案

2. 控制精馏塔塔顶产品成分的前馈-反馈复合控制系统

精馏是化工生产中广泛应用的传质过程，其目的是将混合液中的各组分进行分离以达到规定的纯度要求。如图 7-2-22 所示，是精馏过程示意图。一般是利用被分离物各组分的挥发点不同，把混合物分离成组分较纯的产品，但在精密精馏过程中，由于被分离的物料具有相同的分子量和十分狭窄的沸点范围，因而不可能通过温度来反映馏出物的组分，此时，常用成分反馈调节器实现直接质量控制。在多数情况下，精馏塔的进料变化是其主要扰动，为此对进料流量进行前馈补偿以实现精馏塔的物料平衡控制。对于任何一个精馏塔，在一定的进料条件下，只要保持恒定的回流比，也就保持了一定的分离条件，因此选取回流罐的回流量为控制变量，如图 7-2-23 所示，为实现上述控制思想的精馏塔塔顶产品成分前馈-反馈复合控制系统。运行结果表明，

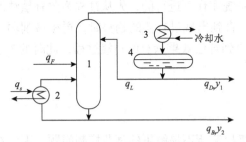

图 7-2-22　精馏过程示意图

1-精馏塔；2-蒸汽加热器；3-冷凝器；4-回流罐；q_F-进料流量；

q_s-蒸汽量；q_L-回流量；q_D-塔顶产品流量；

y_1-塔顶产品成分；q_B-塔底产品流量；y_2-塔底产品成分

该精馏塔采用如上的前馈控制之后，大大提高了精馏塔的分离效果，满足了工艺对产品纯度的要求。

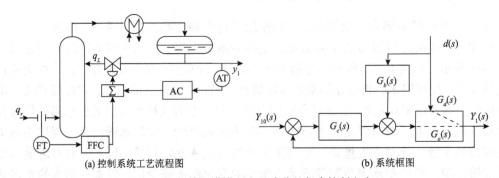

(a) 控制系统工艺流程图　　　　　　　　　　(b) 系统框图

图 7-2-23　精馏塔塔顶产品成分的复合控制方案

3. 锅炉给水前馈-反馈三冲量控制系统

汽包锅炉水位控制的任务主要是保证锅炉的安全运行，为此必须维持汽包水位基本恒定(稳定在允许范围内)。显然，在锅炉给水自动控制中，应以汽包水位 h 作为被控参数。而引起水位变化的扰动量很多，如锅炉的蒸发量 q_0、给水流量 q_F、炉膛热负荷(燃料量)及汽包压力等。其中，燃料量的改变不但会影响水位变化，更主要的是可以起到稳定气压的作用，故常把它作为锅炉燃烧控制系统中的一个控制量；蒸发量 q_0 是锅炉的负荷，显然这是一个可测而不可控的扰动，因此常常对蒸汽负荷考虑采用前馈补偿，以改善在蒸汽负荷扰动下的控制品质；最后，从物质平衡关系可知，为适应蒸汽负荷的变化，应以给水流量 q_F 为控制变量。

锅炉水位的动态特性对自动控制是很不利的。由图 7-2-9 可知，其控制通道的动态特性是具有纯滞后的无自平衡特性，且其飞升速度很快，如气压为 9.8MPa、负荷为 230t/h 的高压锅炉，当水位变化 200mm 时，飞升速度 $\varepsilon \approx 0.036\,\mathrm{L/s}$。这说明，对高温高压、大容量的锅炉提出了较高的控制要求。图 7-2-8 是其扰动通道动态特性，由于存在着通常所说的"虚假水位"现象，而且这种"虚假水位"还与锅炉的工作压力以及其蒸发量有关，对于高压锅炉来说，一般当负荷突然变化 10% 时，"虚假水位"可达 30～40mm，由于"虚假水位"具有如此快的变化速度，简单的反馈控制作用几乎不能减小其所造成的水位最大偏差。为了确保运行的安全，目前均采用三冲量给水控制方案。

在三冲量给水控制系统中，调节器接收汽包水位 h、蒸汽流量 q_D 及给水流量 q_G 三个信号(冲量)，如图 7-2-24 所示。图中，K_z 为执行器，K_r 为调节阀门，γ_D、γ_G、γ_H 分别为蒸汽流量、给水流量、水位测量变送器的转换系数，n_D、n_G 分别为蒸汽流量、给水流量分流器的分流系数。

在这种三冲量给水控制系统中，汽包水位信号 h 是主信号，也是反馈信号，在任何扰动引起汽包水位变化时，都会使调节器动作，以改变给水调节阀门开度，使汽包水位恢复到允许的波动范围内。因此，以水位 h 为被控量形成的外回路能消除各种扰动对水位的影响，保证汽包水位维持在工艺要求所允许的变动范围内。蒸汽流量信号是系统的主要干扰，对其进行前馈控制能克服因"虚假水位"而引起调节器的误动作，因为在负荷变化时产生的"虚假水位"现象，是汽包锅炉扰动通道自身的固有特性，单纯采用水位的反馈控制时，这种"虚假水位"现象必然引起调节器的误动作，而应用了前馈补偿后，就可以在蒸汽负荷变化的同时，按正确方向及时地改变给水流量，以保证汽包中物料平衡关系，从而可保持水位的平稳。另外，蒸汽流量信号与给水流量的恰当配合，又可消除系统的静态偏差。给水流量信号是内回路反馈信号，它能及时反映给水流量的变化，当给水调节阀门的开度没有变化，而其他原因使给水母管压力发生波动引起给水流量变化时，由于测量给水流量的孔板前后差压信号反应很快、时滞很小(为 1～3s)，故在被控量水位还未来得及变化的情况下，调节器即可消除给水侧的扰动而使过程很快地稳定下来，因此，由给水流量信号局部反馈形成的内回路能迅速消除系统的内部扰动，稳定给水流量。

这种控制系统对三个信号的静态配合有严格的要求，否则会由于变送器特性的差异，及锅炉排污等原因而引起水位的静态偏差。这三个信号中，除水位信号外，蒸汽流量及给水流量信号在进入调节器前均应加分流器，这是因为系统被控参数 h 的变化范围最小，当以水位信号为基准时，必须对变化范围较大的蒸汽流量和给水流量信号进行分流，使其与水位信号在进入调节器时相匹配。图 7-2-24(b)中，n_D、n_G 即分别代表蒸汽负荷 q_D 及给水流量 q_G 的分流系数。

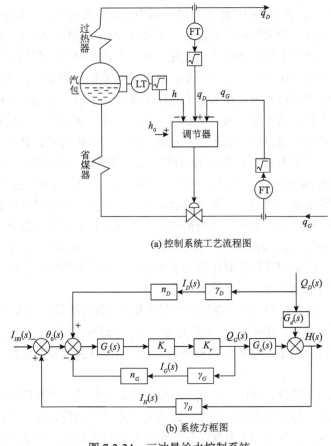

(a) 控制系统工艺流程图

(b) 系统方框图

图 7-2-24　三冲量给水控制系统

　　前馈及其复合控制方式，目前在工业锅炉、精馏塔、换热设备、化学反应器等工业过程的自动控制中，已经得到了广泛的应用。控制方式也由单变量的前馈控制发展到按动态前馈模型，以计算机为控制工具的多变量前馈控制。因此，前馈控制在过程控制系统中的应用前景将更加广阔。

7.3　非线性增益补偿控制系统

　　到目前为止，所讨论的都是线性系统，但是实际的系统往往不完全是线性的，只是做了一些合理的假定以后把它们当成一个线性系统来处理，可是这种线性方法不是在一切情况下都能使用的。例如，一个按线性化理论设计、整定的控制系统，在付诸实践时，有时会出现一些不能用线性理论来解释的现象，例如，有时系统的动态品质会变坏，过渡过程的时间会拖长；有时系统是稳定的，但在某种情况下，系统突然从稳定变成不稳定，有的时候甚至出现不衰减等幅振荡现象；等等。出现这些现象往往可以推断是由系统中存在着不容忽视的非线性因素所造成的。这种控制系统在工程上是绝对不能采用的。

　　至于系统中的非线性因素，主要存在于两个部分：一部分用以实现控制的仪表或执行机构中包含的非线性，如调节器中的限幅特性、阀门的等百分比、抛物线和快开等特性。它们一般属于典型非线性特性。另一部分存在于对象本身。例如，对象的增益在很多情况下不是常数而是负荷、调节量等因素的非线性函数，通常称为对象的变增益特性。又如，有些对象动态特性的描述本来就是用的非线性方程。关于非线性系统的控制问题有专门的理论来研究，本节中主要是针对变增益对象特性，商讨其解决方法。

　　首先讨论在一个具有变增益对象的系统中，控制过程会出现什么问题。这里以常用的热交换器为例。众所周知，热交换器的增益是与被加热流量成反比的。如果整定是在正常负荷下进行的，那么当系统的流量发生变化时，就会有不同的响应曲线，当料液流量增大时，由于过程增益变小，在已整定好的温度控制回路的比例增益作用下，过渡过程将会呈现过阻尼；而在小流量下，过程增益增大，系统可能出现振荡甚至不稳定。为了使控制回路能正常工作，就必须根据最坏的操作条件，即根据预计的最小流量来整定调节器。当然，这是以降低回路控制性能为代价的。如果生产过程对控制的要求较高，不允许降低控制性能时，就要采取其他措施。下面要讨论的补偿法是工业中广泛采用的方法之一。

　　严格地说，大部分被控工业过程的静态特性都具有非线性特性。也就是说，对象的增益是随着如被调量、调节量、负荷等变化的。在非线性影响严重时，采用固定增益的调节器就很难适应。补偿原理就是设法使系统中某一环节具有与对象增益相反的非线性特性，使之与原来的非线性特性相补偿，最后使系统的开环增益保持不变，校正成为一个线性系统。

　　非线性特性的补偿可以用许多方法来实现，例如，采用阀门特性、利用变增益的调节器或采用函数变换器等，下面就几个实例来分别加以说明。

1. 采用阀门特性

　　第 4 章中已经提到，调节阀门有各种不同的工作特性可供选择，而且在配置阀门定位器后，通过采用不同形状的反馈凸轮片可以得到所需要的阀门特性。因此，对不同对象的静态非线性，选择相应的阀门特性就可以补偿。现以图 7-3-1 所示换热器为例，换热器的热平衡方程可以写成：

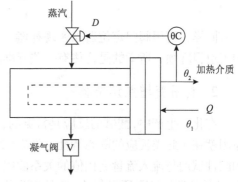

图 7-3-1　增益随流量变化的换热器

$$DH_s = Qc_p(\theta_2 - \theta_1) \tag{7-3-1}$$

式中，D 为蒸汽的质量流量；H_s 为蒸汽的汽化潜热；Q 为被加热介质流量；c_p 为被加热介质的比定压热容；θ_1、θ_2 为被加热介质的进出口温度。

　　换热器的增益就是被调量 θ_2 对蒸汽流量的导数。

$$K_p = \frac{\mathrm{d}\theta_2}{\mathrm{d}D} = \frac{H_s}{Qc_p} \tag{7-3-2}$$

可以看到，换热器的增益是与被加热介质流量成反比的。在温度和成分回路中都有这个特性。

在第 4 章讨论过阀门增益 K_v，对于具有等百分比特性的阀门，其增益为

$$K_v = \frac{dQ}{dL} = \ln\left(R\frac{Q}{L_{\max}}\right) \tag{7-3-3}$$

由式(7-3-3)可知，等百分比阀的静态增益正好与流过阀门的流量 Q 成正比。在换热器中，若采用等百分比阀调节蒸汽，则 K_v 与蒸汽流量 D 成正比。此时，系统的开环增益 K 为

$$K = K_c K_v K_p = K_c\left(\ln R\frac{D}{L_{\max}}\right)\frac{H_s}{Qc_p} \tag{7-3-4}$$

而 D 与 Q 的静态关系可由式(7-3-1)推导而得，只是要用介质出口温度的设定值 θ_r 代替 θ_2，则

$$Q = \frac{H_s}{(\theta_r - \theta_1)c_p}D \tag{7-3-5}$$

将式(7-3-5)代入式(7-3-4)就可以得到 K 与负荷 D 无关的结论，从而补偿了对象的非线性特性。其中开环增益 K 为

$$K = \frac{K_c \ln R}{L_{\max}}(\theta_r - \theta_1) \tag{7-3-6}$$

同样，可用阀门定位器来实现补偿，它比用阀门特性补偿更为灵活，但是凸轮的设计和加工也很麻烦，所幸的是往往有一些标准凸轮可供选择。

2. 利用变增益调节器

在化工生产中,酸碱的反应是常见的,但是要控制反应的酸碱度(pH)是一件不容易的事,原因就在于此类反应的静态特性。图 7-3-2 描述了这种反应的特性曲线。它是 pH 相对于所加的酸性试剂与流入流量之比值的关系曲线。首先要注意横坐标是一个比值,它表明过程的增益(即单位酸性流量所引起的 pH 的变化)是要随着要处理的流入液体的流量而变化的。从图中可以明显地看到,在中和点附近,即 pH = 7 左右,加入酸性试剂的量对 pH 的影响非常灵敏,以致极微小的试剂量都会造成 pH 的偏差。而当离中和点较远时,灵敏度却大大降低。因此只要提及 pH 的控制,就公认它是一个典型的非线性严重的控制系统。用一般常规的调节方法将得不到稳定的调节回路。这里用图 7-3-3 所示变增益调节器来进行控制。此时,调整参数有两个,即增益 K_z 和低增益区的宽度 Z(在有的非线性调节器中,参数 $Z = \pm 30\%$,$K_z = 0.02 \sim 0.2$)。适当地调整 K_z 和 Z 以补偿 pH 的非线性,使之近似保持不变。图 7-3-4 就是利用非线性调节器 PHC 来控制 pH 的系统图,其中流量信号都已利用开方器线性化,其目的在于保持回路增益在流量的全部范围内均不变。试剂流量的设定值将由 pH 调节器的输出与物料进料量的乘积来决定,pH 的非线性则由非线性调节器的变增益来进行补偿。这个系

统在控制很多种溶液的 pH 方面取得了良好的效果。

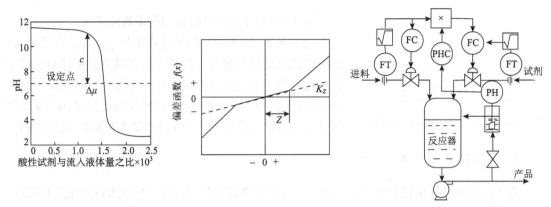

图 7-3-2 酸碱中和反应过程 　图 7-3-3 具有可调宽度为 Z、　图 7-3-4 采用非线性调节器
中 pH 的过程增益变化曲线 　　增量为 K_z 的调节器特性曲线 　　　控制 pH 的方案

　　随着计算机和微处理机的不断发展和更新，模入模出等接口设备的逐步完善，更由于它们可靠性的增加和价格的不断下降，计算机正在大量地引入控制系统。显然，利用计算机来实现补偿是易如反掌的，只需要改动应用程序，就可方便地实现各种运算规律。计算机的可靠性和灵活性将给控制系统带来质的飞跃。可以相信，随着控制工具的发展和完善，人们将会开发出更多的适用于生产过程自动化的方案和系统，自动控制水平将提高到一个新的高度。

7.4　比值控制系统

7.4.1　比值控制系统的类型

　　在现代工业生产过程中，常常要求两种或两种以上的物料流量呈一定比例关系。如果比例失调，则会影响生产的正常进行，或者影响产品的产量与质量，浪费原材料，造成环境污染，甚至发生生产事故。例如，在工业锅炉的燃烧过程中，需要自动保持燃料量和空气量按一定比例混合后送入炉膛，以确保燃料的效率；又如，在制药生产过程中，要求将药物和注入剂按规定比例混合，以保证药品的有效成分；再如，在硝酸生产过程中，进入氧化炉的氨气和空气的流量要有合适的比例，否则会产生不必要的浪费。总之，为了实现如上所述的种种要求，需要设计一种特殊的过程控制系统，即比值控制系统。由此可见，比值控制系统，简单地说，就是使一种物料随另一种物料按一定比例变化的控制系统。在比值控制系统中，需要保持比值的两种物料必有一种处于主导地位，这种物料通常被称为主动物料或主流量，用 q_1 表示。通常情况下，将生产中主要物料的流量或不可控物料的流量作为主流量，而将随主流量的变化而变化的其他物料流量，称为从动流量或副流量，用 q_2 表示。比值控制系统就是要实现副流量和主流量呈一定的比例关系，即满足 $q_2/q_1 = K$，K 为副流量和主流量的比值。现将常用的几种比值控制系统作简要介绍。

1. 开环比值控制系统

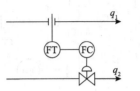

图 7-4-1　开环比值控制系统流程图

图 7-4-1 所示为开环比值控制系统流程图。如图所示，在稳定工况下，两种物料的流量应满足 $q_2 = Kq_1$ 的要求。该系统的优点是结构简单，投资省。其缺点是副流量无抗干扰能力，即当从动物料管线的压力改变时，就保证不了所要求的比值，所以这种开环比值控制系统只适用于从动物料管线压力比较稳定、对比值的控制精度要求不高的场合。

2. 单闭环比值控制系统

为了弥补开环比值控制系统的缺点，在开环比值控制的基础上，对副流量实施闭环控制，组成如图 7-4-2 所示的单闭环比值控制系统。

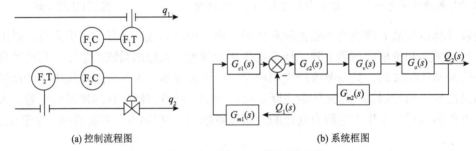

(a) 控制流程图　　　　　　　　　　　(b) 系统框图

图 7-4-2　单闭环比值控制系统

由图 7-4-2 可见，当主流量 q_1 受到干扰而变化时，其流量信号经变送器送到比值运算器 $G_{c1}(s)$，比值运算器则按预先设置的比值系数使输出成比例地变化，即成比例地改变副调节器 $G_{c2}(s)$ 的给定值，使副流量 q_2 跟随主流量 q_1 而变化，从而保证原设定的比值不变。当主、副流量同时受到干扰而变化时，调节器 $G_{c2}(s)$ 在克服副流量干扰的同时，又根据新的给定值(由 q_1 的变化而引起)改变调节阀的开度，使主、副流量稳定在新的流量数值上，仍可保持其不变的比值关系。可见，该系统既能确保主、副两个流量的比值不变，又使副流量具有抗干扰能力，且系统的结构又较简单，所以在工业生产过程自动化中应用较广。单闭环比值控制系统的缺点是因主流量不受控制而不能保证总流量 $(q_1 + q_2)$ 不变，这对于负荷变化较大的化学反应过程是不适宜的，这是因为总流量的改变会给化学反应过程带来一定的影响。

3. 双闭环比值控制系统

为了弥补单闭环比值控制系统对主流量不受控制所存在的不足，在单闭环比值控制的基础上，又设计了如图 7-4-3 所示的双闭环比值控制系统。该系统是由主流量控制回路、副流量控制回路和比值器连接而成的。其中，主流量控制回路是为了克服对主流量的干扰，实现定值控制；而副流量控制回路是为了抑制作用于副回路的干扰，从而使主、副流量既能保持一定的比值，又能使总物料量保持平稳。因此，在工业生产过程中，当要求总的物料变化比较平稳时，可以采用这种控制方案。不过，该控制方案所用仪表较多，投资较高。

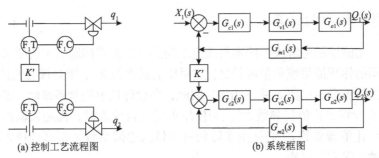

(a) 控制工艺流程图　　　　　　　　　(b) 系统框图

图 7-4-3　双闭环比值控制系统

4. 变比值控制系统

在有些生产过程中，存在两种物料流量的比值随第三个工艺参数的变化而变化的情况。为了满足这种工艺要求，又设计了变比值控制系统。图 7-4-4 为基于除法器的变比值控制系统框图。

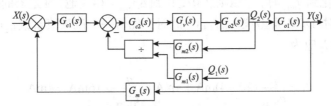

图 7-4-4　变比值控制系统框图

由图 7-4-4 可见，变比值控制系统实际上是一个以第三参数为主被控参数、以两个流量之比为副被控参数所组成的串级控制系统。当系统处于稳态时，$G_{c1}(s)$ 输出不变，主、副流量的比值也不变，主参数符合工艺要求，产品质量合格；当系统受到干扰时，虽然通过单闭环比值控制回路(相当于串级控制的副回路)保证了 q_1 与 q_2 的比值一定，却不能保证总流量不变。一旦总流量发生变化，就会导致主被控参数偏离设定值，由于 $G_{c1}(s)$ 的调节作用，修正了 $G_{c2}(s)$ 的设定值，相当于系统在新的比值上使总流量保持稳定，这就是变比值控制的由来。

图 7-4-5 为硝酸生产过程中氧化炉温度串级-比值控制工艺流程图。图中氨气和空气混合后进入氧化炉中，在铂触媒的作用下进行氧化反应。该反应为放热反应，反应温度必须严格控制在 (84 ± 5) ℃，而影响温度的主要因素是氨气和空气的比值。因此，当温度受到干扰而变化时，通过改变氨流量进行补偿，也即通过改变氨气与空气的比值进行补偿，为此设计了以氧化炉中的反应温度为主参数，氨气与空气之比为副参数的串级-比值控制系统，即变比值控制系统。

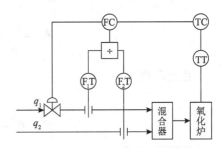

图 7-4-5　氧化炉温度串级-比值控制工艺流程图

7.4.2　比值控制系统的设计与参数整定

比值控制系统的设计与单回路控制系统的设计既有相同之处，也有不同之处。这里只讨论它的不同之处。

1. 比值器参数 K' 的计算

如上所述，比值控制是解决不同物料流量之间的比例关系问题。工艺要求的比值系数 K 是不同物料之间的体积流量或重量流量之比，而比值器参数 K'，则是仪表的读数，一般情况下，它与实际物料流量的比值 K 并不相等。因此，在设计比值控制系统时，必须根据工艺要求的比值系数 K 计算出比值器参数 K'。当使用单元组合仪表时，因输入输出参数均为统一标准信号，所以比值器参数 K' 必须由实际物料流量的比值系数 K 折算成仪表的标准统一信号。以下分两种情况进行讨论。

流量与检测信号呈非线性关系，当采用差压式流量传感器(如孔板)测量流量时，差压与流量的平方成正比，即

$$\Delta p = Cq^2 \tag{7-4-1}$$

式中，C 为差压式流量传感器的比例系数。

当物料从 0 变化到 q_{max} 时，差压则从 0 变化到 Δp_{max}。相应地，变送器的输出则由 4mA DC 变化到 20mA DC(对 DDZ-Ⅲ 型仪表而言)。此时，任何一个流量值 q_1 或 q_2 所对应的变送器的输出电流信号 I_1 和 I_2 应为

$$I_1 = \frac{q_1^2}{q_{1max}^2}(20-4)\text{mA} + 4\text{mA} = \frac{q_1^2}{q_{1max}^2} \times 16\text{mA} + 4\text{mA}$$
$$I_2 = \frac{q_2^2}{q_{2max}^2}(20-4)\text{mA} + 4\text{mA} = \frac{q_2^2}{q_{2max}^2} \times 16\text{mA} + 4\text{mA} \tag{7-4-2}$$

式中，q_1 为主流量的体积流量或重量流量；q_2 为副流量的体积流量或重量流量；q_{1max} 为测量 q_1 所用变送器的最大量程；q_{2max} 为测量 q_2 所用变送器的最大量程；I_1、I_2 分别为测量 q_1、q_2 时所用的变送器的输出电流 (mA)。

由于生产工艺要求 $K = \dfrac{q_2}{q_1}$，则 $K^2 = \dfrac{q_2^2}{q_1^2}$，根据式(7-4-2)，则有

$$K^2 = \frac{q_2^2}{q_1^2} = \frac{q_{2max}^2(I_2 - 4\text{mA})}{q_{1max}^2(I_1 - 4\text{mA})} = \frac{q_{2max}^2}{q_{1max}^2}K' \tag{7-4-3}$$

由此可得

$$K' = \left[K \frac{q_{1max}}{q_{2max}}\right]^2 = \frac{I_2 - 4\text{mA}}{I_1 - 4\text{mA}} \tag{7-4-4}$$

式(7-4-3)所示即为比值器的参数。式(7-4-4)表明，当物料流量的比值 K 一定、流量与其检测信号呈平方关系时，比值器的参数与物料流量的实际比值和最大值之比的乘积也呈平方关系。

1) 流量与检测信号呈线性关系

为了使流量与检测信号呈线性关系，在系统设计时，可在差压变送器之后串接一个开方器，比值器参数的计算则与上述不同。设开方器的输出为 I'，I' 与 q 的线性关系为

$$\begin{cases} I_1' = \dfrac{q_1}{q_{1\max}} \times 16\text{mA} + 4\text{mA} \\[3mm] I_2' = \dfrac{q_2}{q_{2\max}} \times 16\text{mA} + 4\text{mA} \end{cases} \qquad (7\text{-}4\text{-}5)$$

进而有

$$K = \frac{q_2}{q_1} = \frac{q_{2\max}(I_2' - 4\text{mA})}{q_{1\max}(I_1' - 4\text{mA})} = \frac{q_{2\max}}{q_{1\max}} K' \qquad (7\text{-}4\text{-}6)$$

即

$$K' = K \frac{q_{1\max}}{q_{2\max}} = \frac{I_2' - 4\text{mA}}{I_1' - 4\text{mA}} \qquad (7\text{-}4\text{-}7)$$

由式(7-4-6)可知，当物料流量的比值 K 一定、流量与其检测信号呈线性关系时，比值器的参数与物料流量的实际比值和最大值之比的乘积也呈线性关系。

2) 实例计算

例 7-4-1　已知某比值控制系统，采用孔板和差压变送器测量主、副流量，主流量变送器的最大量程为 $q_{1\max} = 12.5\text{m}^3/\text{h}$，副流量变送器的最大量程为 $q_{2\max} = 20\text{m}^3/\text{h}$，生产工艺要求 $q_2/q_1 = K = 1.4$，试计算：

(1) 不加开方器时，DDZ-Ⅲ型仪表的比值系数。

(2) 加开方器后，DDZ-Ⅲ型仪表的比值系数。

解　根据题意，当不加开方器时，可采用式(7-4-3)计算仪表的比值系数 K'，即

$$K' = K^2 q_{1\max}^2 / q_{2\max}^2 = 1.4^2 \times 12.5^2 / 20^2 = 0.766 \qquad (7\text{-}4\text{-}8)$$

当加开方器时，可采用式(7-4-7)计算仪表的比值系数 K'，即

$$K' = K q_{1\max} / q_{2\max} = 1.4 \times 12.5 / 20 = 0.875 \qquad (7\text{-}4\text{-}9)$$

由实例计算可知，对相同的工艺要求，在计算比值器的参数时，采用开方器与不采用开方器，其结果是不同的。

2. 比值控制系统中的非线性补偿

比值控制系统中的非线性特性是指被控过程的静态放大系数随负荷变化而变化的特性，在设计比值控制系统时必须要加以注意。

1) 测量变送环节的非线性特性

由上述比值器参数的计算可知，流量与测量信号无论是呈线性关系还是呈非线性关系，其比值系数与负荷的大小无关，均应保持为常数，但是，当流量与测量信号呈非线性关系时，对过程的动态特性却是有影响的。现以图 7-4-6 所示的比值控制系统为例进行说明。图中，对于从

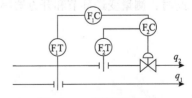

图 7-4-6　比值控制系统

动量 q_2 的节流元件(孔板)，其输入输出关系为

$$\begin{cases} \Delta p_2 = kq_2^2 \\ \Delta p_{2\max} = kq_{2\max}^2 \end{cases} \qquad (7\text{-}4\text{-}10)$$

若差压变送器采用 DDZ-Ⅲ 型仪表，它将差压信号线性地转换为电流信号(单位为 mA)，即

$$I_2 = \frac{\Delta p_2}{\Delta p_{2\max}} \times (20-4)\text{mA} + 4\text{mA} \qquad (7\text{-}4\text{-}11)$$

将式(7-4-10)代入式(7-4-11)，可得测量变送环节的输入输出关系为

$$I_2 = \left(\frac{q_2}{q_{2\max}}\right)^2 \times 16\text{mA} + 4\text{mA} \qquad (7\text{-}4\text{-}12)$$

可见，测量变送环节是非线性的，其静态放大系数 K_2 为

$$K_2 = \left.\frac{\partial I_2}{\partial q_2}\right|_{q_2=q_{20}} = \frac{32}{q_{2\max}^2} q_{20} \qquad (7\text{-}4\text{-}13)$$

式中，q_{20} 是流量 q_2 的静态工作点(即负荷)，可见静态放大系数 K_2 与负荷的大小成正比，随负荷的变化而变化，是非线性特性。由于这个非线性特性是包含在广义过程中的，即使其他环节的放大系数都是线性的，系数总的放大系数也会呈现非线性特性。由此可知，当过程处于小负荷时，经调节器参数的整定，系统将运行在正常状态；但当负荷增大时，调节器的整定参数如果不能随之改变，则系统的运行质量就会下降，这就是测量变送环节的非线性特性所带来的不利影响。

2) 非线性补偿

为了避免这一不利影响，通常用开方器进行补偿，即在差压变送器后串联一个开方器，使流量与测量信号之间呈现线性关系。

设差压变送器的输出电流信号 I_2 与开方器的输出电流信号 I_2'(单位为 mA)之间的关系为

$$I_2' - 4\text{mA} = \sqrt{I_2 - 4}\ \text{mA} \qquad (7\text{-}4\text{-}14)$$

将式(7-4-12)代入式(7-4-14)可得

$$I_2' = \frac{q_2}{q_{2\max}} \times 4\text{mA} + 4\text{mA} \qquad (7\text{-}4\text{-}15)$$

此时，测量变送环节和开方器串联后总的静态放大系数 K_2' 为

$$K_2' = \left.\frac{\partial I_2'}{\partial q_2}\right|_{q_2=q_{20}} = \frac{4}{q_{2\max}} \qquad (7\text{-}4\text{-}16)$$

可见，K'_2 是一个常量，它已不再受负荷变化的影响，所以在采用差压法测量流量的比值控制系统中，引入开方器是对系统非线性特性进行补偿的最简便方法，但是，对于开方器的引入与否，还需要根据系统的控制精度与负荷变化情况而定。若控制精度要求较高，负荷变化又较大，则用开方器进行补偿是必要的；若控制精度要求不高，负荷变化又不大，则无须采用开方器进行补偿。

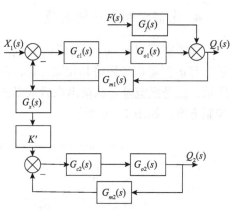

3. 比值控制系统中的动态补偿

在某些特殊的生产工艺中，对比值控制的要求非常高，即不仅在静态工况下要求两种物料流量的比值一定，而且在动态情况下也要求两种物料流量的比值一定。为此，需要增加动态补偿器。图 7-4-7 所示为具有动态补偿器的双闭环比值控制系统框图。图中，$G_x(s)$ 为动态补偿器。根据工艺要求，为实现动态比值一定，必须满足：

图 7-4-7　具有动态补偿器的双闭环比值控制系统框图

$$\frac{Q_2(s)}{Q_1(s)} = K \quad （K为常数）\tag{7-4-17}$$

由图 7-4-7 可知，干扰 $F(s)$ 对主动流量 $Q_1(s)$ 的传递函数为

$$\frac{Q_1(s)}{F(s)} = \frac{G_f(s)}{1 + G_{c1}(s)G_{o1}(s)G_{m1}(s)}\tag{7-4-18}$$

主动流量 $Q_1(s)$ 对从动流量 $Q_2(s)$ 的传递函数为

$$\frac{Q_2(s)}{Q_1(s)} = \frac{G_{m1}(s)G_x(s)K'G_{c2}(s)G_{o2}(s)}{1 + G_{c2}(s)G_{o2}(s)G_{m2}(s)}\tag{7-4-19}$$

为使主、从流量动态比值一定，则要求：

$$\frac{Q_2(s)}{Q_1(s)} = K \quad （K为常数）$$

又因为在加开方器的情况下，有

$$K' = K\frac{q_{1\max}}{q_{2\max}}\tag{7-4-20}$$

将式(7-4-20)代入式(7-4-19)可得动态补偿器的传递函数为

$$G_x(s) = \frac{1 + G_{c2}(s)G_{o2}(s)G_{m2}(s)}{G_{m1}(s)G_{c2}(s)G_{o2}(s)}\frac{q_{2\max}}{q_{1\max}}\tag{7-4-21}$$

在已知式(7-4-21)右边各环节的传递函数和 $q_{2\max}$、$q_{1\max}$ 的大小后，即可求得动态补偿器

的传递函数。在实际应用中，可以用简化了的关系式去逼近式(7-4-21)。需要注意的是，由于从动流量总要滞后于主动流量，所以动态补偿器一般应具有超前特性。

4. 比值控制系统的实现

为了实现对 $q_2 / q_1 = K$ (或 $q_2 = Kq_1$)的比值控制，其具体实现方案有两种：一是把两个流量 q_1 与 q_2 测量出来后将其相除，其商作为副调节器的反馈值，称为相除控制方案，如图 7-4-8 所示；二是把流量 q_1 测量出来后乘以比值系数 K，其乘积作为副调节器的设定值，称为相乘控制方案，如图 7-4-9 所示。

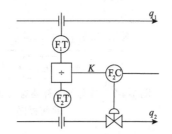　　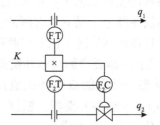

图 7-4-8　相除比值控制工艺流程图　　　图 7-4-9　相乘比值控制工艺流程图

在工程上，具体实现比值控制时，通常有比值器、乘法器或除法器等单元仪表可供选用，相当方便。

5. 比值控制系统的参数整定

在比值控制系统中，双闭环比值控制系统的主动量回路可按单回路控制系统进行整定；变比值控制系统因结构上属串级控制系统，所以主调节器可按串级控制系统的整定方法进行。这样，比值控制系统的参数整定主要是讨论单闭环、双闭环以及变比值控制从动量回路的整定问题。由于这些回路本质上都属于随动系统，要求从动量快速、准确地跟随主动量变化，而且不宜有超调，所以最好整定在振荡与不振荡的临界状态。具体整定步骤可归纳如下。

(1) 在满足生产工艺流量比的条件下，计算比值器的参数 K'，将比值控制系统投入运行。

(2) 将积分时间置于最大，并由大到小逐渐调节比例度，使系统迅速响应，处于振荡与不振荡的临界状态。

(3) 若欲投入积分作用，则先适当增大比例度、再投入积分作用，并逐步缩短积分时间，直到系统出现振荡与不振荡或稍有超调为止。

7.5　均匀控制系统

7.5.1　均匀控制的目的和要求

1. 均匀控制的提出

在连续生产过程中，前一设备的出料往往是后一设备的进料。随着生产的不断强化，前后生产过程的联系也越来越紧密。例如，用精馏方法分离多组混合物时，往往有几个塔串联在一起运行；又如，在石油裂解气深冷分离的乙烯装置中，也有多个塔串联在一起进行连续生产。图 7-5-1 所示为两个串联的精馏塔各自设置的控制系统。图中，A 塔的出料是 B 塔的进料。为了使 A 塔的液位保持稳定，设计了 A 塔液位控制系统；根据 B 塔进料稳定的要求，又设计了 B 塔进料流量控制系统。显然，若按照这两个控制系统的各自要求，两个塔的供求关系是相互矛盾的。为了解决这一矛盾，简单的办法是在两个塔之间增加一个缓冲器。这样做不但增加了投资成本，而且

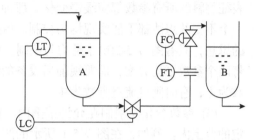

图 7-5-1　前后精馏塔间不协调的控制方案

还会使物料储存的时间过长。这对于某些生产连续性很强的过程是不希望的。因此，还需要从自动控制系统的方案设计上寻求解决办法，故而提出了均匀控制的设计思想。

均匀控制的设计思想是将液位控制与流量控制统一在一个控制系统中，从系统内部解决两种工艺参数供求之间的矛盾，即使 A 塔的液位在允许的范围内波动的同时，也使流量平稳缓慢地变化。为了实现上述控制思想，可将图 7-5-1 中的流量控制系统删去，只设置一个液位控制系统。这样可能出现三种情况，如图 7-5-2 所示。其中，图 7-5-2 (a)液位控制系统具有较强的控制作用，所以在干扰作用下，为使液位不变，流量需要产生较大的变化；图 7-5-2 (b)液位控制系统的控制作用相对适中，在干扰作用下，液位在较小的范围内发生一些变化，与此同时，流量也在一定范围内产生缓慢变化；图 7-5-2 (c)液位控制系统的控制作用较小，在干扰作用下，由于流量的调节作用很小(即基本不变)，因此液位产生大幅度波动。由此可见，三种情况中只有图 7-5-2 (b)符合均匀控制要求。

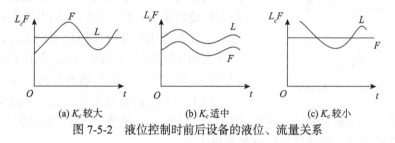

(a) K_c 较大　　　　　　　(b) K_c 适中　　　　　　　(c) K_c 较小

图 7-5-2　液位控制时前后设备的液位、流量关系

由上述分析可知，均匀控制的提出是来自生产工艺所要求的特殊控制任务，其控制目的是使前后设备的工艺参数相互协调、统筹兼顾，以确保生产的正常进行。

2. 均匀控制的特点

由图 7-5-2 可以很容易地得出均匀控制的一些特点。

(1) 系统结构无特殊性。同样一个单回路液位控制系统，由于控制作用的强弱不同，既可以是图 7-5-2(a)所示的单回路定值控制系统，也可以成为图 7-5-2(b)所示的均匀控制系统。因此，均匀控制取决于控制目的而不是取决于控制系统的结构。在结构上，它既可以是一个单回路控制系统，也可以是其他结构形式。因此，对于一个已定结构的控制系统，能否实现均匀控制，主要取决于其调节器的参数如何整定。事实上，均匀控制是靠降低控制回路的灵敏度而不是靠结构的变化体现的。

(2) 参数均应缓慢地变化。均匀控制的任务是使前后设备物料供求之间相互协调，所以表征物料的所有参数都应缓慢变化。那种试图把两个参数都稳定不变或使其中一个变化而另一个不变的想法都不能实现均匀控制。由此可见，图 7-5-2(a)和图 7-5-2(c)均不符合均匀控制的思想，只有图 7-5-2(b)才是均匀控制。此外，还需要注意的是，均匀控制在有些场合无须将两个参数平均分配，而要视前后设备的特性及重要性等因素来确定其主次，有时以液位参数为主，有时则以流量参数为主。

(3) 参数变化应限制在允许范围内。在均匀控制系统中，参数的缓慢变化必须限制在一定的范围内。例如，在图 7-5-1 所示的两个串联的精馏塔中，A 塔液位的变化有一个规定的上、下限，过高或过低都可能造成"冲塔"或"抽干"的危险。同样，B 塔的进料流量也不能超过它所能承受的最大负荷和最低处理量，否则精馏过程难以正常进行。

7.5.2　均匀控制系统的设计

1. 控制方案的选择

均匀控制通常有多种可供选择的方案，常见的有简单均匀控制系统、串级均匀控制系统等，它们各自适用于不同的场合和不同的控制要求。

1) 简单均匀控制系统

简单均匀控制系统的结构形式如图 7-5-3 所示。从系统的结构形式上看，它与单回路液位定值控制系统没有什么区别，但由于它们的控制目的不同，所以对控制的动态过程要求就不同，调节器的参数整定也不一样。均匀控制系统在调节器参数整定时，比例作用和积分作用均不能太强，通常需要设置较大的比例度(大于 100%)和较长的积分时间，以较弱的控制作用达到均匀控制的目的。

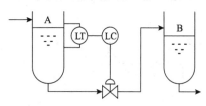

图 7-5-3　简单均匀控制系统

简单均匀控制系统的最大优点是结构简单、投运方便、成本低。其不足之处是，它只适用于干扰较小、对控制要求较低的场合。当被控过程的自平衡能力较强时，简单均匀控制的效果较差。

值得注意的是，当调节阀两端的压差变化较大时，流量大小不仅取决于调节阀开度的大小，还将受到压差波动的影响。此时，简单均匀控制已不能满足要求，需要采用较为复杂的均匀控制方案。

2) 串级均匀控制系统

为了克服调节阀前后压差波动对流量的影响，设计了以液位为主参数、以流量为副参数的串级均匀控制系统，如图 7-5-4 所示。在结构上，它与一般的液位-流量串级控制系统没有什么区别。这里采用串级形式的目的并不是提高主参数液位的控制精度，而流量副回路的引入也主要是为了克服调节阀前后压差波动对流量的影响，使流量变化平缓。为了使液位的变化也比较平缓，以达到均匀控

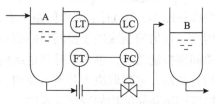

图 7-5-4　串级均匀控制系统

制的目的，液位调节器的参数整定与简单均匀控制系统类似，这里不再重复。

2. 调节规律的选择

简单均匀控制系统的调节器及串级均匀控制系统的主调节器一般采用比例或比例积分调节规律。串级均匀控制的副调节器一般采用比例调节规律。如果为了使副参数变化更加平稳，也可采用比例积分调节规律。在所有的均匀控制系统中，都不应采用微分调节，因为微分作用是加速动态过程，与均匀控制的目的不符。

3. 调节器的参数整定

对简单均匀控制系统而言，调节器的参数整定已如前述；对串级均匀控制系统来说，调节器的参数整定通常采用以下两种方法。

(1) 经验法。经验法就是先根据经验，按照"先副后主"的原则，把主、副调节器的比例度 δ 调节到某一适当值，然后由大到小进行调节，使系统的过渡过程缓慢地、非周期衰减变化，最后根据过程的具体情况，给主调节器加上积分作用。需要注意的是，主调节器的积分时间要调得大一些。

(2) 停留时间法。停留时间法是指被控参数在允许变化的范围内、依据控制介质流过被控过程所需要的时间整定调节器参数的方法。停留时间 t (单位为 min)的计算公式为

$$t = \frac{V}{q} \tag{7-5-1}$$

式中，q 是正常工况下的介质流量；V 是容器的有效容量。

根据停留时间整定调节器的参数，其相互关系见表 7-5-1。

表 7-5-1　整定参数与停留时间的关系

停留时间 t / min	< 20	20~40	> 40
比例度 δ /%	100~150	150~200	200~250
积分时间 T_i / min	5	10	15

具体整定方法归纳如下：

(1) 副调节器按简单均匀控制系统的方法整定。

(2) 计算停留时间 t ，然后根据表 7-5-1 确定液位调节器的整定参数。

(3) 根据工艺要求，适当调整主、副调节器的参数，直到液位、流量的曲线都符合要求为止。

7.6　分程控制系统

7.6.1　分程控制原理及类型

在一般的过程控制系统中，通常是调节器的输出只控制一个调节阀，但在某些工业生产

中，根据工艺要求，需要将调节器的输出信号分段去分别控制两个或两个以上的调节阀，以便使每个调节阀在调节器输出的某段信号范围内全行程动作，这种控制系统称为分程控制系统。

　　例如，间歇式化学反应过程，需要在规定的温度中进行。当每次加料完毕后，为了达到规定的反应温度，需要用蒸汽对其进行加热；当反应过程开始后，因放热反应而产生了大量的热，为了保证反应仍在规定的温度下进行，又需要用冷却水带走反应热。为此，需要设计以反应器温度为被控参数、以蒸汽流量和冷却水流量为控制参数的分程控制系统。间歇式化学反应器分程控制系统工艺流程图如图 7-6-1 所示。

　　在分程控制系统中，调节器输出信号的分段是通过阀门定位器来实现的。它将调节器的输出信号分成几段，不同区段的信号由相应的阀门定位器将其转换为 0.02～0.1MPa 的压力信号，使每个调节阀都做全行程动作。图 7-6-2 所示为使用两个调节阀的分程关系曲线图。

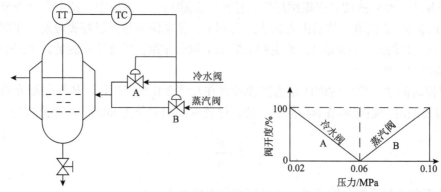

图 7-6-1　间歇式化学反应器分程控制系统　　图 7-6-2　使用两个调节阀的分程关系曲线图

根据调节阀的气开、气关形式和分程信号区段不同，分程控制系统又有两种类型。

1. 调节阀同向动作

　　图 7-6-3 所示为调节阀同向动作示意，图 7-6-3 (a)表示两个调节阀都为气开式，图 7-6-3 (b)表示两个调节阀都为气关式。由图 7-6-3(a)可知，当调节器输出信号从 0.02MPa 增大时，阀 A 开始打开，阀 B 处于全关状态；当信号增大到 0.06MPa 时，阀 A 全开；阀 B 开始打开；当信号增大到 0.1MPa 时，阀 B 全开。由图 7-6-3(b)可知，当调节器输出信号从 0.02MPa 增大时，阀 A 由全开状态开始关闭，阀 B 则处于全开状态；当信号达到 0.06MPa 时，阀 A 全关，而阀 B 则由全开状态开始关闭；当信号达到 0.1MPa 时，阀 B 也全关。

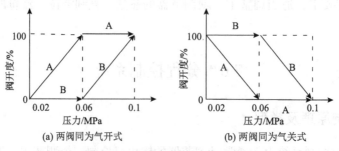

(a) 两阀同为气开式　　　　　　　(b) 两阀同为气关式

图 7-6-3　调节阀同向动作示意图

2. 调节阀异向动作

图 7-6-4 所示为调节阀异向动作的示意图，图 7-6-4(a)为调节阀 A 选用气开式、调节阀 B 选用气关式，图 7-6-4(b)为调节阀 A 选用气关式、调节阀 B 选用气开式。由图 7-6-4(a)可知，当调节器输出信号大于 0.02MPa 时，阀 A 开始打开，阀 B 处于全开状态；当信号达到 0.06MPa 时阀 A 全开，阀 B 开始关闭；当信号达到 0.1MPa 时，阀 B 全关。图 7-6-4(b)的调节阀动作情况与图 7-6-4(a)相反。分程控制中调节阀同向或异向动作的选择完全由生产工艺安全与要求决定，具体选择将在系统设计中叙述。

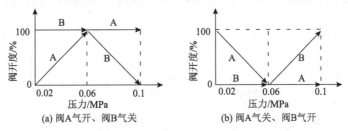

(a) 阀A气开、阀B气关　　　　　(b) 阀A气关、阀B气开

图 7-6-4　调节阀异向动作示意图

7.6.2　分程控制系统的设计及工业应用

1. 分程控制系统设计

分程控制系统本质上属于单回路控制系统，因此，单回路控制系统的设计原则完全适用于分程控制系统的设计，但是，它与单回路控制系统相比，由于调节器的输出信号要进行分程而且所用调节阀较多，所以在系统设计上也有一些特殊之处。

1) 调节器输出信号的分程

在分程控制中，调节器输出信号究竟需要分成几个区段、每一区段的信号控制哪一个调节阀、每个调节阀又选用什么形式？所有这些都取决于工艺要求。例如，在图 7-6-1 所示的间歇式化学反应器温度分程控制中，为了设备安全，在系统出现故障时应避免反应器温度过高，要求系统无信号时输入热量处于最小的情况，因而蒸汽阀选为气开式，冷水阀选为气关式，温度调节器选为反作用方式。根据节能要求，当温度偏高时，总是先关小蒸汽阀再开大冷水阀。由于温度调节器为反作用方式，温度增高时调节器的输出信号下降。将两者综合起来即要求在信号下降时先关小蒸汽阀，再开大冷水阀。这就意味着蒸汽阀的分程区间处于高信号区(0.06~0.1MPa)；冷水阀的分程区间处于低信号区(0.02~0.06MPa)。其分程动作关系如图 7-6-5 所示。

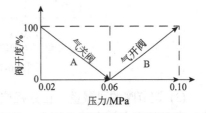

图 7-6-5　间歇式化学反应器调节阀的动作示意图

该反应器温度分程控制系统的工作过程是：在化学反应开始前，实际温度远低于设定值，具有反作用的调节器输出信号处于高信号区，阀 B 打开并工作，通入蒸汽升温；当温度逐渐升高时，调节器输出信号逐渐减小，阀 B 开度也随之减小，直至温度等于设定值，引发化学反应；当化学反应开始后，会产生大量的反应热，实际温度高于反应温度，此时调节器的输

出信号继续下降至低信号区，阀 B 关闭，阀 A 打开并工作，通入冷水移走反应热，使反应温度最终稳定在设定值上。

　　2) 调节阀的选择及注意的问题

（1）调节阀类型的选择。根据工艺要求选择同向工作或异向工作的调节阀。

（2）调节阀流量特性的选择。在分程控制中，若把两个调节阀作为一个调节阀使用并要求分程点处的流量特性平滑，则需要对调节阀的流量特性进行仔细选择，选择不好会影响分程点处流量特性的平滑性。例如，当两个增益相差较大的线性阀并联使用时，分程点处出现了流量特性的突变，如图 7-6-6(a)所示。图 7-6-6(b)所示为两个对数阀的并联，其平滑性有所改善。

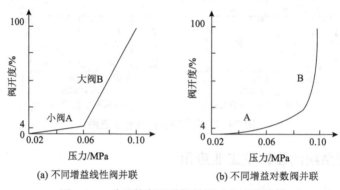

(a) 不同增益线性阀并联　　　　　　　(b) 不同增益对数阀并联

图 7-6-6　分程控制调节阀并联时的流量特性

　　为解决这一问题，可采用如图 7-6-7 所示的方法：①选择流量特性合适的调节阀，如选用两个流通能力相等的线性阀，使两阀的流量特性衔接成直线，如图 7-6-7 (a)所示；②使两个阀在分程点附近有一段重叠的调节器输出信号，这样不等到小阀全开，大阀就已经开启，从而使两阀特性衔接平滑，如图 7-6-7 (b)所示。

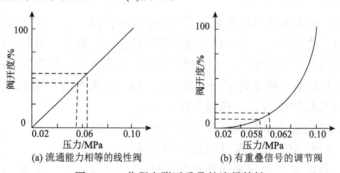

(a) 流通能力相等的线性阀　　　　　　(b) 有重叠信号的调节阀

图 7-6-7　分程点附近重叠的流量特性

　　（3）调节阀的泄漏量。在分程控制系统中，必须保证在调节阀全关时无泄漏或泄漏量极小。尤其是当大阀全关时的泄漏量接近或大于小阀的正常调节量时，小阀就不能发挥其应有的调节作用，甚至不起调节作用。

　　2. 分程控制系统工业应用

　　1) 用于节能

利用分程控制系统中多个调节阀的不同功能以减少能量消耗，提高经济效益。例如，在某生产过程中，冷物料通过热交换器用热水(工业废水)对其进行加热，当用热水加热不能满足出口温度的要求时，同时使用蒸汽加热。为达此目的，可设计如图 7-6-8 所示的温度分程控制系统。

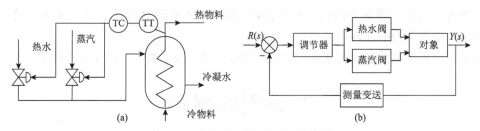

图 7-6-8　温度分程控制系统流程图

在该控制系统中，蒸汽阀和热水阀均选用气开式，调节器为反作用。在一般情况下，蒸汽阀关闭，热水阀工作；若在此情况下仍不能满足出口温度要求，则调节器输出信号同时使蒸汽阀打开，以满足出口温度的要求。可见，采用分程控制，可节省能源，降低能耗。

2) 用于扩大调节阀的可调范围

由于我国目前统一设计的调节阀可调范围 $R=30$，因而不能满足需要调节阀可调范围大的生产要求。解决这一问题的办法之一是采用分程控制，将流通能力不同、可调范围相同的两个调节阀当成一个调节阀使用，扩大其可调范围，以满足特殊工艺的要求。

例如，某一分程控制系统的两个调节阀，其最小流通能力分别为 $C_{1\min}=0.14$ 和 $C_{2\min}=3.5$，可调范围 $R_1=R_2=30$。此时，调节阀的最大流通能力分别为 $C_{1\max}=4.2$ 和 $C_{2\max}=105$。若将两个调节阀当成一个调节阀使用，则最小流通能力为 0.14，最大流通能力为 109.2，由此可算出分程控制调节阀的可调范围为

$$R_分=\frac{C_{1\max}+C_{2\max}}{C_{1\min}}=\frac{109.2}{0.14}=780 \tag{7-6-1}$$

由此可见，分程控制中调节阀的可能范围与单个调节阀相比，扩大了 26 倍，从而满足了工艺上的特殊要求。事实上，在实际生产中，开车、停车和正常生产时的负荷变化是很大的，因而对控制的要求差异也较大。对一个简单控制系统而言，在正常负荷时能满足工艺要求，但在异常负荷下则未必能满足。若采用分程控制，把两个调节阀当成一个调节阀使用，便可扩大调节阀的可调范围，因而可以满足不同负荷下的工艺要求。

3) 用于两个不同控制介质的生产过程

例如，在工业废液中和过程控制中，由于工业生产中排放的废液来自不同的工序，有时呈酸性，有时呈碱性，因此，需要根据废液的酸碱度，决定加酸或加碱。通常，废液的酸碱度用 pH 来表示。当 pH 小于 7 时，废液显酸性；当 pH 大于 7 时，废液显碱性；当 pH 等于 7 时，即废液为中性。工业要求排放的废液要维持在中性。由于控制介质不同，需要设计分程控制系统。图 7-6-9 所示为废液中和过程的分程控制系统流程图。

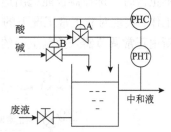

图 7-6-9　废液中和过程的分程控制系统流程图

图 7-6-9 中，pH 计是废液氢离子浓度测量仪。pH 越小，pH 计的输出电流越大。设 pH 等于 7 时，其输出电流为 I_H^*。当 pH 计的输出电流 $I_H > I_H^*$ 时，废液为酸性，此时分程控制系统中的 pH 调节器的输出信号使调节阀 B 打开，调节阀 A 关闭，加入适量碱，使废液为中性；反之，当 $I_H < I_H^*$ 时，废液为碱性，调节器输出信号使调节阀 B 关闭、调节阀 A 工作，加入适量的酸，使废液为中性。

总之，分程控制系统在工业生产中的应用很广泛，限于篇幅，这里不再详述。

7.7 选择性控制系统

7.7.1 选择性控制系统的类型

一般的过程控制系统是在正常工况下，为保证生产过程的物料平衡、能量平衡和生产安全而设计的，它们没有考虑到在事故状态下的安全生产问题，即当操作条件到达安全极限时，应有保护性措施。如大型透平压缩机的防喘振、化学反应器的安全操作及锅炉燃烧系统的防脱火、防回火等。事故状态的保护性措施大致可分成两类：一类是自动报警，然后由人工进行处理，或采用自动连锁、自动停机的方法进行保护，称为"硬保护"，但是由于生产的复杂性和快速性，操作人员处理事故的速度往往满足不了需要，或处理过程容易出错。采用自动连锁、自动停机的办法又往往造成生产设备频繁停机与开机，影响生产的连续进行，所以，一些连续生产、控制高度集中的大型企业中，"硬保护"措施满足不了生产的需要。另一类措施称为"软保护"，即选择性控制系统。选择性控制是指将工艺生产过程的限制条件所构成的逻辑关系叠加到正常自动控制系统上而形成的一种控制方法。它的基本做法是：当生产操作趋向极限条件时，通过选择器，选择一个用于不正常工况下的备用控制系统自动取代正常工况下的控制系统，使工况能自动脱离极限条件回到正常工作状态。此时，备用控制系统又通过选择器自动脱离工作状态重新进入备用状态，而正常工况下的控制系统又自动投入运行。

自动选择性控制系统按选择器所选信号不同大致可分为以下两类。

1. 选择调节器的输出信号

对调节器输出信号进行选择的系统框图如图 7-7-1 所示。系统含有取代调节器和正常调节器，两者的输出信号都作为选择器的输入。在正常生产状况下，选择器选出能适应生产安全状况的正常调节器的输出信号控制调节阀，以实现对正常生产过程的自动控制。当生产工况不正常时，选择器也能选出适应生产安全状况的控制信号，由取代调节器取代正常调节器的工作，实现对非正常工况下的自动控制。一旦生产状况恢复正常，选择器就进行自动切换，重新由正常调节器来控制生产的正常进行。这类系统结构简单，应用比较广泛。

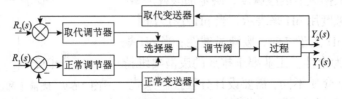

图 7-7-1 对调节器输出信号进行选择的系统框图

图 7-7-2 所示为锅炉燃烧过程压力自动选择性控制系统流程图，燃料为天然气。在控制过程中，当天然气压力过高时会发生"脱火"事故，而压力过低时又会发生"回火"事故，

两者均可造成事故。系统中，P_1C 为正常工况时使用的调节器，P_2C 为压力过高时使用的取代调节器。P_1C、P_2C 都是反作用调节器，PC 为带下限节点的压力调节器，它与三通电磁阀构成自动连锁硬保护装置，调节阀为气开式。系统在正常运行时，PC 下限节点是断开的，电磁阀失电，低值选择器 LS 选择 P_1C 信号控制调节阀。当蒸汽压力上升时，调节

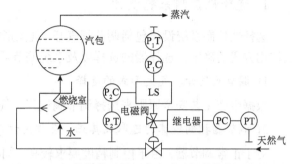

图 7-7-2　锅炉燃烧过程压力自动选择性控制系统流程图

器 P_1C 输出减小(反作用)，调节阀关小，天然气流量减小，蒸汽压力下降；反之亦然。由于工艺原因，当天然气压力下降到某一下限值，有可能产生"回火"事故时，PC 下限节点接通，电磁阀得电，于是便切断了低值选择器 LS 至调节阀的通路，并使调节阀的膜头与大气相通，调节阀关闭，实现"硬保护"。当蒸汽压力下降到某一下限值，导致调节阀的阀后压力增大有可能发生"脱火"事故时，P_2C 调节器的输出大幅度下降(反作用)，并低于 P_1C 调节器的输出值。此时通过低值选择器，选择 P_2C 的输出信号，使调节阀的开度由 P_2C 控制，导致调节阀的阀后压力下降，从而避免"脱火"事故的发生。当工况恢复正常后，P_1C 调节器的输出又高于 P_2C 调节器的输出，P_2C 自动切除，P_1C 又自动投入运行。

2. 选择变送器的输出信号

这种系统至少采用两个或两个以上的变送器。变送器的输出信号均送入选择器，选择器选择符合工艺要求的信号反馈至调节器。图 7-7-3 所示为化学反应过程峰值温度自动选择性控制系统流程图。图中，化学反应器内部装有固定触媒层，为了防止反应温度过高而烧坏触媒，在触媒层的不同位置设置了多个温度检测点，其测温信号全部送到高值选择器，由高值选择器选出峰值温度信号并加以控制，以保证触媒层的安全。图 7-7-4 所示为该自动选择性控制系统框图。

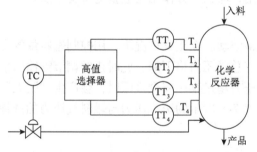

图 7-7-3　化学反应过程峰值温度自动选择性控制系统流程图

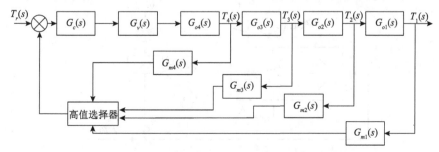

图 7-7-4　反应器峰值温度自动选择性控制系统框图

7.7.2　选择性控制系统的设计及工业应用

1. 选择性控制系统设计

选择性控制系统设计包括调节阀气开、气关形式的选择，调节器控制规律的选取及其正、反作用方式的确定，选择器的选择以及系统调节器参数整定等内容。下面就此进行介绍。

1) 调节阀气开、气关形式的选择

根据生产工艺安全原则来选择调节阀气开、气关形式。

2) 调节器控制规律的选取及其正、反作用方式的确定

对于正常调节器，由于控制精度要求较高，同时要保证产品的质量，所以应选用 PI 控制规律，如果过程的容量滞后较大，可以选用 PID 控制规律；对于取代调节器，由于在正常生产中有开环备用，仅要求在生产将要出问题时，能及时采取措施，以防事故发生，故一般选用 P 控制规律即可。对于两个调节器的正、反作用方式，按照单回路控制系统设计原则来确定。

3) 选择器的选择

选择器有高值选择器与低值选择器。前者容许较大信号通过，后者容许较小信号通过。在选择器具体选型时，是根据生产处于不正常情况下，取代调节器的输出信号为高值或为低值来确定选择器的类型。如果取代调节器输出信号为高值，则选用高值选择器；如果取代调节器输出信号为低值，则选用低值选择器。

4) 系统调节器参数整定

选择性控制系统调节器参数整定时，可按单回路控制系统的整定方法进行整定，但是，取代控制方案投入工作时，取代调节器必须发出较强的控制信号，产生及时的自动保护作用，所以其比例度 δ 应整定得小一些。如果有积分作用，那么积分作用也应整定得弱一点。

5) 系统设计原则应用举例

在锅炉的运行中，蒸汽负荷随用户需要而经常波动。在正常情况下，用控制燃料量的方法来维持蒸汽压力稳定。当蒸汽用量增加时，蒸汽总管压力将下降，此时正常调节器输出信号会开大调节阀，以增加燃料量。同时，燃料气压力超过某一安全极限时，会产生"脱火"现象，可能造成生产事故。为此，设计应用如图 7-7-5 所示的蒸汽压力与燃料气压力的选择性控制系统。

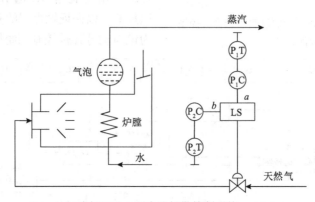

图 7-7-5　压力选择性控制系统

　　根据上述工艺过程的简单介绍，运用系统设计原则来设计压力选择性控制系统。

　　(1) 选择调节阀。从生产安全的角度考虑，当气源发生故障时，应当切断天然气，故应选气开式调节阀。

　　(2) 调节器正、反作用方式的确定。对正常调节器来说，蒸汽压力升高，天然气流量应减小，调节阀应关小。由于调节阀为气开式，故应选为反作用方式。对于取代调节器，当天然气压力升高到一定程度时，应使其输出压力减小，关小调节阀，故应选为反作用方式。

　　(3) 选择器选型。当生产处于不正常状态时，取代调节器的输出信号应减小，故选用低值选择器。

　　至此，选择性控制方案已完成设计任务，为使系统能运行在最佳状态，还必须按上述整定要求进行系统参数整定。

2. 工业应用中的积分饱和及其防止方法

　　对于在开环状态下具有积分作用的调节器，由于存在偏差，调节器的积分动作要使其输出不停地变化，可达到某个限值(如气动调节器的积分饱和上限约为气源压力 0.14MPa，下限值接近大气压)并停留在该值上，这种情况称为积分饱和。选择性控制总有一个调节器处于开环状态，只要有积分作用都可能产生积分饱和现象。若正常调节器有积分作用，当由取代调节器进行控制、在生产工况尚未恢复正常并且被控量一定有偏差时，正常调节器的输出就会积分到上限或下限值，一直到工况恢复正常；而偏差极性尚未改变，调节器输出仍处于积分饱和状态，即使偏差极性已改变了，调节器输出信号仍有很大值，这样，系统就不能迅速切换回来。若取代调节器有积分作用，则问题更大，一旦生产出现不正常工况，就要延迟一段时间才能切换上去，这样就起不到防止事故的作用。为此必须采取措施防止积分饱和现象的产生。

　　目前，防止积分饱和的方法有以下三种。

　　(1) 限幅法。该法即用高低限幅器，使调节器的输出信号不超过工作信号的最高值或最低值(不进入饱和状态)。

　　(2) PI-P 法。对于电动调节器来说，当其输出在某一极限内时，具有 PI 作用；当超出这一极限时，则为纯比例(P)作用，可避免积分饱和现象。

　　(3) 积分切除法。当调节器被选中时，为 PI 调节，一旦处于开环状态，自动切除积分功能只具有比例功能，处于开环状态时不会出现积分饱和现象。

思考题与习题

　　7-1　什么是串级控制系统？

　　7-2　与单回路系统相比，串级控制系统有哪些主要特点？

　　7-3　为什么说串级控制系统具有改善过程动态特性的特点？T'_{02} 减小与提高控制质量有何关系？

　　7-4　为什么提高系统工作频率也算是串级控制系统的一大特点？

　　7-5　与单回路系统相比，为什么说串级控制系统由于存在一个副回路具有较强的抑制扰动的能力？

7-6　为什么串级控制系统中整个副回路环节可视为一个放大倍数为正的环节来看？

7-7　设计串级控制系统时，应解决好哪些问题？

7-8　在副参数的选择和副回路的设计中应遵循哪些主要原则？

7-9　设计串级控制系统时，主、副过程时间常数之比(T_{01} / T_{02})应为 3～10。试问当 $T_{01} / T_{02} < 3$ 及 $T_{01} / T_{02} > 10$ 时将会有何问题？

7-10　为什么说串级控制系统主控制器的正、反作用只取决于主对象放大倍数的符号，而与其他环节无关？

7-11　试说明在整个串级控制系统中怎样选择主、副控制器的正、反作用，若主、副控制器之一的正、反作用选错会造成什么样的危害？

7-12　为什么串级控制系统参数的整定要比单回路系统复杂？怎样整定主、副调节器的参数？

7-13　如题图 7-1 所示的管式加热炉出口温度控制系统，主要扰动来自燃料流量的波动。

试分析：

(1) 该系统是一个什么类型的控制系统？画出其系统框图。

(2) 确定调节阀的气开、气关形式，并说明原因。

(3) 确定主副调节器的正、反作用，并说明原因。

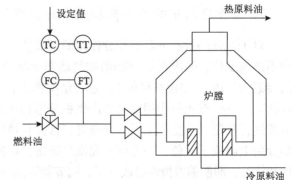

题图 7-1　管式加热炉温度-流量串级控制系统

7-14　题图 7-2 为一管式炉原油出口温度与炉膛温度串级控制系统。要求：

(1) 选择阀的开、闭形式。

(2) 确定主、副控制器的正、反作用方式。

(3) 在系统稳定的情况下，如果燃料压力突然升高，结合控制阀的开、闭形式及控制器的正、反作用方式，分析串级系统的工作过程。

7-15　某干燥器采用夹套加热和真空抽吸并行的方式来干燥物料。干燥温度过高会使物料物性发生变化，这是不允许的，因此要求对干燥温度进行严格控制。夹套通入的是经列管式加热器加热的热水，而加热器采用的是饱和蒸汽，流程如题图 7-3 所示。要求：

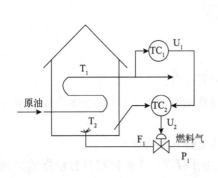

题图 7-2　管式炉温度-温度串级控制系统

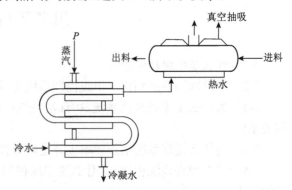

题图 7-3　某干燥器系统

(1) 如果冷水流量波动是主要干扰，应采用何种控制方案？为什么？

(2) 如果蒸汽压力波动是主要干扰，应采用何种控制方案？为什么？

(3) 如果冷水流量和蒸汽压力都是经常波动的，应采用何种控制方案？为什么？

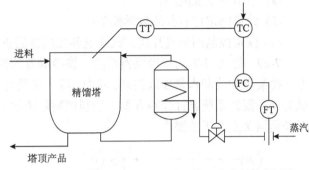

7-16　题图 7-4 所示为精馏塔塔釜温度与蒸汽流量的串级控制系统。生产工艺要求一旦发生重大事故，应立即停止蒸汽的供应。

题图 7-4　精馏塔塔釜温度与蒸汽流量的串级控制系统

要求：

(1) 画出控制系统的框图。

(2) 确定调节阀的气开、气关形式以及主、副控制器的正、反作用方式。

(3) 若主控制器采用 PID 控制，副控制器采用 P 控制，按 4∶1 衰减曲线法测得 $\delta_{1s} = 80\%$，$T_{1s} = 10\,\text{min}$，$\delta_{2s} = 44\%$，$T_{2s} = 20\,\text{s}$，请采用两步整定法求主、副控制器的参数。

(4) 当蒸汽压力突然增加时，简述控制系统的控制过程。

7-17　前馈控制有几种主要形式？

7-18　试比较前馈控制与反馈控制的优缺点。

7-19　是否可用普通的 PID 控制器作为前馈控制器？说明理由。

7-20　为什么一般不单独使用前馈控制方案？

7-21　前馈-反馈复合控制具有哪些优点？

7-22　动态前馈与静态前馈有什么区别和联系？

7-23　在什么条件下前馈效果最好？

7-24　何种情况下可考虑前馈控制？

7-25　试分析前馈-反馈、前馈-串级复合控制系统的随动及抗扰特性。

7-26　试述前馈控制系统的整定方法。

7-27　有时前馈-反馈复合控制系统从其系统结构上看与串级控制系统十分相似。试问如何区分它们？试分析判断题图 7-5 中的两个系统各属于什么系统？说明理由。

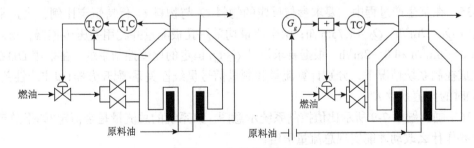

题图 7-5　加热炉控制系统

7-28　某前馈-串级复合控制系统如题图 7-6 所示。已知：$G_{c1}(s) = G_{c2}(s) = 9$，$G_{o1}(s) = 3/(2s+1)$，$G_{o2}(s) = 2/(2s+1)$，$G_{m1}(s) = G_{m2}(s) = 1$，$G_d(s) = 0.5/(2s+1)$。

要求:

(1) 绘出该系统框图;

(2) 计算前馈控制器的数学模型;

(3) 假定控制阀为气开式,试确定各控制器的正、反作用。

7-29 题图 7-7 为一冷凝器系统,该冷凝器的作用是将蒸汽冷凝成温水,温水温度通过通入冷凝器的冷却水量加以控制,其中,蒸汽流量是一个可测不可控且经常波动的扰动因素。试为该冷凝器系统设计控制方案,绘制控制系统的工艺流程图和系统框图,并说明该控制方案如何满足生产工艺要求。

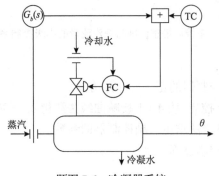

题图 7-6 冷凝器系统

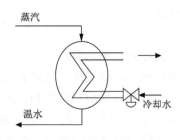

题图 7-7 某前馈-串级复合控制系统图

7-30 题图 7-8 所示为葡萄糖生产中蒸发器浓度控制系统。其中葡萄糖溶液的浓度可通过溶液的沸点与水的沸点之差(即温差)加以反映,对浓度影响最大的则是进料溶液流量和加热蒸汽流量。试问图示系统的被控量、控制量、干扰量各是什么?采用的是何种控制方式?控制原理是什么?

7-31 试举例说明对象增益非线性对系统的影响。

7-32 什么是比值控制系统?常用的比值控制方案有哪些? 比较其优缺点。

7-33 物料比值 K 与控制系统仪表比值系数 K' 有何不同? 怎样将物料比值转换成控制系统仪表比值系数 K'?

7-34 单闭环比值控制的主、副流量之比 Q_2/Q_1 是否恒定? 总物料 $Q_总 = Q_1 + Q_2$ 是否恒定? 双闭环比值控制系统中 Q_2/Q_1 与 $Q_总$ 的情况怎样?

7-35 在某生产过程中,要求参与反应的物料 Q_1 与物料 Q_2 保持恒定比例,当正常操作时,流量 $Q_1 = 7m^3/h$, $Q_2 = 1.75m^3/h$;两个流量均采用孔板测量并配用差压传感器,测量范围分别为 $0 \sim 10m^3/h$ 和 $0 \sim 2m^3/h$。根据要求设计 Q_2/Q_1 恒定的比值控制系统。在采用 DDZ-III 型仪表组成控制系统情况下,分别计算流量和测量信号呈线性关系(配开方器)和非线性关系(无开方器)时的比值系数 K'。

7-36 画出题图 7-9 所示比值控制系统示意图。该系统的总流量是否恒定?如果总流量不恒定,要作什么改动才能实现总流量恒定?

7-37 某生产工艺要求两种物料的流量比值维持为 0.4。已知 $Q_{1max} = 3200kg/h$, $Q_{2max} = 800kg/h$,流量采用孔板配差压变送器进行测量,并在变送器后加开方器。试分析可否采用乘法器组成比值控制方案? 如果一定要采用乘法器,在系统结构上应作何处理?

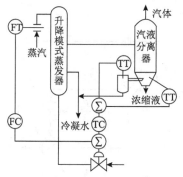

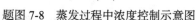

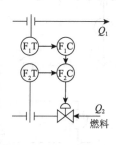

题图 7-8　蒸发过程中浓度控制示意图　　　　　题图 7-9　某比值控制系统

7-38　某反应过程需要参与反应的两种物料的最大流量分别为 Q_{1max}=625kg/h，Q_{2max}=290kg/h。通过观察发现，这两种物料因管线压力波动而经常变化。根据上述情况要求：

(1) 设计合适的比值控制系统。

(2) 计算该比值控制系统的比值系数。

(3) 在该比值控制系统中，若采用 DDZ-Ⅲ型仪表，比值系数 K' 应为多少？

(4) 选择该比值控制系统控制阀的开、闭形式及控制器的正、反作用。

7-39　某制药过程需要在药物中注入镇静剂。为避免混合过程中因药物流量急剧变化而引起局部化学副反应，通常在混合槽前面增加一个停留槽，并在停留槽设液位控制，使进入混合槽的药物流量 q_1 平缓变化。为保证药物与镇静剂按严格比例混合，设计如题图 7-10 所示的比值控制方案。试画出图示药物配制过程的控制系统框图，并确定调节阀的开、闭形式和调节器的正、反作用方式。

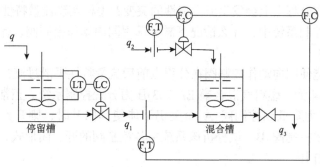

题图 7-10　药物配制过程比值控制系统

7-40　如题图 7-11 所示，某比值控制系统采用 DDZ-Ⅲ型乘法器进行比值计算，流量用孔板配差压变送器来测量，但没有加开方器。已知 Q_{1max}=3600kg/h，Q_{2max}=2000kg/h，要求：

(1) 画出比值控制系统框图。

(2) 如果要求 $Q_1 : Q_2 = 2 : 1$，应如何设置乘法器的值 I_0？

7-41　题图 7-12 所示为一比值控制系统。用 DDZ-Ⅲ型气动仪表来实现，乘法器运算公式为 $P_1' = \dfrac{(P_0 - 0.02)(P_1 - 0.02)}{0.08} + 0.02$(MPa)，已知 Q_{1max}=2m³/h，Q_{2max}=2.5m³/h。当系统稳定时，测得 P_1=0.06MPa，P_2=0.08 MPa，试计算该比值控制系统的比值系数。

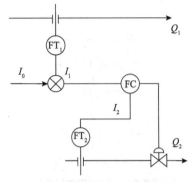

题图 7-11 某带乘法器的比值控制系统 　　题图 7-12 某比值控制系统示意图

7-42 什么是均匀控制? 简述均匀控制的目的和要求。

7-43 均匀控制系统参数整定有何特点?

7-44 均匀控制系统设置的目的是什么?

7-45 简单均匀控制系统与单回路反馈控制系统有什么相同点与不同点?

7-46 什么是均匀控制系统参数整定的停留时间法?参数整定是怎样进行的?

7-47 均匀控制系统能运用 4∶1 衰减曲线法整定控制器参数吗? 为什么?

7-48 题图 7-13 为一水槽,其液位为 L, 进水流量为 F, 试设计一入口流量与液位双冲量均匀控制系统。画出该系统的工艺流程图,确定该系统中控制阀的开、闭形式,控制器的正、反作用,以及引入加法器的各信号所取的符号。

7-49 什么是分程控制? 简述分程控制的特点。怎样实现分程控制?

7-50 分程控制有哪些类型?

7-51 为什么在分程点上会发生流量特性的突变? 怎样实现流量特性的平滑过渡?

7-52 在分程控制系统中,什么情况下需要选用同向动作控制阀,什么情况下需要选用反向动作的控制阀?

7-53 如何才能使同向动作控制阀在分程点前后流量特性平滑过渡?

7-54 题图 7-14 为一燃料气混合罐(EA-703)压力分程控制系统。正常时调节甲烷流量控制阀 A,当罐内压力降低到控制阀 A 全关仍不能使其回升时,则开大来自燃料器发生罐(EA-704)的出口管线控制阀 B。试分析该系统中各控制阀的开、闭形式,阀上的信号段,以及控制器的正、反作用。

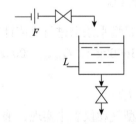

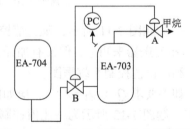

题图 7-13 水槽流量液位控制系统 　　题图 7-14 燃料气混合罐压力分程控制系统

7-55 如题图 7-15 所示为管式加热炉原油出口温度分程控制系统。两控制阀分别设在瓦斯和燃料油管线上。工艺要求优先使用瓦斯供热,只有瓦斯气量不足以提供所需热量时,才

打开燃料油控制阀作为补充。根据上述要求试确定:

(1) 两控制阀的气开、气关形式及每个阀的工作信号段(假定最小信号为 0.02MPa,最大信号为 0.1MPa,分程点为 0.06MPa)。

(2) 确定控制器的正、反作用。

(3) 画出原理框图,并简述该系统的工作原理。

7-56　选择性控制按选择变量的不同可分为哪几种类型?

7-57　选择性控制中取代控制器的比例度为什么一般要整定得较小?

7-58　题图 7-16 所示的蒸汽分配选择性控制系统能将不同压力的蒸汽送至各工艺设备。在减压站把高压蒸汽降为低压蒸汽。为满足生产要求,需控制低压蒸汽管线减压站的减压蒸汽量。同时,为了防止高压管线的压力过高,设计了图示控制系统。试根据控制流程图画出系统框图,并确定调节阀的开关形式和调节器的正、反作用方式。

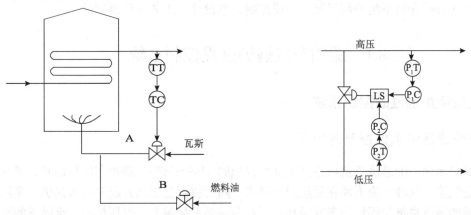

题图 7-15　管式加热炉出口温度分程控制系统　　　　题图 7-16　蒸汽分配选择性控制系统

7-59　题图 7-17 所示的热交换器用来冷却裂解气,冷剂为脱甲烷塔的釜液。正常工况下要求釜液流量恒定,以保持脱甲烷塔工况稳定,但裂解气冷却后的出口温度不能低于 15℃,否则裂解气中的水分会产生水合物堵塞管道。为此设计一选择性控制系统,要求:

(1) 画出系统工艺流程图和原理框图。

(2) 确定调节阀的气开、气关形式,调节器的正、反作用及选择器类型。

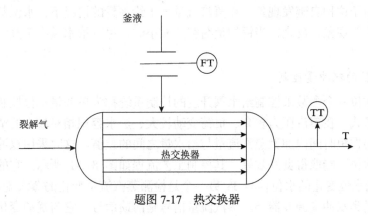

题图 7-17　热交换器

第8章 船舶机舱过程控制系统

船舶机舱设备及其过程控制系统非常复杂，实际应用的系统类型也较繁多，主要包括主机燃油黏度控制系统、柴油机汽缸冷却水温度控制系统、油船辅锅炉、自动排渣分油机，以及自清洗滤器等多个独立的过程控制系统。本章主要介绍船舶机舱过程控制中几个典型的系统，包括辅锅炉水位、蒸汽压力过程控制系统、冷却水温度过程控制系统、燃油黏度过程控制系统；其次分析介绍系统控制目标，系统控制方案设计、工艺设计及调试。

8.1 船舶蒸汽锅炉过程控制系统

8.1.1 船舶锅炉水位的控制系统

1. 油船辅锅炉水位控制的特点

船用锅炉水面下的总蒸汽量可达到全部水容积的 15%～20%。锅炉在运行期间，炉水中有一部分是气泡，这种气泡不断在受热面上形成。随后脱离受热面升起并进入锅炉的蒸汽空间。水面下的蒸汽总量与锅炉的蒸发量和气压有关，蒸发量越大、气压越小，水面下的蒸汽总容积就越大，在稳定工况时，水位和水面下的蒸汽容积有关。在过渡工况时，水位不仅受蒸发量和给水量的影响，而且还受水面下蒸汽容积变化的影响。特别是在负荷突然变化的短时间内，水位的变动主要取决于水面下蒸汽容积的变化。这是因为锅炉在运行时，炉水温度接近锅炉压力下的饱和蒸汽温度。假如蒸汽流量突然增大，而炉膛中的燃烧情况还未来得及随之变化，锅炉气压就要降低，蒸汽的饱和温度也随之下降，这样会使水面下蒸汽比容增大，造成水面下蒸汽总容积增大；另外，由于炉水变成过热水，将产生更多气泡，也使水面下蒸汽比容增大。由于这种自蒸发现象，在蒸汽流量大于给水量的情况下，水位却虚假地上升，出现"虚假水位"现象；反之，当锅炉负荷突然减小时，尽管给水量大于蒸汽流量，水位会虚假地下降。

1) 锅炉水位的双冲量控制

根据锅炉水位一个参数来控制给水阀开度的控制系统称为单冲量水位控制，是最简单、最基本的一种形式。在蒸汽压力较高、负荷变动较大、炉水容积相对较小的情况下，只用单冲量水位控制会在短时间内加大蒸汽流量与给水量之间的差值。这时采用双冲量的水位控制对克服"虚假水位"能取得良好效果，其控制工艺流程如图 8-1-1 所示。它的检测装置有两个：一个是检测水位变化的水位信号 3；另一个是检测蒸汽流量变化的蒸汽流量信号 4。这两个冲量信号都送到双冲量调节器 5。蒸汽流量信号是前馈信号，它与扰动变化大小成比例，在扰动发生的同时产生控制作用，而不是等到扰动引起被控量发生波动后，因此采用前馈控制可以改善控制的质量。对于双冲量给水自动控制系统，当蒸汽流量发生变化时，就给调节器发出一个信号，使给水量和蒸汽量同方向变化，因此可以减小或抵消由于"虚假水位"现象而使给水量与蒸汽流量相反方向变化的误动作，使调节阀一开始就向正确的方向移动，从而减小了给水量和水位的波动，缩短了调节时间，可以改善水位的控制品质。

船用主锅炉(主要用于蒸汽涡轮推进船舶)，常采用双冲量，甚至是三冲量(水位、蒸汽流量和给水量作为调节器的输入量)的给水调节器，而船用辅锅炉，大多数采用单冲量或双冲量水位控制系统。

2) 水位自动控制中的双回路给水

油船锅炉给水系统通常由汽轮机给水泵从热水井把水抽出来，经给水调节阀打进锅炉中。控制给水量可通过改变给水阀的开度来实现。通过给水阀的给水流量 G 与给水阀的流通面积 F 和给水阀前后压差 Δp 有关，它们之间的关系如下：

$$G = \mu F \sqrt{\Delta p} \qquad (8\text{-}1\text{-}1)$$

式中，μ 为流量系数，给水系统选定以后，它是一个常数。改变给水阀的开度实际上就是改变给水阀的流通面积 F。在给水阀前后压差 Δp 基本不变的情况下，给水流量 G 才能与给水阀的流通面积 F 成比例，但对汽轮机给水泵来说，如果蒸汽调节阀开度不变，则给水泵的排量基本不变，不管开大或关小给水阀，进入锅炉的给水量基本上是不变的，因此仅仅改变给水阀的开度往往达不到控制给水量的目的。这样，锅炉水位连续自动控制系统除了具有根据水位偏差和蒸汽流量双冲量来控制给水阀开度的水位控制回路外，还应设有维持给水阀前后压差恒定的给水压差控制回路。这样，给水量就直接与给水阀的开度成比例。其控制工艺流程图如图 8-1-2 所示。

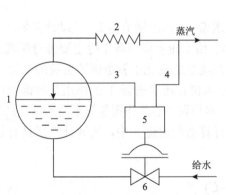

图 8-1-1　双冲量给水控制系统工艺流程图
1-锅炉；2-供汽装置；3-水位信号；4-流量信号；
5-调节器；6-给水调节阀

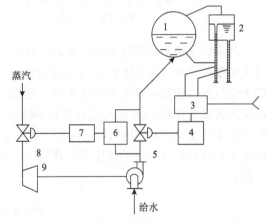

图 8-1-2　双回路水位控制系统工艺流程图
1-锅炉；2-参考水位罐；3,6-差压变送器；4,7-水位比例积分调节器；5-给水调节阀；8-蒸汽调节阀；9-涡轮给水泵机组

若锅炉水位低于给定值，锅炉 1 输出的控制信号开大给水阀 5。由于给水阀开大使其前后压差减小，给水压差调节器输出的控制信号开大蒸汽调节阀 8，提高汽轮机给水泵的转速，使给水阀前后压差保持恒定。有的锅炉还有给水温度控制，如果给水系统用除氧器代替给水

加热器，则还要有除氧器压力和水位控制。

2. 油船辅锅炉水位自动控制系统的组成及工作原理

某油船辅锅炉给水控制采用的是双冲量水位自动控制系统，在系统中还设有给水差压控制回路，图 8-1-3 给出了该水位自动控制系统的工艺流程图。

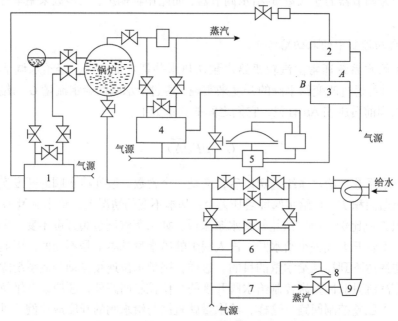

图 8-1-3 锅炉水位自动控制系统工艺流程图

1-水位差压变送器；2-水位调节器；3-气动计算器；4-蒸汽流量变送器；5-给水调节阀；
6-给水差压变送器；7-给水差压调节器；8-蒸汽调节阀；9-给水泵

此锅炉水位自动控制系统主要是由水位差压变送器 1、水位调节器 2、气动计算器 3、蒸汽流量变送器 4、给水调节阀 5、给水差压变送器 6、给水压差调节器 7 等主要部分组成的。锅炉水位的变化是由水位差压变送器 1 测量的；蒸汽流量的变化也就是锅炉负荷的变化，则由蒸汽流量变送器(气动差压变送器)来测量；系统中水位差压变送器 1 的作用是将锅炉水位的变化量转变成标准气压信号送到水位调节器 2 中，水位调节器的作用是将水位差压变送器 1 的输出信号经比例积分的反作用处理后，送到气动计算器的通道 A 中。气动计算器具有如下功能：

$$P = B + K(A - C) \tag{8-1-2}$$

式中，P 为气动计算器的输出气压信号；A 为锅炉水位调节器的输出信号；B 为蒸汽流量变送器的输出信号；K 为系统常数，此处 $K=2$；C 为仪表制造常数，本仪表为 50%(0.06 MPa)。

如果锅炉的负荷保持不变，则蒸汽流量变送器输出的气压信号 B 将是一个恒定值。此恒定值使给水控制阀在计算器的作用下有一个相应的开度，以保持恒定的水位。此时，水位调节器的输出必须是在 50%的值(0.06MPa)上，故有 $K(A-C) = 2 \times (50-50) = 0$。

由此可见，在锅炉负荷不变的条件下，锅炉的正常供水量仅取决于锅炉的负荷量，也就是说，锅炉给水阀的开度是由蒸汽流量来决定的。在变负荷条件下，锅炉的水位是不断变化的，若随着负荷的变化，在某一时刻给水量大于负荷量，锅炉中的水位将随之上升而引起水位调节器的输出信号减小并小于 50%(0.06MPa)，在这种情况下，$K(A-C)$ 将会是负值，即有 $P<B$。也就是计算器的输出将逐渐减小，使给水阀趋于关小，直到建立新的平衡为止。反之，当锅炉的水位瞬间变低时，通过水位变送器及调节器的作用，可使 $K(A-C)$ 变成一个正值，并且这个正值加上蒸汽流量信号成为气动计算器的新输出值，这个新输出值是渐渐地开大给水调节阀，以恢复正常的水位，所以锅炉水位是由给水调节阀的开度来保证的。当锅炉负荷变化时，控制给水阀开度的信号大小是由气动计算器根据蒸汽流量变化加上一个水位调节器的输出信号(正或负)来决定的，在使用管理过程中，如果锅炉水位需要维持得高一些或低一些时，只要相应地改变表征给定值的设定气压信号即可。

系统中的给水调节阀前后的压差信号由给水差压变送器 6 测量，并按比例转换成气压信号。变送器输出的信号送到给水差压调节器 7 的测量波纹管，在给水差压调节器 7 的内部有给定的气压信号，一般为 0.2MPa。当给水压差测量值偏离给定值时，调节器输出一个随时间变化的气压信号，改变蒸汽调节阀的开度及进入给水泵的蒸汽量，同时改变给水泵的转速，最后使给水差压值恢复到给定值。

系统中水位变送器与调节器之间有一个由气容和气阻构成的惯性环节，以克服和减少由于船舶摇摆而对测量信号造成的干扰。

8.1.2　船舶锅炉蒸汽压力的控制系统

对锅炉的蒸汽压力控制是通过改变向炉膛的喷油量和送风量，控制锅炉的燃烧强度来实现的。对柴油机货船辅锅炉蒸汽压力自动控制系统的要求是简单、可靠，对经济性的要求并不严格。因此，大多数货船辅锅炉采用气压的双位控制，少数采用比例控制，并保证在锅炉不同负荷下，其送风量基本上适应喷油量的要求。

1. 蒸汽控制原理及组成

1) 燃烧的双位控制

在燃烧的双位控制系统中，锅炉的蒸汽压力不能稳定在某一值上，而是在允许的范围内波动。其中，最简便的方案是在蒸汽管路上装一个类似 YT-1226 的压力检测开关。当气压上升到允许的上限值时，压力检测开关断开，切除油泵和风机的工作，停止向炉膛喷油和送风，即自动停炉。当气压下降到允许的下限值时，压力检测开关闭合，自动启动油泵和风机，即自动启动锅炉进行点火燃烧。这种控制方案虽然简单，但由于锅炉启停频繁，对锅炉运行不利，所以很少采用。在绝大多数燃烧双位控制系统中，在蒸汽管路上装两个压力检测开关，它们动作的整定值不同。当蒸汽压力下降到允许的下限值时，两个压力检测开关都闭合，控制系统自动启动风门电机使风门开得最大，它的同轴所带动的回油阀关得最小(采用一个油头工作，若采用两个油头的锅炉，则打开两个供油电磁阀，使两个油头同时喷油)。这时，喷油量和送风量都是最大的，即锅炉进行"高火燃烧"。当蒸汽压力上升到正常上限值时，一个压力检测开关闭合，另一个压力检测开关断开，再一次启动风门电机使风门关得最小，它的同轴所带动的回油阀开得最大(或关闭一个燃油电磁阀，使一个油头喷油工作)。这时，喷油量和送风量都是最小的，即锅炉进行"低火燃烧"。当锅炉负荷变化时，蒸汽压力就在允许的下限值和正常的上限值之间波动。当锅炉负荷很小时，在"低火燃烧"的情况下，蒸汽压力仍然要继续升高。当气压升高到高压保护压力时，两个压力检测开关均断开，自动停炉，发出声光报警。当蒸汽压力下降到允许的下限值时，两个压力检测开关均闭合，但必须按"复位"(Reset)按钮才能重新启动锅炉。

2) 燃烧的比例控制

在少数干货船辅锅炉的蒸汽压力控制系统中，采用压力比例调节器和电动比例操作器所组成的比例控制系统，其工作原理框图如图 8-1-4 所示。其中，图 8-1-4(a)是压力比例调节器的结构原理，图 8-1-4(b)是电动比例操作器的工作框图。蒸汽压力的变化会使图 8-1-4(a)中的划针 2 沿着电位器滑动，改变电阻 R_1 和 R_2 的比值，于是 A 点电位就与气压信号成比例。扭动图 8-1-4(a)中的给定值调整螺钉 6 可改变弹簧 5 的预紧力，可调整蒸汽压力的给定值。

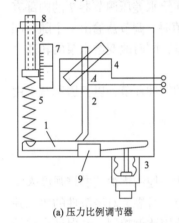
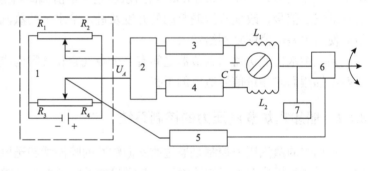

(a) 压力比例调节器　　　　　　　　　　　　　　　　(b) 电动比例操作器

1-平衡杠；2-划针；3-测量波纹管；4-测量电　　　　　1-测量电位器；2-放大器；3、4-可控硅交流开关；
位器；5-弹簧；6-给定值调整螺钉；7-刻度板；　　　　　5-反馈凸轮；6-电机；7-油量凸轮
8-调整孔端盖；9-平衡杆的支点

图 8-1-4　燃烧比例控制工作原理图

当锅炉的燃烧强度适应锅炉负荷要求时，蒸汽压力稳定在某一值上，图 8-1-4(a)中划针 2 的位置不变。由风门电机带动的反馈划针位置也不变，图 8-1-4(b)所示的电桥平衡，其条件是 $R_1R_4=R_2R_3$。当蒸汽压力升高时，划针 2 左移，R_1 减小，R_2 增大，破坏了电桥的平衡，使电桥输出一个上负下正的不平衡电压信号 U_A。经放大器 2 放大后，触发反转可控硅交流开关 4 使其导通，电机 M 反转，关小风门开大回油阀，以降低锅炉的燃烧强度使蒸汽压力降低。与此同时，电机 M 同轴带动的反馈凸轮 5 转动并推动反馈划针向左移动，使 R_3 减小、R_4 增大。当反馈划针移动到使 $R_1R_4=R_2R_3$ 时，电桥又处于新的平衡状态。这时 $U_A=0$，电机 M 停转。锅炉的燃烧控制达到一种新的平衡状态，当蒸汽压力降低时(锅炉负荷增大)，划针 2 右移，电桥输出的不平衡电压信号 U_A 为上正下负。经放大器 2 放大后，触发正转可控硅交流开关 3 导通，电机 M 正转，开大风门关小回油阀，加强锅炉的燃烧强度，使蒸汽压力上升。同时反馈划针右移，直到 $R_1R_4=R_2R_3$ 时，控制系统又达到一种新的平衡状态。

通过改变图 8-1-4(a)中的测量电位器 4 的倾斜角度，可调整比例作用强弱。该电位器倾斜角越大，在蒸汽压力变化量相同的情况下，即划针左右移动相同距离时，电阻 R_1 和 R_2 的变化量越大，电桥所输出的不平衡电压信号 U_4 的变化量越大，电机 M 需要转的角度越大，对炉膛的送风量和喷油量改变也就越大，以达到新的平衡，即比例控制作用强；反之比例作用减弱。

锅炉蒸汽压力自动控制也就是燃烧自动控制。它根据气压的高低自动改变进入炉膛的喷油量和送风量，维持锅炉气压恒定或在允许的范围内波动。由于船用主锅炉和大型油船辅锅炉的蒸发量较大，气压较高，往往需要保持稳定的气压，一般都采用定值控制方案。

3) 蒸汽压力控制的特点

由于自动控制系统中的被控量是蒸汽压力，所以首先要有蒸汽压力调节器，又称主调节器。它在锅炉不同负荷下接收气压的偏差信号，并输出一个控制信号，通过伺服器控制进入炉膛的燃油量和空气量，即控制炉膛内的燃烧强度，以便保持气压为恒定值。主调节器一般采用比例积分调节器。

对于供应饱和蒸汽的锅炉，主调节器的输入信号管路都接在与汽包相连的蒸汽管路上。如果主调节器采用比例调节器，在零负荷时，调节器使汽包内保持额定气压；在满负荷时，因比例调节器有静差，故汽包内的压力要比额定气压低 10% 左右，但这对用汽设备不会有什么影响。对于供应过热蒸汽的锅炉，主调节器的输入信号管路应接在过热器后面。如果输入信号管路仍接在与汽包相连的蒸汽管路上，则在满负荷时，除由于调节器静差使气压降低 10% 左右外，蒸汽流经过热器管道后，气压又会降低 10% 左右，这对用汽设备的工作是不利的。

要保证燃油的完全燃烧，在喷油量改变的同时，必须相应地改变进入炉膛的空气量。从锅炉的热计算和热工试验中可以预先知道，在每种喷油量下，喷油器前应保持多大的风压。因此，燃烧自动控制系统还需要设有空气压力或空气量调节器，它严格地根据喷油量的变动来控制进入炉膛的空气量。这时空气量调节器得到来自蒸汽压力调节器的一个反映供油量的信号，即空气量调节器的给定值要根据不同的喷油量，按预先规定好的喷油量与空气量的配比关系来变化。这种控制关系与保持恒定的被控参数的定值控制不同，在控制系统分类中，称为程序控制。

主调节器也可以直接控制进入炉膛的空气量，或同时控制进入炉膛的燃油量和空气量，但是，燃油量与空气量的这种"程序"关系是不变的，图 8-1-5 给出了由试验测定的空气压力与喷油量之间的关系曲线。图中横坐标 F_0 为喷油量，纵坐标 p_B 表示在每种喷油量下所需要的空气压力。如果空气量调节器采用比例调节器，每一个喷油量所对应的实际供气压力如图中虚线所示，虚线与实线之间的距离就是调节器的静差。

空气量调节器最终控制风门挡板或鼓风机，需要相当大的作用力，因此这种调节器都是采用间接作用式的。

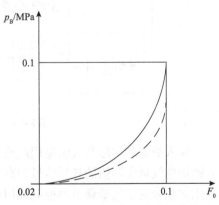

图 8-1-5　喷油量与空气压力之间的关系

燃油能否完全燃烧还取决于燃油雾化的情况，燃油压力和温度是影响燃油雾化的两个因素。为此，在燃油控制中，还应装有燃油温度和燃油压力调节装置。

4) 蒸汽压力自动控制系统的组成及工作原理

以蒸汽压力为被控量的蒸汽压力自动控制系统，要求它满足锅炉在不同负荷下，气压都能稳定在给定值上，其控制系统框图如图 8-1-6 所示。由图中可见，油船锅炉蒸汽压力自动控制系统是由两个控制回路组成的。其中一个回路是根据蒸汽压力的偏差值经比例积分的蒸汽压力调节器来控制燃油调节阀的开度，即改变向炉膛的喷油量。改变喷油量的同时必须改变向炉膛的送风量(空气量可用风道与炉内的压差来表示)，为了保证燃油完全燃烧并得到较高的经济性，对应某一喷油量要有一个最佳的送风量(最佳的空气压力)与之相匹配，即在某一喷油量下要求有一个最佳的风油比。经试验已测定空气压力与喷油量之间近似为平方关系(图 8-1-5 所示曲线)。这样，燃烧控制系统的另一个控制回路是根据喷油量对空气压力进行控制的回路。在这个回路中，空气压力的给定值是随喷油量而变化的。燃油量变送器输出的气压信号代表喷油量，函数发生器输出与喷油量平方成比例的信号，这一信号是代表该喷油量下最佳空气量的气压信号。该信号一路直接送到高压选择器，另一路与微分控制阀的微分部分输出信号相加后再送入高压选择阀。因此，当锅炉负荷从一个平衡位置突然增加时，燃油控制阀的输入信号也随之突然增大，此时微分控制阀的微分部分也将随突然增加的燃油控制阀输入信号而有一个较大的输出信号，然后与函数发生器的输出信号相加(由于函数发生器具有一阶延迟特性，此时输出变化量较小)后送入高压选择器，高压选择器的作用是自动地选择这两个信号中的较大者作为输出，从而使空气压力控制回路有一个突然增加的设定空气量信号。由于函数发生器信号存在延迟，过量空气优先于喷油量增加而进入炉内，从而维持了稳定的燃烧。当锅炉负荷突然减小时，送到燃油控制阀的信号也突然减小，这时，用高压选择阀选用函数发生器输出信号。最后，在燃油减少之后经过一阶惯性延迟的方式逐步减少供给炉内的空气量，使炉内处于空气过剩状态。

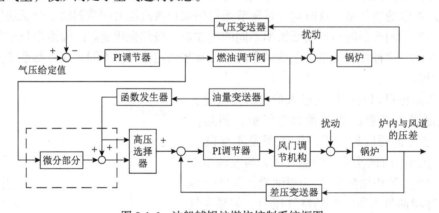

图 8-1-6　油船辅锅炉燃烧控制系统框图

送入炉膛的实际空气量是用风道与炉内的压差来反映的，经差压变送器输出一个代表送入锅炉空气量实际值的气压信号与高压选择器送出的给定值相比较,得到空气量的偏差信号，经比例积分的空气量调节器控制风门调整机构以改变向炉膛的送风量。

该系统中使用的蒸汽压力调节器和空气量调节器的类型与水位控制系统中的调节器完全相同。蒸汽压力变送器、油量变送器及风差压变送器的工作原理、调零和调量程的方法与测量水位用的差压变送器是相同的，只是在结构上略有差异。

5) 系统的其他主要元件

(1) 燃油调节阀。

燃油调节阀的结构和工作原理如图 8-1-7 所示。P_1 是由蒸汽压力调节器输出的调节信号，作为燃油调节阀的输入信号。P 是燃油调节阀输出的燃油压力，它与燃油量成比例。P_0 是燃油调节阀前的压力。假定膜片 3 的有效面积为 F；反馈波纹管 4 的有效面积为 f；预紧弹簧 1 的预紧力为 N_0。在稳态时，燃油调节阀的输入信号压力 P_1 与输出的燃油压力 P 的关系为 $P_1F + N_0 = Pf$。在工作中，F、N_0、f 是不变的，因此，燃油调节阀输出的燃油压力 P(即燃油量)只取决于信号压力 P_1。它们之间保持良好的线性关系，而不受阀芯摩擦力、阀前油压变化等因素的影响。

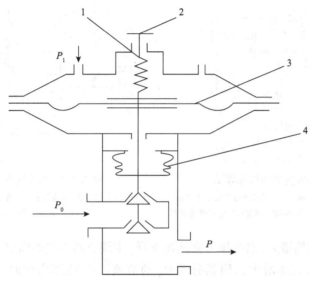

图 8-1-7　燃油调节阀的结构和工作原理图
1-预紧弹簧；2-调整旋钮；3-膜片；4-反馈波纹管

(2) 函数发生器。

函数发生器使喷油量与送风量呈近似平方关系，其结构原理图如图 8-1-8 所示。代表喷油量实际值的气压信号 p_λ 送入测量波纹管 1，若喷油量增大，挡板靠近喷嘴，喷嘴背压升高，经气动功率放大器 3 使输出气压信号 $p_出$ 增大，通过风门调节机构增大向锅炉的送风量，同时增大的 $p_出$ 送入反馈气室，压缩反馈波纹管使反馈杆上移，于是反馈凸轮 5 顺时针转动，通过反馈杆件及调零弹簧限制挡板继续靠近喷嘴。函数发生器 $p_出$ 与 p_λ 的函数关系是由反馈凸轮 5 的外形轮廓实现的，即 p_λ 在不同范围内变化，其反馈强度不同。

(3) 微分控制阀。

该阀具有放大倍数 $k_1 = 1$ 不可调的比例微分作用，其结构原理如图 8-1-9 所示。微分控制阀由膜片 1、3 和隔板把它们分成 A、B、C、D、E 5 个气室。膜片 1、3 的有效面积 F_1 和 F_3 相等，膜片 2 的有效面积 F_2 比 F_1、F_3 大得多。这 3 个膜片在结构上是连在一起的，构成一个膜片组。来自函数发生器的 p_2 送入气室 A，调节器的输出即燃油调节阀前的信号 p_3，一路送至 B 室，另一路经微分阀 R_4 送入 C 室。0.14 MPa 的气源经恒节流孔 5 进入气室 E，再经喷嘴 4 进入气室 D。在稳态时，即炉膛内的燃烧强度正好适应锅炉的负荷要求，p_3、p_2 和

微分控制阀的输出 p_0 都不是不变的，膜片组受到的向下的作用力与受到的向上的作用力相等，其平衡方程为

$$p_2F_1 + p_3F_2 + p_3F_3 = p_3F_1 + p_3F_2 + p_0F_3 \tag{8-1-3}$$

因 $F_1 = F_3$，故 $p_0 = p_2$。

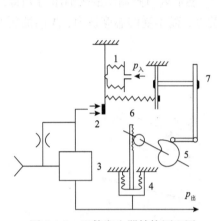

图 8-1-8　函数发生器结构原理图

1-测量波纹管；2-喷嘴挡板机构；3-气动功率放大器；4-反馈气室和反馈波纹管；5-反馈凸轮；6-调零弹簧；7-量程调整螺钉

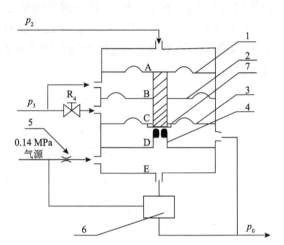

图 8-1-9　燃油调节阀结构原理图

1、2、3-膜片；4-喷嘴；5-恒节流孔；6-放大器；7-挡板

假定锅炉负荷突然增大，蒸汽压力会迅速下降，主调节器将立即输出一个增大的 p_3 信号，该信号使 B 室压力立即增大，因微分阀 R_4 的节流，C 室压力暂时不变，由 $F_2 > F_1$（即 $p_3F_2 > p_3F_1$），就破坏了膜片组的受力平衡，使膜片组下移较大的距离，挡板大大靠近喷嘴，p_0 大大增加，使风门提前有一个较大的开度。p_0 增大使 p_0F_3 增大，限制了膜片的下移，当 p_0 增加到使膜片组向上的作用力等于向下的作用力时，膜片组处于一种暂时的平衡状态，这就是该阀的微分输出，以后 p_3 经节流阀 R_4 使 C 室压力逐渐增大，由于膜片组向上的力逐渐增大，破坏了膜片组的暂时平衡，使挡板逐渐上移，p_0 逐渐减小，这就是微分输出的消失过程。当 C 室压力增大到与 B 室相等时，膜片组又恢复到初始平衡状态。在主调节器输出 p_3 增大的同时还开大燃油调节阀，使函数发生器的输出 p_2 增大，膜片组下移，p_0 增大。当 $p_0 = p_2$ 时，膜片组达到一种新的平衡状态，其输出 p_0 不变。可见，微分控制阀的输出 p_0 是对函数发生器送来的信号 p_2 进行放大系数($k_1 = 1$)固定不变的比例控制环节。

(4) 高压选择器。

高压选择器原理图如图 8-1-10 所示。它由膜片 1 和喷嘴 2 等组成。A 室接微分控制阀的输出，B 室接函数发生器的输出，C 室输出为空气压力控制回路的设定值。两个输入压力信号分别作用到膜片 1 的两侧，其中高压侧将自动关闭另一侧的喷嘴，同时把高压侧压力作为输出压力。可见，高压选择器可自动地选择或设定两个信号中的高压信号，只要有 0.35kPa 的压力差就能使它动作，因此，过程控制信号在没有任何扰动下就能平滑地传输出去。

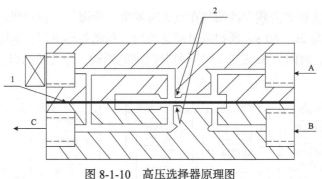

图 8-1-10　高压选择器原理图

1-膜片；2-喷嘴

6) 控制系统常见故障分析

锅炉负荷处于稳定状态，但蒸汽压力出现振荡，主要原因可能是：燃油控制阀振荡；燃油泵输送压力振荡；蒸汽压力变送器本身振荡或节流不当；主控制器的灵敏度太高等。

锅炉负荷处于稳定状态，但检测的蒸汽压力与设定值不符，主要原因可能是主控制器的调整不正确或蒸汽压力变送器调整不当等。

尽管风道和炉内压力处于稳定状态，但燃油器前风压振荡，主要原因可能是：风门驱动装置振荡；空气差压变送器本身振荡或输出管路节流不当；燃油压力变送器或函数发生器振荡；空气差压变送器的灵敏度太高等。

锅炉在突然增加负荷时，大量冒黑烟且燃烧不稳定，原因可能是：当喷油器数量增加时，燃油压力降低；空气量控制器灵敏度太高；风门调节机构动作迟缓；微分控制阀的灵敏度低；空气量控制器灵敏度低等。

锅炉燃烧器进口供给空气不足，原因可能是空气差压变送器的零点偏高或量程偏小等。

管理要点如下：

(1) 在锅炉运行期间，如果要对蒸汽压力自动控制系统进行"手动/自动"切换，必须注意做到无扰动切换。

(2) 要经常检查蒸汽压力等变送器的输出信号与输入的实际压力是否相符，并检查其工作是否正常。

(3) 要经常检查燃油控制阀动作和工作是否平稳，填料压盖有没有泄漏，它是否按设计的输入信号工作等。

(4) 蒸汽压力等变送器和各调节器的放大器、节流部件、喷嘴、检测管应每年进行一次吹通和清洗。

2. 燃烧时序控制

辅锅炉燃烧时序控制是指给锅炉控制系统一个启动信号后，能按时序的先后自动进行预扫风、预点火和喷油点火，点火成功后对锅炉进行预热，接着转入正常燃烧的负荷控制阶段，同时对锅炉的运行进行一系列的安全保护。

辅锅炉燃烧时序控制功能框图如图 8-1-11 所示，按下锅炉"启动"按钮后，自动启动燃油泵和鼓风机，关闭燃油电磁阀使燃油在锅炉外面进行循环。此时风门开得最大，以大风量进行预扫风，以防止锅炉内残存的油气在点火时发生"冷爆"。预扫风的时间根据锅炉的结构形式而异，一般是 20～60 s。预扫风时间达到后，自动关小风门，同时点火变压器打出电火花，进行预点火，时间为 3s 左右。然后打开燃油电磁阀，开大回油阀，以小风量和少燃油量进行点火。

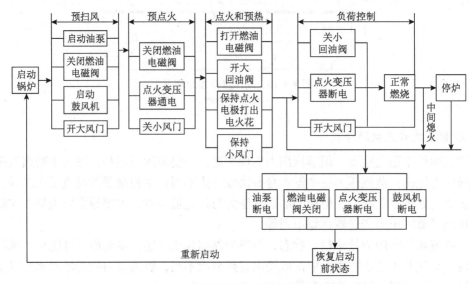

图 8-1-11　辅锅炉燃烧时序控制功能框图

点火成功后到维持一段"低火燃烧"对锅炉进行预热。然后开大风门，关小回油阀，使锅炉转入"高火燃烧"，即进入正常燃烧的负荷控制阶段。在预定的时间内若点火不成功，或风机失灵、中间熄火等故障现象发生时，会自动停炉，待故障排除后按"复位"按钮方能重新启动锅炉。

可编程序控制器作为传统继电接触器控制系统的替代产品已广泛应用于工业控制的各个领域。由于 PLC 采用软触点实现常规继电器的控制功能，具有体积小、组装灵活、编程简单、抗干扰及可靠性高等特点，非常适合于在恶劣的工业环境下使用。目前，西门子公司生产的 PLC 在船舶设备控制中得到广泛的应用。

3. 船舶蒸汽锅炉的安全保护

蒸汽锅炉是船舶机舱重要的辅助设备，其运行情况直接关系到船舶机舱用气设备的正常工作；另外，锅炉属于压力容器，一旦发生爆炸，将对人身和财产安全造成重大事故。因此，船舶蒸汽锅炉要采取严格的安全保护措施，主要包括以下几方面。

1) 蒸汽压力保护

蒸汽压力保护的目的主要是防止蒸汽压力超过汽包的设计压力，避免爆炸事故。压力保护的手段是在锅炉上安装安全阀。一旦蒸汽压力超过安全阀的设定压力，安全阀能够自动开启，对炉内压力进行泄放。

锅炉一般安装有 2 个安全阀，通过安全阀的调压弹簧可以调整安全阀的开启压力，开启压力可大于实际工作压力的 5%，但应不超过锅炉的设计压力。安全阀在开启状态的泄压能力有相应的规范要求，这要通过设计和制造环节加以保证。从管理的角度来讲，应对其进行定期试验。试验时可关闭主蒸汽阀，对锅炉进行升火，观察压力表，确定是否能够正常开启；若不能，则需调整安全阀的调压弹簧，直到能在希望压力开启为止。

为保证应急情况下能够手动开启安全阀，必须设有远距离操作装置，必要时可通过远距离手动操作的方式将安全阀强制打开。

2) 水位安全保护

在正常情况下，锅炉的水位在控制系统的控制下将保持正常水位，对于水位连续控制的锅炉，水位能稳定在设定水位附近；若是双位控制，则其水位应该在水位的上限和下限之间波动，但在故障情况下，若出现低水位报警后，水位还继续下降，则会出现锅炉干烧的情况。为此，锅炉必须设有危险水位保护装置。当水位下降到危险低水位时，保护装置应能切断锅炉的燃烧，并发出报警。锅炉的危险水位报警和保护装置一般独立于水位自动控制系统，包括专门的浮子室、浮子开关和控制电路。

危险低水位保护装置也应该定期检查和试验。对于控制电路，可以通过短接浮子开关输出接线端子，模拟浮子的动作，试验自动停炉功能，对于浮子室及浮子开关，可以关闭浮子室的通汽阀和通水阀，再打开浮子室泄放阀，让浮子室水位下降，测量浮子开关输出接线端子之间的通断情况。

3) 熄火保护

熄火保护的目的是在锅炉非正常熄火时，能及时切断锅炉的燃油系统，并发出声光报警。

熄火保护装置是锅炉点火时序控制系统的一部分，主要由火焰探测器及其控制电路组成。它不仅在中途非正常熄火时起作用，而且在点火过程中还用于判断点火是否成功。对熄火保护装置的试验，可以在正常燃烧过程中人为断开火焰探测器的接线，以试验其熄火停炉功能。

8.2　船舶冷却水温度控制系统

船舶柴油机在运行时，汽缸套和汽缸盖都需要用淡水来冷却。把冷却用的淡水温度控制在给定值或给定值附近，对柴油机安全、可靠和经济地运转是十分重要的。其控制方法是，把汽缸冷却淡水分成两部分：一部分通过淡水冷却器，用海水冷却淡水使淡水温度降低；另一部分不通过淡水冷却器，与经过冷却的淡水混合，然后进入柴油机汽缸的冷却空间。如果冷却水温度高于给定值，应减少不经冷却器的旁通水量，增大经冷却器的水量，使冷却水温度降低到给定值；反之，若冷却水温度低于给定值，则应增大旁通水量，减少经冷却器的水量，使冷却水温度回升到给定值。柴油机冷却水温度自动控制方式可分为直接作用式、基地式、单元组合式和现场总线微机控制式几种。其中，小型柴油机上多使用简单的直接作用式，基地式和单元组合式在目前船舶中还有使用，但随着技术的发展将逐渐退出市场，在新造船舶中，现在使用的多为现场总线型数字控制方式。

8.2.1　冷却水温度控制系统主要环节数字模型的建立

冷却水温度控制系统简化结构图如图 8-2-1 所示，其主要环节仿真模型包括缸套冷却系统热力数学模型、淡水冷却器模型、三通调节阀模型等。

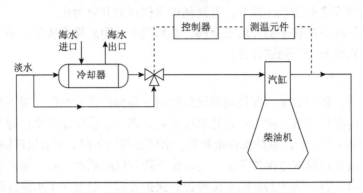

图 8-2-1　冷却水温度控制系统简化结构图

1. 缸套冷却系统

依据热量平衡的原理，在一定时间内，以汽缸内燃气传递给冷却水的热量减去冷却水带走的热量和系统热传递给环境的热量就相当于缸套冷却水及其缸套热量的变化值，即当环境温度为 T_e 时，满足式(8-2-1)：

$$\frac{\mathrm{d}T_{hi}}{\mathrm{d}\tau} = \frac{1}{W_D}(Q_{\mathrm{in}} - Q_{\mathrm{out}}) = \frac{1}{W_D}\left[Q(t) - \dot{m}_h C_w (T_{hi} - T_{Di}) - \frac{1}{R}(T_{hi} - T_e) \right] \tag{8-2-1}$$

式中，T_{hi} 为柴油机缸套冷却水的出口温度；W_D 为冷却水及缸套总热容量；T_{Di} 为柴油机缸套冷却水的进水温度；$Q(t)$ 为柴油机燃烧传入冷却水的热量；Q_{in} 为缸套冷却系统吸收的热量；Q_{out} 为缸套冷却系排出的热量；R 为汽缸壁热阻；$\dot{m}_h$ 为冷却水流量；C_w 为缸套冷却水的比热容。

当系统稳定时，有

$$Q(t) - \dot{m}_h C_w (T_{hi} - T_{Di}) - \frac{1}{R}(T_{hi} - T_e) = 0 \tag{8-2-2}$$

如果以各变量相对于其稳定状态的变化量为参数，假设温度变化量表示为 $\Delta T = T - T_{稳定}$，则式(8-2-1)可表示为

$$\frac{\mathrm{d}\Delta T_{hi}}{\mathrm{d}\tau} + \left(\frac{C_w \dot{m}_h}{W_D} + \frac{1}{RW_D} \right)\Delta T_{hi} = \frac{\Delta Q(t)}{W_D} + \frac{C_w \dot{m}_h}{W_D}\Delta T_{Di} + \frac{1}{RW_D}\Delta T_e \tag{8-2-3}$$

2. 淡水冷却器

由结构图 8-2-1 可知，从柴油机流出的高温淡水流经管道，随后进入淡水冷却器，根据热量平衡原理，冷却器高温淡水侧的热量传递关系可以表示为

$$\frac{\mathrm{d}T_{ho}}{\mathrm{d}\tau} = \frac{1}{W_1}\left[\dot{m}_1 C_k (T_{hi} - T_{ho}) - \frac{1}{R}\Delta t_m \right] \tag{8-2-4}$$

式中，T_{hi} 为进入冷却器的高温淡水温度；T_{ho} 为流出冷却器的淡水温度；$\dot{m}_1$ 为高温淡水的流量；W_1 为高温淡水侧的热容量；C_k 为高温水的比热容；R 为冷却器的传热热阻；Δt_m 为冷却器的平均温差。

同理可知，淡水冷却器低温流体海水侧的热量传递等式可表示为

$$\frac{\mathrm{d}T_{lo}}{\mathrm{d}\tau} = \frac{1}{W_2}\left[\frac{1}{R}\Delta t_m - m_l c_l (T_{lo}-T_{li})\right] \tag{8-2-5}$$

式中，T_{li} 为进入冷却器的海水温度；T_{lo} 为流出冷却器的海水温度；W_2 为低温海水侧的热容量；c_l 为低温海水侧的比热容；m_l 为海水的流量。

当系统稳定时，有

$$\dot{m}_1 c_k (T_{hi}-T_{ho}) = \frac{1}{R}\Delta t_m = \dot{m}_l c_l (T_{lo}-T_{li}) \tag{8-2-6}$$

柴油机汽缸冷却水的进出口温度差值应小于或等于 12℃，冷却器内高、低温流体的传热温差采用算术平均温差，即

$$\Delta t_m = \frac{(T_{ho}+T_{hi})-(T_{lo}+T_{li})}{2} \tag{8-2-7}$$

在式(8-2-4)、式(8-2-5)中考虑代入算术平均温差值，另外，以相对于其稳定状态的变化量为参数，可以获得建立淡水冷却器的数学模型。

3. 三通调节阀

在冷却水温度控制系统中，可以通过改变三通调节阀，也就是温度控制阀的阀位来调整两部分冷却水量的比例，从而将冷却水的温度值控制在给定值范围内。

假设 x 表示三通调节阀设置为某阀位时两部分冷却水量的比例，并考虑各变量相对于其稳定状态变化量为参数，则可得到

$$\begin{aligned}\dot{m}_1 &= x\dot{m}_k\\\dot{m}_2 &= (1-x)\dot{m}_k\\\dot{m}_k \cdot \Delta T_{Di} &= \dot{m}_1 \cdot \Delta T_{ho} + \dot{m}_2 \cdot \Delta T_{hi}\end{aligned} \tag{8-2-8}$$

式(8-2-3)～式(8-2-5)、式(8-2-8)构成了整个船舶柴油机冷却水温度控制系统的动态数学模型，但是，以此为基础建立的被控对象与执行机构的数学模型非常复杂，很难在控制系统中得到应用。为了获得较为清晰的控制系统模型，以某集装箱船中柴油机系统为例，将相应的变量参数值代入之前所建模型中，通过数值仿真软件对上述建立的数学模型进行仿真，可以获得系统在稳定状态下，柴油机冷却水出口温度随三通调节阀阀位实时变化而变化的动态响应曲线，利用该响应曲线测定建模的原理，可以获得系统近似传递函数，即表示为

$$G(s) = \frac{17.133\mathrm{e}^{-7.05s}}{152.5s+1} \tag{8-2-9}$$

以上获得的传递函数就可以近似表示为冷却水温度控制系统中被控对象的数学模型。

8.2.2　冷却水温度控制系统的组成及基本工作原理

电动冷却水温度控制原理图如图 8-2-2 所示。它由电动调节器 1、开关 2、限位开关 3、过载保护继电器 4、三相交流伺服电机 5 及由它带动的三通调节阀 6 等部分组成，并且还需要外加电源。电动调节器是基地式仪表，它把测量、显示、调节各单元及相应的开关元件组装在一个控制箱内。系统的基本工作原理如下。

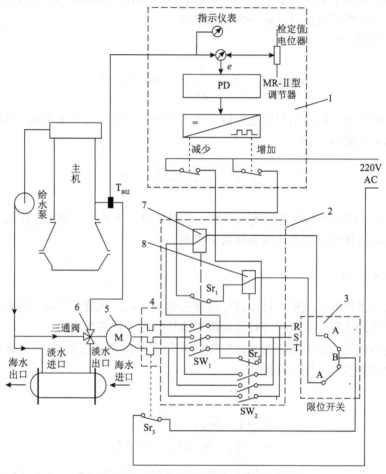

图 8-2-2　电动冷却水温度控制原理图

1-电动调节器；2-开关；3-限位开关；4-过载保护继电器；5-三相交流伺服电机；
6-三通调节阀；7-减少输出继电器；8-增加输出继电器

该系统能实现比例微分控制作用：它将测量单元热敏电阻 T_{802} 插在汽缸冷却水进口管路中，其电阻值随冷却水温度的升高而减小，经分压器分配，就把冷却水温度的变化成比例地转换成电压信号。这个表示冷却水温度测量值的电压信号，与由电位器调定的代表冷却水温度给定值的电压信号相比较，得到偏差值 e。这个偏差值经比例微分运算输出一个连续变化的控制信号送到脉冲宽度调制器，脉冲宽度调制器把 PD 输出的连续变化的控制信号调制成脉冲信号。若冷水温度高于给定值，脉冲信号使减少输出继电器 7 断续通电(偏差值较大电机连续转动, 反之断续通电), 组合开关 SW_1 断续闭合。若冷却水温度低于给定值, 其脉冲信号使增加输出继电器 8 断续通电, 组合开关 SW_2 断续闭合。

执行机构是一个三相交流伺服电机 M, 在它的轴上经减速传动装置带动两个互成 90°的平板阀。一个阀控制旁通淡水量; 另一个阀控制经过冷却器的淡水流量。当 SW_1 断续闭合时, 三相交流伺服电机 M 将断续正向(从操作手轮侧向电机方向看为逆时针)转动, 关小旁通阀, 开大经冷却器的淡水阀, 使冷却水温度降低。当 SW_2 断续闭合时, 三相交流伺服电机 M 将断续反向(顺时针)转动, 使冷却水温度升高。这样, 可保证冷却水温度稳定在给定值或给定值附近。当冷却水温度测量值等于或接近给定值时, 调节器无输出, "减少"和"增加"输出, 继电器均断电。SW_1 和 SW_2 组合开关均断开, 三相交流伺服电机 M 停转, 三通阀的开度不变。

在组合开关 SW_1 和组合开关 SW_2 的电路中串联了一个限位开关 3 和一个过载保护继电器 4 控制的开关 Sr_3。若某些故障使三相交流伺服电机 M 电流过大时, 过载保护继电器动作, 使开关 Sr_3 断开。SW_1 和 SW_2 断电, 其相应的组合开关断开, 切断三相交流伺服电机 M 的电源, 保护其不会因过热而烧坏。在一般情况下, 限位开关 3 的触头合于 A, 当三相交流伺服电机 M 带动三通调节阀中的平板阀转到接近极限位置时, 触头 A 断开, 使 SW_1 和 SW_2 断电, 切断三相交流伺服电机 M 的电源, 防止平板阀卡紧在极端位置, 使三相交流伺服电机 M 回行时动作不灵敏, 或因启动电流过大而引起过热。在 SW_1 和 SW_2 的通电回路中, 分别串联 SW_1 和 SW_2 的常闭触头 Sr_2 和 Sr_1, 其作用是互相连锁, 防止 SW_1 和 SW_2 同时通电。

8.3　燃油黏度控制系统

燃油黏度表示的是流动中自身的内阻力, 它的大小会直接影响燃料的喷散程度以及滞燃期的长短。若是燃油的黏度过大, 则会导致雾化不良, 燃油和空气混合不均匀, 燃烧不完全, 冒黑烟, 这就使燃料的耗损明显增加, 甚至其黏度过大, 管道中燃油的流动会减缓, 引起供油中断、柴油机无法正常运行的恶劣后果。若是燃油的黏度太小, 则又会引发喷油泵柱塞, 润滑效果差, 加剧喷油器设备的磨损等。因此, 必定要将燃油在系统中运行的黏度限定在某一范围之内。

目前所使用的大型船舶柴油主机及一些发电用的柴油辅机几乎燃用的都是重油, 其目的就是降低运营成本, 而这种油在常温下黏度非常高, 很难在管路中直接输送, 更加不能直接喷入汽缸进行燃烧, 所以这就需要对其进行预先加热, 使其黏度控制在允许的范畴内再加以燃用。从表面上来看, 黏度控制就是类似对温度控制的问题, 其实不然, 对于品种不一样的燃油, 即便在其温度值相同的情况下, 黏度值也会有很大的差异, 而如果仅仅采用温度控制, 为了把品种不一样的燃油控制在最佳喷射黏度范畴内, 就必须再次调整每个品种温度的设定值, 尤其是掺杂不同品种的混合油, 要确定规定黏度范畴内的温度值就变得越发困难。因此, 在燃油进入主机之前, 普遍运用黏度控制而非温度控制。

燃油黏度控制系统主要是由调节器(温度控制器、黏度控制器)、执行机构(调节阀)、被控对象(燃油加热器)、检测变送装置(测黏计、差压变送器、温度变送器)等几部分组成的。其基本功能原理框图如图 8-3-1 所示, 包含两个闭环控制回路, 即燃油温度控制回路和黏度控制回路。当系统处于初始状态或受到外界干扰时，检测变送装置测得燃油温度或黏度实际值，根据测得的实际值与给定值的偏差，即实时误差，进行控制，根据控制结果改变执行机构、蒸汽调节阀的开度，从而改变进入加热器的蒸汽流量，最终使燃油黏度达到给定值。在燃油黏度控制系统中加入温度控制回路，构成双闭环的目的是避免燃油温度较低时，如果选择黏度控制而出现燃油温度升高过快的现象。当燃油温度介于温度下限(如 40℃可调)和温度上限(如 120℃可调)之间时，黏度控制器不工作，改变蒸汽调节阀开度的控制信号由温度控制器给出，燃油温度发生变化，一旦油温超过温度上限(120℃可调)，黏度控制器开始工作，选择器根据两个控制器的输出结果，选择输出其中较大的信号，双闭环的工作原理可以改善喷油装置的运行条件。

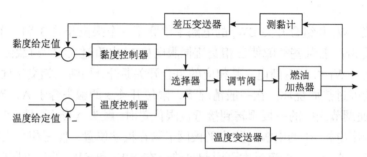

图 8-3-1　燃油黏度控制系统原理框图

8.3.1　燃油黏度控制系统主要环节数学模型的建立

建立数学模型是系统设计和仿真的一个非常重要的环节，数学模型的准确程度也直接影响系统仿真运行过程的精确性。燃油黏度控制系统的仿真模型主要包含燃油加热器模型、测黏计模型、蒸汽调节阀模型、管路模型等。

1. 燃油加热器

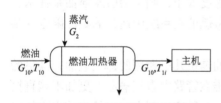

图 8-3-2　燃油加热器工作原理图

燃油加热器的工作原理如图 8-3-2 所示，假设燃油的初始流量为 G_{10}，初始温度为 T_{10}，进入燃油加热器后，初始温度远远低于要求的给定温度，经控制器调节蒸汽调节阀的开度，进入燃油加热器的蒸汽流量为 G_2，对燃油进行加热，经加热后的燃油流量为 G_{10}，温度为 T_{1i}，从燃油加热器流出并进入主机。

在进行燃油加热器的数学建模时，忽略燃油的热损失、传热系数以及蒸汽的含热变化量等因素，满足以下的热平衡方程：

$$G_{10}c_1(T_{10}-T_{1i})+G_2\lambda_2=M_1c_1\frac{\mathrm{d}T_{1i}}{\mathrm{d}t} \tag{8-3-1}$$

式中，G_{10} 为流经燃油加热器的燃油的流量值，kg/h；G_2 为进入燃油加热器的蒸汽的流量值，kg/h；T_{10} 为流入燃油加热器的燃油的初始温度值，℃；M_1 为燃油加热器内燃油的容量，kg；c_1 为流入燃油加热器的燃油的比热容，kJ/(kg·K)；λ_2 为进入燃油加热器的蒸汽的汽化潜热，

kJ/kg。

将 T_{1i} 作为输出变量，G_2、T_{10} 和 c_1 作为输入变量，将式(8-3-1)线性化，得到

$$M_1(\overline{c}_1 + \Delta c_1)\frac{\mathrm{d}(\overline{T}_{1i} + \Delta T_{1i})}{\mathrm{d}t} = G_{10}(\overline{c}_1 + \Delta c_1)(\overline{T}_{10} + \Delta T_{10} - \overline{T}_{1i} - \Delta T_{1i}) + (\overline{G}_2 + \Delta G_2)\lambda_2 \tag{8-3-2}$$

式中，Δc_1、ΔT_{1i}、ΔG_2 分别是变量 c_1、T_{1i}、G_2 相对于稳态工作点的偏差量，整理式(8-3-2)可得

$$M_1\overline{c}_1\frac{\mathrm{d}\Delta T_{1i}}{\mathrm{d}t} = G_{10}(\overline{c}_1 + \Delta c_1)(\overline{T}_{10} - \overline{T}_{1i}) + G_{10}(\overline{c}_1 + \Delta c_1)(\Delta T_{10} - \Delta T_{1i}) + (\overline{G}_2 + \Delta G_2)\lambda_2 \tag{8-3-3}$$

在稳定条件下，满足以下条件：

$$G_{10}\overline{c}_1(\overline{T}_{10} - \overline{T}_{1i}) + \overline{G}_2\lambda_2 = 0 \tag{8-3-4}$$

则式(8-3-3)经简化，忽略二阶项可得

$$M_1\overline{c}_1\frac{\mathrm{d}\Delta T_{1i}}{\mathrm{d}t} = G_{10}\Delta c_1(\overline{T}_{10} - \overline{T}_{1i}) + G_{10}(\overline{c}_1 + \Delta c_1)(\Delta T_{10} - \Delta T_{1i}) + \Delta G_2\lambda_2 \tag{8-3-5}$$

此时，令 $y_1(t) = \Delta T_{1i}$，$f_1(t) = \Delta T_{10}$，$f_2(t) = \dfrac{\Delta c_1}{\overline{c}_1}$，$u(t) = \dfrac{\Delta G_2}{\overline{G}_2}$，将式(8-3-5)进行拉氏变换可得

$$Y_1(s) = \frac{a_1}{T_1 s + 1}U(s) + \frac{1}{T_1 s + 1}F_1(s) + \frac{a_2}{T_1 s + 1}F_2(s) \tag{8-3-6}$$

式中，$T_1 = \dfrac{M_1}{G_{10}}$；$a_1 = \dfrac{\lambda_2 \overline{G}_2}{\overline{c}_1 G_{10}}$；$a_2 = \overline{T}_{10} - \overline{T}_{1i}$。

由此可见，在不考虑加热器间壁热量变化的前提下，加热器的动态特性能用典型一阶环节来推导表示。如果不忽略加热器间壁存在的热传递性，那么加热器的动态模型至少是一个带有延时环节的二阶模型，所以根据经验公式，该被控对象通道的传递函数可表示为

$$Y_1(s) = \frac{a_1 \cdot \mathrm{e}^{-\tau s}}{(T_1 s + 1)(\tau s + 1)}U(s) \tag{8-3-7}$$

式中，τ 为延迟时间。

扰动通道传递函数可以表示为

$$Y_1(s) = \frac{1}{T_1 s + 1}F_1(s) + \frac{a_2}{T_1 s + 1}F_2(s) \tag{8-3-8}$$

以上得到的传递函数就是燃油加热器模型被控对象的控制通道和其干扰通道的数学模型，是基于加热器的动态特性，通过近似并利用一部分经验公式推导建立的，用以描述对象的动态特性。

2. 测黏计

在黏度控制闭环内，测黏计和差压变送器共同组成了系统的检测变送装置。测黏计的工作原理是燃油流体流经测黏计管内时，会形成一定的压力降，黏度的实际值就可以利用产生的压差来表示。将测量所得压差送至变送器，再转换为标准信号输出，即为黏度调节器的输入信号，这就是黏度检测环节的工作过程。

加热器的输出参数为温度值，为了方便系统建模，根据燃油黏度和温度特性曲线建立测黏计的简化模型，船用燃油黏度和温度的关系特性拟合曲线如图 8-3-3 所示。

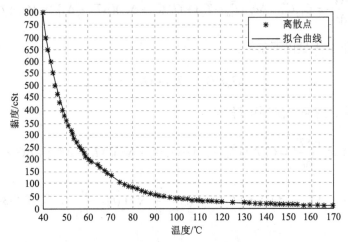

图 8-3-3　燃油黏度和温度关系特性数据拟合曲线

通常情况下，燃油进入主机时的黏度为 10～15cSt(cSt 是指运动黏度的单位厘斯，1cSt=1mm²/s)，最高可以到 20cSt。从黏度和温度特性曲线图 8-3-3 中可以看出，温度越高，黏度越低，温度对黏度的影响很大，其中，13～17cSt 为所用燃油的推荐黏度范围。

以船用燃油 $380\text{mm}^2/\text{s}$ (50℃)油品为例，由于黏度与温度的关系是非线性的，不能直接用线性方程表示，基于最小二乘法曲线拟合原理，使用 MATLAB 软件的 polyfit 函数来进行黏度和温度曲线拟合，构造一个分段解析函数，就是最终建立的测黏计的数学模型。

3. 蒸汽调节阀

一般情况下，可以用一阶特性来近似表示调节阀特性，但在燃油黏度控制系统中，调节阀的时间常数对于对象特性而言，可以忽略不计，因此在该系统中，蒸汽调节阀可以近似表示一个比例环节，其数学模型可以表示为

$$\Delta G = K_v \cdot \Delta U \tag{8-3-9}$$

式中，K_v 为蒸汽调节阀的放大倍数；ΔU 为调节阀的输出变量，假设在系统稳定的情况下，调节阀开度为 50%，则调节阀的放大倍数 K_v 为 0.5。

4. 管路模型

黏性流体流经管道时，整个流动过程必须满足能量守恒定律，即可在管路模型建立计算

过程中采用伯努利方程。然而在实际建立管路模型时，一般是基于不同的性质把管路分段建模，考虑管路中黏性流体的流量与压差的关系，管路模型可以表示为

$$Q = B\sqrt{\Delta P} \tag{8-3-10}$$

式中，Q 为管路中体积流量；ΔP 为压差；B 为流导常数，是阻力的导数。

如果在管路中安装有阀门的情况下，在管路模型中需要将阀门开度考虑进去，例如，阀门开度是 0，此时管路中应该没有流量，而当阀门全开，即阀门开度为 1 时，管路流量才可按照式(8-3-10)进行计算。如果将阀门开度也表示在管路模型中，则式(8-3-10)可以写成如下形式：

$$Q = BV_p\sqrt{\Delta P} \tag{8-3-11}$$

式中，V_p 为阀门开度值，范围为 0～1，即开度值为 0 时阀门关闭，开度值为 1 时阀门全开。

8.3.2　燃油供油单元自动控制系统的结构组成及基本工作原理

燃油供油单元的结构组成图如图 8-3-4 所示，总体上可以分为供油处理系统、燃油黏度或温度自动控制系统、油泵电机和滤器自动控制系统等部分。

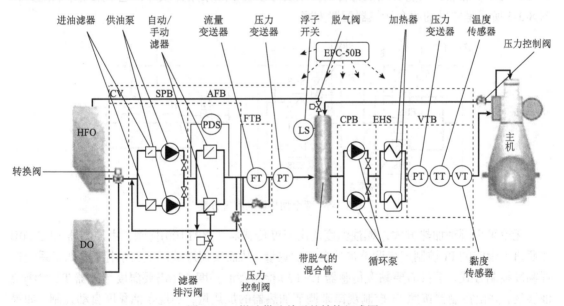

图 8-3-4　燃油供油单元的结构组成图

VTB-黏度温度测量模块；EHS-电加热器；CPB-循环泵组合模块；EPC-50B-控制单元；FTB-流量计模块；
AFB-自动滤器模块；PDS-差压开关；SPB-供油泵模块；CV-重油/轻油切换阀

供油处理系统由重油日用柜、柴油日用柜、"柴油/重油"转换阀、燃油供给泵(供油泵)、燃油自动滤器、流量变送器、压力变送器、混合管(混油筒)、循环泵、燃油回油管系统等设备组成。燃油供给泵的压力由压力变送器 PT 检测，用于控制器分析判断供给泵的状态。供给泵的流量由流量变送器 FT 检测，用于控制器分析柴油机的耗油情况。在自动滤器的前后

装有压差开关 PDS，用于滤器脏堵报警的检测，当滤器进出口差压达到设定值时，控制器发出报警。

滤器排污阀可进行滤器自动排污。脱气模块包括带脱气的混合管、浮子开关和脱气阀，用于供油与加热后从主机的回油混合，并使油气分离，当气体达到一定量时，浮子开关动作，控制系统控制脱气阀打开，使油路中的气体返回日用柜 HFO。循环泵组合模块 CPB 用于向柴油机提供需要的油压，可以通过压力变送器来检测。主机的回油通过压力控制阀和管系回送到混合管，进行脱气处理。

在燃油黏度或温度自动控制系统中，若采用电加热器 EHS，则由两个电加热供电单元分别对两个电加热器的燃油进行加热，作用有三方面：一是提供足够的加热量，确保燃油能够得到加热；二是可以方便地控制加热速度，需要快速加热时，两个电加热器可同时满额工作；三是两个电加热器可互为备用，保障了电加热器的安全使用。

若采用蒸汽加热，也是采用两个加热器，电加热器 EHS 被蒸汽加热器 SHS 代替。蒸汽从外部引入，经过蒸汽调节阀送到两个蒸汽加热器，然后从本系统流至热水井。由 EPC-50B 控制器通过继电器触点输出，控制伺服电机 M 动作，从而改变蒸汽调节阀 SRV 的阀门开度。另外，加热器还可选择热油作为加热源，控制方式与蒸汽加热相同，也是用调节阀来控制加热量。有的系统配置两个不同类型的加热器，典型的配置是一个蒸汽加热器和一个电加热器，既可方便控制加热，又能实现互为备用。在实际系统中除采用并联外，还常采用串联配置，图 8-3-5 所示是常见的两个加热器配置方案。

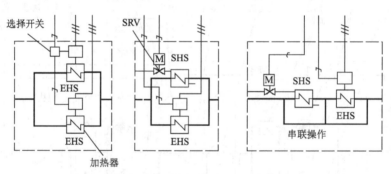

图 8-3-5　两个加热器的配置方案

无论采用哪种加热方式，燃油温度均由温度传感器 TT(PT100)检测，由控制器 EPC-50B 按照事前设定的 PI 控制规律调节加热器的加热量，从而实现燃油温度自动控制。如果系统选择黏度控制方式，不仅需要黏度传感器 EVT20 检测燃油黏度，还需要温度传感器 TT 检测燃油温度，并由控制器按照 PI 控制规律来调节加热器的加热量，实现燃油黏度自动控制。如果执行器件是蒸汽调节阀 SRV，则控制器给出"增加"或"减小"信号去控制伺服电机动作，直到阀门开度检测信号(0～2kΩ 电阻信号)与输出要求一致；如果是电加热供电单元，则 EPC-50B 输出最多 5 挡加热控制(根据加热器容量和控制输出挡位设定决定)，由温度控制系统实现温度闭环控制。另外，控制器上配有手动/自动选择操作和手动加热量增加/减小(或加热挡位选择)操作，可以在需要时通过操作面板采用手动加热控制。控制系统除了燃油黏度或温度的自动控制以外，还能对"柴油/重油"转换阀进行自动控制，为保证转换正确可靠，实际回路中装有限位开关来检测转换阀的具体位置，并将检测信号送给控制器。

　　由油泵电机启动箱实现电机的启动、停止控制,每个启动箱对应一台电机,带电源开关、电流表和指示灯,还配有选择开关,它安装在本地操作面板上,用于选择 Manual→Stop→EPC→Remote,当选择 EPC 时,即油泵由 EPC-50B 控制器自动控制,两套油泵相同,互为备用,可实现备用油泵自动切换运行控制。另外,自动滤器也是由本地操作面板选择"手动清洗"→"手动关"→"自动控制",当选择自动控制时,由 EPC-50B 根据设定时间和压差开关 PDS 来控制滤器的自动清洗。当油泵电机或自动滤器选择 Remote 时,由 FCM 的远程(集控室)操作面板或微型计算机进行控制。

　　控制器 EPC-50B 是整个系统的核心单元,由主控制面板、本地基本操作面板 OP 组成,另外可根据需要选配 FCM 远程操作面板 OP。

8.3.3　燃油黏度控制器

　　在燃油供油单元 FCM 的自动控制系统中,采用黏度或温度定值控制是基于燃油温度的变化要比黏度的变化灵敏这一事实,特别是温度传感器经改进后,检测温度很敏感的情况下,可大大提高系统的灵敏性,改善系统的动态特性,同时,两种定值控制可以互为备用,从而也可提高系统的可靠性。燃油黏度控制系统是由黏度传感器、温度传感器、控制器 EPC-50B 和加热器构成的。黏度传感器和温度传感器分别检测燃油加热器出口燃油的黏度和温度,并将黏度和温度按比例转换成标准电流和电压信号送到控制器。控制器内置具有比例积分(PI)控制规律的软件,可以对重油的黏度或温度进行定值控制,而对柴油只能进行温度定值控制,但在控制系统开始投入工作或换油切换过程中,EPC-50B 控制器则根据燃油温升斜坡速率实现温度程序控制。系统除可现场自动控制外,还可选择遥控;在需要时,还可在本地经转换后,实现本地手动调节。信息显示窗可以显示系统中燃油的黏度、温度值或其他需要的测量值,另外也可显示参数值和故障信息。燃油黏度或温度控制系统就是一个典型的单参数反馈控制系统。

　　从柴油控制模式(DO)转换到重油控制模式(HFO)且工作状态稳定后,EPC-50B 对 HFO 进行温度或黏度的定值控制。当处于 HFO 模式且系统处在温度控制方式,即 Pr19 = Temp 时,Pr30 作为温度设置点,此时的 Pr30 应为所需黏度对应的温度值。在从低温开始的加温过程中,系统控制加热量,按设定的温升参数 Fa30 对加热过程实现程序控制。当温度程序控制加热到设定的 Pr30 减去 3℃的温度值后,系统开始温度定值控制,而当处于 HFO 模式且系统处在黏度控制方式,即 Pr19 = Visc 时,Pr20 作为黏度设置点,此时的 Pr30 应为所需黏度对应的温度值减去 2~4℃(一般设为 3℃),这样,在从低温开始的加热过程中,按温升参数加热到 Pr30 后,系统自动转为黏度控制,所以 Pr20 与 Pr30 有对应关系,在换用不同的 HFO 时,一般要求黏度不改变,但要调整 Pr30 以适应黏度控制设定值 Pr20 的需要。

　　在燃油黏度定值控制过程中,系统根据黏度变化按控制器内 PI 调节参数进行自动控制。系统根据加热器的不同设置有两套 PI 调节参数,参数 Fa25、Fa26 为蒸汽或热油加热的比例带和积分时间,参数 Fa27、Fa28 为电加热的比例带和积分时间。如果调节过程出现振荡,则需要增加参数 Fa25 或 Fa27,Fa26 或 Fa28,但是这些参数的增加会使得系统反应变慢,消除静差能力减弱。调试过程中应综合各种需要,将它们整定成一个既稳定又反应较快的参数。一般,出厂后调试工程师整定的参数应可靠保存,以备需要时恢复原始设定。如果调节过程中偏差过大,包括黏度和温度的偏差,系统都将给出报警信号。

黏度/温度调节系统的输出主要是控制蒸汽加热装置 SHS 的调节阀或电加热装置 EHS 的接触器,以达到控制燃油温度或黏度的目的。采用蒸汽加热装置 SHS 时,比例积分调节器输出控制信号控制蒸汽调节阀,以保持系统设定的温度或黏度。在电加热装置 EHS 和蒸汽加热(或热油加热)装置 SHS 同时被采用的系统中,系统以蒸汽加热(或热油加热)为主,电加热装置为备用,即刚投入使用期间用蒸汽加热装置 SHS 来增加或减少信号控制蒸汽调节阀;当来自 EPC-50B 的信号指示系统需要更高加热量且蒸汽调节阀已全开时,控制器输出控制信号使 EHS 电加热装置投入工作,以继续保持系统运行在设定的参数上。当需要减少加热功率时,首先减少电加热功率直至零,若仍需降低加热功率,则自动关闭蒸汽调节阀。

8.4　船舶机舱监视报警系统

机舱监视报警系统是轮机自动化的重要组成部分,它能准确可靠地监测机舱内各种动力设备的运行状态及运行参数。一旦运行设备发生故障,能自动发出声、光报警信号并进行报警记录打印。在自动化机舱中,设备的运行状态、运行参数及故障报警状态都最终集成在集控室的监视屏上,轮机管理人员在集控室内就能了解到所有机舱设备的运行状态及其参数值,从而可减轻轮机管理人员的劳动强度,改善工作条件,确保及时发现设备的运行故障,提高设备运行的可靠性。对于无人机舱,监视报警系统能把报警信号延伸到驾驶台、公共场所、轮机长及值班轮机员住所。

8.4.1　参数类型及特点

机舱中各监测点的参数分为两类:一类是开关量,另一类是模拟量。

开关量是指只有两个状态的量。这两个状态通常表示为开关的断开和闭合,开关的形式可以是机械开关,也可以是继电器触点。在船舶机舱中,开关量可以反映设备的运行状态,例如,设备处于运行状态还是停止状态,设备是正常工作状态还是故障状态,主机凸轮轴开关位置以及阀门开关位置等。监视报警系统能对这些开关量进行显示,需要报警的则发出声、光报警。

模拟量是指连续变化的量,如温度、液位压力和转速等。监视报警系统应能对这些模拟量进行实时显示。如果参数超过预定的范围,则应发出越限声、光报警。越限报警分为上限报警和下限报警。通常,温度参数的报警为上限报警,压力参数的报警为下限报警,而液位参数的报警既有上限报警也有下限报警。

应当指出的是,对于有些设备,其运行参数虽然为模拟量,但并不是把这些模拟量直接送入监视报警系统,而是通过压力继电器、温度继电器或液位开关等把这些量转换为开关量信号再送至监视报警系统。也就是说,监视报警系统有时可将模拟量以开关量的形式进行处理。

8.4.2　监测方式

监视报警系统的种类很多,但所采用的监测方式无外乎两类:一类是连续监测,另一类是扫描监测。

1. 连续监测

连续监测是指机舱中所有监测点的参数并行送入监视报警系统，并对所有监测点的状态及参数进行连续监测。单元组合式监视报警系统采用连续监测方式，系统中的核心部件是报警控制单元，它由各种测量和报警控制电路组成。每一个监测点需要独立的电路进行测量并产生报警信号，测量结果和报警信号送至公共的显示和报警电路。在设计时，通常将多个同类参数的电路制成一块电路板。

连续监测的方法由于每个监测点采用单独的电路，因此各监测点之间的相互影响较小，当某些监视点通道发生故障时，不会影响其他通道的工作，监视点的数量增减原则上不受限制，但所需硬件较多，造价较高。

2. 扫描监测

扫描监测也称为巡回监测，这种方法是以一定的时间间隔依次对各监测点的参数和状态进行扫描，将监测点信息逐一送入监视报警系统进行分时处理。因此，数个监测点的监测任务可由一个测量和报警控制单元完成。

巡回监测可通过常规集成电路或微型计算机来实现。由于微机具有采样速度快、检测精度高、体积小、数据处理功能强大、显示手段先进等优点，大多数船舶均采用基于微机技术的监视报警系统。此外，计算机网络技术的成熟应用已经使得监视报警系统朝着完全分布式网络化的方向发展。

3. 监视报警系统的功能

1) 声、光报警

声、光报警是监视报警系统最基本的功能，只要监测点的状态发生异常或出现参数越限，系统就会发出声响报警和相应报警灯光指示，即声、光报警。系统发出声、光报警提醒值班轮机员介入，以便问题得以及时处理。

2) 参数与状态显示

参数显示是指通过模拟仪表、数字仪表或者计算机显示屏对所有监测点的运行参数进行显示，即模拟量显示。状态显示指的是反映设备运行状态的开关量显示，通常采用绿色指示灯(灯泡或发光二极管)表示系统或设备的正常运行状态，红色指示灯表示报警状态。对于采用计算机屏幕的系统，则还可采用"ON""OFF""HIGH""LOW""NORMAL""FAIL"等文本来进行状态显示。

3) 打印记录

打印记录一般有参数打印和报警打印两种。参数打印又可分为定时制表打印和召唤打印。定时制表打印是打印机以设定的时间间隔自动将机舱内需要记录的全部参数打印制表，轮机员只要将打印纸整理成册，即可作为轮机日志。召唤打印是根据需要随时打印当时的工况参数，可对监测点参数进行全点或选点打印。报警打印是由系统自动进行的，只要有报警发生，系统就会把报警名称、报警内容和报警时间自动打印输出。报警解除时，则自动打印报警解除。

许多监视报警系统的软件功能还具有"事件(Event)"记录和打印功能。当对系统进行设置、组态或上、下限报警等参数的修改时，这些操作都会以"事件"的形式在数据库中进行记录或打印输出。

4) 报警延时

在报警装置中，一般均设有延时报警环节，以免发生误报警。根据所监测的参数不同，其延时有长延时和短延时之分。例如，在液位监测时，船舶的摇摆容易反复造成虚假越限现象，导致频繁报警。类似这些情况可采用2~30s的长延时报警，在延时时间之内越限不报警。另外，在运行期间，某些监测开关的状态会由于环境干扰而发生瞬间变化，例如，船在激烈振动时，某些压力系统的压力波动容易使报警开关发生抖动。为避免误报警，可采用延时0.5s的短延时。

5) 报警闭锁

报警闭锁就是根据动力设备不同的工作状态，封锁不必要的监测点报警。例如，船舶在停港期间，主机处于停车状态，主机的冷却系统、燃油系统、滑油系统等均停止工作，与这些系统相关的参数相对主机运行时都会出现异常。因此，有必要对与这些系统有关的监测点进行报警闭锁。报警闭锁可以手动实现，也可以自动实现；可以成组闭锁，也可以单点闭锁。

6) 延伸报警

延伸报警功能是为无人值班机舱设置的。在无人值班的情况下，必须将机舱故障报警信号传送到驾驶台、公共场所、轮机长及值班轮机员住所的延伸报警单元。延伸报警通常是按照故障的严重程度来分组的，可把全部监测点的报警信息分为四组：主机故障自动停车报警、主机故障自动减速报警、重要故障报警和一般故障报警。有时为了简化延伸报警，在值班轮机员住所的延伸报警箱上仅设置重要故障报警和一般故障报警两个故障指示灯。

7) 失职报警

在无人值班的情况下，监视报警系统在发出故障报警的同时，还会触发3min计时程序。若值班轮机员未能在3min(大型船舶为5min)内到达集控室完成确认操作，即使他已在延伸报警单元进行过确认，仍将被认为是一种失职行为，系统会使所有延伸报警单元发出声、光报警信号。触发失职报警后，只能在集控室进行消音，复位3min计时程序后才能撤销失职报警。

8) 值班呼叫

值班呼叫功能主要用于轮机员交接班时进行信号联络。例如，大管轮与三管轮进行交接班时，大管轮只要在集控室把值班选择开关指向"三管轮"位置即可。这样，系统就会撤销大管轮的值班信号，而向驾驶台、公共场所和三管轮住所的延伸报警单元发出三管轮值班呼叫信号，值班指示灯闪烁。应答后，报警声消失，值班指示灯从闪烁转为平光，表示三管轮进入值班状态。此后，监视报警系统会把报警信号传送到三管轮住所的延伸报警单元，而不再送到大管轮住所。

9) 轮机员安全报警

轮机员安全报警又称 DEADMAN 报警。在无人机舱船舶上，轮机员在进机舱工作前可开启轮机员安全报警设置，即在集控室开启该项报警功能(其本质是一种计时程序功能)，并设置定时。机舱内一般会设置数个定时复位按钮。轮机员在机舱工作时必须在一定时间内就近进行复位操作，使计时程序清零而重新开始计时。如果超过设定时间未进行复位操作，将触发轮机员安全报警而通报全船，以提醒其他人员前来救援。新型的轮机员安全报警功能为避免机舱轮机员在安全状态下忘记复位操作而导致触发不必要的 DEADMAN 警报，一般增设一个预报警时间，预报警时间可设置得比报警时间稍短些(如短于 3min)，预报警时间到达，仅机舱内触发该项警报，提醒轮机员及时进行复位操作。

10) 测试功能

在集控室的操纵台上，一般都设有"试灯"按钮和"功能测试"按钮。按下"试灯"按钮，所有指示灯都将处于常亮状态，不亮的指示灯需要更换。按下"功能测试"按钮，所有检测点均应进入报警状态而未报警的监测点及其相应通道则有故障发生。测试功能可协助进行故障定位。

11) 自检功能

监视报警系统正常工作的前提是系统本身没有故障。为了确保监视报警系统本身工作的可靠性，对如输入通道、电源电压和保险丝等重要环节应具有自动监测功能。出现异常时，系统将自动发出相应的系统故障报警。

12) 备用电源的自动投入

要使监视报警系统在全船失电的情况下能正常工作就必须配备相应的备用电源。在主电源失压或欠压的瞬间，系统能自动启动备用电源，实现不间断供电。

4. 监测点报警处理流程

机舱中，大多数导致报警发生的原因均无法在报警发生后自行消失，只有进行相应的处理后才能使状态恢复正常，这类报警称为常规报警或长时报警。对于某些具有主/备用切换功能的设备，当主用设备出现故障并发出声光报警时，备用设备自动投入运行，运行参数又恢复正常，从而使故障在短时间内自动消失，这类报警称为短时报警。监视报警系统一般对这两种情况采用不同的处理方法，图 8-4-1 所示为监测点报警处理流程。

在正常运行期间，监视报警系统不会发出报警指示和声响报警。当检测点发生异常时，若该检测点未被闭锁，则系统立即发出声响报警，并且相应的报警指示灯(或屏幕文本)快速闪烁，指示报警内容。报警发生后，要求值班人员按"消音"按钮进行消音(一般情况下，"消音"按钮对于所有的报警都是公用的)和报警确认(按"确认"按钮或单击闪烁文本)。报警确认后，报警指示灯由闪烁转为平光(或者闪烁文本转为高亮)。当检测点状态或参数恢复正常时，报警消失，即报警指示灯熄灭(或文本高亮消失)。

当出现短时报警时，系统也会立即发出声、光报警，但往往由于监测状态在短时间内恢复正常，报警指示将由"快闪"转为"慢闪"，但声响报警还将继续，直到按下"消音"按钮。在了解报警原因后，进行报警确认，报警指示灯由"慢闪"转为"熄灭"。

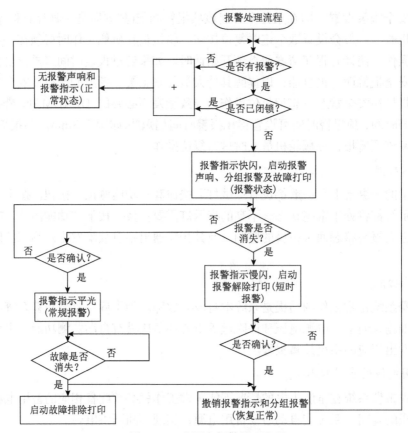

图 8-4-1　监测点报警处理流程

5. 监视报警系统的组成

一个完善的监视报警系统一般由三部分组成：分布在机舱各检测点的传感器，安装在集控室内的控制柜和监视仪表或监视屏，安装在驾驶台、公共场所、轮机长和轮机员住所的延伸报警单元。典型的机舱监视报警系统的组成及其分布如图 8-4-2 所示。

6. 故障报警原理

检测点的参数类别无外乎开关量和模拟量两种，其检测过程分别由开关量报警控制单元和模拟量报警控制单元实现。为便于理解机舱监视报警系统的故障报警原理，在此以完全由硬件电路实现的报警控制单元为例讲述报警过程。

1) 开关量报警控制单元

开关量报警控制单元由输入回路、延时环节和逻辑判断环节组成，开关量报警控制单元逻辑原理如图 8-4-3 所示。其中，输入回路较简单，主要将开关量传感器给出的触点断开信息转换成相应的故障电平(0 或 1)或者在接收到"试验"信号后输出故障电平以模拟故障发生。延时环节用来延时故障输出电平，完成延时报警功能，以避免误报警。逻辑判断环节主要完成逻辑运算和状态记忆功能，根据延时后的开关量传感器的状态信息、报警闭锁信息及消闪指令信息进行逻辑判断，以控制故障指示灯，启动声响报警，输出分组延伸报警及控制故障打印。

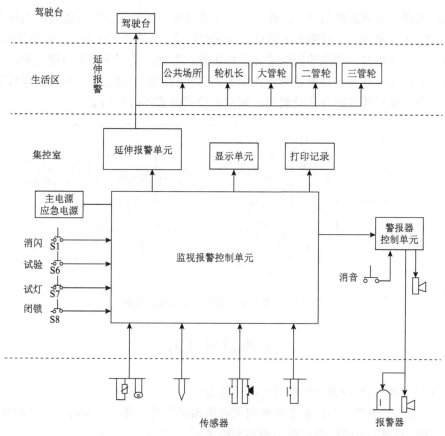

图 8-4-2　典型的机舱监视报警系统的组成及其分布

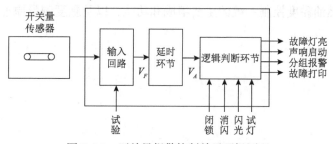

图 8-4-3　开关量报警控制单元逻辑原理

　　在检测点参数处于正常范围时，开关量传感器的触点闭合，输入回路不输出故障电平，因此故障指示灯处于熄灭状态，并且不触发声响报警、分组报警及故障打印。这时若按"试灯"按钮，故障指示灯亮，否则表示故障指示灯损坏，需更换。当检测点发生故障时，开关量传感器触点断开，经输入回路转换成相应的故障电平 V_F，V_F 经延时环节输出故障报警电平 V_A 至逻辑判断环节。

　　2) 模拟量报警控制单元

　　模拟量报警控制单元主要由测量回路、比较环节、延时环节、逻辑判断环节和识别环节组成，模拟量报警控制单元组成原理如图 8-4-4 所示。图中，测量回路用于把传感器送来的模拟量信号转换(或适配)成代表检测点测量值的电压信号 U_i，并在传感器开路或短路故障时，向自检回路发送传感器故障信号。比较环节用于故障报警鉴别，它将测量值 U_i 与报警设定值 U_L 进行比较，若参数越限，则输出报警信号至延时环节。在功能试验时，比较环节接收到"试验"信号，若发生报警，则说明控制单元工作正常；否则，说明单元有故障。延时环节和逻辑判断环节的作用与开关量报警控制单元中的完全相同，但不是所有模拟量报警控制单元都设置延时环节，延时环节的有无及延时时间的长短根据实际需要而定。

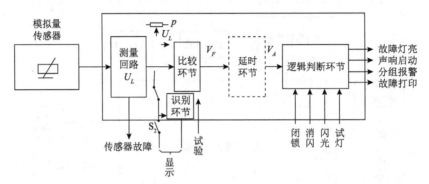

图 8-4-4　模拟量报警控制单元组成原理

思考题与习题

8-1　船舶锅炉蒸汽压力控制装置有哪些特点？

8-2　船舶锅炉蒸汽压力控制系统的组成和体系结构是怎样的？有哪些主要控制部分？

8-3　试说明辅锅炉燃烧时序控制原理和组成。

8-4　试说明船舶冷却水过程控制系统的主要组成和功能。

8-5　试说明燃油黏度控制系统的主要组成和功能，以及黏度测量原理。

第9章　船舶核动力装置过程控制系统

9.1　概　　述

船舶核动力装置的过程控制系统是一个复杂的系统，旨在确保核动力船舶的核反应堆和相关系统能够安全、有效地运行。这些系统涉及对核反应堆的控制、监测和保护，以及与其他船舶系统的集成。船舶核动力装置过程控制系统主要完成以下任务：负责监测和调节核反应堆中的核反应，以维持所需的功率水平，这包括调节控制棒的位置、调整冷却剂的流速和温度，以及对核反应堆其他参数的实时监测；检测和应对可能的故障或危险情况，包括紧急停堆系统、辐射监测系统、事故分类和响应系统等，以确保在意外情况下及时采取措施以保护船舶和船员安全；负责监测和调节冷却系统的运行，以确保核反应堆保持在安全的温度范围内；过程控制系统与电力生成和分配系统集成，以确保从核反应堆产生的电力能够有效地供应船上的各种设备和系统，除此之外，还包括信息显示和监控、通信系统等功能。总体而言，船舶核动力装置过程控制系统的设计和运行旨在确保核能系统的安全性、可靠性和效率，以满足船舶的动力需求并确保船员的安全。由于核能系统的特殊性，对于过程控制系统的严格要求和高度自动化是非常关键的。

9.1.1　船用核动力装置控制系统的组成和结构

核动力装置是一个复杂且具有严格安全性要求的大型工程系统。电站核动力装置在正常运行时，普遍采用带基本负荷的运行方式，不需要频繁变化功率。船用核动力装置需要在海上航行，经常变换航速，船体空间有限。因此，与陆上核动力装置相比较，船用核动力装置具有运行空间狭小、负荷变化范围大、机动性要求高、保障困难等特点，不仅要求具有灵活而又快速的负荷跟踪特性，而且要求高度安全可靠。影响核动力装置动态性能的因素除了内在结构特性外，还与装置的运行方式、运行工况、外部条件和控制方法等因素有关。因此相比于电站核动力装置，船用核动力装置控制要求更高。

1. 船用核动力系统的组成

船用核动力系统的典型结构组成如图 9-1-1 所示。

核动力装置是以核裂变能来产生动力的装置。目前，世界上正在运行的反应堆类型有压水堆、沸水堆、重水堆、气冷堆以及快中子反应堆等。在核电厂中，压水堆的装机容量约占核电总装机容量的 64%，而在船用核动力装置中，几乎全部采用压水堆。

核裂变发生在堆芯内的燃料元件中，裂变能转换为热能，传输到堆芯冷却剂中，通过一回路冷却剂的流动将堆芯内的热量带出，并在蒸汽发生器中将热量传递给二次侧水，产生蒸

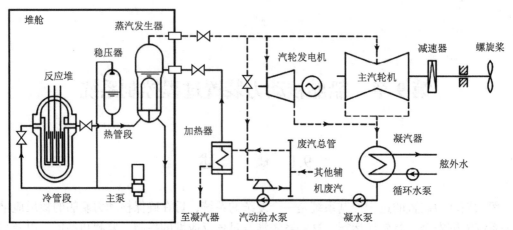

图 9-1-1　船用核动力系统的典型结构组成

汽，驱动汽轮机带动螺旋桨或发电。因此，船用核动力装置的主要任务是实现核能向热能进而向机械能和电能的转换，其工艺原理和过程复杂，并且是具有放射性的特殊对象。

根据各控制系统的控制对象和作用，船用核动力装置控制系统总体上可分为一回路控制系统、安全保护控制系统、二回路控制系统三大部分。

1) 一回路控制系统

一回路控制系统由反应堆、蒸汽发生器、稳压器、主循环泵(简称主泵)以及管道、阀门组成。一回路控制系统由核反应堆功率控制系统和一回路过程参数控制系统组成。核反应堆功率控制系统实现对反应堆功率的控制，使得输出的核功率能够跟踪负荷功率的变化，并满足动态和静态指标要求。核反应堆功率控制系统主要由棒控系统和功率自动调节装置组成，有手动和自动两种控制方式。一回路过程参数控制系统实现对一回路主冷却剂系统与各辅助系统工艺流程的控制，使得各工艺流程与相应的温度、压力、流量和水位等热工水力参数能够满足安全运行的要求。

2) 安全保护控制系统

安全保护控制系统的功能是在设备故障、误操作或其他不正常状态下，监督反应堆的异常状态，产生与保护动作有关的必要信号，防止反应堆运行状态超过规定的安全限值或减轻超过安全限值所造成的影响。

当反应堆出现异常，但还不至于马上危及反应堆安全时，为确保反应堆连续运行，安全保护系统可发出警告信号，提醒操作人员注意；当反应堆保护参数超过设定保护定值，将危及反应堆安全时，安全保护系统能立即停闭反应堆，确保反应堆的安全；当出现超出停堆保护能力的事故时，安全保护系统能启动相应的专设安全设施，缩小事故范围和防止放射性污染；当反应堆运行达到某种状态时，安全保护系统允许手动或自动闭锁某些保护动作，防止系统误动作。

3) 二回路控制系统

二回路控制系统实现对二回路控制系统设备和工艺流程的控制，使得各设备和工艺流程能够安全运行，并满足动态和静态指标要求。

船用核动力装置的二回路控制系统主要由汽轮机控制系统、蒸汽发生器水位控制系统、蒸汽排放控制系统、主冷凝器水位与过冷度控制系统、主抽汽器冷却水量控制系统、乏汽压力控制系统、辅蒸汽压力控制系统、滑油与调节油控制系统、辅冷凝水过冷度和水位控制系统，以及海水和轴系控制系统等组成。

　　另外，船用核动力装置的综合控制系统还包括综合管理系统，实现对所有运行参数的数据采集、传输、存储、显示、报警、堆舱视频监视、综合供电等，并提供操作界面。

　　2. 船用核动力装置控制系统的结构

　　核动力装置仪表和控制系统(简称仪控系统或 I&C 系统)是核动力装置的神经网络和大脑中枢，要求实现对核动力装置的有效控制，上述控制系统必须能够互相交换信息，密切配合，构成一个有机的整体。由于核动力装置的复杂性，核动力装置仪控系统是一个典型的集散式控制系统，并向着分布式和现场总线控制系统的体系结构发展。

　　船用核动力装置仪控系统普遍采用集中管理、分散控制的体系结构，其总体体系结构和组成如图 9-1-2 所示，一般分为三层，即输入输出层、控制与保护层以及运行管理层。

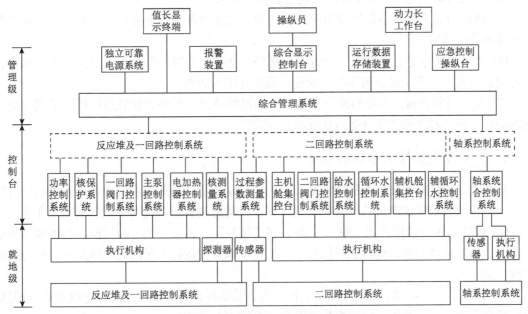

图 9-1-2　船用核动力装置仪控系统

　　输入输出层由就地级设备组成，主要包括各种传感器、测量变送器、电气控制设备和执行机构，实现对各被控对象运行参数的测量和控制指令的执行，安装于被控对象上或其附近。

　　控制与保护层设备，主要实现接收传感器得到的测量信号并进行适当处理后，传输至上一级设备；同时，根据上一级的操作指令或通过自动控制器，产生相应的控制或保护信号，作用于各执行机构，产生控制动作，这一级设备主要安装于主控制室或其他各舱室。

　　运行管理层设备提供系统的人机接口，主要用于对所有的运行数据进行管理，并集中显示给运行人员，同时向运行人员提供操作界面，使其能够发出操作指令。这一级设备主要安装于各控制室，是核动力装置运行操纵的主要人机接口设备。

　　三级控制设备彼此之间通过信号电缆或网络进行连接，实现信息的传输和交换。

9.1.2　船用核动力装置控制系统的任务和要求

要利用核反应堆裂变过程中产生的中子和能量,首先必须能够启动、停闭反应堆,并维持核反应堆中链式裂变的持续进行,同时又能够改变链式裂变反应的强弱,并维持各种运行参数在安全限值范围内。这些都需要采用相应的控制手段来实现。

不论是电站还是船用核动力装置,为了保证安全、可靠和经济地实现核能的利用,核动力系统中除了必要的用于能量传递和转换的工艺系统和设备外,都设置有仪表和控制系统,仪控系统主要用于:实现核参数和工艺过程参数的测量,以检测核动力系统的运行状态;驱动不同的控制机构,以改变核动力系统的运行状态;保护核动力装置,防止运行参数偏离正常值而导致事故的发生,并限制和缓解事故发生后产生的影响。具体包括以下几方面基本功能。

(1) 实现对核动力装置启堆、带负荷运行和停堆的操纵与控制,使核动力装置在各种正常运行工况下,控制对安全具有重要影响的变量,使它们维持在设计规定的正常运行限值内,以保证核动力装置的安全运行。

(2) 实现对输出功率的调节控制,满足负荷的要求。

(3) 通过对工艺流程中各种设备的操纵控制,实现对各种过程参数的控制,使核动力装置正常有效地运行。

(4) 当重要参数超过限值时,及时发出报警,并在必要时产生合适的保护动作,保证核动力装置的安全,防止设备损坏和放射性物质向环境的泄漏。

(5) 实现对各种运行参数的采集和显示,向操纵员提供核动力装置运行所需的完整而准确的信息,保证对核动力装置运行状况的正确监督。

1. 核动力装置控制系统的任务

核动力装置仪控系统作为核动力系统中的信息化装备,协调着系统内各装置设备的有序工作,并按照要求实现能量的转换和输出。其在核动力装置运行过程中发挥着重要作用。

(1) 仪控系统是操作员的“眼”、“耳”和“神经”,也是“手”的延伸。为操作员提供准确而适当的核动力装置运行状态信息,并在正常和异常运行工况时为操纵员介入运行提供手段。

(2) 仪控系统在核动力系统正常运行时,为各系统提供各类自动控制的手段及监视信息,减轻操纵员的负担,并保证核动力装置安全、可靠和经济的运行。

(3) 仪控系统在核动力系统异常状态时,为保证核动力系统及环境的安全提供快速自动保护功能,防止与减少因操纵员的失误引起的核动力系统设备故障。

核动力装置控制系统是影响核动力装置运行安全性的重要系统之一。根据控制设备对安全性的重要程度,一般将仪表和控制系统的设备分为两类,即安全重要设备(IE 级设备)和非安全重要设备(NE 级设备)。

安全重要设备:IE 级设备是完成反应堆紧急停堆、安全壳隔离、堆芯冷却,以及从安全壳和反应堆排出热量所必需的,或者是防止放射性物质向环境大量排放所必需的设备。在合格寿命内,在正常运行和发生设计基准事故(Designed Basic Accident, DBA)之中、之后,这类设备应能保持其安全功能。

非安全重要设备:这类控制仪表及其供电设备,在实现或保持核动力装置安全方面无明显作用。

核动力装置的过程工艺系统是指组成核动力装置各分系统的各种容器、管道、阀门、泵、电加热器等，它们按照一定的工艺流程组成一个有序的系统，并通过有序的操作，实现物质和能量的相互转换与传输的工艺过程。

表征核动力装置工艺过程运行状态的主要热工过程参数包括温度、压力、流量、液位、成分等。过程控制系统即在核动力装置运行过程中，实现对这些参数的控制，从而保证整个装置系统能够安全有序的工作，将堆芯的核裂变能转换为热能，从堆芯中有效地导出，并最终转换为机械能和电能。

因此，核动力装置过程控制系统的功能是通过对核动力装置各工艺过程中的泵、阀门和电热组件等设备的运行状态的控制，调节系统中的温度、压力、流量和水位等过程参数，有效地防止其运行状态偏离安全极限，确保核动力装置正常、安全的运行。

在正常运行工况下，过程控制系统能够满足对核动力装置负荷变化需求的控制，完成系统中设备的启动、停闭以及对设备冷却的控制操作。

在核动力装置异常或事故运行工况下，过程控制系统能够完成对热工过程对象的隔离，进行必要的控制和操纵，减缓事故的发展、排除事故，使核动力装置返回到安全状态。

2. 核动力装置控制系统的要求

核动力装置特别是船用核动力装置，除了对其安全性具有较高的要求外，其过程控制系统应能够跟踪核动力装置的大幅度、高速率和频繁的负荷变化，确保其具有良好的机动性，并且将核动力装置的过程参数维持在运行工况规定的极限范围之内。具体要求如下。

1) 系统性能

控制系统必须满足核动力装置设计依据提出的性能要求，特别是针对船用核动力装置，在保证技术性能、船用条件的前提下，控制系统应做到结构简单、运行可靠。在正常运行时，控制系统应以控制室集中操作为主要手段，各舱室就地操作为辅助手段。过程控制系统除了自动控制外，还必须设置手动控制，以便在失去自动控制能力时能够依靠操纵人员的手动操作继续运行。

2) 信息显示

要求在控制室里必须提供控制系统运行状态的全部重要信息和大部分的辅助信息，包括被控变量、驱动信号、执行机构状态以及连锁电路状态的指示等。其形式可以是 CRT 屏幕、指示仪表、灯光，重要参数应设置记录与存储装置。

当控制系统偏离正常运行工况时，要求在控制室里必须发出报警信号。报警信号的内容包括被控变量与整定值偏差过大、被测变量的切除与旁通、控制系统连锁电路动作以及执行机构达到动作极限位置等。

3) 操作器件

在控制室的控制台上设置必要的操作器件，应包括自动/手动工作方式选择开关、信道或控制信号切除或旁通开关、执行机构的手动操作开关或按钮等。

4) 可用性

为了保证控制系统具有较高的可用性，必须进行高可靠性系统设计，包括硬件可靠性设计和软件可靠性设计。

硬件可靠性设计措施包括：选用高可靠性的元(部)件；对重要的控制系统可以采用冗余方式；对功能、性能要求相同的元(部)件，尽量选用标准件、通用件；对船用核动力装置，在材料结构、工艺设计上采取有效措施，满足船用条件的要求。

软件可靠性设计措施包括：采用不同算法、不同逻辑推理过程进行软件的冗余设计；采用成熟的检错码及纠错技术；在规定的环境条件下，进行软件测试试验。另外，控制系统在设计时应当考虑故障率、在线检查、离线检验频度、维修时间、动力源故障和共因故障等因素。

5) 可检验性

控制系统必须根据设备的功能、可用性要求，对系统的功能和技术指标进行定期检验和校验，检验对象包括系统和组成控制系统的所有单元，但是应保证现场检验不能对核动力装置的运行和安全造成影响。

6) 可维修性

对控制系统维修性的要求，主要考虑在系统维修性设计中采用简化设计、可达性设计、标准化设计、识别标志设计和测试性设计等准则。

7) 电磁兼容性

对核动力装置过程控制系统的电磁兼容性要求，重点是在技术设计中对干扰和敏感度采取必要的控制措施。

供电设备隔离措施：要求供电设备的电源输入采用隔离变压器、整流滤波、功率因数校正，以减少电网对系统的干扰；系统中的设备采用各自独立的电源，以减少各设备间的共电源干扰。

信号传输隔离措施：对微电子设备与强电气设备的布置，要求隔开一定的距离，以减弱电磁场对控制系统的干扰；各设备间信号的传输要求采用隔离变压器或光电器件进行隔离；各设备上的输入和输出信号采用磁屏蔽接插件和带屏蔽的电缆。

软件抗干扰措施：在控制系统应用软件设计中，要求除了采用一般的数字滤波措施外，还针对不同的软件模块特点，采用不同的软件抗干扰措施。

硬件抗干扰措施：控制设备的机箱要求采用屏蔽性能较好的金属外壳机箱；印制板的布线要求考虑电磁干扰的影响；当出现系统"宕机"时，应设计程序自恢复电路。

8) 适应船用条件要求

构成控制系统的装置必须满足船用条件，并且尽量标准化、通用化、模块化，更换和调试方便。根据船用条件，控制装置的外形、尺寸尽可能统一，并在有些方面要求较高，例如：

(1) 控制室中的设备、仪表一般采用防溅式或防滴式结构；

(2) 传感器、信号电缆连接件及堆舱的设备、仪表一般采用防水式结构。

上述只是叙述了船用核动力装置过程控制系统的通用要求，对于每个具体控制系统，还应有更详细的要求。

9.1.3　核动力装置过程控制组成

核动力装置过程控制系统应该包括从工艺过程接合处起，直至控制核动力装置参数的部件为止，所使用的所有设备和部件(硬件和软件)，如敏感元件、信号处理器、放大设备、逻辑装置、调节器、阀门驱动器和电机启动器等，在具体的某一控制系统中，可能包括上面的全部环节，也可能包括部分环节，而过程控制系统所需要的输入信号，也可以来自本系统以外的其他系统。

船用核动力装置的过程控制系统通常按照工艺系统划分，主要分为一回路控制系统、二回路控制系统以及轴系控制系统。进一步细化，一回路控制系统和二回路控制系统可根据具体的工艺系统分为若干子系统，分别如图 9-1-3 和图 9-1-4 所示。一回路控制系统主要有稳压器压力与水位控制系统、主冷却剂泵控制系统、余热排出过程控制系统、安全注射过程控制系统、补水过程控制系统、设备冷却水过程控制系统、净化过程控制系统、应急操纵系统等；二回路控制系统主要有蒸汽发生器水位控制系统，蒸汽排放控制系统，主、辅冷凝器水位与过冷度控制系统，乏汽压力控制系统，辅蒸汽压力控制系统等。本章主要介绍一回路和二回路的主要过程控制系统。

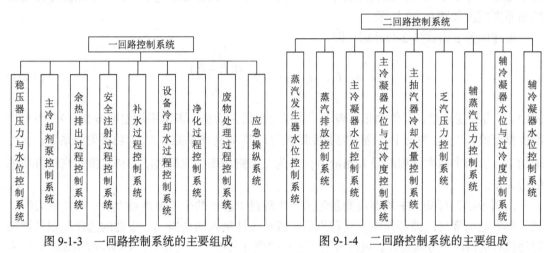

图 9-1-3　一回路控制系统的主要组成　　　　图 9-1-4　二回路控制系统的主要组成

9.2　一回路平均温度控制

一回路平均温度控制系统的主要功能是用调节 R 棒的方法保持一回路平均温度尽可能接近由二回路功率确定的整定值，在稳态和暂态过程中，协助功率调节棒补偿功率亏损，补偿硼浓度变化引起的反应性变化，减少轴向功率偏差。

1. 平均温度控制概述

1) 平均温度控制的物理机理

平均温度整定曲线如图 9-2-1 所示，平均温度控制系统在二回路功率变化时，调节温度棒棒位以使平均温度满足这种关系。只要平均温度等于由二回路功率决定的整定值，一回路功率就与二回路功率匹配。

不妨假设当二回路功率改变时，反应堆功率调

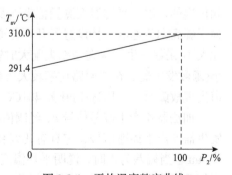

图 9-2-1　平均温度整定曲线

节系统正常工作，而平均温度控制系统不工作。此时，功率调节系统移动功率调节棒使之达到改变后的二回路功率对应的位置上，从而使反应堆功率作同向改变。如果此时符合功率调节棒棒位的标定条件，则可以使反应堆功率与二回路功率相匹配。但实际上，燃耗、氙毒、硼浓度以及 R 棒位等不可能与标定时完全相同，所以只能说功率调节系统使反应堆功率与二回路功率接近匹配。功率的精确匹配只有平均温度控制系统才能完成，因为它以平均温度等于整定值为调整目标。

2) 平均温度控制系统的工作原理

平均温度控制系统通过测量一回路平均温度，与平均温度整定值比较后，产生调节信号温度偏差 e。按温度偏差 e 的极性和大小控制 R 棒的移动方向和速度(R 棒的移动趋向于减少温度偏差 e)，改变反应堆的反应性，直到使温度温差 e 进入死区范围以内，从而使平均温度等于或近似等于整定值，达到堆功率与二回路功率匹配或近似匹配的目的。平均温度控制系统的原理框图如图 9-2-2 所示。

温度偏差 e 由式(9-2-1)计算，即

$$e = T_{\text{ref}} - T_{\text{av max}} - K_1 K_2 \frac{\mathrm{d}(P_1 - P_2)}{\mathrm{d}_t} \tag{9-2-1}$$

式中，e 为温度偏差，其值为正，表示平均温度偏低，为负，表示平均温度偏高；T_{ref} 为平均温度整定值；$T_{\text{av max}}$ 为三个环路平均温度最大值；K_1 为功率系数；K_2 为功率失配系数；P_1 为堆功率，取四个功率量程的最大测量值；P_2 为二回路功率，取最终功率整定值和汽轮机功率的最大值。

由图 9-2-2 可知，平均温度测量值为三个环路中选出的平均温度最大值，经由放大器、滤波器和超前滞后滤波器作电气处理以后，按负极性接入加法器 4。极性的选择原则是增加时使执行机构向正方向运动，极性为正。设 R 棒提升为正，插入为负，平均温度增加时应插入 R 棒，故取其极性为负。接入加法器 4 的被调节量(平均温度)信号所经过的电路称为闭环通道。

平均温度整定值 T_{ref} 由二回路功率 P_2 经滤波处理，再经函数发生器 2 产生。它经滤波后按正极性接入加法器 4。二回路功率是从汽轮机负荷和最终功率整定值中选择的最大值。加法器 2 产生功率失配信号 $P_1 - P_2$。一回路功率 P_1 是四个功率量程核仪表测得的核功率中的最大值。功率失配变化率由微分环节产生，乘以 K_1(由函数发生器 4 产生)和 K_2(由函数发生器 3 产生)，经由选/切开关 401CC 按负极性接入加法器 4。产生这个不包含被控量信息的信号电路称为开环通道。当二回路功率突然变化时，会造成一、二回路功率的短时失配。由于测量和传递的延误，平均温度测量值来不及反映实际平均温度的变化，造成闭环通道动作延缓。为了提高调节速度，特设置了开环通道。开环通道取功率失配变化率信号，并考虑了功率失配大小(函数发生器 4 在功率失配大时输出的 K_1 值大，增大开环通道的作用)和二回路功率大小(函数发生器 3 在二回路功率较大时输出的 K_2 较小，以增加调节系统的稳定性)。当开环通道出现故障时，可用选/切开关 401CC 将其切除，引入"0"信号到偏差生成环节。

加法器 4 产生偏差信号 e，经阈值继电器 6 和 7 产生插棒或提棒信号(棒向信号)，经函数发生器 5 产生棒速信号，它具有死区和回环。移棒速度随偏差增加，最低 8 步/min，最高 72 步/min。当偏差为正时，说明平均温度低。偏差增加到 0.83℃时，R 棒开始以 8 步/min 提升；当偏差下降到 0.56℃时，停棒。偏差为 1.73～2.8℃，棒速为 8～72 步/min。当偏差降到 0.56℃

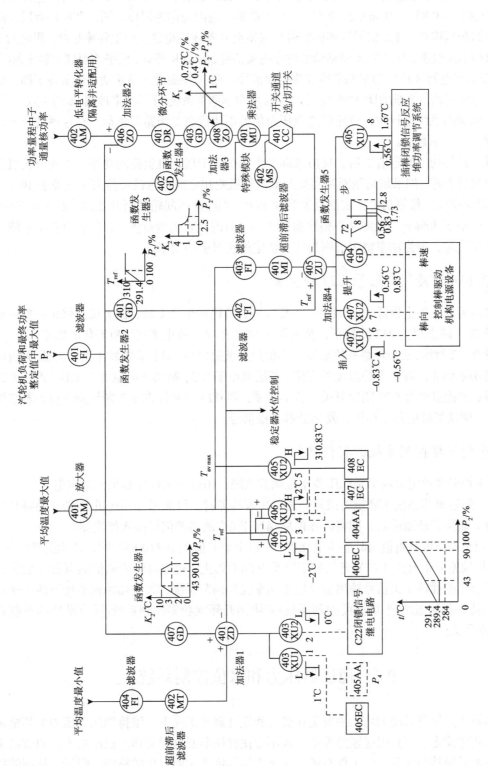

图 9-2-2　平均温度控制系统原理图(1～8 为阈值继电器)

时，R 棒停止提升。相反地，偏差为负时，说明平均温度偏高。−0.56～0.56℃的偏差范围称为死区(盲区)，−0.83～−0.56℃ 及 0.56～0.83℃ 的偏差范围均称为回环。死区和回环有助于防止控制棒的频繁移动。棒速信号和棒向信号均输出至 R 棒逻辑电路，产生移棒脉冲，再转给 R 棒驱动机构电源设备，其产生 R 棒移动的时序电流信号，移动 R 棒束，使平均温度为整定值(有盲区)。阈值继电器 8 产生功率调节棒插棒闭锁信号，在 R 棒提升时禁止功率调节棒下插，这样使得平均温度调节系统(闭环功率控制)与反应堆功率调节系统(开环功率控制)步调一致。

汽轮机旁路系统运行时，汽轮机进汽压力信号不能代表二回路总负荷。在这种情况下，人为设置一个功率数值。

设置了最终功率整定值之后，反应堆即产生一个大于汽轮机负荷的功率，以便汽轮机负荷增加时快速跟踪。如果超高压断路器断开或汽轮机脱扣之前汽轮机负荷大于或等于30%P_n(P_n为额定功率)时，最终功率整定值设置为30%P_n；当超高压断路器断开或汽轮机脱扣之前，汽轮机负荷小于30%P_n，最终功率整定值设置为当时的汽轮机负荷值，当汽轮机旁路系统运行于压力模式时，最终功率整定值则为压力整定值所对应的功率。

2. 反应堆过冷闭锁信号 C22 的生成

在平均温度比整定值低10℃时，产生反应堆过冷闭锁信号 C22，但有两点修正：负荷低于43%P_n时，防止产生 P12 的修正；负荷高于90%P_n时，防止蒸汽品质恶化的修正。

如图 9-2-2 所示，三个环路平均温度最小值经滤波处理后，加上函数发生器 1 的预置值(根据二回路功率形成)，减去平均温度整定值，若结果小于 0℃，则阈值继电器 2 工作，产生 C22 闭锁信号；主控室设有 C22 闭锁开关，若不闭锁，则 C22 信号使汽轮机断续降负荷；若结果小于 1℃，则阈值继电器 1 动作，发出低温警报信号。

3. 平均温度控制系统的其他功能

(1) 平均温度整定值输出至稳压器水位调节系统，用以产生稳压器水位整定值。

(2) 当发现调节系统不稳定时或开环通道出现故障时，可通过开环通道选/切开关将开环通道切除。切除开环通道后，即将特殊模块相当于 0℃ 的温差信号接入加法器 4。

(3) 当平均温度测量值与其整定值相差 2℃ 以上或其值大于 310.83℃ 时，产生报警信号。

(4) 从偏差 e 上升至 1.67℃ 开始到下降至 0.56℃ 为止，这段时间内阈值继电器 8 动作，将功率调节棒的插棒闭锁信号输出给反应堆功率控制调节系统，禁止功率调节棒下插。这是由闭环堆功率控制系统(平均温度控制系统)来协调开环堆功率控制系统(反应堆功率控制系统)的一种手段。

9.3　稳压器压力和水位控制系统

稳压器压力控制系统的功能主要是在稳态和设计瞬态工况下，维持稳压器压力为其整定值，使在正常瞬态下不致引起紧急停堆，也不会使稳压器安全阀动作。稳压器水位调节系统的功能主要是维持稳压器水位工作在随一回路平均温度变化而变化的整定值附近，从而使稳压器能维持反应堆冷却剂压力，以保证压力调节的良好特性。

9.3.1 稳压器概述

1. 稳压器功能

稳压器是对一回路压力进行控制和超压保护的重要设备，其主要功能有以下三方面。

(1) 压力控制。在稳态运行时，稳压器维持一回路压力在 15.5MPa(绝对压力)的整定值附近，防止堆芯冷却剂汽化；在正常功率变化及中、小事故工况下，稳压器将一回路冷却剂系统(Reactor Coolant Pump，RCP)的压力变化控制在允许范围内，以保证反应堆安全，避免发生紧急停堆。

(2) 压力保护。当一回路系统压力超过稳压器安全阀阈值时，安全阀自动开启，把稳压器内的蒸汽排放到稳压器卸压箱内，达到使一回路卸压的目的。

(3) 作为一回路冷却剂的缓冲箱，补偿一回路冷却剂系统水容积的变化。尤其是在机组升、降功率过程中，冷却剂由于温度变化引起的体积变化，基本上可由稳压器水位的改变予以抵消，减少了运行过程中的废水处理量。

2. 稳压器工作原理

在额定功率下，稳压器内下部是饱和水，上部为饱和蒸汽，稳压器底部(液体区)通过波动管与一回路冷却剂系统一条环路的热管段相连。因为除稳压器外，一回路冷却剂系统是一个充满水的系统，所以稳压器中的压力将传至整个系统。

在稳定运行中的稳压器内，液相与气相是处于平衡状态的，分别为饱和水及饱和蒸汽，因而稳压器内蒸汽和水的温度等于该压力下水的饱和温度(对应 15.5MPa(绝对压力)为 344.8℃)。用比例式电加热器或(和)通断式电加热器加热稳压器中的水，水将汽化而使压力增加；用来自一回路的温度较低的冷却剂从稳压器上部喷淋，部分蒸汽因而冷凝，从而使压力下降，这就是用电加热器和喷淋器调节稳压器压力的工作原理。

9.3.2 稳压器压力控制系统

1. 控制系统功能与物理机理

1) 功能

稳压器压力控制系统的功能主要是在稳态和设计瞬态工况下，维持稳压器压力为其整定值 15.5MPa(绝对压力)，使在正常瞬态下不致引起紧急停堆，也不会使稳压器安全阀动作。此外，还对喷淋阀实行"极化"运行。喷淋阀极化运行是指先投入通断式电加热器，10s 以后再将喷淋阀开大到一个预定开度，如果模拟调节通道要求的开度比这个预定开度大，则喷淋阀的开度仍由模拟调节通道决定。极化运行有助于稳压器的硼浓度与一回路中均匀一致，并能避免一回路中的冷却剂通过波动管倒流到稳压器，减少变负荷时对波动管和稳压器底部的热冲击。因此，在下述两种情况下，应启动喷淋极化动作：

(1) 通过稀释或加硼对反应堆冷却剂回路的硼浓度进行调整时；
(2) 汽轮机以一个较为显著的倾斜系数升负荷运行时。

2) 物理机理

在机组运行中发生的种种瞬态，将使反应堆产生的功率和蒸发器输出功率之间产生不平衡。主系统的水温因此发生变化，使环路中和反应堆内的水热胀冷缩，通过波动管流向稳压器或稳压器内的水通过波动管流入环路。这样，稳压器内水的体积和温度都会发生变化，从而导致稳压器内压力变化。

例如，二回路负荷增加→一回路冷却剂平均温度变低→冷却剂密度变小→冷却剂体积收缩→稳压器水位降低→稳压器压力降低。

另外，其他一些因素也会引起稳压器水位变化(如一回路冷却剂泄漏)，这也将导致稳压器压力波动。

当压力升高时，控制系统将增加喷淋阀的开度，使较多的来自冷管段的水喷到稳压器内冷凝蒸汽，以降低压力。

当压力降低时，控制系统将增加电加热器的功率，加热稳压器内的水，使其更多地汽化，以升高压力。

2. 控制通道

稳压器压力控制系统工艺流程图如图 9-3-1 所示。它包括两个控制通道：015MP 所在的控制通道和 014MP 所在的控制通道。

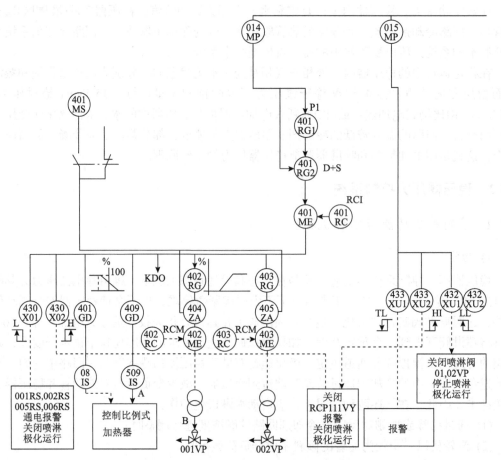

图 9-3-1　稳压器压力控制系统工艺流程图

MP-压力变送器；RG-调节器；ME-记忆模块；RC-手操器(或定值站)；GD-函数发生器；
XU-继电器模块；ZA-大选通道；IS-隔离模块；VP-阀门

015MP 通道产生报警和停止喷淋用的逻辑信号。当压力降到 15.2MPa 时，产生"稳压器压力低"报警信号；当压力升到 16.1MPa 时，产生关闭稳压器释放管扫气阀的信号，以避免全部蒸汽排到核岛废水收集系统；当压力降到 14.9MPa 时，产生关闭喷淋阀并停止极化运行的信号(图 9-3-1)。由此可见，这个控制通道主要起通断(逻辑)控制作用。

014MP 所在通道主要起调节作用。调节器将由 014MP 测量得到的稳压器压力 p 与其本身设置的整定值 p_{ref}(设定为 15.4MPa(表压))相比较，并将压力偏差 $p-p_{ref}$ 送到 PID 调节器，经运算后的输出信号称为补偿压差，记作 $(p-p_{ref})^{补}$，该信号通往几个函数发生器和阈值继电器，随着信号的大小对喷淋阀和比例电加热器实施连续控制，对通断电加热器实施断续控制。

比例式电加热器 003RS 和 004RS 的功率，分别由函数发生器 401GD 和 409GD 控制，当 $(p-p_{ref})^{补}$ 降低到 0.1MPa 时，比例式加热器 RCP003、004RS 开始投入，此后按补偿压差的大小以线性函数输出功率；当 $(p-p_{ref})^{补}$ 降低到-0.1MPa 时，比例式加热器达到满功率，即 0~100% 的功率对应的补偿压差为-1~1bar(1bar=10^5Pa)，在此范围功率随补偿压差不同而线性变化。

喷淋阀 001VP 和 002VP 分别由高选单元 404ZA 和 405ZA 控制。高选单元从正常压力控制信号和极化信号中选一个最大值，以保证喷淋阀极化运行时的最小喷淋流量。正常压力控制信号由控制器 402RG 和 403RG 给出，补偿压差在 0.17~0.52MPa 变化时，阀门开度按线性改变；当补偿压差 $(p-p_{ref})^{补}$ 升高到 0.17MPa 时，喷淋阀 001VP、002VP 打开；当补偿压差 $(p-p_{ref})^{补}$ 升高到 0.52MPa 时，喷淋阀全开。极化信号由特殊模块 401MS 产生，喷淋阀极化运行时输入，否则接入 0 信号。

通断电加热器 001RS、002RS、005RS、006RS 由阈值继电器 430X01 控制。当 $(p-p_{ref})^{补}$ 降低到-0.17MPa 时，阈值继电器 430X01 动作，通断式加热器 001RS、002RS、005RS、006RS 通电，并发出低压报警信号。为了避免加热器频繁通、断，这四组通断式加热器的通、断阈值设有回环，即在补偿压差 $(p-p_{ref})^{补}$ 为-1.7bar 时加热器通电；补偿压差 $(p-p_{ref})^{补}$ 为-1bar 时，加热器断电；另外，阈值继电器 430X01 还控制喷淋阀的极化运行，当压力过低时，停止极化运行，防止稳压器压力过低。

当补偿压差 $(p-p_{ref})^{补}$ 升高到 0.6MPa 时，阈值继电器 430X02 动作，发出压力高 1(H1) 报警信号，并使释放管扫气阀 RCP111VY 关闭。

调节器输出端接一自动/手动定值控制器(RCI)，供操作员手动操作执行机构(喷淋阀和电加热器)。两个手动/自动控制器(RCM)供操作员手动改变喷淋阀开度。

电加热器和喷淋阀按图 9-3-2 所示曲线控制。

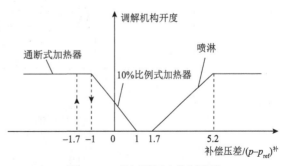

图 9-3-2　稳压器压力控制曲线

3. 稳压器压力保护通道

反应堆保护系统(Reactor Protection System，RPR)所用的稳压器压力逻辑信号由三个专用的测量通道给出，见图 9-3-3。压力传感器 05MP、06MP 和 13MP 输出信号经 4 只阈值继电器处理，分别产生稳压器压力高 3(H3)、稳压器压力低 2(L2)、低 3(L3)和低 4(L4)等紧急停堆信号、允许信号和安全注入信号。

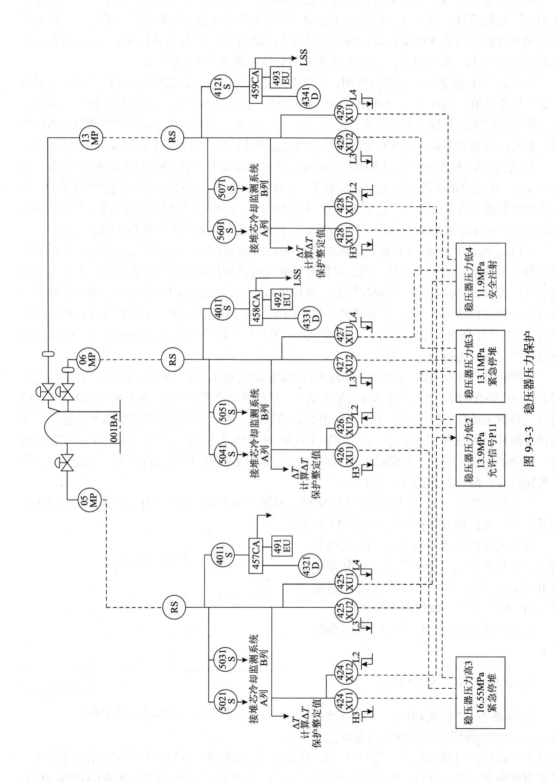

图 9-3-3　稳压器压力保护

　　用来计算 ΔT 保护整定值的稳压器压力值也由此通道给出。堆芯温度测量系统中，用来计算饱和温度 T_{SAT} 的稳压器压力信号也由这三个测量通道取出。

9.3.3　稳压器水位控制系统

　　反应堆功率运行时，随着功率的改变，一回路平均温度在291.4～310℃变化。一回路平均温度的变化会引起一回路水体积变化，所以稳压器水位也随之变化，但稳压器水位不能太高或太低，太高有可能使压力调节失效(无汽腔或汽腔太小)，过低会使电加热器裸露在蒸汽空间而烧毁。稳压器水位调节系统的功能就是将稳压器水位维持在随一回路平均温度而变的整定值附近，从而使稳压器能维持反应堆冷却剂压力，以保证压力调节的良好特性，同时在调节过程中限制上充流量的最大值和最小值，以避免经再生式热交换器的上充流量太小，使经过下泄孔板的下泄流汽化，或上充流量太大，不能满足主冷却剂泵1号轴封注水压头，并造成进入一回路冷却剂系统时对接管的热冲击。图9-3-4为稳压器水位控制系统工艺流程图。

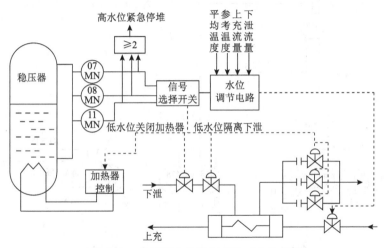

图 9-3-4　稳压器水位控制系统工艺流程图

1. 水位整定值设定原理

　　稳压器水位整定值的设定基础是保持反应堆冷却剂系统中适当的水装量，以便在功率变化时，最大限度地减小由反应堆冷却剂系统排放或补给的流体体积，从而减少硼回收系统(Tritium Extraction and Removal，TEP)和废液处理系统(Tritium Extraction and Removal，TER)的负担。由于功率增加时反应堆冷却剂的平均温度随之增加，而温度增加又引起水的体积膨胀，因而稳压器水位整定值随堆功率变化。水位整定值随反应堆冷却剂平均温度变化的函数关系如图 9-3-5 所示。图中，291.4℃和 310℃分别对应于零负荷和

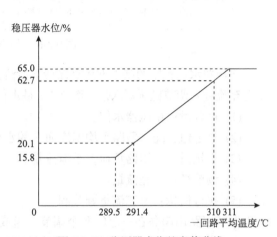

图 9-3-5　稳压器水位整定值曲线

满负荷，在这两端各有一段延伸线，为了保证在热停堆或满功率时，发生冷却剂过冷或过热瞬态时的调节余量。

2. 水位控制

稳压器共有 4 个水位测量通道，其中一个宽量程水位计在冷态下标定，用在一回路升温、升压或降温、降压工况时监测稳压器水位。另外 3 个热态水位测量通道，如图 9-3-6 所示，分别为 007MN、008MN、011MN，它们用作水位调节和反应堆保护系统输出信号，并在控制室显示。水位保护信号按三取二逻辑提供给反应堆保护系统(RPR)；其中两个仪表的信号也用作水位调节信号，可由选择开关选择。

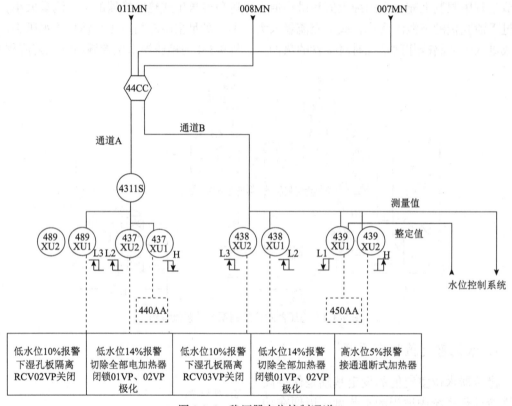

图 9-3-6　稳压器水位控制通道

稳压器水位控制的基本方法是保持下泄流量不变，通过改变上充流量调节阀的开度进而改变上充流量来调节稳压器水位。图 9-3-7 是水位调节系统的原理图，这是一个闭环调节回路。

(1) 被调量：稳压器水位。
(2) 整定值：随一回路平均温度而变的水位程序定值。
(3) 干扰量：二回路负荷，下泄流量。
(4) 调节量：上充流量。
(5) 执行机构：上充流量调节阀。

调节回路由串联在一起的两个调节器组成。主调节器是水位调节器，它处理水位误差信号，并根据下泄流量计算出上充流量的设定值。辅调节器是流量调节器，它以主调节器给出的流量设定值为基准, 调节上充流量。

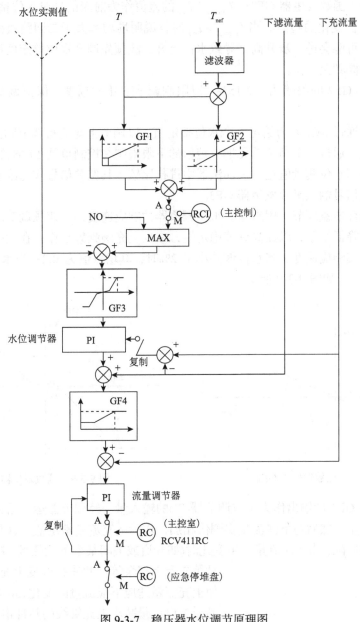

图 9-3-7　稳压器水位调节原理图

函数发生器 GF4 的输出作为流量设定值与上充流量实测值进行比较, 其偏差输入流量调节器(PI), 给出上充流量调节阀的调节信号。

通过控制室的一个手动/自动控制器(RCM), 可手动控制上充流量调节阀的开度。当该控制器处于手动状态时, 水位调节器和流量调节器的复制电路生效, 水位调节器复制上充流量与下泄流量的差值, 输出信号经过其后的两个比较器, 使流量调节器输入为零, 而流量调节器直接复制 RCM 的手动控制信号, 以保证由手动切换成自动时的平滑过渡。

一回路平均温度最大值 $T_{\text{av max}}$ 输入函数发生器 GF1, 产生水位整定值。另外, 一回路平均温度信号还输入加法器，它与根据二回路负荷而定的平均温度基准信号 T_{ref} 在加法器中进行比较，其差值输入函数发生器 GF2；$T_{\text{av max}} - T_{\text{ref}}$ 的差值作为前馈信号对水位整定值进行修正，该差值反映了水位变化的趋势。当 $T_{\text{av max}} > T_{\text{ref}}$ 时，说明堆功率大于二回路负荷，因而一回路冷却剂平均温度可能会进一步升高，导致水位上升，故预先调高水位整定值使两者趋近，避免上充流量调节阀频繁动作。

函数发生器 GF2 的限幅为 $\pm 2.15\%$，以限制调节变化的幅度，保证调节的稳定性，如图 9-3-8 所示。

操作员可以通过 RCI 人为给定一个水位整定值，以调节上充流量调节阀。经过计算和给定的水位整定值，通过一个高选单元把整定值的下限限制在控制范围 17.6% 的水位值上。

水位整定值与水位测量值在另一加法器中进行比较，其偏差信号作为改变上充阀开度的依据，这个偏差信号输入函数发生器 GF3。

CF3 是非线性增益环节，用来增大水位调节器的响应速度，又兼顾调节的稳定性，它在小的偏差信号时降低增益，以提高调节稳定性，减少上充阀频繁动作；在大的偏差信号时保持增益，以加快其响应速度。当水位偏差小于 2% 时，其增益值为 0.2；当水位偏差大于 2% 时，其增益值为 1，如图 9-3-9 所示。

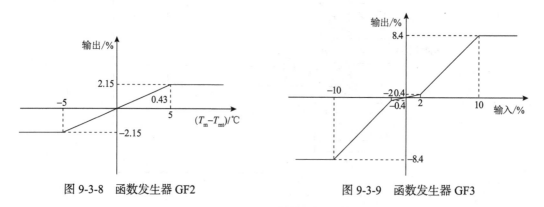

图 9-3-8　函数发生器 GF2　　　　　　　图 9-3-9　函数发生器 GF3

函数发生器 GF3 的输出作为水位调节器(PI)的输入量，经调节器运算后输出对应于水位偏差的流量补偿量，然后与下泄流量实测值相加，作为上充流量整定值。这是因为上充流量应与下泄流量相匹配，当下泄流量发生变化时(如开启或关闭某个下泄孔板、冷却剂泄漏或启动第二台上充泵等)，将直接改变上充流量的整定值，使上充流量适应下泄流量的变化，从而提高它的调节品质，以尽量减小上充管线的热冲击。

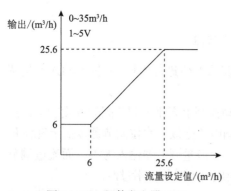

上充流量的整定值输入函数发生器 GF4，在 GF4 中对其作高、低限制(图 9-3-10)；上充流量整定值经限幅后再与实测的上充流量进行比较，其差值经过调节器运算后产生阀门开度调节量来改变上充流量调节阀的开度，使上充流量相应变化，从而达到调节稳压器水位的目的。

图 9-3-10　函数发生器 GF4

(1) 为了预防下泄流在下泄孔板处汽化，须保证通过再生式热交换器的最小上充流量，故设定上充流

量低限值为 $6m^3/h$。

(2) 为保证上充泵提供的主冷却剂泵抽封注入水有足够的注入压头，设定上充流量高限值为 $25.6m^3/h$。

3. 与水位有关的保护信号

与水位有关的保护信号和控制定值如图 9-3-11 所示。

(1) 当水位达到高 3 定值(相对水位测量量程的86%)且有 P7 信号时，触发紧急停堆并产生报警信号。

(2) 当水位达到高 2 定值(相对水位测量量程的 70%)时，发出报警信号。

(3) 当水位比水位整定值高于测量量程的5%时，发出报警信号，并自动投入通断式加热器。这是因为有大量的一回路欠热水进入了稳压器，若不及时投入加热器，则将会使压力下降太大，投入加热器将这些欠热水加热到饱和状态，以恢复压力到额定值附近。

(4) 当水位比水位整定值低于测量量程的5%时，发出水位低 1 报警信号。

(5) 当水位达到低 2 定值(相对水位测量量程的 14%)时，自动断开全部电加热器电源，

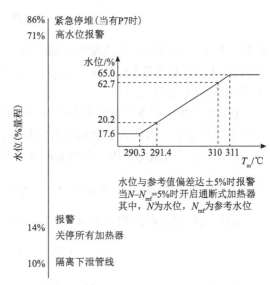

图 9-3-11　与水位有关的保护信号和控制定值

以防止它露出水面通电烧毁，同时闭锁喷淋阀的极化运行并发出水位低 2 报警信号。

(6) 当水位达到低 3 定值(相对水位测量量程的 10%)时，自动隔离下泄管线隔离阀(RCV02VP、RCV03VP)和下泄孔板隔离阀，并发出水位低 3 报警信号。

9.4　蒸汽发生器水位控制

9.4.1　蒸汽发生器动力学模型与水位模型

1. 蒸汽发生器动力学模型与特性

蒸汽发生器连接了核动力装置的两个热工回路，其内部传热过程是：冷却剂携带反应堆放出的热量进入蒸汽发生器，并将热量传给二回路的饱和水。两个回路中的工作状态有很大的差别。采用稳态运行控制方案时，若一回路保持冷却剂平均温度 T_{av} 恒定，则二回路的参数就变化很大，以至于必须采用一些特殊的装置，这都要影响到蒸汽发生器的工作特性。这里要特别指出，二回路的热容量比较大，因而具有更大的热惯性，它直接影响到整个系统的稳定性和动态品质，所以正确描述蒸汽发生器的动态特性很重要。

为了建模和分析方便，采用如下假设。

(1) 传热过程只在不同介质间进行，传送的热量只正比于两种介质的温差，相同介质之

间只发生热量转移的过程，即只有时间上的迟延。

(2) 物理常数和传热系数为常数，不随流速和其他参数改变。

(3) 蒸汽发生器只有饱和段，上水温度维持不变。

(4) 冷却剂通过蒸汽发生器的时间很短，传热看作集中在一点上进行。

(5) 饱和蒸汽的焓值为恒值。因此，输出功率正比于通过蒸汽调节阀的蒸汽流量。而蒸汽流量正比于蒸汽调节阀的开度与蒸汽压力的乘积，即

$$W = K_a A P_s, \quad \Delta W = K_a A B T_s \tag{9-4-1}$$

式中，W 为单位时间内蒸汽发生器输出的能量，kcal/h；A 为蒸汽调节阀门的开度，%，满功率时 $A = 1$；P_s 为饱和蒸汽的压力，kg/cm^2；K_a 为压力系数，kcal·cm^2·kg^{-1}·h；$B = \mathrm{d}P_s / \mathrm{d}T_s$；$T_s$ 为饱和蒸汽的温度，℃。

(6) 蒸汽发生器管子金属的热容量与汽水混合物的热容量可认为是简单相加，即将一回路热量传给金属，再由管子金属传给饱和水，该过程简化为一阶惯性环节。

(7) 一、二次侧均采用集中参数法来计算其平均值。

2. 蒸汽发生器热动力学方程与传递函数

由以上假设可以得到下面蒸汽发生器中热量平衡方程式：

$$GC(T_{bi} - T_{bo}) = K_b A_b (T_b - T_s) \tag{9-4-2}$$

$$\sum mc \frac{\mathrm{d}T_s}{\mathrm{d}t} = K_b A_b (T_b - T_s) - K_a A B T_s \tag{9-4-3}$$

$$T_b = \frac{1}{2}(T_{bi} + T_{bo}) \tag{9-4-4}$$

$$\sum mc = (mc)_m + (mc)_w + (mc)_s$$

式中，G 为冷却剂的质量流量，kg/s；C 为冷却剂的定压比热容，kcal/(kg·℃)；$K_b A_b$ 为冷却剂与汽水混合物之间的传热系数，kcal/(h·℃)；T_{bi} 为冷却剂在蒸汽发生器加热管入口处的温度，℃；T_{bo} 为冷却剂在蒸汽发生器加热管出口处的温度，℃；T_b 为冷却剂在蒸汽发生器加热管中的平均温度，℃；$(mc)_m$ 为蒸汽发生器加热管金属的热容量，kcal/℃；$(mc)_w$ 为蒸汽发生器二次侧汽水混合物的热容量，kcal/℃；$(mc)_s$ 为蒸汽发生器一次侧饱和蒸汽的热容量，kcal/℃。

式(9-4-2)表明，一回路冷却剂在蒸汽发生器中失去的热量(即冷却剂在蒸汽发生器中传输给加热管金属的热量)等于二回路得到的热量。

式(9-4-3)表明，二回路得到的热量用于：①蒸汽发生器内金属管道、汽水混合物、饱和蒸汽温度升高吸收的热量；②二回路蒸汽带走的热量。

式(9-4-2)～式(9-4-4)为增量方程，故可直接进行拉氏变换，消除 T_s，整理得

$$\frac{T_{bo}(s)}{T_{bi}(s)} = K_B G_B(s) = K_B \frac{1 + \tau_{bi} s}{1 + \tau_{bo} s} \tag{9-4-5}$$

式中，K_B 为蒸汽发生器的稳态放大系数；τ_{bi}、τ_{bo} 为蒸汽发生器入口和出口处热量变化的时间常数。

$$K_B = \frac{\left(\dfrac{K_a AB}{K_b A_b}+1\right)\left(\dfrac{2GC}{K_b A_b}-1\right)+1}{\left(\dfrac{K_a AB}{K_b A_b}+1\right)\left(\dfrac{2GC}{K_b A_b}+1\right)-1} \tag{9-4-6}$$

$$\tau_{bi} = \frac{\sum mc}{K_b A_b\left[\left(\dfrac{K_a AB}{K_b A_b}+1\right)+\left(\dfrac{2GC}{K_b A_b}-1\right)^{-1}\right]} \tag{9-4-7}$$

$$\tau_{bo} = \frac{\sum mc}{K_b A_b\left[\left(\dfrac{K_a AB}{K_b A_b}+1\right)-\left(\dfrac{2GC}{K_b A_b}+1\right)^{-1}\right]} \tag{9-4-8}$$

式(9-4-5)为冷却剂在蒸汽发生器加热管出口处温度变化对于输入量为冷却剂在蒸汽发生器加热管入口处温度变化的传递函数。

为了理解这一传递函数的物理意义，先求出冷却剂在加热管入口处温度变化对蒸汽温度变化的影响，然后求蒸汽温度变化对冷却剂出口加热管处温度变化的影响，即

$$\frac{T_s(s)}{T_{bi}(s)} = \frac{1}{K_{bi}(1+\tau_{bo}s)} \tag{9-4-9}$$

$$\frac{T_{bo}(s)}{T_s(s)} = K_{bo}(1+\tau_{bi}s) \tag{9-4-10}$$

其中，

$$K_{bi} = \frac{K_b A_b}{2GC}\left(\frac{K_a AB}{K_b A_b}+1\right)\left(\frac{2GC}{K_b A_b}+1\right)-1 \tag{9-4-11}$$

$$K_{bo} = \frac{K_b A_b}{2GC}\left(\frac{K_a AB}{K_b A_b}+1\right)\left(\frac{2GC}{K_b A_b}-1\right)+1 \tag{9-4-12}$$

式(9-4-9)、式(9-4-10)二式相乘即为蒸汽发生器的传递函数。

在蒸汽发生器的热量传递过程中，冷却剂本身温度发生变化。冷却剂在蒸汽发生器加热管的出口处温度取决于二回路在一定功率和一定冷却剂流速下的吸热性能，在热量传递中，由于二回路存在着巨大的热容量，所以 T_s 不能立即发生变化，这一热惯性表现为 $T_s(s)/T_{bi}(s)$ 传递函数中的时间常数 τ_{bo}。但是，一回路的热容量比较小(与二回路相比约为 1∶3)；另外，冷却剂温度的变化要快于 T_s 的变化。由于前面的几个原因，$T_{bo}(s)/T_s(s)$ 的变化是比例加微分的过程。T_{bo} 的变化快于 T_s 的变化又一定迟后于 T_{bi} 的变化。

传递函数中的放大系数 K_B 代表蒸汽发生器吸收热量的能力。当蒸汽调节阀完全关闭时，$A=0$，由式(9-4-6)可知，此时 $K_B=1$，蒸汽发生器无热能输出。

3. 蒸汽发生器水位特性

蒸汽发生器的水位是影响蒸汽发生器正常运行的重要参数，必须对其水位进行有效控制。如果水位过高，就会影响汽水分离效果，造成蒸汽品质恶化，影响装置正常运行。如果水位过低，传热管束将露出水面。这一区域的传热管束可能沉积大量盐分而加剧对传热管束的腐蚀，而且在下降管中水位上下波动，在交变热应力下，材料容易发生腐蚀疲劳。因此，蒸汽发生器运行水位必须控制在一定的范围内，否则将会影响蒸汽发生器及核动力装置的安全可靠运行。

例如，当负荷急剧增加时，如果不能及时增大给水流量，由于蒸汽压力下降，下降管中水的过冷度减少，甚至可能达到饱和状态和过热状态而汽化，这样使下降管中介质倒流，会造成蒸汽发生器自然循环工况遭到破坏。

同样，在二回路负荷增加时，迅速补入过量的过冷水，有可能导致一回路侧冷却剂平均温度大幅下降，反应堆内引入一个正的反应性扰动，使堆功率超调。

由于蒸汽发生器在负荷变化时有"虚假水位"现象，对蒸汽发生器的水位控制是核动力装置控制中的难点之一，要求水位控制系统具有克服"虚假水位"干扰的能力，使蒸汽发生器水位在任何工况下都能保持在规定的上、下限内。

1) 影响蒸汽发生器水位变化的因素

现从蒸汽发生器二次侧质量平衡中找出影响水位变化的因素。为此，假设蒸汽发生器给水流量为 G_{FW}，蒸汽流量为 G_s，排污流量为 G_b，通过液面进入液面上蒸汽空间的蒸汽流量为 G_L，液面下水蒸发成蒸汽的流量为 G_e。同时，把蒸汽发生器内二次侧体积分为三个部分，即液面上蒸汽空间为 V_d，液面下气液混合物空间中的蒸汽空间为 V_g，液面下水位空间为 V_f。根据质量守恒原理，分别可列出下列方程：

$$\begin{cases} G_{FW} - G_e - G_b = \dfrac{\mathrm{d}}{\mathrm{d}t}(\rho_f V_f) \\[2mm] G_e - G_L = \dfrac{\mathrm{d}}{\mathrm{d}t}(\rho_s V_g) \\[2mm] G_L - G_s = \dfrac{\mathrm{d}}{\mathrm{d}t}(\rho_s V_d) \end{cases} \tag{9-4-13}$$

式中，ρ_f 为饱和水密度；ρ_s 为饱和汽密度。

与此同时，容积守恒方程式为

$$\begin{cases} V_t = V_f + V_g + V_d \\[2mm] V_g + V_f = A_t Z \end{cases} \tag{9-4-14}$$

式中，V_t 为蒸汽发生器二次侧水汽空间总容积；A_t 为蒸汽发生器内两相区域总截面积；Z 为蒸汽发生器水位。

将式(9-4-13)中三个式子相加，并考虑到

$$\frac{\mathrm{d}\rho}{\mathrm{d}t} = \frac{\mathrm{d}\rho}{\mathrm{d}P} \cdot \frac{\mathrm{d}P}{\mathrm{d}t} \tag{9-4-15}$$

则

$$(\rho_{f0} - \rho_{s0})A_t\frac{\mathrm{d}Z}{\mathrm{d}t} = (G_{FW} - G_s - G_b) - \left[V_{f0}\frac{\mathrm{d}\rho_f}{\mathrm{d}P} + (V_{g0} + V_{d0})\frac{\mathrm{d}\rho_s}{\mathrm{d}P}\right]\frac{\mathrm{d}P}{\mathrm{d}t} + (\rho_{f0} - \rho_{s0})\frac{\mathrm{d}V_g}{\mathrm{d}t} \tag{9-4-16}$$

式中，下标 0 表示动态过程初始状态下的参数值。

从方程(9-4-16)可以看到蒸汽发生器水位的影响因素有以下三个方面。

(1) 给水流量 G_{FW}、蒸汽流量 G_s 和排污流量 G_b 之间的物料平衡关系，如式中等号右侧第 1 项所示。装置稳态运行时，给水流量应等于蒸汽流量和排污流量之和。蒸汽发生器水位的扰动常常首先来自负荷的变化，即蒸汽流量的变化。由于给水流量不能迅速跟随蒸汽流量的变化，物料平衡遭到破坏，蒸汽发生器水位就发生变化。

水位的扰动有时也来自给水流量的变化，如给水调节阀开度或给水泵转速发生变化时，也会影响上述流量之间的平衡。

(2) 蒸汽发生器二次侧压力对汽相、液相介质密度的影响，如式(9-4-16)等号右侧第二项所示。当装置负荷发生变化时，蒸汽发生器二次侧压力会随之发生变化。随着压力的增加，饱和水密度 ρ_f 变小，饱和蒸汽密度 ρ_s 增大。在蒸汽液面以下是汽水两相混合物，其平均密度可表示为

$$\bar{\rho} = \rho_f + (\rho_f - \rho_s)\alpha \tag{9-4-17}$$

式中，$\bar{\rho}$ 为两相介质平均密度；α 为两相介质空泡份额。

当 ρ_f、ρ_s 发生变化时，平均密度 $\bar{\rho}$ 也要随压力发生变化，从而引起水位的波动。

(3) 液面以下蒸汽体积的变化对水位的影响如式(9-4-16)等号右侧第三项所示。

由于液面蒸汽体积与液面下两相混合物的平均空泡份额 $\bar{\alpha}$ 之间存在下列关系：

$$\bar{\alpha} = \frac{V_g}{V_g + V_f} = \frac{V_g}{V_t - V_d} \tag{9-4-18}$$

所以也可以把这一项影响因素看成汽水混合物平均空泡份额对水位的影响。

引起 $\bar{\alpha}$ 变化的因素主要有以下几方面。

① 热负荷。

在蒸汽发生器负荷变化的大部分区域内，蒸汽发生器的循环倍率 K 与蒸汽发生器热负荷 D 成反比关系。而循环倍率 K 与平均空泡份额 $\bar{\alpha}$ 之间存在下列关系：

$$\bar{\alpha} = \frac{1}{1 + 2\theta\dfrac{\rho_s}{\rho_f} \cdot K} \tag{9-4-19}$$

式中，θ 为两相流的滑速比，它等于汽水两相流中汽相流速 W_s 与液相流速 W_f 的比值。

当蒸汽发生器热负荷发生变化时，循环倍率 K 的变化引起平均空泡份额的变化，从而影响水位也随之发生变化。

② 蒸汽压力。

从两个方面来理解蒸汽压力对平均空泡份额 $\bar{\alpha}$ 的影响：一方面，当压力下降时，液相下两相混合物中汽相体积膨胀，从而使 $\bar{\alpha}$ 增大；另一方面，当蒸汽压力下降时，液面下的饱和水变为过热水，从而使液相水大量汽化，$\bar{\alpha}$ 急剧增加。

由于这两方面的原因，当蒸汽发生器负荷突然增大时，蒸汽压力下降，液面下两相混合物平均空泡份额突然增大，造成水位的急剧上升。实际上，由于给水流量此时并未发生变化，蒸汽流量的增大破坏了蒸汽发生器的物料平衡，蒸汽发生器的水位很快会降下来，因此，称这种现象为"虚假水位"。"虚假水位"的存在，给水位控制带来了一定的困难。若在动态过程开始时，马上根据"虚假水位"信号关闭给水调节阀，会使扰动加剧，调节品质恶化。

③ 给水温度和给水流量。

船用核动力装置的蒸汽发生器给水温度一般较低，因此当给水流量和给水温度发生变化时，$\bar{\alpha}$ 也会发生变化。例如，在增加给水流量时，大量过冷水进入蒸汽发生器中，对液面以下两相混合物起冷凝作用，从而使 $\bar{\alpha}$ 下降，水位也随之受影响。

2) 给水流量扰动下水位特性

给水流量 G_{FW} 扰动包含两种情况：一种是由给水调节阀开度变化而造成的给水流量扰动，另一种是由给水调节阀前后压差发生变化而造成的给水流量扰动。前者是调节作用造成的流量扰动，称为基本扰动，后者可视为外部扰动。

当水位在不大的范围内变化时，可认为蒸汽发生器内容积水平方向截面积没有变化。

在稳态情况下，如果给水流量阶跃增大 ΔG_{FW}，在不考虑气泡作用时，从物料平衡出发，蒸汽发生器水位特性应与一般单容水箱相似，即

$$C_0 \frac{\mathrm{d}Z_1}{\mathrm{d}t} = \Delta G_{FW} \tag{9-4-20}$$

前者 C_0 为常数，Z_1 表示水位，如图 9-4-1 所示(积分特性)。

由式(9-4-16)可知：

$$C_0 = (\rho_{f0} - \rho_{s0}) \cdot A_t \tag{9-4-21}$$

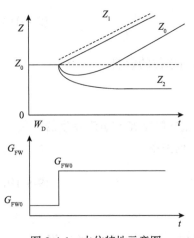

图 9-4-1　水位特性示意图

然而在一般情况下，给水温度比蒸汽发生器一次侧体内饱和水温度低，即给水具有一定的过冷度，所以给水进入汽筒后要从原有的饱和水中吸取一部分热量，致使水面下汽水混合物中气泡(总)容积减小。因此，如果只从水面下气泡容积变化着眼，则水位应下降(虚假水位)，直到给水温度升高到饱和温度(对应当时气压)时才不再变化，水位停止下降，如图 9-4-1 中曲线 Z_2 所示。

可见，在给水流量发生变化时，实际水位响应特性是

由单容水箱特性(Z_1曲线，呈积分特性)和欠热产生的水位特性(Z_2曲线)的合成曲线Z_0，其初始阶段有一个下降过程，即"虚假水位"现象，参看图 9-4-1。

因此，实际水位特性可由下列方程给出：

$$\frac{\mathrm{d}^2}{\mathrm{d}t^2}Z_W(t) + \frac{1}{\tau}\frac{\mathrm{d}}{\mathrm{d}t}Z_W(t) = \frac{1}{C_0 \cdot \tau}G_{FW}(t) \tag{9-4-22}$$

式(9-4-22)表明给水流量与水位之间的关系可以近似地以一个积分环节和一个惯性环节串联来表示。

4. 蒸汽流量扰动下水位特性

蒸汽流量G_s扰动由用汽设备的负荷变化造成。蒸汽流量阶跃增大时水位的影响曲线如图 9-4-2 所示。

单从物料平衡的角度，蒸汽流量G_s增大，水位下降，以图 9-4-2 中曲线Z_{s1}表示。蒸汽流量对水位的影响可用下式描述：

$$C_0\frac{\mathrm{d}}{\mathrm{d}t}Z_{s1}(t) = -G_s(t) \tag{9-4-23}$$

然而，由于蒸汽流量的变化还引起空泡容积等一系列的变化，从而水位发生非物料平衡的变化。

由于对水面下气泡容积来讲，加入的是由循环水蒸发而产生的蒸汽量G_L'，流出的是自蒸发面进入水面上蒸汽空间的蒸汽流量G_L。在平衡工况下应是

$$G_L' = G_L = G_s \tag{9-4-24}$$

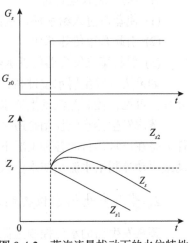

图 9-4-2　蒸汽流量扰动下的水位特性

当耗汽负荷G_s增加时，气压下降，循环水过热，一部分水自蒸发成汽，使G_L'猛增，而G_L在开始瞬间保持原值，因而有失衡量($G_L' - G_L$)加入水下汽容积，使气泡容积增加，水位上升，按图中的曲线Z_{s2}的形式变化。随着气泡体积的增加，进入液面上空腔的蒸汽流量G_L也相应增加(汽水混合物的循环速度随水面下气泡含量的增多而加快)，直至G_L'与G_L相等，气泡体积也就不再增加，水位不再上升。曲线Z_{s2}后来就呈平坦形状，用数学形式描述如下：

$$C_2'\frac{\mathrm{d}Z_{s2}}{\mathrm{d}t} + \theta Z_{s2}(t) = \Delta G_s \tag{9-4-25}$$

式中，$Z_{s2}(t)$为"虚假水位"；C_2'为水下汽容积对水位的飞升时间常数；θ为水平汽容积的自平衡率。

可见，在蒸汽流量扰动的情况下，水位的变化特性应由式(9-4-21)和式(9-4-25)两式给出，即由二者合成而得到

$$C_2'C_0\frac{\mathrm{d}^2Z_s(t)}{\mathrm{d}t^2} + C_0\theta\frac{\mathrm{d}Z_s(t)}{\mathrm{d}t} = \left(C_0 - C_2'\right)\frac{\mathrm{d}}{\mathrm{d}t}G_s(t) - \theta G_s(t) \tag{9-4-26}$$

式中，$Z_s(t)$ 为蒸汽流量扰动下的水位特性。

式(9-4-26)表明：蒸汽流量 G_s 与水位 $Z_s(t)$ 间的关系可以近似地用积分和惯性环节的关联来表示。两者的合成效应是：当蒸汽流量发生变化，如阶跃增加时，实际水位响应特性在初始阶段有一个上升过程，如图 9-4-2 中曲线 Z_s，这也是一种"虚假水位"现象。

9.4.2　船用蒸汽发生器水位控制系统

1. 蒸汽发生器水位控制系统的功能

蒸汽发生器是压水堆核动力装置中的主要设备之一。在核反应堆每条主冷却剂回路上分别装有一台蒸汽发生器。其主要功能是把一回路冷却剂从反应堆芯带走的热量经蒸汽发生器管壁传给二回路水，使之产生蒸汽，带动汽轮机做功。同时，一回路水流经堆芯具有放射性，蒸汽发生器承担了防止二回路被污染的第二道防护屏障。

在核动力装置运行过程中，如果蒸汽发生器水位低，会有下列危险：

(1) 使蒸汽进入给水环，从而将在给水管道中产生危险的汽锤。

(2) 引起管束传热恶化。

(3) 引起蒸汽发生器的管板热冲击。

如果蒸汽发生器水位过高，会有淹没汽水分离器的危险，使蒸汽干度降低而危害汽轮机叶片。可见，控制蒸汽发生器水位的重要性。

蒸汽发生器水位控制是通过调节蒸汽发生器的给水量来完成其水位控制的，系统的主要任务是在正常运行的各种工况下能维持水位在一定的整定值范围内；在停堆状态下，通过自动或手动控制给水流量使水位恢复到相应整定值范围。

2. 蒸汽发生器水位控制系统的要求

蒸汽发生器的水位控制是保证蒸汽发生器正常运行很重要的手段，其水位控制系统必须满足以下要求。

(1) 每台蒸汽发生器都必须设置水位控制系统，水位控制系统接收蒸汽流量、给水流量、实测水位和水位定值信号。

(2) 控制系统的响应速度要快，即在外部扰动下，系统能尽可能快地通过调节使水位重新接近给定值。

(3) 装置和控制系统本质上必须是稳定的。

(4) 控制系统必须安全可靠，便于操作和维修。

3. 船用蒸汽发生器水位控制器

在蒸汽发生器运行中，冷却剂平均温度、给水流量、给水水温和负荷蒸汽流量的变化都会影响水位发生变化，但影响最大的是负荷蒸汽流量的变化。另外，蒸汽发生器之间也是相互影响的，在低负荷运行时，影响尤为显著，在控制系统设计中应予考虑。为此，核电站通常的做法是为正常功率运行工况和启、停堆运行工况分别设置两套水位控制系统，其无扰切换根据被测给水流量自动完成。

由前面对蒸汽发生器水位特性的分析可知，在给水流量扰动和蒸汽流量扰动作用下，蒸汽发生器水位测量都会呈现一定程度上的"虚假水位"现象，如图 9-4-1 和图 9-4-2 所示。"虚假水位"现象对水位控制有较强的干扰作用，必须予以克服，否则会使蒸汽发生器出现"满水"或"干锅"事故。

因此，船用核动力装置蒸汽发生器水位控制系统通常是采用三冲量 PI 水位控制系统。三冲量是指控制系统具有三个输入量作为控制变量，即水位信号、蒸汽负荷(流量)信号、给水流量信号。其中，水位信号是主调节信号，蒸汽流量和给水流量信号作为辅助调节信号。这样，控制系统既可以消除水位静态偏差，又可以避免蒸汽发生器"虚假水位"对系统的影响，并能克服给水流量对蒸汽发生器水位的干扰。

1) 给水调节阀开度控制系统

蒸汽发生器水位控制的实质是给水量的控制，这是通过调节给水阀开度来实现的。根据给水调节阀驱动机构形式不同，控制器的构成也不同，船用核动力装置中蒸汽发生器的给水调节器的使用条件恶劣，要求结构坚固耐用、耐冲击(a 级)、耐振型(<1 级)、耐高度，应具有三防能力和长期连续工作能力等。目前，给水阀的驱动机构有两种形式，即线性变速执行机构和恒速执行机构。应用较多的是恒速执行机构，即采用异步电动机驱动机构，该结构简单、控制和操作方便。

(1) 水位调节方案。

控制系统中控制规律的选择主要应根据被控对象特性、负荷变化、系统干扰及控制系统性能指标的要求等因素。根据蒸汽发生器水位控制功能要求，目前常采用三冲量比例积分(即 PI)控制器组成水位控制系统。

根据上述调节方案，蒸汽发生器水位控制系统组成图如图 9-4-3 所示。

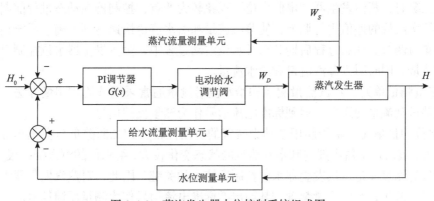

图 9-4-3　蒸汽发生器水位控制系统组成图

由图 9-4-3 看出，控制系统的偏差信号为

$$e = K_W(W_D - W_S) - K(H - H_0) \tag{9-4-27}$$

此偏差信号作为 PI 调节器的输入信号，PI 调节器的输出调节给水调节阀的开度，以达到控制给水流量的目的。

水位调节系统设置为独立的 2 套，其作用是维持蒸汽发生器水位在规定值范围内及变工况情况下控制系统跟踪二回路负荷变化。该系统由设置在综合显控台上的自动/遥控操作方式选择开关、手开/手关遥控操作开关、调节器及水位差压变送器、电动给水调节阀等组成。

综合显控台上的工况选择开关置于"自动"位置时，蒸汽发生器水位控制信号由智能控制器完成，智能控制器的输入信号有蒸汽发生器水位、蒸汽流量、给水流量、给水调节阀开度等。

综合显控台上的工况选择开关置于"遥控"位置，遥操开关操作控制程序根据调节阀全行程时间在每个采样周期增加或减少相应的开度值，从而达到控制的目的。

综合显控台上的工况选择开关置于"手动"位置时，通过调节阀就地手轮进行开阀或者关阀操作。

(2) 系统组成。

蒸汽发生器水位控制系统由水位控制系统和给水泵转速控制系统组成。

在图 9-4-3 中，水位控制系统由 PI 调节器、蒸汽流量测量单元、给水流量测量单元、水位测量单元、电动给水调节阀和蒸汽发生器组成。

① PI 调节器。PI 调节器是水位控制系统的核心，通常采用单片机构成，由软件完成 PI 规律运算，其传递函数为

$$G(s) = K_P \left(1 + \frac{1}{T_i s} \right) \tag{9-4-28}$$

由于低工况下流量测量单元的精度和稳定性问题，通常采用反应堆的热功率信号代表二回路负荷，采取单冲量调节方式，即以蒸汽发生器水位为调节量，主汽轮机高工况运行时，控制器采用三冲量调节方式，用给水流量跟踪二回路负荷(蒸汽流量)的方法对水位进行初调，当二者平衡时，再用实际水位信号对水位进行微调。

在变工况时，蒸汽发生器"虚假水位"现象较为严重，控制器在动态过程前期，利用蒸汽流量和给水流量的差值进行调节，使蒸汽流量和给水流量快速达到平衡，系统趋于稳定，而水位不参与调节。动态过程后期及正常水位波动过程中，蒸汽发生器水位控制以水位信号为主要调节量，同时引入蒸汽流量和给水流量。

② 流量测量单元。蒸汽流量测量和给水流量测量通常采用节流式测量方法，取节流孔板前后压差送到流量变送器，得到标准电流信号作为测量反馈信号。

③ 水位测量单元。由于船用核动力装置的机动性较大，二回路负荷变化非常频繁且变化幅度较大，蒸汽发生器内部饱和水及蒸汽的状态变化较大，给水位的测量带来很大的困难，而水位信号的测量又是蒸汽发生器水位控制系统中的关键，因此，对蒸汽发生器水位的测量采用双参考管差压式水位测量装置，其输出的标准电流信号作为测量反馈信号。

④ 电动给水调节阀。电动调节阀是蒸汽发生器水位控制系统的执行机构。它由电动传动装置和调节阀两部分组成。该阀不但可以电驱动，而且设有就地手动调节机构，还设有行程控制机构和扭矩过负荷自动保护装置，以及开度就地指示和远传开度信号。

电动传动装置以三相异步电动机为动力，当三相电源接通时，电机正转，通过传动机构使阀门打开，当阀门全开时，通过行程控制机构断开电源；当改变电源的相序时，电机反转，传动机构使阀门关闭。当阀门全关时，行程控制机构又断开电源，停止关阀。电动机的开阀或关阀控制都是以恒定速度进行的。因此，它是恒速驱动机。

2) 蒸汽发生器给水泵转速控制系统

二回路系统中冷凝器的冷凝水由给水泵送至给水加热器，在给水加热器内被乏汽加热后，通过电动给水调节阀向蒸汽发生器二次侧供水。

由于给水泵出口压头是流量的减函数，当给水流量控制要求给水阀动作时，阀门上游的水压存在着相反的变化，这与控制回路所要求的正好相反，其结果会破坏控制回路的稳定性；另外，阀门上游的水压变化也影响多台蒸汽发生器之间的耦合，如果流入某台蒸汽发生器的流量增加，那么由于阀门上游的压力下降，流入其他蒸汽发生器的流量就会减少。特别是在大流量时，主给水泵压力流量特性变化很陡，影响更为明显，所以必须保持调节阀上游水压稳定。

给水泵转速控制系统的作用是维持给水调节阀前后压差在规定值范围内，稳定给水调节阀上游的水压，满足蒸汽发生器给水流量及压头的要求。图 9-4-4 给出一种给水泵转速控制系统原理图，它主要由两台自能源式汽轮给水泵转速调节阀及相应的控制器组成。

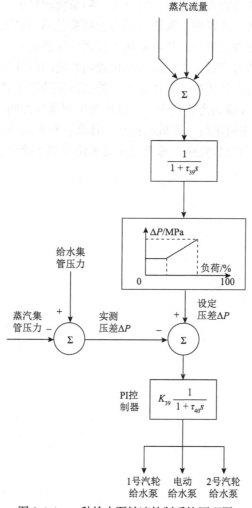

图 9-4-4　一种给水泵转速控制系统原理图

汽轮给水泵转速通过汽轮给水泵进汽调节阀来控制，进汽调节阀接收给水调节阀前、后压力信号，根据这两个压力信号的差值来改变调节阀的开度，从而控制汽轮给水泵的进气量，达到控制汽轮给水泵的转速的目的。由于汽轮给水泵机组有双机并车运行和单机运行两种方式，所以进汽调节阀也有两种运行方式：双机并车时，两台进汽调节阀均投入工作；单机运行时，一台工作，另一台处于非工作方式。自能源式进汽调节阀一旦投入工作，在运行中只能自动控制，不能手控。

思考题与习题

9-1　船用核动力装置有哪些特点？

9-2　核动力装置控制系统的主要任务有哪些？

9-3　船用核动力装置控制系统的组成和体系结构是怎样的？有哪些主要控制部位？

9-4　试说明压水堆核动力装置过程控制系统的主要组成和功能。

9-5　试说明在压水堆核动力装置中，对过程控制系统的要求有哪些。

9-6　试述在船用核动力装置中，稳压器压力控制系统的主要组成。

9-7　试述在船用核动力装置中，稳压器压力控制系统的基本工作原理。

9-8　试述在船用核动力装置中，稳压器水位控制系统的两种控制方式。

9-9　试述在船用核动力装置中，稳压器水位控制系统的构成和工作原理。

9-10　试说明在压水堆核动力装置中，对蒸汽发生器水位控制系统的要求有哪些。

9-11　蒸汽发生器"虚假水位"形成的机理是什么？对系统会产生什么影响？

9-12　试述在船用核动力装置中，蒸汽发生器水位控制系统的主要组成和工作原理。

第10章　大型船舶蒸汽动力装置汽/水回路智能控制技术

在大型船舶蒸汽动力装置中，一般配置多个螺旋桨，动力装置由多台汽轮机及多台锅炉组成。例如，图 10-0-1 所示的两台锅炉为一台汽轮机供给蒸汽的模式，系统惯性及负荷变化幅度大，而大型船舶蒸汽动力装置汽/水回路作为蒸汽动力装置的供水以及废汽回收设备，其稳定性对船舶蒸汽动力装置的正常运行起着重要作用。

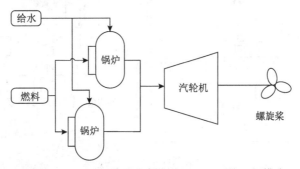

图 10-0-1　大型船舶蒸汽动力装置——两炉一机模式

当船舶动力系统具有较大功率时，蒸汽动力装置体现出功率大、体积小、重量轻、振动小的优点，但大型船舶蒸汽动力装置汽/水回路控制系统结构复杂、设备繁多、系统参数耦合关系复杂，还具有非线性及时滞等特点，系统运行过程中负荷具有多个稳定工况及动态转换过程，系统工况多变且负荷干扰频繁。因此应设计合理的控制策略，保证大型船舶蒸汽动力装置汽/水回路稳定安全的运行。

10.1　大型船舶蒸汽动力装置汽/水回路系统的结构组成及运行原理

大型船舶蒸汽动力装置汽/水回路为锅炉提供饱和水，保证锅炉的正常运行，并回收在汽轮机及辅机中做完功的废汽，保证水的循环利用。运行过程中汽/水回路易受内部以及外部等多种干扰因素的影响。与陆上发电厂不同，大型船舶蒸汽动力装置容积小，系统负荷随船体航行工况剧烈变化，且海洋干扰复杂且频繁，很容易造成某个设备的故障。此外，随着工况的剧烈变化，系统模型存在严重的参数摄动现象，并引起动力装置动态特性的变化，严重影响大型船舶蒸汽动力装置汽/水回路的稳定性及经济性。

大型船舶蒸汽动力装置汽/水回路的结构如图 10-1-1 所示，包括 5 条主要控制回路：上锅筒水位控制回路、废汽总管压力控制回路、除氧器压力控制回路、除氧器水位控制回路和冷凝器水位控制回路。系统有以下两条工作主线：一条为汽体流动回路，以虚线表示；另一条为水流动回路，以实线表示。首先，废汽总管中的废汽进入冷凝器冷凝，然后进入除氧器进行除氧并预热为饱和水，以供上锅筒使用，接着，水由给水泵进入上锅筒，由于给水具有较高的密度，其通过下降管进入下锅筒中，给水在上升管中加热后成为汽水混合物，并循环上升到上锅筒中，蒸汽在上锅筒中分离并在过热器中加热，最终具有一定压力与温度的蒸汽将在蒸汽轮机中做功。做功后的废汽大部分将进入冷凝器，并进行下一次的循环使用，废汽总管内部蒸汽进入除氧器用于热力除氧。由此可知，冷凝器水位与除氧器水位耦合紧密，同时除氧器水位受到上锅筒水位的影响，废汽总管中压力与除氧器压力相互影响。

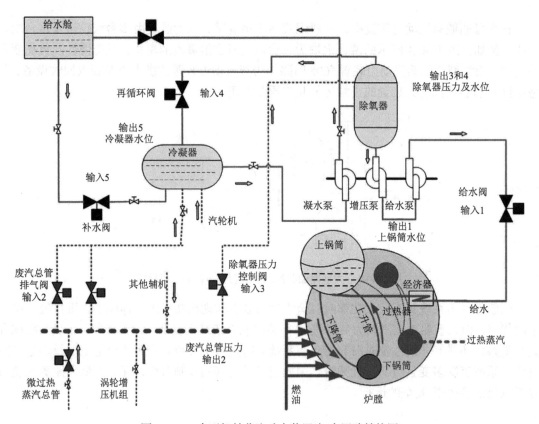

图 10-1-1　大型船舶蒸汽动力装置汽/水回路结构图

10.2　大型船舶蒸汽动力装置汽/水回路系统介绍

10.2.1　增压锅炉

增压锅炉主要由上锅筒、下降管、上升管以及下锅筒组成，如图 10-2-1 所示。给水在经济器内吸收烟气热量后，饱和水的温度达到沸点。然后，饱和水进入上锅筒，由于上升管和下降管内物质密度差，饱和水通过下降管进入下锅筒，在上升管内吸收炉膛内的辐射及对流热量后，部分给水变为汽水混合物，并沿着上升管再次进入上锅筒内，在上锅筒内进行汽水分离，蒸汽通过过热器变为合格蒸汽后，送入汽轮机做功，而给水将再次进入下降管，进行下一次的蒸汽生成过程。

增压锅炉上锅筒水位主要受液面下水与
水蒸气的影响。当负荷增加时，所需蒸汽量
增加。因此上锅筒水位应下降，然而由于压
力的下降，上锅筒内沸腾加剧，气泡变多，
引起上锅筒水位的上升，这种由于负荷增加，
上锅筒内总水量减少，但水位上升的现象称
为"虚假水位"现象。由图 10-2-2 可知，当
蒸汽流量突然增大时，上锅筒总水量降低，
理论分析上锅筒水位应按 $H_1(t)$ 变化，但由于
上锅筒内的气压降低，气泡体积增加，如图
中 $H_2(t)$ 所示，经过一段时间，最终液态水蒸
发速率远大于气泡体积的增加速率，此时上

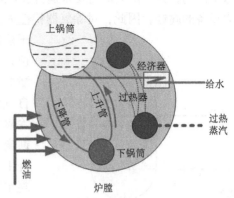

图 10-2-1　增压锅炉结构原理图

锅筒水位正常变化。基于上述分析，可以得到上锅筒内水位先上升后下降的变化特性，如图
中 $H(t)$ 所示，这也是"虚假水位"的由来。

如图 10-2-3 所示，为给水流量增加的情况。当给水量增加时，上锅筒水位应按 $H_2(t)$ 变化，
但由于给水量的增加，上锅筒内温度下降，沸腾减缓，上锅筒内气泡量减少，造成液面下气
泡体积变化，如 $H_1(t)$ 所示。考虑到上述两方面原因，上锅筒水位将出现先下降后上升的趋势，
如曲线 $H(t)$ 所示，这种由于给水量增加，上锅筒内总水量增加，上锅筒水位先下降后上升的
现象称为"虚假水位"的第二种情况。

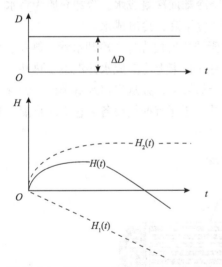

图 10-2-2　蒸汽流量扰动下水位响应曲线

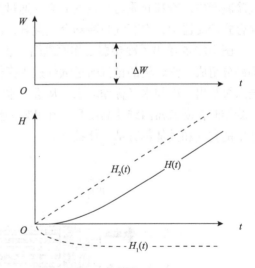

图 10-2-3　给水流量扰动下水位响应曲线

10.2.2　除氧器

除氧器在汽/水回路内主要用于去除给水内溶解的氧气及其他气体，同时为锅炉给水进行
预热，为增压锅炉提供足够的水源。除氧器内用于热力除氧的蒸汽主要来源于废汽总管，在
一定的压力及温度下使水中含气量最低，同时预热锅炉给水至饱和温度，提高汽/水回路的经
济性。经过除氧的锅炉给水将存放在除氧器的水库内，当锅炉一旦有需求时，这些饱和水便

会派上用场，为维持锅炉的安全运行起到重要作用。在汽/水回路中，给水中的溶解氧易造成热力设备的腐蚀，因此，对除氧器特性进行深入的研究不仅能够提高系统的可靠性，同时对

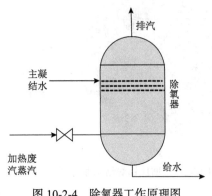

图 10-2-4　除氧器工作原理图

于延长增压锅炉的使用寿命有着深远的影响。除氧器的位置位于增压锅炉的凝结水系统中，由主抽气器、离子滤器、汽封抽气器、水位调节器、增压泵等组成。来自汽轮机的蒸汽在冷凝器冷凝后，将由凝结水泵抽入除氧器，经过离子滤器，循环将水中的一些钙离子、钡离子和镁离子进行过滤，避免了循环冷却水水路系统中水垢的生成，来自废汽总管的蒸汽在除氧器内将凝水加热至约 105.4℃，除氧器内凝水将由增压泵抽出，经过给水泵，最终通过水位调节器将其送入锅炉中。除氧器的工作原理图如图 10-2-4 所示。

10.2.3　冷凝器

冷凝器是将水蒸气冷凝成水的热交换器，冷凝器也称为凝汽器。冷凝器主要应用于蒸汽动力装置或化工过程中。在蒸汽动力装置中，除了将来自汽轮机的废汽冷凝成水供锅炉使用外，冷凝器将在汽轮机的排气口形成一定的低于大气压的真空空间，从而提高汽轮机的效率及热经济性。根据工作方式的不同，冷凝器可分为表面式冷凝器以及混合式冷凝器。在表面式冷凝器中，冷却介质与水蒸气分离，通过金属管壁冷却面冷凝成水，冷却介质为海水。在混合式冷凝器中，水蒸气与冷却介质混合，混合后温度下降，冷凝成水。

图 10-2-5 给出了冷凝器工作原理图。表面式冷凝器主要由壳体、冷却水管、热井、水室等部分组成。汽轮机的排汽通过喉部进入壳体，在冷却管束上冷凝成水并汇集于热井，由凝结水泵抽出。冷却水又称循环水，从进口水室进入冷却管束，并从出口水室排出。为保证蒸汽凝结时在凝汽器内维持高度真空和良好的传热效果，还配有抽气设备，它不断将漏入凝汽器中的空气和其他不凝结气体抽出。

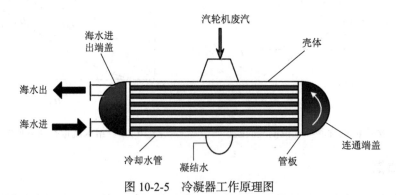

图 10-2-5　冷凝器工作原理图

在船用汽轮机组的热力循环过程中，凝汽器起着冷源的作用，其主要任务是在凝汽式汽轮机的排气口建立并维持一定的真空度，提高循环效率，接收汽轮机做完功后的排汽以及各设备疏水，回收工质。凝汽设备包括冷凝器、循环水泵、凝结水泵、抽气器、除氧器等。其

中，冷凝器和除氧器是最主要的组成部分。汽轮机排汽在冷凝器内的凝结过程基本上是等压过程，其绝对压力取决于蒸汽凝结时的饱和温度。从传热学角度看，冷凝器是一种固定管板管壳式直管换热器。从压力容器角度看，冷凝器的管侧属低级压力容器，壳侧属真空容器。冷凝器中的热量传递过程为蒸汽凝结放出热量，并由金属管壁吸收，然后通过对流换热方式由循环冷却水带走，在此过程中，还存在金属管壁和冷却水的热惯性。

10.2.4　废汽总管

　　大型船舶蒸汽动力装置废汽系统采用全船总管制。增压锅炉产生的过热蒸汽经过各辅机做功后变成废汽排入废汽总管，用于凝水、加热、除氧及造水，多余的废汽再排入主冷凝器。蒸汽动力装置中各辅机排汽均排入废汽总管，并以废汽总管压力为背压运行，将废汽排入废汽总管的辅机种类多，废汽用户数量多，因此扰动源多、扰动频繁，会造成废汽总管压力经常性、大幅度的波动。废汽总管的波动又会造成各辅机不正常工作，从而影响整个蒸汽动力系统运行。

　　图 10-2-6 为废汽总管结构示意图。以一套蒸汽动力装置单元为例，向废汽总管排放废汽的辅机包括涡轮增压机组、汽轮给水机组、汽轮燃油泵、汽轮滑油泵。废汽的用户包括除氧器、造水机。废汽总管压力要求稳定在 0.1MPa，不能出现较大偏差。由于其与除氧器压力调节器的位置不远，而废汽总管与除氧器又互相连通，除氧器压力的变化，必然会引起废汽总管压力变化，两个调节器同时动作，容易形成不稳定的干扰源，特别是调节时间过长时，会造成这两个调节器动作紊乱，使废汽总管及除氧器压力剧烈波动，甚至会产生等幅振荡，同时各辅机均以废汽压力为背压，废汽总管压力的波动会造成主辅机工作不正常，并会缩短其工作寿命。

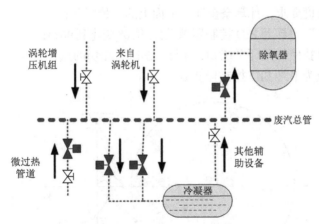

图 10-2-6　废汽总管结构示意图

　　废汽总管内的蒸汽压力要求保持在 (0.1 ± 0.01)MPa。当废汽压力高于 0.4MPa 时，多余的废汽由废汽排气阀放入主冷凝器，当废汽压力低于 0.1MPa 时，废汽补汽调节阀打开，将微过热蒸汽补入废汽总管，当废汽压力超过 0.8MPa 时，废汽通过总管上的安全阀向大气排放。

10.3 大型船舶蒸汽动力装置汽/水回路无模型参数自整定控制方法

在大型船舶蒸汽动力装置汽/水回路的控制策略中,控制器设计过程中大多数需要依靠系统较为准确的模型。然而在建模过程中花费的时间占控制器设计总时间的 60%~70%。此外,汽/水回路是一个复杂的系统,很难得到整个系统的准确模型。PID 控制器在过程控制中起着重要的作用,但其中 60%的回路性能较差,25%的回路不能满足工业的性能要求。为了发展更先进的 PID 控制器参数整定方法,本节介绍了一种通用的控制器参数自整定策略,并将其应用于大型船舶蒸汽动力装置汽/水回路。根据用户定义的性能要求,可以在奈奎斯特平面上绘制"禁区"。然后,通过简单的小正弦试验,得到系统在工作点附近的动态特性。通过设计合适的 PID 控制器,可以使系统的频率特性曲线与"禁区"相切,下面为无模型参数自整定的原理。

大型船舶蒸汽动力装置汽/水回路参数自整定控制(KC-method)策略原理图如图 10-3-1 所示。通过设计合理的 PID 控制器 $C(j\omega)$,系统 $P(j\omega)$ 在奈奎斯特曲线上的 B 点可以移动到开环系统 $L(j\omega) = P(j\omega)C(j\omega)$ 上的 A 点。根据鲁棒性要求或相角幅值裕度的要求,可在图 10-3-1 中获得圆 2 代表的"禁区"。在本节中,性能要求选取为相角裕度和幅值裕度。为了在保证系统性能的同时获得较快的系统动态特性,开环系统 $L(j\omega) = P(j\omega)C(j\omega)$ 应在奈奎斯特平面上与"禁区"相切,即 $L(j\omega)$ 的斜率应与"禁区"斜率相同。因此对于参数自整定步骤可归纳如下:

(1) 获取系统截止频率 $\bar{\omega}$(该频率可以有不同的选择);

(2) 在系统工作点附近进行小正弦试验,获取系统在工作点附近的频率特性;

(3) 根据系统裕度要求,计算奈奎斯特平面上的"禁区";

(4) 计算"禁区"边界上 PID 控制器参数(α 从 $0°$ 变化到 $90°$);

(5) 在边界上寻找使得开环系统 $L(j\omega)$ 与"禁区"相切的点;

(6) 该点即对应为最终 PID 控制器参数。

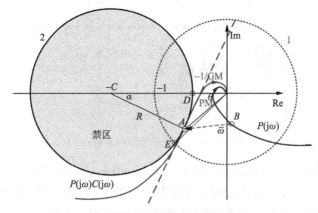

图 10-3-1 参数自整定原理图

在上述步骤中,步骤(1)与步骤(2)需要在线操作,可得系统在工作点附近的频率特性,步骤(3)~步骤(6)PID 参数的确定需离线求解,因此避免了 PID 参数寻优过程中,参数调节不佳引起的系统振动问题。

在图 10-3-1 中，点 D 和点 E 分别根据系统最小幅值裕度以及最小相角裕度确定。D 为增益裕度与负实轴的交点，E 为相角裕度与单位圆的交点，根据 D 和 E 可以确定圆 2 为

禁区：
$$(\mathrm{Re}+C)^2 + \mathrm{Im}^2 = R^2 \tag{10-3-1}$$

$$\begin{aligned}
D &\Rightarrow (-1/\mathrm{GM}+C)^2 = R^2 \\
E &\Rightarrow (-\cos\mathrm{PM}+C)^2 + (-\sin\mathrm{PM})^2 = R^2
\end{aligned} \tag{10-3-2}$$

圆 2 的中心及半径分别为

$$C = \frac{\mathrm{GM}^2 - 1}{2\mathrm{GM}(\mathrm{GM}\cos\mathrm{PM} - 1)}, \quad R = C - \frac{1}{\mathrm{GM}} \tag{10-3-3}$$

"禁区"边界 A 点的斜率为

$$\left.\frac{\mathrm{d\,Im}}{\mathrm{d\,Re}}\right|_{\alpha} = \frac{-\mathrm{Re}+C}{\mathrm{Im}} = \frac{\cos\alpha}{\sin\alpha} \tag{10-3-4}$$

开环系统 $L(\mathrm{j}\omega)$ 对 ω 的导数为

$$\begin{aligned}
\frac{\mathrm{d}P(\mathrm{j}\omega)C(\mathrm{j}\omega)}{\mathrm{d}\omega} &= P(\mathrm{j}\omega)\frac{\mathrm{d}C(\mathrm{j}\omega)}{\mathrm{d}\omega} + C(\mathrm{j}\omega)\frac{\mathrm{d}P(\mathrm{j}\omega)}{\mathrm{d}\omega} = \frac{\mathrm{d\,Re}_{PC}}{\mathrm{d}\omega} + \mathrm{j}\frac{\mathrm{d\,Im}_{PC}}{\mathrm{d}\omega} \\
&\Rightarrow \left.\frac{\mathrm{d\,Im}_{PC}}{\mathrm{d\,Re}_{PC}}\right|_{\bar{\omega}}
\end{aligned} \tag{10-3-5}$$

式中，$\bar{\omega}$ 一般选取为截止频率。在 A 点有

$$M_A \mathrm{e}^{\mathrm{j}\varphi_A} = M_{PC}(\mathrm{j}\bar{\omega})\mathrm{e}^{\mathrm{j}\varphi_{PC}(\mathrm{j}\bar{\omega})} \tag{10-3-6}$$

$$\begin{cases}
M_A = M_{PC}(\mathrm{j}\bar{\omega}) = M_P(\mathrm{j}\bar{\omega})M_C(\mathrm{j}\bar{\omega}) \\
\varphi_A = \varphi_{PC}(\mathrm{j}\bar{\omega}) = \varphi_P(\mathrm{j}\bar{\omega}) + \varphi_C(\mathrm{j}\bar{\omega})
\end{cases} \tag{10-3-7}$$

根据 PID 控制器结构，有

$$C(\mathrm{j}\omega) = K_{\mathrm{P}}\left(1 + \frac{1}{T_{\mathrm{I}}\mathrm{j}\omega} + T_{\mathrm{D}}\mathrm{j}\omega\right) = K_{\mathrm{P}} + \mathrm{j}K_{\mathrm{P}}\frac{T_{\mathrm{D}}T_{\mathrm{I}}\omega^2 - 1}{T_{\mathrm{I}}\omega} \tag{10-3-8}$$

式中，K_{P}、T_{I}、T_{D} 分别为比例增益、积分时间常数以及微分时间常数。

PID 控制器的幅值与相角可求解为

$$M_{C(\mathrm{j}\omega)} = K_{\mathrm{P}}\sqrt{1 + \left(\frac{T_{\mathrm{D}}T_{\mathrm{I}}\omega^2 - 1}{T_{\mathrm{I}}\omega}\right)^2} \tag{10-3-9}$$

$$\varphi_{C(j\omega)} = \arctan\left(\frac{T_D T_I \omega^2 - 1}{T_I \omega}\right) \tag{10-3-10}$$

根据"禁区"，可得 A 点的幅值及相角：

$$M_A = \sqrt{R^2 \sin^2 \alpha + (C - R\cos\alpha)^2} = \sqrt{C^2 + R^2 - 2CR\cos\alpha} \tag{10-3-11}$$

$$\tan(\varphi_C + \varphi_P) = \frac{R\sin\alpha}{C - R\cos\alpha} = \frac{\tan\varphi_C + \tan\varphi_P}{1 - \tan\varphi_C \tan\varphi_P} \tag{10-3-12}$$

因此，

$$\tan\varphi_C = \frac{R\sin\alpha - \tan\varphi_P(C - R\cos\alpha)}{\tan\varphi_P R\sin\alpha + (C - R\cos\alpha)} \tag{10-3-13}$$

定义

$$F = \frac{R\sin\alpha - \tan\varphi_P(C - R\cos\alpha)}{\tan\varphi_P R\sin\alpha + (C - R\cos\alpha)} \tag{10-3-14}$$

并考虑到 $T_I = 4T_D$，可计算 T_D 为

$$T_D = \frac{F + \sqrt{F^2 + 1}}{2\bar{\omega}} \tag{10-3-15}$$

将 T_D 代入式(10-3-7)，得到

$$K_P = \frac{M_A}{M_P(j\bar{\omega})\sqrt{1 + F^2}} \tag{10-3-16}$$

因此可计算 $C(j\bar{\omega})$ 和 $\left.\dfrac{dC(j\omega)}{d\omega}\right|_{\bar{\omega}}$ 为

$$C(j\bar{\omega}) = K_P\left(1 + j\frac{T_D T_I \bar{\omega}^2 - 1}{T_I \bar{\omega}}\right) = \frac{M_A}{M_P(j\bar{\omega})\sqrt{1 + F^2}}(1 + jF) \tag{10-3-17}$$

$$\left.\frac{dC(j\omega)}{d\omega}\right|_{\omega = \bar{\omega}} = K_P\left(-\frac{1}{jT_I \bar{\omega}^2} + jT_D\right) = jK_P\frac{T_D T_I \bar{\omega}^2 + 1}{T_I \bar{\omega}} = j\frac{M_A}{M_P(j\bar{\omega})\bar{\omega}} \tag{10-3-18}$$

为得到 $P(j\omega)$ 在截止频率处的幅值及相角，需要在工作点附近进行小正弦试验，系统输入正弦信号为

$$u(t) = A_u \sin(\bar{\omega}t) + u_{op} \tag{10-3-19}$$

式中，A_u 为正弦信号幅值；u_{op} 为系统工作点输入值。

可得系统输出变量为

$$y(t) = A_y \sin(\bar{\omega}t + \varphi_y) + y_{\text{op}} \tag{10-3-20}$$

式中，A_y、φ_y 分别为信号幅值与相角；y_{op} 为系统工作点输出值。因此 $P(\mathrm{j}\bar{\omega})$ 为

$$P(\mathrm{j}\bar{\omega}) = M(\bar{\omega})\mathrm{e}^{\mathrm{j}\varphi(\bar{\omega})} \tag{10-3-21}$$

式中，$M = \dfrac{A_y}{A_u}$ 和 $\varphi(\bar{\omega}) = \varphi_y$。

根据拉普拉斯变换特性：

如果 $\qquad\qquad\qquad\qquad F(s) = \mathcal{L}\{f(t)\}$

那么

$$\frac{\mathrm{d}F(s)}{\mathrm{d}(s)} = F'(s) = \int_0^\infty \mathrm{e}^{-st}f(t)\mathrm{d}t / \mathrm{d}s = \int_0^\infty -t\mathrm{e}^{-st}f(t)\mathrm{d}t = \mathcal{L}\{-tf(t)\} \tag{10-3-22}$$

可以得出如下结论：当系统 $P(s)$ 的输入为 $t \times u(t)$ 时，系统输出的拉氏变换 $X(s)$ 为

$$X(s) = \mathcal{L}\{t \times u(t)\}P(s) \tag{10-3-23}$$

因此，

$$-\frac{\mathrm{d}U(s)}{\mathrm{d}s}P(s) = X(s) \tag{10-3-24}$$

考虑到 $U(s)P(s) = Y(s)$，$U(s)$ 和 $Y(s)$ 分别为系统输入与输出的拉氏变换，若信号 $u(t)$ 被当作系统 $\dfrac{\mathrm{d}P(s)}{\mathrm{d}s}$ 的输入信号，系统输出为 $\bar{y}(t)$，则

$$U(s)\frac{\mathrm{d}P(s)}{\mathrm{d}s} = \bar{Y}(s) \tag{10-3-25}$$

此外，

$$\frac{\mathrm{d}Y(s)}{\mathrm{d}s} = \mathcal{L}\{-ty(t)\} \Rightarrow -ty(t) = \mathcal{L}^{-1}\left\{\frac{\mathrm{d}Y(s)}{\mathrm{d}s}\right\} = \mathcal{L}^{-1}\left\{\frac{\mathrm{d}[P(s)U(s)]}{\mathrm{d}s}\right\}$$
$$= \mathcal{L}^{-1}\left\{\frac{\mathrm{d}P(s)}{\mathrm{d}s}U(s) + P(s)\frac{\mathrm{d}U(s)}{\mathrm{d}s}\right\} \tag{10-3-26}$$
$$= \mathcal{L}^{-1}\left\{\bar{Y}(s) + X(s)\right\}$$

$$\bar{y}(t) = x(t) - ty(t) \tag{10-3-27}$$

式中，$\bar{y}(t)$ 为系统输出的微分量。式(10-3-19)的拉氏变换为

$$U(s) = \frac{A_u\bar{\omega}}{s^2 + \bar{\omega}^2} \tag{10-3-28}$$

其微分值为

$$\frac{\mathrm{d}U(s)}{\mathrm{d}s} = -\frac{2A_u\bar{\omega}s}{(s^2 + \bar{\omega}^2)^2} \tag{10-3-29}$$

因此，系统输出的微分值可计算为

$$X(s) = -\frac{\mathrm{d}U(s)}{\mathrm{d}s}P(s) = \frac{2A_u\bar{\omega}s}{(s^2+\bar{\omega}^2)^2}P(s)$$

$$= \frac{A_u\bar{\omega}}{s^2+\bar{\omega}^2}\frac{2s}{s^2+\bar{\omega}^2}P(s) = \frac{2s}{s^2+\bar{\omega}^2}Y(s) \tag{10-3-30}$$

根据式(10-3-27)，小正弦试验的原理如图 10-3-2 所示。

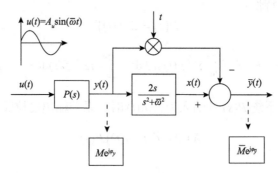

图 10-3-2　小正弦试验原理图

因此 $\dfrac{\mathrm{d}P(s)}{\mathrm{d}s}$ 的幅值及相角可通过测量 $\bar{y}(t)$ 获取：

$$\left.\frac{\mathrm{d}P(\mathrm{j}\omega)}{\mathrm{d}(\mathrm{j}\omega)}\right|_{\omega=\bar{\omega}} = \bar{M}(\bar{\omega})\mathrm{e}^{\mathrm{j}\bar{\varphi}(\bar{\omega})} \tag{10-3-31}$$

式中，$\bar{M}\mathrm{e}^{\mathrm{j}\bar{\varphi}} = \dfrac{A_{\bar{y}}}{A_u}\mathrm{e}^{\mathrm{j}\varphi_{\bar{y}}}$，$A_{\bar{y}}$ 和 $\varphi_{\bar{y}}$ 分别为 $\bar{y}(t)$ 的幅值与相角。

此时，式(10-3-5)中 $P(\mathrm{j}\omega)$、$\dfrac{\mathrm{d}C(\mathrm{j}\omega)}{\mathrm{d}\omega}$、$C(\mathrm{j}\omega)$ 和 $\dfrac{\mathrm{d}P(\mathrm{j}\omega)}{\mathrm{d}\omega}$ 均已得到。

对于 $0 \leqslant \alpha \leqslant \alpha_{\max}$，寻找 α 使得 $L(\mathrm{j}\omega)$ 的斜率与"禁区"斜率最小，即

$$\min_\alpha \left\| \left.\frac{\mathrm{dIm}_{\mathrm{RE}}}{\mathrm{dRe}_{\mathrm{RE}}}\right|_\alpha - \left.\frac{\mathrm{dIm}_{\mathrm{PC}}}{\mathrm{dRe}_{\mathrm{PC}}}\right|_{\bar{\omega}} \right\| \quad \text{with} \quad \left.\frac{\mathrm{dIm}_{\mathrm{RE}}}{\mathrm{dRe}_{\mathrm{RE}}}\right|_\alpha = -\frac{\mathrm{Re}(\alpha)+C}{\mathrm{Im}(\alpha)} \tag{10-3-32}$$

因此 PID 参数可得

$$K_{\mathrm{P}} = \frac{M_A}{M_P(\mathrm{j}\bar{\omega})\sqrt{1+F^2}} \tag{10-3-33}$$

$$T_{\mathrm{D}} = \frac{F+\sqrt{1+F^2}}{2\bar{\omega}} \tag{10-3-34}$$

$$T_{\mathrm{I}} = 4T_{\mathrm{D}} \tag{10-3-35}$$

　　大型船舶蒸汽动力装置汽/水回路为多输入多输出系统，为保证汽/水回路控制效果达到全局最优，借鉴纳什均衡机制。在进行某一子回路控制器参数自整定的过程中，与其他子回路迭代交换信息，以保证决策的全局最优。迭代过程可归纳为如下步骤。

　　(1) 在子回路 i 的工作点附近进行小正弦试验，同时保证其他回路在各自的工作点运行，并对子回路 i 进行参数自整定。

　　(2) 子回路 i 中应用求解出的 PID 控制器，并保持其在工作点运行，对子回路 j 进行小正弦试验，并对子回路 j 进行参数自整定。

　　(3) 对每个子回路重复步骤(2)，直到连续两次小正弦试验的幅值和相位没有明显的变化为止。

　　(4) 完成步骤(3)后，可获取所有子回路的 PID 控制器参数值。

　　图 10-3-3 展示了大型船舶蒸汽动力装置汽/水回路多种 PID 参数自整定对比试验。对比方法有无模型参数自整定控制方法、AH 方法、PM 方法以及 KR 方法。对比试验中，在不同时刻为不同子回路引入阶跃变化信号。试验过程中性能指标设定为幅值裕度 GM = 2，以及相角裕度 PM = 45°。

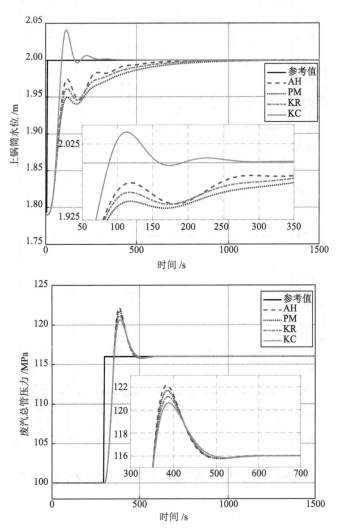

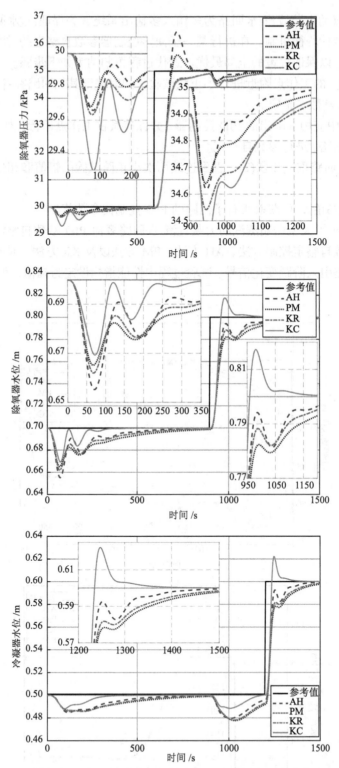

图 10-3-3　不同 PID 参数整定策略下汽/水回路变量变化曲线

10.4　大型船舶蒸汽动力装置汽/水回路自抗扰控制技术

　　尽管 PID 控制器是目前大型船舶蒸汽动力装置乃至整个工业系统中应用最为广泛的控制策略，PID 由于在处理系统非线性、回路耦合时仍然存在性能受限的问题。本节在介绍自抗扰控制(Active Disturbance Rejection Control，ADRC)基本原理的基础上，重点介绍二阶 ADRC 的设计与分析方法，最后将 ADRC 应用在大型船舶蒸汽动力装置汽/水回路中，仿真结果表明该方法较原有 PID 具有更好的跟踪性能，显示了较强的应用潜力。

　　ADRC 是中国科学院系统科学研究所的韩京清研究员自 20 世纪在理论研究和工程应用长期研究中对 PID 的工作原理进行深入分析和研究，提出的结合现代控制理论的方法和保留 PID 优势的控制方法。ADRC 主要包含微分跟踪器(Tracking Differentiator，TD)、扩张状态观测器(Extended State Observer，ESO)和非线性状态误差反馈(Nonlinear State Error Feedback，NLSEF)控制论，如图 10-4-1 所示(r、d 和 w 分别为闭环系统的设定值输入信号、输入扰动信号和外部测量噪声信号，本节均保持一致)。基于此，韩京清韩研究员展开 ADRC 在多变量系统、时滞系统以及热力系统中的协调控制系统的应用研究。非线性 ADRC 中的 TD、ESO 和 NLSEF 都由非线性函数如 fhan(·) 和 fal(·) 进行描述的，在控制平台如 DCS 中实现较为复杂且参数整定较多。为简化非线性 ADRC 的结构和参数整定，美国克里夫兰州立大学(Cleveland State University)的 Gao Zhiqiang 教授基于非线性 ADRC 提出了线性 ADRC 的控制结构，通过将非线性 ESO 和 NLSEF 采用线性描述并不考虑非线性 TD，得到包含线性 ESO 和线性状态反馈控制律(State Feedback Control Law，SFCL)的线性 ADRC。线性 ADRC 由于参数较少、整定容易，并且仍然能够保持很好的鲁棒性和简易的现场实现，得到广泛的研究。这里无特殊说明，ADRC 均指的是线性 ADRC。

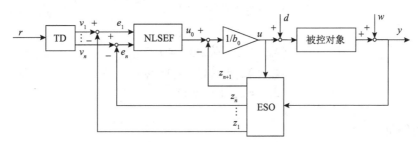

图 10-4-1　非线性 ADRC 的控制结构

10.4.1　ADRC 工作原理

　　首先考虑一个包含非线性部分、时变部分以及外部扰动和内部不确定性的 n 阶动态系统，它具有如下的形式：

$$y^{(n)}(t) = bu(t) + g\left(y^{(n-1)}(t), y^{(n-2)}(t), \cdots, y(t), d(t), \upsilon(t), \iota(t)\right) \tag{10-4-1}$$

　　式中，$y(t)$、b、$u(t)$、$d(t)$、$\upsilon(t)$ 和 $\iota(t)$ 分别为动态系统的输出、系统增益、系统的输入、外部扰动、时变和系统内部扰动；$g(·)$ 为综合函数。在实际系统中，系统的增益 b 特别是热

力系统中 b 的精确值可能未知，故一般采用 b_0 作为系统增益 b 的估计值，并定义 $f = (y^{(n-1)}(t), y^{(n-2)}(t), \cdots, y(t), d(t), \upsilon(t), \iota(t)) + (b - b_0)u$ 为动态系统包含非线性、时变以及外部和内部扰动的综合函数，称为"总扰动"。式(10-4-1)则可以改写为

$$y^{(n)}(t) = b_0 u(t) + f \tag{10-4-2}$$

由于"总扰动" f 未知，需要通过观测器进行估计。为了能够更准确地估计"总扰动" f，将 f 当作新的状态变量，称为扩张状态，根据工程实际，可以假设 f 是可导的，即 $\dot{f} = h$。式(10-4-2)可以整理为状态空间的形式：

$$\begin{cases} \dot{x} = Ax + Bu + Eh \\ y = C^{\mathrm{T}} x \end{cases} \tag{10-4-3}$$

式中

$$x = \begin{bmatrix} x_1 & x_2 & \cdots & x_n & x_{n+1} \end{bmatrix}^{\mathrm{T}} = \begin{bmatrix} y & \dot{y} & \cdots & y^{(n-1)} & f \end{bmatrix}^{\mathrm{T}}, \quad h = \dot{f}, \quad C^{\mathrm{T}} = \begin{bmatrix} 1 & 0 & \cdots & 0 \end{bmatrix}_{(n+1) \times (n+1)}$$

$$A = \begin{bmatrix} 0 & 1 & & \\ \vdots & & \ddots & \\ 0 & & & 1 \\ 0 & \cdots & \cdots & 0 \end{bmatrix}_{(n+1) \times (n+1)}, \quad B = \begin{bmatrix} 0 \\ \vdots \\ 0 \\ b_0 \\ 0 \end{bmatrix}_{(n+1) \times 1} \text{和} E = \begin{bmatrix} 0 \\ \vdots \\ 0 \\ 1 \end{bmatrix}_{(n+1) \times 1}$$

针对式(10-4-3)中的系统，用控制量 u 和系统的输出 y 作为观测器的输入，设计的 ESO 为

$$\begin{cases} \dot{z}_1 = z_2 + \beta_1(y - z_1) \\ \qquad \vdots \\ \dot{z}_{n-1} = z_n + \beta_{n-1}(y - z_1) \\ \dot{z}_n = z_{n+1} + \beta_n(y - z_1) + b_0 u \\ \dot{z}_{n+1} = \beta_{n+1}(y - z_1) \end{cases} \tag{10-4-4}$$

式(10-4-4)可等价为

$$\dot{z} = A_e z + B_e y + C_e u \tag{10-4-5}$$

式中，$z = \begin{bmatrix} z_1 \\ z_2 \\ \vdots \\ z_{n+1} \end{bmatrix}_{(n+1) \times 1}$，$A_e = \begin{bmatrix} -\beta_1 & 1 & & & \\ -\beta_2 & 0 & 1 & & \\ \vdots & & \ddots & \ddots & \\ -\beta_n & 0 & \cdots & 0 & 1 \\ -\beta_{n+1} & 0 & \cdots & 0 & 0 \end{bmatrix}_{(n+1) \times (n+1)}$，$B_e = \begin{bmatrix} \beta_1 \\ \beta_2 \\ \vdots \\ \beta_{n+1} \end{bmatrix}_{(n+1) \times 1}$，$C_e = \begin{bmatrix} 0 \\ \vdots \\ b_0 \\ 0 \end{bmatrix}_{(n+1) \times 1}$。

当 ESO 的增益矩阵 B_e 的参数设置合适时，ESO 的输出 z_1，z_2，$\cdots$，z_n，z_{n+1} 能够很好地分别跟踪 $y(t)$ 及其各阶导数(直至 $n-1$ 阶导数)和 f。

定义如下控制律对通过 ESO 估计的"总扰动"f 进行补偿：

$$u(t) = \frac{-z_{n+1}(t) + u_0(t)}{b_0} \tag{10-4-6}$$

式中，$u_0(t)$ 为控制率输出的控制量。

结合式(10-4-2)中的被控对象和式(10-4-6)中的控制律可以得到

$$y^{(n)}(t) = f - z_{n+1}(t) + u_0(t) \approx u_0(t) \tag{10-4-7}$$

从式(10-4-7)可知式(10-4-2)中的被控模型通过 ESO 对"总扰动"f 进行估计和补偿后成为积分串联型对象。这也是 ADRC 最核心的思想，即通过 ESO 对系统的总扰动进行估计和补偿，将被控对象补偿为积分串联型对象。

针对式(10-4-7)中所示的补偿后的积分串联型对象，采用 SFCL 进行控制，即

$$u_0(t) = k_1[r(t) - z_1(t)] + k_2[\dot{r}(t) - z_2(t)] + \cdots + k_n[r^{(n-1)}(t) - z_n(t)] \tag{10-4-8}$$

式中，$r(t)$ 为系统的参考输入；$r^i(t), i=1,2,\cdots,n-1$ 表示 $r(t)$ 的第 i 阶导数。如果参考信号是阶跃信号，则有 $r^i(t) \to \infty$，在实际中一般是将 $r^i(t)$ 设置为零。

结合式(10-4-6)和式(10-4-8)，则 SFCL 可以完整地表述为

$$\begin{aligned} u(t) &= \frac{k_1[r(t) - z_1(t)] + k_2[\dot{r}(t) - z_2(t)] + \cdots + k_n[r^{(n-1)}(t) - z_n(t)]}{b_0} - \frac{z_{n+1}(t)}{b_0} \\ &= \boldsymbol{K}[\overline{r}(t) - z(t)] \end{aligned} \tag{10-4-9}$$

式中，$\overline{r}(t) = [r(t) \; \dot{r}(t) \; \cdots \; r^{(n-1)}(t) \; 0]^{\mathrm{T}}_{1 \times (n+1)}$ 和 $\boldsymbol{K} = \frac{1}{b_0}[k_1 \; k_2 \; \cdots \; k_n \; 1]_{1 \times (n+1)}$，$\boldsymbol{K}$ 是系统的反馈增益矩阵。

综合上述，ADRC 的结构可以采用图 10-4-2 所示的结构进行描述，其状态空间可以写为

$$\begin{cases} \dot{z}(t) = \boldsymbol{A}_e z(t) + \boldsymbol{B}_e y(t) + \boldsymbol{C}_e u(t) \\ u(t) = \boldsymbol{K}(\overline{r}(t) - z(t)) \end{cases} \tag{10-4-10}$$

ADRC 需要整定的参数有 $\{\boldsymbol{K}, \boldsymbol{B}_e, b_0\}$，为降低整定的难度，$\boldsymbol{K}$ 和 $\boldsymbol{B}_e$ 可以通过参数带宽法进行整定，即分别由控制器带宽 ω_c 和观测器带宽 ω_o 来进行计算：

$$\begin{cases} k_i = \dfrac{n!}{(i-1)!(n+1-i)!} \omega_c^{n+1-i}, & i=1,2,\cdots,n \\ \beta_j = \dfrac{(n+1)!}{j!(n+1-j)!} \omega_o^j, & j=1,2,\cdots,n+1 \end{cases} \tag{10-4-11}$$

根据式(10-4-11)可知，任意阶次的 ADRC 需要整定的参数均为 3 个：系统增益的估计值 b_0、控制器带宽 ω_c 和观测器带宽 ω_o。

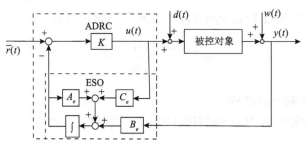

图 10-4-2　ADRC 的控制结构

具体地，当 ADRC 的阶次分别为 1 和 2 时，可以得到图 10-4-3 和图 10-4-4 的控制结构，其中，一阶和二阶 ADRC 的 $\boldsymbol{K}$ 分别为 $\boldsymbol{K} = \dfrac{1}{b_0}[k_p \ 1]$ 和 $\boldsymbol{K} = \dfrac{1}{b_0}[k_p \ k_d \ 1]$。

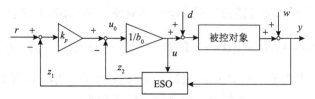

图 10-4-3　一阶 ADRC 的控制结构

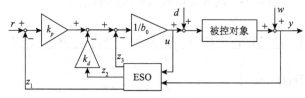

图 10-4-4　二阶 ADRC 的控制结构

对上面介绍的 n 阶 ADRC 进行拉式变换，可以得到其二自由度等价结构，如图 10-4-5 所示，$G_c(s)$、$G_f(s)$ 和 $G_p(s)$ 分别为闭环系统的反馈控制器、前馈控制器和被控对象。

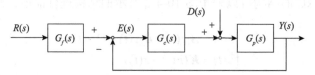

图 10-4-5　ADRC 的二自由度等价形式

为方便计算，这里定义 $\beta_0 = 1$ 和 $k_{n+1} = 1$，此时可以得到 $G_c(s)$ 和 $G_f(s)$ 的形式如下：

$$G_c(s) = \boldsymbol{K}(\boldsymbol{I}s - \boldsymbol{A}_e + \boldsymbol{C}_e\boldsymbol{K})^{-1}\boldsymbol{B}_e$$

$$= \frac{1}{b_0}\begin{bmatrix} k_1 & k_2 & \cdots & k_n & 1 \end{bmatrix}_{1\times(n+1)} \begin{bmatrix} s+\beta_1 & 1 & & & \\ \beta_2 & s & 1 & & \\ \vdots & \vdots & \ddots & \ddots & \\ \beta_n+k_1 & k_2 & \cdots & s+k_n & 2 \\ \beta_{n+1} & 0 & \cdots & 0 & 0 \end{bmatrix}_{(n+1)\times(n+1)}^{-1} \begin{bmatrix} \beta_1 \\ \beta_2 \\ \vdots \\ \beta_{n+1} \end{bmatrix}_{(n+1)\times1}$$

$$
= \frac{\sum_{j=1}^{n+1}\left[\left(\sum_{i=j}^{n+1}\beta_i k_{i+1-j}\right)s^{n+1-j}\right]}{b_0 s \sum_{j=0}^{n}\left[\left(\sum_{i=0}^{j}\beta_i k_{n+i+1-j}\right)s^{n-j}\right]} \tag{10-4-12}
$$

$$
G_f = \left[1 - \boldsymbol{K}(\boldsymbol{I}s - \boldsymbol{A}_e + \boldsymbol{C}_e\boldsymbol{K})^{-1}\boldsymbol{C}_e\right]\frac{k_1 + k_2 s + \cdots + k_n s^{n-1}}{b_0}G_c^{-1}(s) = \frac{k_1\sum_{i=0}^{n+1}\beta_i s^{n+1-i}}{\sum_{j=1}^{n+1}\left[\left(\sum_{i=j}^{n+1}\beta_i k_{i+1-j}\right)s^{n+1-j}\right]} \tag{10-4-13}
$$

进一步整理式(10-4-12)，可以分成两部分：

$$
G_c(s) = \frac{\sum_{j=1}^{n+1}\left[\left(\sum_{i=j}^{n+1}\beta_i k_{i+1-j}\right)s^{n+1-j}\right]}{b_0 s \sum_{j=0}^{n}\left[\left(\sum_{i=0}^{j}\beta_i k_{n+i+1-j}\right)s^{n-j}\right]} = \frac{\sum_{j=1}^{n+1}\left[\left(\sum_{i=j}^{n+1}\beta_i k_{i+1-j}\right)s^{n+1-j}\right]}{b_0 s}\frac{1}{\sum_{j=0}^{n}\left[\left(\sum_{i=0}^{j}\beta_i k_{n+i+1-j}\right)s^{n-j}\right]} \tag{10-4-14}
$$

式中，$\sum_{j=1}^{n+1}\left[\left(\sum_{i=j}^{n+1}\beta_i k_{i+1-j}\right)s^{n+1-j}\right]$ 的阶次是 n，$b_0 s$ 的阶次是 1，所以 $\dfrac{\sum_{j=1}^{n+1}\left[\left(\sum_{i=j}^{n+1}\beta_i k_{i+1-j}\right)s^{n+1-j}\right]}{b_0 s}$ 可以看成是"积分+比例+微分+二阶微分+…+$(n-1)$阶微分"或者称为"广义 PID"。$\dfrac{1}{\sum_{j=0}^{n}\left[\left(\sum_{i=0}^{j}\beta_i k_{n+i+1-j}\right)s^{n-j}\right]}$ 可以看成是一个 n 阶的滤波器，反馈控制器可以看成是"广义 PID + n 阶滤波器"。$k_1\sum_{i=0}^{n+1}\beta_i s^{n+1-i}$ 的阶次是 $n+1$，$\sum_{j=1}^{n+1}\left[\left(\sum_{i=j}^{n+1}\beta_i k_{i+1-j}\right)s^{n+1-j}\right]$ 的阶次是 n，即前馈控制器 $G_f(s)$ 的分子阶次大于分母阶次。需要说明的是 ADRC 在形式上等于二自由度 PID 的结构，但二者具有明显区别：首先，反馈控制器包含的滤波器能够避免控制量脉冲尖峰的出现；其次，由于分子阶次大于分母阶次，等价形式的前馈控制器是不可物理实现的，但会使相位超前，提升控制效果。

一阶 ADRC 与二阶 ADRC 在工业应用中是最广泛的，式(10-4-12)和式(10-4-13)可以进一步具体化，即一阶 ADRC 与二阶 ADRC 的反馈控制器分别是"PI+低通滤波器"和"PID+带通滤波器"。一阶 ADRC 的 $G_c(s)$ 和 $G_f(s)$ 分别为

$$
G_c(s) = \frac{(\beta_2 + k_1\beta_1)s + k_1\beta_2}{(s + \beta_1 + k_1)b_0 s} \tag{10-4-15}
$$

$$
G_f(s) = \frac{k_1(s^2 + \beta_1 s + \beta_2)}{(\beta_2 + k_1\beta_1)s + k_1\beta_2} \tag{10-4-16}
$$

同样地，二阶 ADRC 的 $G_c(s)$ 和 $G_f(s)$ 分别为

$$G_c(s) = \frac{(\beta_3 + k_2\beta_2 + k_1\beta_1)s^2 + (k_2\beta_3 + k_1\beta_2)s + \beta_3 k_1}{\left[s^2 + (\beta_1 + k_2)s + (\beta_2 + k_2\beta_1 + k_1)\right]b_0 s} \tag{10-4-17}$$

$$G_f(s) = \frac{k_1(s^3 + \beta_1 s^2 + \beta_2 s + \beta_3)}{(\beta_3 + k_2\beta_2 + k_1\beta_1)s^2 + (k_2\beta_3 + k_1\beta_2)s + \beta_3 k_1} \tag{10-4-18}$$

10.4.2　自抗扰控制设计

　　基于参数带宽法，任意阶的 ADRC 需要整定的参数均为 $\{b_0, \omega_o, \omega_c\}$，有多种方法可以进行计算，如基于预期动态方程的参数整定方法、基于 PI/PID 参数计算的方法、基于鲁棒约束的参数定量化方法等，也可以通过多种进化算法对参数进行优化整定。本节通过 ADRC 的稳定域与鲁棒稳定域计算法给出一种设计方法。

　　基于 ADRC 的等价形式，可以通过 D-分割法计算 ADRC 稳定域和基于 M_s 约束的鲁棒稳定域。为方便后面的分析，被控对象的传递函数可以描述为

$$G_p(s) = \frac{m_0 s^m + m_1 s^{m-1} + \cdots + m_{m-1}s + m_m}{s^n + n_1 s^{n-1} + \cdots + n_{n-1}s + n_n} e^{-\tau s} = \frac{\sum\limits_{i=0}^{m} m_i s^{m-i}}{\sum\limits_{j=0}^{n} n_j s^{n-j}} e^{-\tau s} \tag{10-4-19}$$

式中，$m < n$，m 和 n 分别为 $G_p(s)$ 的分子和分母阶次；m_i 和 n_j 均为正实数，并有 $m_m \neq 0$ 和 $n_0 = 1$；τ 为纯滞后时间。被控对象的频域响应可以表述为

$$G_p(j\omega) = r(\omega)e^{i\vartheta(\omega)} = a(\omega) + jb(\omega) \tag{10-4-20}$$

式中，$a(\omega)$ 和 $b(\omega)$ 分别是被控对象的实部和虚部。类似地，ADRC 的反馈控制器的频域响应可以表述为

$$G_c(j\omega) = r_c(\omega)e^{i\vartheta(\omega)} = a_c(\omega) + jb_c(\omega) \tag{10-4-21}$$

式中，$a_c(\omega)$ 和 $b_c(\omega)$ 分别为反馈控制器的实部和虚部。

　　ADRC 参数中 b_0 反映总扰动补偿作用力的大小，当 b_0 满足 $b/b_0 \in (0, 2)$ 时可以保证 ESO 的稳定性和收敛性。后面将分析 b_0 在这个范围选取对稳定域与鲁棒稳定域的影响。相关前提条件需要说明：

　　(1) 为了保证 ESO 的稳定性，则有 $\beta_j > 0$，即 $\omega_o > 0$；

　　(2) 前馈控制器不影响闭环系统的稳定性，因此稳定域与鲁棒稳定域的计算是根据式(10-4-12)中的反馈控制器和式(10-4-19)中的被控对象进行的。

　　图 10-4-5 中闭环系统的特征方程可以描述如下：

$$1 + G_c(s)G_p(s) = 0 \tag{10-4-22}$$

将式(10-4-12)和式(10-4-19)代入式(10-4-22)可以得到

$$1+\frac{\sum_{j=1}^{n+1}\left[\left(\sum_{i=j}^{n+1}\beta_i k_{i+1-j}\right)s^{n+1-j}\right]\sum_{i=0}^{m}m_i s^{m-i}}{b_0 s\sum_{j=0}^{n}\left[\left(\sum_{i=0}^{j}\beta_i k_{n+i+1-j}\right)s^{n-j}\right]\sum_{j=0}^{n}n_j s^{n-j}}\mathrm{e}^{-\tau s}=0 \tag{10-4-23}$$

即

$$G(s)=b_0 s\sum_{j=0}^{n}\left[\left(\sum_{i=0}^{j}\beta_i k_{n+i+1-j}\right)s^{n-j}\right]\sum_{j=0}^{n}n_j s^{n-j}+\sum_{j=1}^{n+1}\left[\left(\sum_{i=j}^{n+1}\beta_i k_{i+1-j}\right)s^{n+1-j}\right]\sum_{i=0}^{m}m_i s^{m-i}\mathrm{e}^{-\tau s}=0 \tag{10-4-24}$$

接下来，D-分割法将应用于 n 阶 ADRC 稳定域的求解。根据 D-分割法原理，控制器的稳定域边界包含 $\omega\in(-\infty,0)\bigcup(0,+\infty)$ 时的非奇异边界 ∂D_ω 和 $\omega=0$、$\omega=\pm\infty$ 时的奇异边界 ∂D_0 和 ∂D_∞。ADRC 的稳定域是由以下几部分组成。

(1) $\omega=0$ 时的奇异值边界 ∂D_0 为

$$\partial D_0:G(\mathrm{j}0)=k_1\beta_{n+1}m_m=0 \tag{10-4-25}$$

已知 $m_m\neq 0$ 和 $\beta_{n+1}>0$，可以得到 ADRC 的奇异值边界 ∂D_0 为 $k_1=0$，也就是控制器带宽 $\omega_c=0$。需要说明的是，纯滞后对 ADRC 的 $\omega=0$ 奇异值边界 ∂D_0 没有影响（$\mathrm{e}^0=1$）。

(2) $\omega=\pm\infty$ 时的奇异值边界 ∂D_∞ 为

$$\partial D_\infty:G(\pm\mathrm{j}\infty)=b_0 n_0=0 \tag{10-4-26}$$

由于 b_0 是被控对象的高频增益的估计值，有 $b_0\neq 0$。式(10-4-26)没有 ADRC 的其他参数，因此忽略 $\omega=\pm\infty$ 时的奇异值边界 ∂D_∞。

(3) $\omega\in(-\infty,0)\cup(0,+\infty)$ 时的非奇异值边界 ∂D_ω 为

$$\partial D_\omega:G(\pm\mathrm{j}\omega)=b_0(\mathrm{j}\omega)\sum_{j=0}^{n}\left[\left(\sum_{i=0}^{j}\beta_i k_{n+i+1-j}\right)(\mathrm{j}\omega)^{n-j}\right]\sum_{j=0}^{n}n_j(\mathrm{j}\omega)^{n-j}$$
$$+\sum_{j=1}^{n+1}\left[\left(\sum_{i=j}^{n+1}\beta_i k_{i+1-j}\right)(\mathrm{j}\omega)^{n+1-j}\right]\sum_{i=0}^{m}m_i(\mathrm{j}\omega)^{m-i}\mathrm{e}^{-\tau\mathrm{j}\omega}=0 \tag{10-4-27}$$

式中，$k_i=\dfrac{n!}{(i-1)!(n+1-i)!}\omega_c^{n+1-i}(i=1,2,\cdots,n)$ 和 $\beta_j=\dfrac{(n+1)!}{j!(n+1-j)!}\omega_o^j(j=1,2,\cdots,n+1)$。

式(10-4-27)的非奇异边界可以整理为

$$\partial D_\omega:1+\left[a_c(\omega)+\mathrm{j}b_c(\omega)\right]\left[a(\omega)+\mathrm{j}b(\omega)\right]=0 \tag{10-4-28}$$

令式(10-4-28)中的实部和虚部分别为零，可以得到 ADRC 的非奇异值边界 ∂D_ω：

$$\partial D_\omega:\begin{cases}1+a_c(\omega)a(\omega)-b_c(\omega)b(\omega)=0\\ a_c(\omega)b(\omega)+a(\omega)b_c(\omega)=0\end{cases} \tag{10-4-29}$$

综合式(10-4-26)和式(10-4-29)以及前提条件(1)可以得到 ADRC 稳定域边界由式(10-4-30)组成：

$$\begin{cases} \partial D_0 : \omega_c = 0 \\ \partial D_\omega : \begin{cases} 1 + a_c(\omega)a(\omega) - b_c(\omega)b(\omega) = 0 \\ a_c(\omega)b(\omega) + a(\omega)b_c(\omega) = 0 \end{cases} \\ \omega_o = 0 \end{cases} \tag{10-4-30}$$

对于一阶 ADRC 和二阶 ADRC 的稳定域边界可以在式(10-4-30)的基础上，采用带宽参数进行描述。

一阶 ADRC 的稳定域边界如下：

$$\begin{cases} \partial D_0 : \omega_c = 0 \\ \partial D_\omega : \begin{cases} \omega_c(\omega_o^2 - \omega^2)a(\omega) - (\omega_o^2 + 2\omega_c\omega_o)b(\omega)\omega - b_0\omega^2 = 0 \\ \omega_c(\omega_o^2 - \omega^2)b(\omega) + (\omega_o^2 + 2\omega_c\omega_o)a(\omega)\omega + 2b_0\omega_o\omega = 0 \end{cases} \\ \omega_o = 0 \end{cases} \tag{10-4-31}$$

类似地，二阶 ADRC 的稳定域边界如下：

$$\begin{cases} \partial D_0 : \omega_c = 0 \\ \partial D_\omega : \begin{cases} \left[\omega_c^2\omega_o^3 - (\omega_o^3 + 6\omega_c\omega_o^2 + 3\omega_c^2\omega_o)\omega^2 \right]a(\omega) \\ \quad - \left[-\omega_c^2\omega^2 + (2\omega_c\omega_o^3 + 3\omega_c^2\omega_o^2) \right]b(\omega)\omega - (3\omega_o + 2\omega_c)b_0\omega^2 = 0 \\ \left[\omega_c^2\omega_o^3 - (\omega_o^3 + 6\omega_c\omega_o^2 + 3\omega_c^2\omega_o)\omega^2 \right]b(\omega) \\ \quad + \left[-\omega_c^2\omega^2 + (2\omega_c\omega_o^3 + 3\omega_c^2\omega_o^2) \right]a(\omega)\omega + (-\omega^2 + 3\omega_o^2 + 3\omega_c^2\omega_o)b_0\omega = 0 \end{cases} \\ \omega_o = 0 \end{cases} \tag{10-4-32}$$

由此，ADRC 稳定域的计算步骤总结如下。

(1) 确定式(10-4-19)中的被控对象和被控对象的高频增益的估计值 b_0。

(2) 通过遍历 $\omega \in (-\infty, +\infty)$ 求解式(10-4-30)、式(10-4-31)或者式(10-4-32)，得到 ADRC 稳定域的非奇异边界 ∂D_ω。

(3) 结合 ADRC 的奇异边界 ∂D_0 以及边界 $\omega_o = 0$，可以得到 ADRC 的稳定域边界，组成 b_0 固定时 ADRC 的稳定域。

(4) 通过设定 b_0 的一系列值，重复计算(2)和(3)可以计算得到 ADRC 的全部稳定域。

将前面提出的 ADRC 设计方法应用到大型船舶蒸汽动力装置汽/水回路。针对本章 10.2 节中介绍的大型船舶蒸汽动力装置汽/水回路系统，采用设计的 ADRC，可以得到如图 10-4-6 所示的控制框图，回路之间的耦合作用通过 ADRC 对外部扰动的估计和补偿能力进行抑制。在这里采用二阶 ADRC，需要整定的参数为 $\{\omega_c, \omega_o, b_0\}$，各个子回路的二阶 ADRC 参数如表 10-4-1 所示，采用基于 SIMC 整定的 PID 控制器作为对比控制器。各子回路的 IAE 为定量比较控制效果的性能指标。

$$\text{IAE} = \sum_{k=0}^{N_s-1} |r_i(k) - y_i(k)| \tag{10-4-33}$$

式中，N_s 为采样次数；下标 i 为子回路。

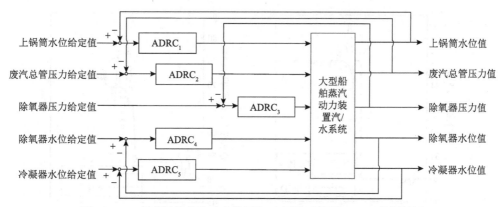

图 10-4-6　大型船舶蒸汽动力装置汽/水回路系统的 ADRC 控制框图

表 10-4-1　大型船舶蒸汽动力装置汽/水回路 ADRC 参数

参数	上锅炉水位回路	废汽总管压力回路	除氧器压力回路	除氧器水位回路	冷凝器水位回路
ADRC 参数 $\{\omega_c, \omega_o, b_0\}$	{0.05,0.001,0.1}	{0.12,0.7,1}	{0.04,0.04,0.4}	{0.05,0.001,0.3}	{0.09,0.005,0.6}

基于表 10-4-1 中 ADRC 参数以及对比 PID 参数可以得到图 10-4-7 所示的控制效果，从图中可知，除废汽总管压力子回路外，其他子回路 ADRC 均可以取得比对比 PID 更佳的控制效果，验证了 ADRC 在大型船舶蒸汽动力装置汽/水回路中应用的前景。

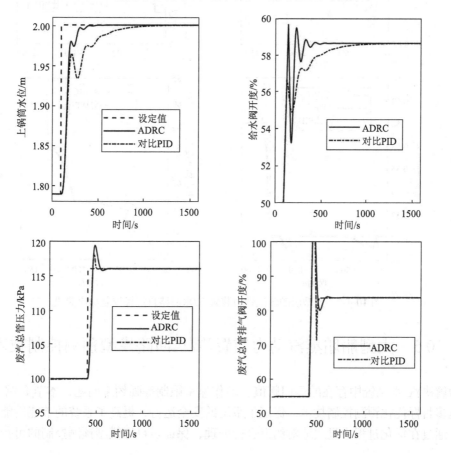

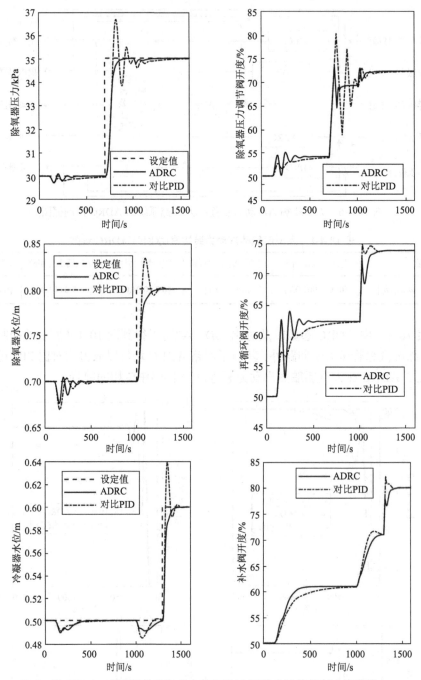

图 10-4-7　大型船舶蒸汽动力装置汽/水回路自抗扰控制响应曲线

10.5　大型船舶蒸汽动力装置汽/水回路模型预测控制技术

为解决汽/水系统中存在的阀门阈值、动作速率限制等强约束问题，本节介绍了汽/水回路快速多目标优化预测控制技术，保证了系统的安全运行，提高了系统的节能性能以及跟踪性能。通过在优化过程中显式地对约束进行处理，保证多目标模型预测控制的可行性。通过设计多层次优化分配器，可降低运算量，提高算法快速性。该技术可保证汽/水回路遭遇大负荷冲击时的安全运行，提高工况变化时的快速性，以及稳态运行时的节能性。

10.5.1　汽/水回路模型预测控制方法

预测控制根据系统的模型对系统未来时刻的输出进行预测，图 10-5-1 为模型预测控制工作机制。在时刻 k，可以测量出系统的状态及输出，然后假定一系统未来时刻输入序列，系统未来时刻的输出值可根据系统模型进行预测。根据性能指标，可对未来时刻的控制序列进行优化。利用滚动优化机制，模型预测控制可应用于系统控制过程中，模型预测控制框图如图 10-5-2 所示。

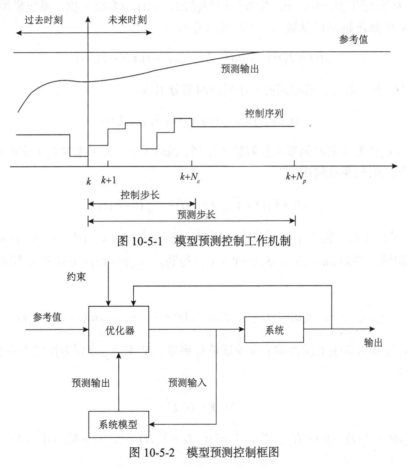

图 10-5-1　模型预测控制工作机制

图 10-5-2　模型预测控制框图

目前，在理论和应用方面，模型预测控制的研究都取得了重大进展。在先进制造业、能源、环境、航空航天、医疗等领域，MPC 已被应用于处理有约束的最优控制问题，如应用于供应链管理、高压釜复合加工、建筑能源控制、污水处理系统、风电场研究、飞机姿态控制等航天器控制和葡萄糖浓度控制。在大型系统中，由于模型复杂，变量众多，求解 MPC 的可行解困难，且计算时间长，因此研究人员在减少计算量和将 MPC 应用于非线性系统方面做了大量工作。为了克服这些困难，将递阶控制的思想应用于 MPC 结构中。整个系统被描述为由多个相互连接的子系统组成。然后，对于任何子系统，在局部状态、输入和输出约束下，通过 MPC 求解并优化局部耗散函数。其主要问题在于如何协调各层次之间的关系，如何确定各层次的模型和局部最优目标。分层 MPC 的另一种方法是分布式 MPC，将大规模优化问题分解为小规模优化问题，不仅降低了计算复杂度，而且提高了系统的鲁棒性。子回路之间的耦合、信息交换和稳定性是分布式 MPC 的研究重点。

本节简要介绍扩展预测自适应控制器，包括在非线性系统和 MIMO 系统中的应用，以及汽/水回路 MPC 参数选择的最佳准则。

考虑如下离散系统：

$$y(t) = x(t) + n(t) \tag{10-5-1}$$

式中，$y(t)$ 为系统测量输出；$x(t)$ 为系统模型输出；$n(t)$ 为系统干扰。系统模型输出 $x(t)$ 取决于过去时刻的系统输出以及输入，$x(t)$ 可以表示为

$$x(t) = f[x(t-1), x(t-2), \cdots, u(t-1), u(t-2), \cdots] \tag{10-5-2}$$

在 EPSAC 中，系统未来时刻输入序列由两部分组成：

$$u(t+k\,|\,t) = u_{\text{base}}(t+k\,|\,t) + \delta u(t+k\,|\,t) \tag{10-5-3}$$

式中，$u_{\text{base}}(t+k\,|\,t)$ 为未来时刻基本控制输入序列；$\delta u(t+k\,|\,t)$ 为未来时刻优化控制输入序列。因此，可得未来时刻系统输出：

$$y(t+k\,|\,t) = y_{\text{base}}(t+k\,|\,t) + y_{\text{opt}}(t+k\,|\,t) \tag{10-5-4}$$

式中，$y_{\text{base}}(t+k\,|\,t)$ 部分由未来时刻基本控制输入序列 $u_{\text{base}}(t+k\,|\,t)$ 得到，$y_{\text{opt}}(t+k\,|\,t)$ 由未来时刻优化控制输入序列 $\delta u(t\,|\,t), \cdots, \delta u(t+N_c-1\,|\,t)$ 得到。$y_{\text{opt}}(t+k\,|\,t)$ 可以表示为离散时间卷积形式：

$$y_{\text{opt}}(t+k\,|\,t) = h_k \delta u(t\,|\,t) + h_{k-1} \delta u(t+1\,|\,t) + \cdots + g_{k-N_c+1} \delta u(t+N_c-1\,|\,t) \tag{10-5-5}$$

式中，h_i 和 g_i 分别为系统的脉冲响应和阶跃响应系数；N_c 和 N_p 分别为控制步长和预测步长。可得系统输出：

$$\boldsymbol{Y} = \bar{\boldsymbol{Y}} + \boldsymbol{G} \cdot \boldsymbol{U} \tag{10-5-6}$$

式中，$\boldsymbol{Y} = [y(t+N_1\,|\,t) \cdots y(t+N_p\,|\,t)]^{\text{T}}$，$\bar{\boldsymbol{Y}} = [y_{\text{base}}(t+N_1\,|\,t) \cdots y_{\text{base}}(t+N_p\,|\,t)]^{\text{T}}$，以及

$$\boldsymbol{G} = \begin{bmatrix} h_{N_1} & h_{N_1-1} & \cdots & g_{N_1-N_c+1} \\ h_{N_1+1} & h_{N_1} & \cdots & g_{N_1-N_c+2} \\ \vdots & \vdots & \cdots & \vdots \\ h_{N_p} & h_{N_p-1} & \cdots & g_{N_p-N_c+1} \end{bmatrix} \tag{10-5-7}$$

式中，N_1 为系统时间延迟。

系统扰动项 $n(t)$ 可定义为滤波后的白噪声：

$$n(t+k\,|\,t)=\frac{C(q^{-1})}{D(q^{-1})}n_f(t+k\,|\,t) \tag{10-5-8}$$

式中，q^{-1} 为后移算子；$n_f(t+k\,|\,t)$ 为白噪声序列；$D(q^{-1})=(1-q^{-1})A(q^{-1})$；$A(q^{-1})$ 及 $C(q^{-1})$ 为系统 CARIMA 模型中的多项式：

$$A(q^{-1})y(t)=B(q^{-1})u(t)+\frac{C(q^{-1})}{1-q^{-1}}e(t) \tag{10-5-9}$$

式中，$e(t)$ 为白噪声。根据系统测量输出 $y(t)$ 以及系统模型输出 $x(t)$，时刻 t 的干扰项可以被计算为 $n(t)=y(t)-x(t)$。考虑到过去时刻的干扰量 $n(t-1)$，$n(t-2)$，$\cdots$，以及 $n_f(t-1)$，$n_f(t-2)$，$\cdots$，可以计算出 $n_f(t)$：

$$\begin{aligned}n_f(t)&=\frac{D(q^{-1})}{C(q^{-1})}n(t)\\&=-c_1n_f(t-1)-c_2n_f(t-2)\cdots+n(t)+d_1n(t-1)+d_2n(t-2)+\cdots\end{aligned} \tag{10-5-10}$$

式中，$c_1,c_2,\cdots$ 以及 $d_1,d_2,\cdots$ 分别为多项式 C 和 D 中的系数。

选取 $n_f(t)=e(t)$，并假定未来时刻 $n_f(t+k\,|\,k)=0$，未来时刻的噪声计算为

$$\begin{aligned}n(t+k\,|\,t)=&-d_1n(t+k-1\,|\,k)-d_2n(t+k-2\,|\,k)-\cdots\\&+n_f(t+k\,|\,t)+c_1n_f(t+k-1\,|\,t)+\cdots\end{aligned} \tag{10-5-11}$$

为将 EPSAC 应用在大型船舶蒸汽动力装置汽/水回路中，需将系统输出误差优化至最小。汽/水回路控制系统模型具有 5 个输出变量，包括上锅筒水位、废汽总管压力、除氧器压力、除氧器水位以及冷凝器水位。因此针对每一条子回路其耗散函数可定义为

$$J_i=\sum_{l=N_1}^{N_p}[r_i(k+l\,|\,k)-y_i(k+l\,|\,k)]^2,\quad i=1,2,\cdots,5 \tag{10-5-12}$$

式中，$r_i(i=1,2,\cdots,5)$ 为系统 5 条子回路系统输出参考值。

定义 G_{ij} 为汽/水回路中第 j 个输入变量到第 i 个输出变量的传递函数矩阵，可得

$$(\boldsymbol{R}_i-\boldsymbol{Y}_i)^{\mathrm{T}}(\boldsymbol{R}_i-\boldsymbol{Y}_i)=\left(\boldsymbol{R}_i-\overline{\boldsymbol{Y}}_i-\sum_{j=1}^{5}\boldsymbol{G}_{ij}\boldsymbol{U}_j\right)^{\mathrm{T}}\left(\boldsymbol{R}_i-\overline{\boldsymbol{Y}}_i-\sum_{j=1}^{5}\boldsymbol{G}_{ij}\boldsymbol{U}_j\right) \tag{10-5-13}$$

式中，$\boldsymbol{R}_i$ 为第 i 条子回路的参考值序列；$\boldsymbol{Y}_i$ 为第 i 条子回路的预测输出。

考虑到汽/水回路系统中存在的约束条件，其预测控制优化问题可表述为

$$\min_{U_i}J_i(\boldsymbol{U}_i)=\boldsymbol{U}_i^{\mathrm{T}}\boldsymbol{H}_i\boldsymbol{U}_i+2\boldsymbol{f}_i^{\mathrm{T}}\boldsymbol{U}_i+c_i\quad\text{subject to}\quad \boldsymbol{AU}\leqslant\boldsymbol{b} \tag{10-5-14}$$

其中，

$$\begin{cases} \boldsymbol{H}_i = \boldsymbol{G}_{ii}^{\mathrm{T}} \boldsymbol{G}_{ii}, \quad \boldsymbol{f}_i = -\boldsymbol{G}_{ii}^{\mathrm{T}} \left(\boldsymbol{R}_i - \overline{\boldsymbol{Y}}_i - \sum_{j=1, j \neq i}^{5} \boldsymbol{G}_{ij} \boldsymbol{U}_j \right) \\ c_i = \left(\boldsymbol{R}_i - \overline{\boldsymbol{Y}}_i - \sum_{j=1, j \neq i}^{5} \boldsymbol{G}_{ij} \boldsymbol{U}_j \right)^{\mathrm{T}} \left(\boldsymbol{R}_i - \overline{\boldsymbol{Y}}_i - \sum_{j=1, j \neq i}^{5} \boldsymbol{G}_{ij} \boldsymbol{U}_j \right) \end{cases}$$

10.5.2　汽/水回路控制结构

由于大型船舶蒸汽动力装置汽/水回路为多输入多输出系统, 为考虑系统回路间的耦合关系, 下面分别讨论集中式、分布式、分散式框架下模型预测控制策略的设计方法以及各自的优缺点。

1. 汽/水回路集中式模型预测控制器结构

图 10-5-3 所示为大型船舶蒸汽动力装置汽/水回路集中式模型预测控制原理图。为得到第 i 条子回路的最优控制律, 优化问题(10-5-14)应考虑其他子回路的耦合输入变量 $\{u_{j \in N_i}\}$, $N_i = \left\{ j \in N : \tilde{G}_{ij} \neq 0 \right\}$ 的影响。

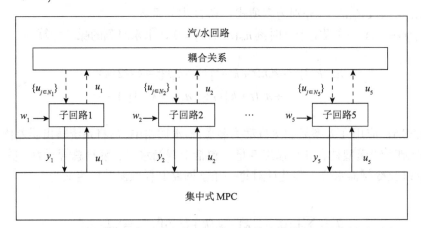

图 10-5-3　大型船舶蒸汽动力装置汽/水回路集中式模型预测控制原理图

此时考虑以下的耗散方程, 以求解集中式最优输入序列 $\boldsymbol{U} = [U_1 \ U_2 \ U_3 \ U_4 \ U_5]$:

$$J = \sum_{i=1}^{5} p_i J_i \tag{10-5-15}$$

式中, J_i 由式(10-5-14)定义, p_i 为权值因子, 在本节中 p_i 的选择使 5 条子回路输出达到归一化。

2. 汽/水回路分布式模型预测控制器结构

在集中式模型预测控制中, 将在同一个优化问题中同时考虑大型船舶蒸汽动力装置汽/水回路中所有子回路的动态耦合关系, 如图 10-5-3 所示。式(10-5-15)的优点在于可以一次求解出系统控制律最优值, 但如果系统某一回路出现故障, 将引起整个系统的瘫痪。为提高系统的鲁棒性能，当前大量分布式控制被应用到大型系统中，因此本节介绍了分布式模型预测控制在大型船舶蒸汽动力装置汽/水回路中的应用。

图 10-5-4 所示为大型船舶蒸汽动力装置汽/水回路分布式模型预测控制原理图。在分布式模型预测控制中，每条子回路的优化解单独计算，因此提高了系统的灵活性及鲁棒性，与集中式模型预测控制相比，降低了优化问题的维度，使系统更容易求出最优解。在计算过程中，通过通信网络考虑到了其他耦合回路对该子回路的影响。式(10-5-14)表示的局部优化问题将被单独计算，然而其他耦合回路输入量 U_j 产生的影响 $\sum_{j=1,j\neq i}^{5} G_{ij}U_j$ 将被考虑在内。经过多次迭代计算后求解系统的最优控制序列 $U= [U_1\ U_2\ U_3\ U_4\ U_5]$。为了更明确地表示分布式模型预测控制的原理，提供了如下伪代码。

步骤 1：根据系统过去时刻的输入值以及输出值，计算子回路 i 的未来时刻最优控制序列 δU_i，并定义迭代次数 iter = 0，将 δU_i 表示为 δU_i^{iter}，其中 δU_i 为优化控制律向量，其长度为 N_{ci}。

步骤 2：通过通信网络其他耦合子回路控制律 δU_j^{iter} $(j \in N_i)$ 传递到子回路 i，考虑到其他耦合子回路的影响，再次计算 $\delta U_i^{\text{iter+1}}$。

步骤 3：当达到终端条件 $\left\| \delta U_i^{\text{iter+1}} - \delta U_i^{\text{iter}} \right\| \leqslant \varepsilon_i \vee \text{iter} + 1 > \overline{\text{iter}}$ 时，$U_i^{\text{iter+1}}$ 将被用于实际系统输入信号，其中 ε_i 为正常数，$\overline{\text{iter}}$ 为最大允许迭代次数；否则，iter = iter+1 并返回步骤 2。

步骤 4：计算实际控制律为 $U_t = U_{\text{base}} + \delta U^{\text{iter}}$，并将该控制信号应用于系统输入信号。

步骤 5：$t = t+1$，并返回步骤 1。

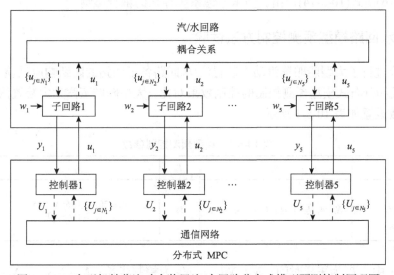

图 10-5-4　大型船舶蒸汽动力装置汽/水回路分布式模型预测控制原理图

3. 汽/水回路分散式模型预测控制器结构

图 10-5-5 所示为大型船舶蒸汽动力装置汽/水回路分散式模型预测控制原理图，在该控制

结构中，各个子回路单独计算其最优控制序列，耗散函数选择为式(10-5-16)。与分布式模型预测控制对比，在分散式模型预测控制中未考虑系统间存在的耦合关系，因此，尽管单独计算每条子回路的控制律，降低了计算负荷，分散式模型预测控制方法容易导致系统不稳定。

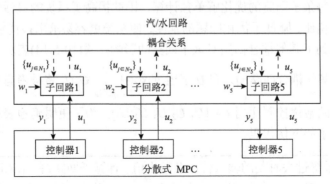

图 10-5-5　大型船舶蒸汽动力装置汽/水回路分散式模型预测控制原理图

优化过程中，每条子回路的局部耗散函数为

$$\min_{U_i} J_i(U_i) = U_i^{\mathrm{T}} H_i U_i + 2 f_i^{\mathrm{T}} U_i + c_i \quad \text{subject to} \quad AU \leqslant b \tag{10-5-16}$$

其中

$$\begin{cases} H_i = G_{ii}^{\mathrm{T}} G_{ii}, \quad f_i = -G_{ii}^{\mathrm{T}}(R_i - \overline{Y}_i) \\ c_i = (R_i - \overline{Y}_i)^{\mathrm{T}}(R_i - \overline{Y}_i) \end{cases}$$

式(10-5-16)由式(10-5-14)得出，但未考虑系统存在的耦合影响。

10.5.3　汽/水回路模型预测控制方法试验

在该部分进行了大型船舶蒸汽动力装置汽/水回路各子回路的阶跃响应试验，分别进行分散式、集中式和分布式模型预测控制的控制效果对比。大型船舶蒸汽动力装置汽/水回路模型预测控制参数设置如表 10-5-1 所示。

表 10-5-1　模型预测控制参数

控制器	N_c	T_s	N_p	N_l	N_s
分散式 MPC 集中式 MPC 分布式 MPC	$N_{c1}=4, N_{c2}=1, N_{c3}=1, N_{c4}=4, N_{c5}=6$	5s	$N_{p1}=20; N_{p2}=15; N_{p3}=15;$ $N_{p4}=20; N_{p5}=20$	1	300

表 10-5-1 中，T_s 为采样时间；$N_{c1}, N_{c2}, \cdots, N_{c5}$ 为控制步长；$N_{p1}, N_{p2}, \cdots, N_{p5}$ 为预测步长；N_s 为采样数。在集中式模型预测控制器设计时，需要同时考虑 5 条子回路的耗散函数，因此对各个变量进行了归一化处理，保证了系统间各子回路间的均衡，使系统达到全局最优，5 条子回路的归一化因子分别选择为 weight1 = 0.45、weight2 = 0.01、weight3 = 0.03、weight4 = 1.14、weight5 = 3.16。为保证对比试验中系统参量一致，在进行分散式以及分布式模型预测

控制器设计时,同样为每个耗散函数引入上述归一化因子.阶跃信号参考值如表 10-5-2 所示。

表 10-5-2　阶跃信号变化说明

时间/s	2～300	300～600	600～900	900～1200	1200～1500
上锅筒水位/m	2	2	2	2	2
废汽总管压力/kPa	100.03	116	116	116	116
除氧器压力/kPa	30	30	35	35	35
除氧器水位/m	0.7	0.7	0.7	0.8	0.8
冷凝器水位/m	0.5	0.5	0.5	0.5	0.6

大型船舶蒸汽动力装置汽/水回路分散式、集中式和分布式模型预测控制对比试验结果如图 10-5-6 所示,包括 5 条子回路的输出变量和输入变量变化曲线。为了测试哪种情况具有更好的控制效果,试验中引入了五个性能指标,包括 IARE、ISU、RIARE、RISU 以及综合指标 J:

$$\text{IARE} = \frac{1}{5}\sum_{i=1}^{5}\sum_{k=0}^{N_s-1}\left|r_i(k) - y_i(k)\right|/r_i(k) \tag{10-5-17}$$

$$\text{ISU} = \frac{1}{5}\sum_{i=1}^{5}\sum_{k=0}^{N_s-1}\left[u_i(k) - u_{ssi}(k)\right]^2 \tag{10-5-18}$$

$$\text{RIARE}(C_2, C_1) = \frac{\text{IARE}(C_2)}{\text{IARE}(C_1)} \tag{10-5-19}$$

$$\text{RISU}(C_2, C_1) = \frac{\text{ISU}(C_2)}{\text{ISU}(C_1)} \tag{10-5-20}$$

$$J(C_2, C_1) = \frac{w_1\text{RIARE}(C_2, C_1) + w_2\text{RISU}(C_2, C_1)}{w_1 + w_2} \tag{10-5-21}$$

式中, u_{ssi} 为第 i 个输入变量的稳态值; C_1、C_2 分别为对比的两个控制器;权值因子 w_1 和 w_2 选为 $w_1 = w_2 = 0.5$。

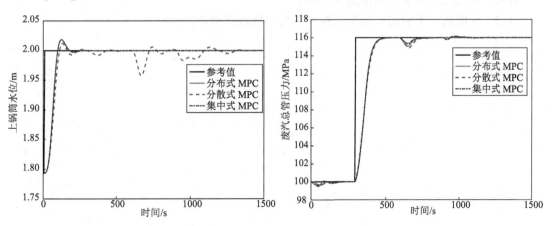

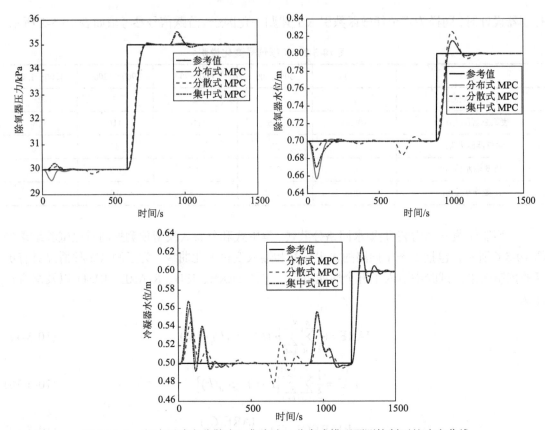

图 10-5-6　汽/水回路在分散式、集中式、分布式模型预测控制下的响应曲线

思考题与习题

10-1　与陆上热电厂相比，大型船舶蒸汽动力系统具有什么特点？

10-2　简述模型预测控制的主要工作过程。

10-3　简述自抗扰控制的优点。

10-4　自抗扰控制中主要包括哪些环节？

10-5　分散式、集中式、分布式控制结构的特点分别是什么？

参考文献

白方周, 宠国仲, 1988. 多变量频域理论与设计技术[M]. 北京: 国防工业出版社.

曹润生, 黄桢地, 周泽魁, 1987. 过程控制仪表[M]. 杭州: 浙江大学出版社.

陈丙珍, 沈静珠, 何小荣, 1990. 石油化工企业生产优化管理[M]. 北京: 清华大学出版社.

陈来九, 1982. 热工过程自动调节原理和应用[M]. 北京: 水利电力出版社.

村獭祯男, 小林昭夫, 1981. 仪表及自动控制系统的设计与施工[M]. 北京: 纺织工业部设计院二室自控组, 译. 北京: 纺织工业出版社.

方崇智, 萧德云, 1988. 过程辨识[M]. 北京: 清华大学出版社.

何衍庆, 黎冰, 黄海燕, 2010. 工业生产过程控制[M]. 2 版. 北京: 化学工业出版社.

黄俊钦, 1988. 静、动态数学模型的实用建模方法[M]. 北京: 机械工业出版社.

金以慧, 1993. 过程控制[M]. 北京: 清华大学出版社.

林来兴, 1965. 热工调节对象动态特性译文集[M]. 北京: 科学出版社.

刘广玉, 1988. 几种新型传感器——设计和应用[M]. 北京: 国防工业出版社.

刘通, 2021. 数据驱动的非线性动态过程自适应建模及应用[D]. 重庆: 重庆大学.

刘晓玉, 2011. 过程控制系统: 习题解答及课程设计[M]. 武汉: 武汉理工大学出版社.

刘元扬, 刘德溥, 1987. 自动检测和过程控制[M]. 2 版(修订版). 北京: 冶金工业出版社.

卢冠钟, 2014. 船舶电气与自动化(下册: 船舶自动化)[M]. 大连: 大连海事大学出版社.

吕勇哉, 1980. 前馈调节[M]. 北京: 化学工业出版社.

潘立登, 1989. 化工对象动态特性测试方法[M]. 北京: 化学工业出版社.

潘永湘, 2012. 过程控制与自动化仪表[M]. 北京: 机械工业出版社.

潘裕焕, 1977. 生产过程自动化中的数学模型[M]. 北京: 科学出版社.

庞国仲, 白方周, 濮洪钧, 1990. 多变量控制系统实践[M]. 合肥: 中国科学技术大学出版社.

庞松涛, 2014. 压水堆核电站过程控制系统[M]. 北京: 中国电力出版社.

邱赤东, 安亮, 高兴斌, 等, 2021. 船舶机舱自动化[M]. 大连: 大连海事大学出版社.

任锦堂, 1989. 系统辨识[M]. 上海: 上海交通大学出版社.

邵惠鹤, 潘日芳, 1988. 化工生产过程计算机控制[M]. 北京: 化学工业出版社.

邵裕森, 巴筱云, 1994. 过程控制系统及仪表[M]. 北京: 机械工业出版社.

沈平, 1985. 时间滞后调节系统[M]. 北京: 化学工业出版社.

沈智鹏, 2019. 船舶机舱控制系统[M]. 大连: 大连海事大学出版社.

慎大刚, 余国贞, 1991. 化工自动化及仪表[M]. 杭州: 浙江大学出版社.

施仁, 刘文江, 1991. 自动化仪表与过程控制[M]. 北京: 电子工业出版社.

史蒂芬拿不勒斯, 1988. 化工过程控制: 理论与工程[M]. 吴惕华, 译. 北京: 化学工业出版社.

斯克罗科夫, 1987. 工业过程的小型微型计算机控制: 系统和应用手册[M]. 赵觉声, 等译. 北京: 化学工业出版社.

STEPHANOPULOS G. 化工过程控制——理论与工程[M]. 吴惕华, 译. 北京: 化学工业出版社, 1988.

涂植英, 朱麟章, 1988. 过程控制系统[M]. 2 版(修订本). 北京: 机械工业出版社.

王锦标, 方崇智, 1992. 过程计算机控制[M]. 北京: 清华大学出版社.

王永初, 1983. 自动调节系统工程设计[M]. 北京: 机械工业出版社.

王永初, 任秀珍, 1986. 工业过程控制系统设计范例[M]. 北京: 科学出版社.

王再英, 刘淮霞, 陈毅静, 2006. 过程控制系统与仪表[M]. 北京: 机械工业出版社.

吴勤勤, 1990. 电动控制仪表及装置[M]. 北京: 化学工业出版社.

绪方胜彦, 1976. 现代控制工程[M]. 卢伯英, 等译. 北京: 科学出版社.

杨杰, 2019. 模型与数据驱动相结合的电熔镁群炉需量智能预报方法及应用[D]. 沈阳: 东北大学.

余刃, 宋超, 2016. 舰船核动力系统控制原理[M]. 北京: 国防工业出版社.

俞金寿, 蒋慰孙, 1988. 过程控制工程[M]. 北京: 中国石化出版社.

张萌娇, 2014. 船舶机舱过程控制系统仿真研究[D]. 大连: 大连海事大学.

张是勉, 关山, 1990. 自动检测系统实践[M]. 合肥: 中国科学技术大学出版社.

张永生, 2012. 舰船核动力系统二回路控制策略研究[D]. 北京: 中国舰船研究院.

中国四川仪表十八厂, 1988. KMM/KMP 可编程调节器使用说明书及产品说明书. 重庆.

ÅSTRÖM K J, 1989. Toward intelligent control[J]. IEEE control systems magazine, 9(3): 60-64.

BELLMAN R, 2016. Adaptive control processes: A guided tour [M]. Princeton : Princeton Legacy Library.

DE KEYSER R, IONESCU C M, MURESAN C I, 2017. Comparative evaluation of a novel principle for PID autotuning[C]//2017 11th Asian control conference (ASCC). Gold Coast: 1164-1169.

LES A K E, 1987. Handbook of advanced process control systems and instrumentation[M]. London: Harper & Row.

RAY W H, 1981. Advanced process control[M]. New York: McGraw-Hill.

RONALD P, HUNTER P E, 1978. Automatic process control system concepts and hardware[M]. New Jersey: Prentice Hall PTR.

SHINSKEY F G, 1979. Process-control systems-application design adjustment[M]. New York: McGraw-Hill.

SHINSKEY F G, 1988. Process control systems-application design adjustment[M]. 3rd ed. New York: McGraw-Hill.

TZAFESTAS S G, 1984. Multivariable control[M]//Holland D. Reidel Company. Amsterdam: Kluwer Academic Publishers.